www.ingramcontent.com/pod-product-compliance
Lightning Source LLC
LaVergne TN
LVHW011946060526
838201LV00061B/4218
9798218581015

تابستان انقلابی
تولد استقلال آمریکا

از همین مترجم:

مقالات فدرالیست:
جامع‌ترین تفسیر قانون اساسی ایالات متحدهٔ آمریکا

قرآن تامس جفرسن
اسلام و بنیادگذاران آمریکا

تابستان انقلابی
تولد استقلال آمریکا
جوزف جِی. اِلیس
ترجمهٔ مسعود عالمی

عنوان و نام پدیدآور: تابستان انقلابی: تولد استقلال
آمریکا/ جوزف جی. الیس؛ ترجمهٔ مسعود عالمی
مشخصات نشر: تهران: مینوی خرد، ۱۴۰۳.مشخصات ظاهری: پ، [۲۹۴] ص.: مصور.
شابک: ۶-۳۷-۶۲۲۰-۶۰۰-۹۷۸
وضعیت فهرست نویسی: فیپا
یادداشت: عنوان اصلی: .Revolutionary summer: the birth of American independence, 2013
یادداشت: واژه‌نامه؛ یادداشت: نمایه
عنوان دیگر: تولد استقلال آمریکا.
موضوع: ایالات متحده -- تاریخ -- انقلاب، ۱۷۷۵ - ۱۷۸۳م.
United States -- History -- Revolution, 1775 - 1783
شناسه افزوده: عالمی، مسعود، ۱۳۳۸-، مترجم
رده بندی کنگره: E۲۰۸
رده بندی دیویی: ۹۷۳/۳
شماره کتابشناسی ملی: ۹۷۳۹۷۶۸

انتشارات مینوی خرد

تابستان انقلابی

تولد استقلال آمریکا

این کتاب ترجمه‌ای است از:
Revolutionary Summer: The Birth of American Independence, 2013.
جوزف جی. الیس
ترجمهٔ مسعود عالمی
طراحی جلد و ویرایش: انتشارات مینوی خرد
چاپ نخست: ۱۴۰۳
۵۰۰ نسخه

حقوق چاپ و نشر محفوظ است

راه ارتباط: واتس اپ ۰۹۳۹۲۲۲۷۷۵۹ ، تلگرام ۰۹۰۳۱۳۰۸۰۰۱
minooyekheradpub
@minooyekherad
شابک: ۶-۳۷-۶۲۲۰-۶۰۰-۹۷۸
www.minooyekherad.com

پیشکش به خواهرم سیما ایزدی که چیزی بیش از وفای تامّ و تمام را نزد او آموختم.

فهرست مطالب

فهرست تصاویر.. ب

یادداشت مترجم.. پ

پیش‌گفتار نویسنده.. ۱

فصل ۱ -احتیاط حکم می‌کند.. ۷

فصل ۲ - سربازان و تسلیحات.. ۳۳

فصل ۳ - سگ‌هایی که پارس نکردند.. ۶۱

فصل ۴ - و غیره و غیره و غیره.. ۸۵

فصل ۵ - در پی فضیلت.. ۱۰۷

فصل ۶ - جنگ و مِه.. ۱۳۱

فصل ۷ - جانها و روانها.. ۱۶۳

فصل ۸ - جنگی درازمدت.. ۱۸۹

فصل ۹ - پس‌نوشت: افسانه‌های ضروری.. ۲۰۹

سپاس‌گذاری.. ۲۲۳

پیوست ۱ - پی‌نوشت‌ها.. ۲۲۵

پیوست ۲ - گاه‌شمار انقلاب و استقلال ایالات متحدهٔ آمریکا.. ۲۵۹

پیوست ۳ - بیانیهٔ استقلال آمریکا.. ۲۶۹

پیوست ۴ - اصول کنفدراسیون و اتحاد دائمی.. ۲۷۵

پیوست ۵ - نمایه.. ۲۸۵

الف

فهرست تصاویر

۱۳ پرترهٔ جان آدامز – مجموعهٔ پرتره‌های دانشگاه هاروارد در موزهٔ فاگ از موزه‌های هنر هاروارد
۱۵ پرترهٔ جان دیکنسن – پارک (تاریخی) ملی استقلال
۱۹ تامس پین – کتابخانهٔ کنگره
۴۶ پرترهٔ جرج جِرمین، وزیر امور خارجهٔ بریتانیا
۵۳ عمارت موریس/جومل – به لطف تام استولکر
۷۱ پرترهٔ بنجامین فرانکلین – موزهٔ هنر متروپولیتن
۷۲ کمیتهٔ پنج نفره (جان آدامز، بنجامین فرانکلین، تامِس جفرسن، رابرت لیوینگستن، و راجر شرمن) – مجموعهٔ ترامبُل، گالری هنر دانشگاه ییل
۷۴ پرترهٔ تامِس جفرسن– موزهٔ هنر متروپولیتن
۷۸ ورود ناوگان لرد هاو به استاتن‌آیلند – مجموعهٔ اسپنسر، کتابخانهٔ عمومی نیویورک
۹۰ پایین کشیدن مجسمهٔ جرج سوم – مجموعهٔ هنر کالج لافایت، ایسُتن، پنسیلوانیا
۱۳۲ عقب‌نشینی موفقیت‌آمیز ارتش آمریکا به بروکلین هایتس – ویکی‌مِدیا
۱۴۵ پرترهٔ ریچارد هاو – موزهٔ ملی دریانوردی لندن
۱۴۸ پرترهٔ جرج واشنگتن – مجموعهٔ سنای ایالات متحده
۱۶۱ خانهٔ بیلوپ در استاتن‌آیلند – کتابخانهٔ کنگره
۱۶۶ پرترهٔ ناتانیل گرین – پارک (تاریخی) ملی استقلال
۱۶۸ زیردریایی بدوی «لاک‌پشت»
۱۹۰ آتش‌سوزی نیویورک – کتابخانهٔ عمومی نیویورک
۲۰۱ پرترهٔ ویلیام هاو – کتابخانهٔ دانشگاه براون
۲۲۰ هنری کلینتن – شورای موزهٔ ارتش ملی، لندن

ب

یادداشت مترجم

تابستان ۱۷۷۶ شاهد تأثیرگذارترین وقایع در داستان تأسیس کشوری بود که متعاقباً ایالات متحدهٔ آمریکا نام گرفت. در حالی که نمایندگان سیزده مستعمرهٔ شورشی گرد هم آمده و پیرامون چند و چون جدایی از بزرگترین امپراتوری جهان جدل می‌کردند، بریتانیا بزرگترین و مهیب‌ترین ناوگانی را که تا آن روز از اقیانوس اطلس عبور کرده بود برای سرکوب شورش اعزام کرد. کنگرهٔ قارّه‌ای، با اعضایی که به جز زبان کمترین سنخیتی با یکدیگر نداشتند، و ارتش قارّه‌ای، متشکل از دهقانان فقیری که حتی از پاپوش مناسب بی‌بهره بودند، در حالی مجبور به تصمیم‌گیری حین گریز بودند که تاریخ در اطرافشان شکل می‌گرفت.

جوزف الیس، در روایتی درخشان و بی‌نقص، نام‌آورترین چهره‌ها و رویدادهارا در این لحظهٔ مساعد بررسی کرده است، از جمله جرج واشنگتن، جان آدامز، تامس جفرسن، و بنجامین فرانکلین در طرف آمریکا، و دریاسالار لرد ریچارد هاو و سرلشکر ویلیام هاو در طرف بریتانیا. الیس تجربه‌های سیاسی و نظامی را به مانند دو روی یک داستان به هم می‌پیوندد و نشان می‌دهد که چگونه رویدادهای یک جبهه بر نتایج جبههٔ دیگر تأثیرگذار بود.

بنا به نظر بسیاری از منتقدانْ تابستان انقلابی، نوشتهٔ جوزف اِلیس، کتابی است قطعی در مورد رویدادهای انقلابی تابستان ۱۷۷۶ که طی آن انقلابیون آمریکا هم در نظر و هم در عمل تکلیف خود را با بزرگترین نیروی استعماری زمان معلوم کردند. نثر نویسنده به طور مشخص خودمانی است، با بینشی ژرف و نگاهی نقادانه که پیوسته سرزنده و بدیع است. تابستان انقلابی یکی دیگر از داستان‌های درخشان از نخستین انقلاب ضداستعماری دوران مدرن از نگاه یکی از بهترین تاریخ‌نگاران دوران اولیهٔ آمریکاست که بر پایه‌های تفسیری مستحکمی نقل شده است.

در پایان زحمات خانم دکتر شعبانی مدیر نکته‌بین انتشارات مینوی خرد شایستهٔ قدردانی است. این ترجمه، همچون دو اثر دیگری که افتخار نشر آنها را توسط مینوی خرد داشته‌ام، بدون سخاوت طبع و راهنمایی‌های ایشان امکان‌پذیر نبود.

بنا به روشی که دیگر طبیعت ثانوی این مترجم شده، پانوشت‌ها توضیحات مترجم و پی‌نوشت‌های پیوست ۱ از آن مؤلف است.

م.ع.
پاییز ۱۴۰۳

پیش‌گفتار نویسنده

اگر فصل تابستان را تا حدّی گسترده تعریف کنیم، تابستان سال ۱۷۷۶ میلادی نقطهٔ اوجی در تاریخ آمریکا بود. در طول پنج ماه از مه تا اکتبر آن سال اجماعی برای استقلال آمریکا پدیدار و رسماً اعلام گشت؛ برای نخستین بار خطوط کلی یک جمهوری آمریکایی ترسیم و پیشنهاد شد؛ و مشکلاتی که می‌رفت تا آیندهٔ کشور نوخاسته را شکل دهد پیش‌بینی و برای آنها چاره‌جویی‌هایی صورت گرفت و در همین حال، بزرگترین ناوگانی که تا آن زمان اقیانوس اطلس را درنوردیده بود، برای خفه کردن شورش آمریکاییان در نطفه، از آن گذر کرد و حتی نزدیک بود که در انجام مأموریت خود موفق گردد.

دو رشتهٔ در هم تنیده در این داستان وجود دارد که معمولاً به عنوان روایت‌هایی مستقل نقل می‌شوند. نخست حکایتی است سیاسی دربارهٔ این‌که چگونه سیزده مستعمره گرد هم آمدند و بر سر تصمیم جدایی از امپراتوری بریتانیا به توافق رسیدند. در اینجا کانون توجه کنگرهٔ قارّه‌ای است و شخصیت‌های برجسته، دستکم در روایت من، جان آدامز،[۱] جان دیکنسن،[۲] تامِس جفرسن[۳] و بنجامین فرانکلین[۴] بودند.

رشتهٔ دوم، روایت نظامی نبردهای لانگ‌آیلند[۵] و منهتن[۶] است، جایی که ارتش و نیروی دریایی بریتانیا سلسله شکست‌های ویرانگری را به ارتش غیرحرفه‌ای آمریکا تحمیل کرد، اما سپس هر فرصتی را برای خاتمه دادن به غائله از کف داد. نقطهٔ کانونی این حکایتْ ارتش قارّه‌ای است و بازیگران اصلی آن جرج واشنگتن،[۷] ناتانیل گرین[۸] و برادران انگلیسی ریچارد و ویلیام هاو[۹] هستند.

ادعای من در صفحاتی که به دنبال می‌آید این است که تجارب سیاسی و نظامیْ دو روی یک داستان واحد بودند و تا زمانی که با هم روایت نگردند قابل درک نخواهند بود. هر دو روایت همزمان روی داده، سیر وقایع در یک جبهه بر نتایج در جبههٔ دیگر تأثیر

1. John Adams
2. John Dickenson
3. Thomas Jefferson
4. Benjamin Franklin
5. Long Island
6. Manhattan
7. George Washington
8. Nathanael Greene
9. Richard and William Howe

می‌گذاردند و آن‌چه را که اغلب پژوهش‌های بعدی مجزا از یکدیگر می‌بینند شرکت‌کنندگان به مانند پدیدهٔ واحدی تجربه می‌کردند.

اجماع سیاسی‌ای که پیرامون استقلال آمریکا در ژوئن و ژوئیهٔ ۱۷۷۶ شکل گرفت، ناشی از به ویژه انزجار گستردهٔ مردم از هجمهٔ قریب‌الوقوع بریتانیا به نیویورک بود. و فرماندهان ارتش‌های بریتانیا و آمریکا در موارد متعدد تصمیمات میدانی جنگ را با توجه به تأثیر سیاسی‌ای که تصور می‌کردند بر افکار عمومی می‌گذارد، می‌گرفتند. نبردهای لانگ‌آیلند و منهتن بیش از آن که مانورهایی نظامی برای گسترش قلمرو باشد، رقابت‌هایی سیاسی برای تسخیر جان و روان مردم بود.

آگاهی‌ای که امروز از نتیجهٔ انقلاب آمریکا داریم ما را نسبت به ماهیت مشکل‌آفرین این لحظهٔ پرالتهاب کور کرده است. در آن برههٔ سرنوشت‌ساز که همه چیز در خطر از دست رفتن بود، و تاریخ با سرعتی شتابان پیش می‌رفت، هر دو طرف—به ویژه آمریکاییان—بر لبهٔ پرتگاه فاجعه بداهتاً دست به عمل می‌زدند. نمایندگان کنگرهٔ قارّه‌ای و افسران ارتش قارّه‌ای اغلب مجبور بودند که تصمیمات بسیار مهمی بگیرند، بی‌آنکه به عواقب تصمیمات خود دانا باشند. در این برههٔ فشرده از نظر زمانی و سیر تحولات، به قول آدامز، آنها «در بحبوحهٔ یک انقلاب» زندگی می‌کردند، که تقریباً به معنای آن بود که فی‌البداهه در حال ساخت آینده بودند.

دو باور مهم نیز در این زمان با یکدیگر در تقابل بودند. نخست این که ارتش و نیروی دریایی بریتانیا شکست‌ناپذیرند، که معلوم شد درست بوده است. دوم این‌که استقلال آمریکا، که در افسانه‌های نیمه مقدسی که پیرامون آن وجود دارد از آن همچون یک «آرمان» یاد می‌شود، اجتناب‌ناپذیر بود، باوری که از واقعیت بیشتری برخوردار بود. بازیابی این لحظهٔ فوق‌العاده به عنوان یک مورخ، لزوماً مستلزم دیدن گزینه‌ها به گونه‌ای است که توسط شرکت‌کنندگان در آن زمان، هم در طرف آمریکایی و هم در طرف بریتانیایی، درک می‌شد. اما چگونگی ارزیابی این انتخاب‌ها، به گونه‌ای اجتناب‌ناپذیر، به موقعیت ممتاز ما در سدهٔ بیست و یکم وابسته است.

به عنوان نمونه، با وجود این‌که اکثر نمایندگان کنگرهٔ قارّه‌ای کاملاً آگاه بودند که مسألهٔ برده‌داری ناقض اصلی است که ادعا می‌شد برای آن مبارزه می‌کنند، از روی عمد تصمیم گرفتند از هرگونه بررسی و پرداختن به آن خودداری ورزند. موضع آدامز در این زمینه بسیار

گویا است زیرا او بیش از هر کس دیگری نیاز به به‌تعویق افکندن وعدهٔ کامل انقلاب آمریکا را، به منظور اطمینان از اجماع قوی در مورد مسألهٔ استقلال، بیان کرد. این که آیا این تصمیمی واقع‌گرایانه و از این رو قابل تحسین در سُنَّتِ بِرکی[۱] بود یا شکستی اخلاقی از منظر «عدالت به تعویق افتاده، عدالت انکار شده است،» سوالی است که نمی‌توانیم از طرح آن اجتناب کنیم، زیرا می‌دانیم که سدهٔ بعد تاریخ آمریکا چگونه به پیش رفت.(۱)

به عنوان نمونه‌ای دیگر، تجربیات اخیر آمریکا را در آسیای جنوب شرقی و خاورمیانه در نظر آوریم که باید ما را برای درک معضلات پیش روی ارتش‌های اشغال‌گر در سرزمینی دوردست، درگیر با خصمی بومی که انقلابی را در دستور کار خود دارد، آماده کرده باشد. برادران هاو این بداقبالی را داشتند که برای نخستین بار در تاریخ مدرن با چنان شرایطی روبرو می‌شدند؛ از این رو با اطمینان تصور می‌کردند که برتری نظامی آنها عاملی تعیین‌کننده در رودرویی با ارتش انقلابی خواهد بود زیرا دلیلی برای باور خلاف آن نداشتند. و از دیدگاه نظامی متعارف، دستکم از جنبهٔ تاکتیکی، طرز اجرای مانورهای آنان در کمپین نیویورک نمونه‌ای کلاسیک از یک عملیات هماهنگ دریایی و زمینی بود. اما دیدگاه ما به عنوان یک قدرت امپریالیستی که تا حدی درس گرفته است، سؤال اصلی را تغییر می‌دهد. سؤال این نیست که «چگونه ممکن بود که بریتانیایی‌ها شکست بخورند؟» بلکه این است که «آیا اساساً اقبال واقعی برای پیروزی آنها وجود داشت؟»(۲)

اگر چنین اقبالی وجود داشت، همانا در تابستان ۱۷۷۶ بود، زمانی که برادران هاو چندین فرصت را برای نابودی ارتش قارّه‌ای در لانگ‌آیلند و منهتن از دست دادند. بخت و اقبال، و حتی تغییرات ناگهانی آب و هوا، نقش‌هایی کلیدی ایفا کردند، همان‌طور که تصمیمات استراتژیک و تاکتیکی برادران هاو نیز تأثیرگذار بودند؛ تصمیماتی که پس از جنگ، با نقدهای زیادی مواجه شد، زیرا در آن زمان مشخص شد که اهداف محتاطانه و محدود آن‌ها ریشه در برداشتی اساساً اشتباه از چالش‌های پیش رویشان داشت. در آن زمان در اردوگاه آمریکاییان اختلاف‌نظر دربارهٔ سرنوشت شورشْ در صورت از میان رفتن ارتش قارّه‌ای، بروز کرده بود. ما هرگز نمی‌توانیم بدانیم، زیرا چنین اتفاقی نیفتاد و ارتش

[۱] منظور از سُنَّتِ بِرکی این اندیشهٔ ادموند بِرک Edmund Burke (۱۷۹۷-۱۷۲۹م.)، اقتصاددان، فیلسوف سیاسی و سیاست‌مدار ایرلندی-بریتانیایی است که علاقمند به زیربنای فضایل جامعه با حفظ آداب و همچنین اهمیت نهادهای مذهبی برای ثبات اخلاقی و مصالح دولت بود. برک همچنین از حقوق مستعمرات برای مقاومت در برابر اقتدار قدرت استعماری حمایت می‌کرد، اگرچه مخالف تلاش برای دستیابی به استقلال بود. (منبع: دانشنامهٔ بریتانیکا)

قارّه‌ای دوام آورد، اگرچه بسیار نزدیک بود با شکست‌های سهمگینی که متحمل شده بود از صفحهٔ روزگار محو گردد. با این حال، با نگاه به گذشته می‌دانیم که پس از از دست دادن این فرصت برای نابود کردن ارتش قارّه‌ای در اوایل جنگ، دیگر چنین فرصتی برای برادران هاو پیش نیامد.

این کتاب داستان تولد انقلاب آمریکا را بازمی‌گوید، حکایت دردها و مصیبت‌هایی که با آن رویداد همراه بود، و تدابیر کوچک و بزرگی که در هر دو عرصهٔ سیاسی و نظامی بکار بسته شد و نتیجهٔ آن را رقم زد. انقلاب آمریکا در این کتاب همچون یک داستان روایت می‌شود؛ که به معنای آن است که روایت‌گری به‌عنوان عالی‌ترین شکل تحلیل در نظر گرفته شده است، و بازسازی دیدگاه شرکت‌کنندگان در آن زمان باید مقدم بر تحمیل حکمت برتر ما در زمان حال باشد.

پیش از آنکه سفر خود را به گذشته آغاز کنیم، دو ویژگی نامتعارف از این سرزمین شایسته ذکر هستند، عمدتاً به این دلیل که با انتظاراتی که در ذهن داریم هماهنگ نیستند و بنابراین نیاز است که از پیش روی نقشه مشخص شوند.

نخستین ویژگی این سرزمین احساس ویژه‌ای از شرافت است که بازمانده‌ای از جهان قرون وسطایی بود و زنده و فراگیر، به‌ویژه در فرهنگ نظامی قرن هجدهم، دیده می‌شد. مفهوم اصلی در این نظام نیمه‌شوالیه‌ای «شخصیت» بود؛ یعنی این‌که مجموعه‌ای کاملاً تعریف‌شده از اصول، رفتار یک جنتلمن را در همهٔ زمان‌ها هدایت می‌کرد، به‌ویژه در شرایط پرتنش یا تهدیدکنندهٔ زندگی. مردانی که با این حس اشرافی از شرافت هدایت می‌شدند، تمایل داشتند به گونه‌ای رفتار کنند که امروز برای ما عجیب به نظر می‌رسد، مثلاً در برابر آتش توپخانه می‌ایستادند به‌جای آنکه دراز بکشند یا به دنبال پناهگاه باشند. ژنرال‌ها نیز دربارهٔ گزینه‌های استراتژیک و تاکتیکی در میدان نبرد به شکلی مشابه بحث می‌کردند، زیرا عقب‌نشینی را بی‌افتخار و آسیب‌زننده به شهرت خود می‌دانستند. واشنگتن برجسته‌ترین شخصیت شرافتمند داستان ماست، و رفتار او را در طول نبرد نیویورک نمی‌توان توضیح داد، مگر این‌که از این منظر قرن هجدهمی به آن بنگریم. دومین جایی که باید روی نقشه مشخص کنیم، در واقع یک فضای خالی است. از آنجا که می‌دانیم انقلاب آمریکا در نهایت به ایجاد یک دولت-ملت یکپارچه و قدرت جهانی بعدی منجر شد، وسوسه‌انگیز است که از رهگذر تحولات آینده، گذشته را تفسیر کنیم. اما در واقعیت،

هیچ حسّ مشترکی از هویت ملی آمریکایی در سال ۱۷۷۶ وجود نداشت، هرچند که کنگره قاره‌ای و ارتش قاره‌ای می‌توانند به‌عنوان نسخه‌های ابتدایی از چنین مفهومی در نظر گرفته شوند. همهٔ اتحادها میان مستعمرات، و سپس ایالت‌ها، موقت و مشروط تلقی می‌شدند. وفاداری‌ها در میان جمعیت پراکندهٔ آمریکا بیشتر محلی بود و در بهترین حالت، منطقه‌ای. فرض خلاف این موضوع به معنای تحمیل سطحی از انسجام سیاسی به یک واقعیت بسیار پیچیده‌تر و دست‌کم گرفتن مشکلات واقعی رهبران آمریکایی در کنگره و ارتش است. آن‌ها تلاش می‌کردند تا به نمایندگی از جمعیتی که هنوز «مردم آمریکا» نشده بودند پاسخی جمعی به چالش‌های متعدد سیاسی و نظامی ارائه دهند. از این منظر، حتی اصطلاح «انقلاب آمریکا» نیز گمراه‌کننده است.

با درنظر داشت این علائم هشداردهنده، اجازه دهید به اواخر بهار ۱۷۷۶ بازگردیم. جنگی اعلان نشده بیش از یک سال است که در جریان بوده و ناوگان عظیم بریتانیا در حال آماده شدن جهت عبور از اقیانوس اطلس برای وارد آوردن ضربه‌ای قاطع است تا شورش آمریکاییان را در لحظهٔ تولد در هم بشکنند. در همین حال، کنگرهٔ قارّه‌ای استقلال آمریکا را اعلام نکرده است، زیرا نمایندگان میانه‌رو جنگ با بریتانیای کبیر را خودکشی می‌دانند و مشخص نیست که وفاداری اکثر مستعمره‌نشینان آمریکایی به کدام سو است. تیر به‌طور استعاری در هواست و به‌وضوح قرار است در نیویورک، هدف آشکار تهاجم بریتانیا، فرود آید. این که آیا اجماع بر سر استقلال آمریکا وجود دارد یا خیر چندان روشن نیست، هرچند آدامز ادعا دارد که می‌داند تاریخ به کدامین سو می‌رود.

۱

احتیاط حُکم می‌کند

آیا این سخن موسی نیست که گفت: «من کیستم که در میان این مردم آمد و شد کنم؟» وقتی به رویدادهای بزرگی که گذشت و رویدادهای بزرگتری که به سرعت در پیش است فکر می‌کنم و به این‌که من نیز در ابداع ایده‌های نو و ایجاد تغییرات کوچک که چنین تأثیراتی داشته و خواهند داشت نقش داشته باشم، احساس حیرت و هراسی عمیق بر من چیره می‌شود که به آسانی نمی‌توان توصیف کرد.

– جان آدامز به اَبی‌گِیل آدامز، ۱۷ مه ۱۷۷۶ میلادی

سربازان بریتانیایی و آمریکایی یک سال تمام تا بهار ۱۷۷۶ به یکدیگر تلفات سنگینی وارد کرده بودند. در مقایسه با نبردهای لکزینگتُن[1] و کنکورد[2] که هرچند مهم، صرفاً درگیری‌هایی نمادین بودند، نبردی که در بانکرهیل[3] صورت گرفتْ حمامِ خون بود، به‌ویژه برای طرف بریتانیایی که تقریباً نیمی از نیروی حمله خود یعنی بیش از ۱,۰۰۰ سرباز را از دست داد. تعداد کشته‌های آمریکایی به صدها نفر می‌رسید، و دلیل این رقم بالا آن است که همهٔ مجروحان باقی‌مانده در میدان نبرد توسط جوخه‌های اعدام بریتانیایی که از از دست دادن شمار بسیاری از هم‌رزمان خود خشمگین بودند، با سرنیزه کشته شدند. در لندن، یکی از افسران بازنشسته گفته بود با چند پیروزی دیگر مانند این، ارتش بریتانیا نابود خواهد شد.

سپس، در طول نُه ماه بعد، جماعتی از واحدهای شبه‌نظامی متشکل از بیست‌هزار سرباز به فرماندهی ژنرال جرج واشنگتن، یک پادگان بریتانیایی متشکل از ۷,۰۰۰ سرباز تحت فرماندهی ژنرال ویلیام هاو را در بوستون احاطه[4] کردند. محاصره در مارس ۱۷۷۶، زمانی پایان یافت که واشنگتن با استقرار توپخانه در بلندی‌های موسوم به دُرچستر هایتس[5] به برتری تاکتیکی دست یافت و هاو را مجبور به تخلیهٔ شهر کرد. در همان نزدیکی، اَبی‌گِیل

1. Lexington
2. Concord
3. Bunker Hill
4. The Boston Siege
5. Dorchester Heights

آدامز[1] که از تپهٔ پن[2] در نزدیکی آنجا نظاره‌گر بود، گزارش داد: «می‌توانید بیش از ۱۷۰ کشتی را بشمارید. آن‌ها مانند یک جنگل به نظر می‌رسند.» تا آن زمان، این گروه نامتعارف شبه‌نظامیان به‌عنوان ارتش قارّه‌ای شناخته شده و واشنگتن به یک قهرمان واقعی جنگ تبدیل شده بود.(۱)

علاوه بر این درگیری‌های عمده، نیروی دریایی بریتانیا چندین حمله به شهرهای ساحلی نیوانگلند[3] انجام داد، و ارتش قارّه‌ای در لشکرکشی نافرجامی متشکل از یکهزار سرباز آمریکایی به رهبری بندیکت آرنولد،[4] پس از گشودن مسیر خود از میان جنگل‌های مِین در پایان زمستان، در تلاش برای تصرف استحکامات بریتانیا در کِبِک[5] شکست سختی را متحمل شد. اگرچه بیشتر عملیات نظامی محدود به نیوانگلند و کانادا بود، ولی هیچ شاهد خردمندی نمی‌توانست انکار کند که جنگ برای استقلال آمریکا، که هنوز انقلاب آمریکا خوانده نمی‌شد، آغاز گشته بود.

اما اگر عدسی را باز کنید تا کنگرهٔ قارّه‌ای در فیلادلفیا[6] را در بر بگیرد، تصویر به کلی تار و مبهم و کاملاً عجیب می‌شود زیرا به‌رغم کشتار و خرابی‌های فزاینده، موضع رسمی کنگره همچنان وفاداری به تاج و تخت بریتانیا باقی مانده بود. نمایندگان تا آنجا پیش نرفتند که رخداد جنگ را انکار کنند، اما این ادعای عجیب و نامعمولی را مطرح کردند که جرج سوم از آن اطلاعی نداشت. آن سربازان بریتانیایی که از بوستون دور می‌شدند، سربازان اعلیحضرت نبودند، بلکه «سربازان حکومتی» بودند، یعنی مأموران حکومت بریتانیا که بدون اطلاع پادشاه عمل می‌کردند.(۲)

در حالی که همهٔ اعضای کنگره قاره‌ای می‌دانستند که این داستانی خیالی است، اما افسانه‌ای کاملاً ضروری بود که پیوند میان مستعمرات و تاج و تخت را حفظ می‌کرد و بدین‌سان امکان آشتی را همچنان باز نگه می‌داشت. تامِس جفرسن بدون شک چنین

1. Abigail Adams
2. Penn’s Hill
3. نیوانگلند New England به منطقه‌ای در شمال شرقی ایالات متحده گفته می‌شود که شامل شش ایالت است: مِین Maine، نیوهمشایر New Hampshire، ورمونت Vermont، ماساچوست Massachussettes، رُدآیلند Rhode Island و کانکتیکات Connecticut.
4. Benedict Arnold
5. Quebec
6. Philadelphia

انگیزه‌هایی را در ذهن داشت هنگامی که چند ماه بعد کلمات زیر را نگاشت: «دوراندیشی حکم می‌کند حکومت‌هایی که مدت‌هاست استقرار یافته‌اند به دلایل جزئی و زودگذر تغییر داده نشوند؛ ایضاً همهٔ تجربیات نشان داده تا زمانی‌که بدی‌ها تحمل‌پذیرند، انسان‌ها بیشتر راغب‌اند آنها را تحمل کنند تا این‌که وضع خود را با برانداختن اَشکال حکومتی‌ای اصلاح کنند که به آنها خو گرفته‌اند.»(۳)

شاید بتوان استدلال کرد که آن جوانان آمریکایی مجروح که در بانکرهیل با سرنیزه به قتل رسیدند چیزی بیش از براهینی سبک و گذرا بودند. خود واشنگتن، هنگامی که از آن جنایات آگاه شد، فاش کرد که بردباری خود را در برابر میانه‌روهای کنگره از دست داده است؛ یکی از عبارات مورد علاقهٔ او دربارهٔ آن گروه این بود که «هنوز از غذای لذیذ آشتی تغذیه می‌کنند.» اگرچه واشنگتن به همهٔ زیردستان خود یادآوری می‌کرد که ارتش آمریکا دستورات خود را از کنگرهٔ قارّه‌ای دریافت می‌کند–کنترل غیرنظامی بر ارتش یکی از آن اصول اعتقادی بود که نیازی به بحث نداشت–ولی او بر این باور نبود که می‌تواند جوانان شجاع را برای آرمانی کمتر از استقلال آمریکا به کام مرگ بفرستد. این «آرمان» برای او و ارتش زیردست او چنین معنایی پیدا کرده بود. رؤسای غیرنظامی جرج واشنگتن در فیلادلفیا پشت سر او با مسئولیت‌های میهن‌پرستانهٔ خود کلنجار می‌رفتند، اما او به سادگی تصور می‌کرد که آنها دیر یا زود بالاخره به دریافت او خواهند رسید.(۴)

اما در این میان، جنبه‌های نظامی و سیاسی انقلاب آمریکا در ماه‌های پایانی ۱۷۷۵ همسو نبودند. در واقع دو دریافت از مقاومت آمریکا در برابر امپریالیسم بریتانیا وجود داشت، دو کانون که نشان‌دهندهٔ واکنش آمریکا به فرض حاکمیت پارلمان بریتانیا بود. ارتش قارّه‌ای، تحت فرمان‌دهی واشنگتن، استقلال آمریکا را همچون نتیجه‌ای قطعی و در واقع تنها توجیه ممکن برای وجود خود می‌دانست. کنگرهٔ قارّه‌ای به استقلال آمریکا به مانند آخرین راه حل می‌نگریست، و اعضای میانه‌رو تحت رهبری جان دیکنسن از پنسیلوانیا همچنان آن را اقدامی انتحاری توصیف می‌کردند که تقریباً به هر قیمتی می‌بایست از آن اجتناب نمود.

در آن زمان روشن بود و بعدها حتی روشن‌تر شد که استراتژی آشکار دولت بریتانیا باید این می‌بود که از شکاف میان این دو موضع بهره‌برداری کند و با پیشنهاد بازآرایی امپراتوری بریتانیا، به مستعمره‌نشینان آمریکایی حدی از کنترل بر امور داخلی‌شان را در ازای تجدید عهد وفاداری به پادشاه می‌داد. دو سال بعد، حکومت بریتانیا واقعاً چنین

ترتیبی را پیشنهاد کرد، اما تا آن زمان دیگر دیر شده بود. آمریکاییان بسیاری کشته یا برای همیشه مجروح شده بودند، زنان بسیاری مورد تعرض قرار گرفته بودند و زندگی‌های بی‌شماری برای همیشه دگرگون شده بودند. دیگر هیچ چیز جز استقلال کامل آمریکا پذیرفته نبود.

~~~

چه شد که کار به این‌جا کشید؟ یک گزارش تاریخی جامع باید اوراق بسیاری را صرف بررسی استدلال‌های حقوقی در طول دهۀ پیش از این تاریخ کند که با تصویب قانون تمبر[۱] در سال ۱۷۶۵ آغاز شد. اما خلاصه‌ای کوتاه و روشن از تاریخ سیاسی می‌تواند هستۀ اصلی این مباحث را به عنوان یک کشمکش بر سر مسألۀ حاکمیت بیان کند. برهان اصلی در طرف بریتانیا به وضوح و با قوّت توسط حقوق‌دان بزرگ بریتانیایی ویلیام بلک‌استون[۲] ارائه شد، که در تفسیرهای خود بر قوانین انگلستان (۱۷۶۵)، با لحنی کاملاً قاطع اصرار داشت که «در هر دولتی باید یک اقتدار عالی، مقاومت‌ناپذیر، مطلق و کنترل‌نشده‌ای وجود داشته باشد که حقوق حاکمیت[3] در آن قرار گیرد.» در امپراتوری بریتانیا، آن اقتدار عالی پارلمان بود. هنگامی که شما این استدلال را پذیرفتید، منطقاً و لزوماً باید به این نتیجه‌گیری می‌رسیدید که پارلمان این اختیار را دارد که برای مستعمراتش در آمریکا قانون وضع کند و بر آنها مالیات ببندد.(۵)

مستعمره‌نشینان در برابر این تفسیر از قانون اساسی مقاومت می‌کردند. آنها ادعای خود را بر این اصل نیمه مقدس ویگ[۴] قرار داده بودند که هیچ شهروند بریتانیایی نمی‌تواند مشمول مالیاتی شود، یا ملزم به اطاعت از قانونی گردد، که بدون رضایت او تصویب شده است. و از آنجایی که مستعمره‌نشینان آمریکایی از نماینده‌ای در پارلمان برخوردار نبودند،

۱. نک: پیوست ۲.

۲. تفسیرهای قوانین انگلستان Commentaries on the Laws of England، رسالۀ با نفوذ سدۀ هجدهم در حقوق عرفی انگلستان است که توسط سِر ویلیام بلک‌استون (۱۷۲۳-۱۷۸۰) قاضی و حقوق‌دان پرآوازۀ سدۀ هجدهم، در آکسفورد سال‌های ۶۹-۱۷۶۵ در چهار مجلد (حقوق افراد، حقوق چیزها، اشتباهات خصوصی، و اشتباهات عمومی) منتشر شد. تا دهه‌ها این مجموعۀ ارزشمند به عنوان اثری قطعی و قابل ارجاع در تکوین قانون انگلستان محسوب می‌شد که سپس در تکوین نظام حقوقی ایالات متحده تأثیرگذار بود. (منبع: پروژۀ آوالون دانشگاه ییل)
https://avalon.law.yale.edu/subject_menus/blackstone.asp

3. Jura summi imperii

۴. اصول اعتقادی حزب ویگ به ویژه در بریتانیای سدۀ هجدهم در اساس شامل اعتقاد به برتری پارلمان بود و پایه و اساس لیبرالیسم انگلیسی را تشکیل می‌دهد. (منبع: ویکیپدیا)
~~~

قوانین تصویب شده توسط آن نهاد نمی‌توانست برای آنها الزام‌آور باشد، زیرا آنها تنها ملزم به تبعیت از قوانین مصوّبهٔ مجالس محلی خود بودند و بس.

به این ترتیب، تا اوایل دههٔ ۱۷۷۰، مجادله به لحاظ منطقی و حقوقی به بن‌بستی رسیده بود که در آن دو دیدگاه متضاد در مورد امپراتوری بریتانیا مجبور به همزیستی بودند: دیدگاهی که قاطعانه امپراتوری را مورد تأکید قرار می‌داد و پارلمان را اساس حاکمیت قرار داده بود و دیدگاه آمریکایی، که در آن رضایت مردم اولویت نهایی بود و حاکمیت در چندین نهاد مستقر بود، درحالی‌که تنها وفاداری مشترک آمریکایی‌ها به پادشاه بود. الگوی بریتانیایی از امپراتوری‌های پیشین اروپایی، عمدتاً امپراتوری رُم، الهام می‌گرفت. الگوی آمریکایی گرچه مسبوق به هیچ سابقه‌ای در گذشته نبود، اما نشان از چیزی بود که یک قرن بعد، به‌عنوان اتحادیهٔ کشورهای مشترک‌المنافع بریتانیا شناخته شد.

در سال ۱۷۷۴ حکومت بریتانیا به این نتیجه رسید که چنین بن‌بستی غیرقابل تحمل است و در پاسخ به یک اقدام خرابکارانهٔ ناخواسته در بندر بوستون، که به نام «مهمانی چای»[1] شهرت یافت، تصمیم به اعمال حکومت نظامی در ماساچوست گرفت. با نگاهی به گذشته، این تصمیمْ تصمیمی حیاتی تلقی می‌شود، زیرا مجادله‌ای حقوقی را به یک درگیری نظامی تبدیل کرد و تضاد دو دیدگاه رقیب در مورد امپراتوری بریتانیا یکی مبتنی بر اجبار و دیگری بر مبنای اجماع را برجسته ساخت.

اما در همان اوایل سال ۱۷۷۵، اشخاصی که کاملاً آگاه بودند که با جنگ بیش از آن‌که چیزی عاید شود چه بسا سرمایه‌هایی که تلف خواهد شد، و کاملاً متعهد بودند که به هر قیمتی از آن اجتناب کنند، از هر دو سوی اقیانوس اطلس خواستار احتیاط شدند.

در بریتانیا، استدلال برای تغییر روش از سوی دو تن از برجسته‌ترین اعضای پارلمان مطرح شد. در مجلس لُردها، رهبر بانفوذی همچون ویلیام پیت، اِرل چتم،[2] معمار شناخته شدهٔ پیروزی بریتانیا در جنگ هفت ساله با فرانسه و سرخ‌پوستان، با تصمیم برای نظامی‌کردن این مناقشه به مخالفت برخاست. او پیشنهاد کرد که همهٔ نیروهای بریتانیایی از بوستون عقب‌نشینی کنند، زیرا حضور آنها فقط نقش محرکی فتنه‌انگیز و تنش زا را داشت که منشأ بروز جنگ می‌شد. حکومت بریتانیا آنگاه می‌بایست در مورد راه حلی سیاسی

---

[1]. The Boston Tea Party (نک: پیوست ۲)
[2]. William Pitt, Earl of Chatham

مذاکره کند که در آن «حرمت اموال [مستعمرات] محفوظ و مصون از تعرض بماند و تنها با رضایت خودشان در موردشان تصمیم گرفته شود.» پیت استدلال می‌کرد که مستعمرات آمریکا بسیار ارزشمند بوده و نباید از دست بروند، و بهترین توصیه به حکومت بریتانیا این است که هر آن‌چه را که مستعمره‌نشینان می‌خواهند به آنها بدهد.[۶]

ادموند برک در مجلس عوام از جا برخاست تا بسیاری از همان نکات را گوشزد کند، با این تفاوت که تأکید برک بر ارزش‌های ویگ بود که مستعمره‌نشینان آمریکایی به آنها پایبند بودند، در مقابل ارزش‌های زورمدارانه و تهدیدآمیزی که حکومت بریتانیا تبلیغ می‌کرد. از دید برک، آمریکایی‌ها در این مجادله دست بالاتری داشتند و اگر جنگی رخ می‌داد، احتمالاً پیروز می‌شدند. بنابراین، جوهر خرد سیاسی این بود که از چنین جنگی و عواقب دردناک آن پرهیز شود.[۷]

پیت و برک دو تن از سخنورترین و معتبرترین اعضای پارلمان بریتانیا بودند که در اوایل سال ۱۷۷۵ به کابینهٔ بریتانیا هشدار دادند که در حال رفتن به سمت جنگی غیرعاقلانه، غیرضروری و احتمالاً بدون دستاورد پیروزی برای بریتانیا است.

نظرات و آرائی نیز در آن سوی اقیانوس اطلس مطرح می‌شد که نصیحت و سازش را توصیه می‌کردند. در کنگرهٔ قارّه‌ای، اکثر نمایندگان میانه‌رو از مستعمرات میانی، عمدتاً پنسیلوانیا و نیویورک، بودند. این امر دست‌کم به دو دلیل معقول به‌نظر می‌رسید: نخست، سیاست‌های سخت‌گیرانهٔ بریتانیا بیشتر متوجه ماساچوست بود و با وجود آن‌که ساکنان فیلادلفیا و نیویورک احساس وظیفه می‌کردند که برای آرمان مشترک با برادران خود در بوستون همکاری کنند، اما چنین احساسی این تمایل را در ایشان ایجاد نمی‌کرد که خطر را برای گذار به دنیای جدید و متهورانهٔ استقلال آمریکا، که وعده داده می‌شد، پذیرا گردند. دوم، جمعیت مستعمرات میانی از نظر قومی، سیاسی و مذهبی نسبت به نیوانگلند متنوع‌تر بود، و بیشتر جمعیتی را می‌مانست که در آن همزیستی آلمانی‌ها، اسکاتلندی-ایرلندی‌ها و اوگنوهای فرانسوی در کنار نخبگان کوئِکِر[۱] ترکیب اجتماعی‌ای را ایجاد کرده بود که شعار

[۱] کوئِکِرها Quakers به مجموعه‌ای از فرقه‌های مسیحی پروتستان تعلق دارند که تحت عنوان رسمی جامعهٔ دینی دوستان Religious Society of Friends فعالیت می‌کنند. اعضای این جنبش‌ها عموماً حول محور اعتقاد به توانایی هر انسان برای تجربهٔ «نور درون» یا دیدن «نور الهی در هر فرد» متحد می‌شوند و عموماً جنگ گریز و عمیقاً صلح‌طلب هستند. مناسک دینی برخی از کوئکرها بر وجود خدا تکیه ندارد. کوئِکِرها به درجات مختلف از عقاید و ساختارهای سلسله مراتبی اجتناب می‌کنند. (منبع: ویکیپدیا)

مداراگرانهٔ زندگی کن و بگذار زندگی کنند برایش ارزش داشت.(۸)

در نتیجهٔ این ترکیب جمعیتی، فضای سیاسی همچون آب و هوای فصلی در جنوب غربی رودخانهٔ هادسن[1] ملایم‌تر بود. اگر بازمانده‌های کَلوَنیسم[2] خُلقِ نیوانگلندی‌هایی

جان آدامز در بهار و تابستان ۱۷۷۶ استدلال حقوقی برای استقلال آمریکا را در کنگرهٔ قارّه‌ای تنظیم و سپس در دو سال اول جنگ در سمت وزیر جنگ خدمت کرد.

– مجموعهٔ پرتره‌های دانشگاه هاروارد در موزهٔ فاگ از موزه‌های هنر هاروارد

مانند جان آدامز را تند و تیز کرده بود، رهبران برجستهٔ مستعمرات میانی سنگ‌های صافی را

1. Hudson River
2. Calvinism

تداعی می‌کردند که روی آب‌های متلاطم سُر می‌خوردند. تصادفی نبود که بنجامین فرانکلین تنها پس از نقل مکان از بوستون به فیلادلفیا بود که به الگوی خودساخته‌ای از خونسردی و شکیبایی توأم با مهربانی تبدیل گشت.

مظهر این ذهنیت معتدل در کنگرهٔ قارّه‌ای جان دیکنسن بود. دیکنسن از نظر جسمی و روانی درست برعکس آدامز بود: قد بلند و لاغر، با چهرهٔ تا حدی خاکستری و رفتاری سنجیده که اعتمادبه‌نفس ناشی از جایگاه اجتماعی‌اش در میان نخبگان کوئِکِر و آموزش حقوقی‌اش در چهار کانون حقوقی لندن را به نمایش می‌گذاشت. برخورد اولیهٔ دیکنسن با عالم کاسموپولیتیک جامعهٔ بریتانیا او را متقاعد ساخته بود که امپراتوری بریتانیا خانواده‌ای در دو سوی اقیانوس اطلس است که با علایق و منافع متقابل به یکدیگر پیوند خورده است. برخلاف آدامز، که تلاش‌های پارلمان برای اعمال مالیات بر مستعمرات را همچون توطئه‌ای منظم برای بردگی آنها می‌دانست، دیکنسن این تحمیل‌ها را انحرافات موقتی و صرفاً نزاعی خانوادگی می‌دانست که همانند موج‌هایی از زیر کشتی عبور می‌کنند. (۹)

در طول سال‌های اولیهٔ بحران امپراتوری، دیکنسن، بیشتر به دلیل انتشار جزوه‌هایی با عنوان نامه‌هایی از یک کشاورز پنسیلوانیا (۱۷۶۸)[1]ـ که استدلال می‌کرد پارلمان نه تنها فاقد اقتدار اخذ مالیات از مستعمره‌نشینان است بلکه نمی‌تواند تجارت را به منظور افزایش درآمد تنظیم کندـ شاید برجسته‌ترین مدافع حقوق مستعمرات در درون امپراتوری بود. او در کنار آدامز، عموماً به مانند تأثیرگذارترین اندیشمند حقوق اساسی در طرف آمریکایی در نظر گرفته می‌شد و انتخابش به نمایندگی کنگرهٔ قارّه‌ای در سال ۱۷۷۴ قطعی بود.

اما در حالی که آدامز معتقد بود که انکار اقتدار پارلمان ناگزیر به خروج آمریکا از امپراتوری بریتانیا منجر می‌گردد، دیکنسن می‌پنداشت که باید راه میانه‌ای وجود داشته باشد تا با حفظ حقوق مستعمرات از استقلال آمریکا، که او آن را بسیار خطرناک می‌دانست، پرهیز شود. بریتانیایی‌ها قطعاً اجازه نمی‌دادند که مستعمره‌نشینان با صلح و صفا راه خود را جدا کنند، و این به معنای جنگی بود که آمریکایی‌ها نمی‌توانستند به پیروزی در آن امیدوار باشند:

1. Letters from a Pennsylvania Farmer

ما هنوز عمق تلخی جامی را که به آن «اقبال جنگ» می‌گویند، نچشیده‌ایم... شکست در نبردی خونین... شیوع بیماری در میان سربازان‌مان که به محدودیت‌های اردوگاه عادت ندارند... خطر شورش سیاه‌پوستان در مستعمرات جنوبی... پیشنهادات ناخواسته برای تجزیه... امیدهای کاذب و نقشه‌های خودخواهانه همگی از این پس به ضرر ما عمل خواهند کرد.[۱۰]

جان دیکنسن رهبری جناح میانه‌رو در کنگرهٔ قارّه‌ای را بر عهده داشت و معتقد بود که جنگ علیه ارتش و نیروی دریایی بریتانیا اقدامی انتحاری است. ـ پارک (تاریخی) ملی استقلال

این دیدگاهْ دیدگاهی غیرواقع‌بینانه نبود. (اتفاقاً همهٔ نکاتی که دیکنسن پیش‌بینی کرده بود به وقوع پیوست.) بنابراین، دلایل بسیاری وجود داشت که راهی برای خروج از بن‌بست پیدا شود که به استقلال نینجامد. به همین دلیل، در حالی که دیکنسن در حمایت از شهروندان تحت فشار ماساچوست مُصرّ بود، از جمله جمع‌آوری پول و نیروی انسانی برای تشکیل ارتش قاره‌ای، بزرگ‌ترین امیدش انتصاب یک کمیسیون صلح بود که به لندن سفر و به مذاکره پیرامون نوعی مصالحهٔ عقلانی بپردازد.

چنین هیأتی هرگز منصوب نشد، ولی طرح کلی مصالحهٔ دیکنسنی نسبتاً روشن بود:

این‌که کابینهٔ بریتانیا حق حاکمیت مجالس مستعمرات را بر کلیهٔ مسائل مالیاتی و قانون‌گذاری به رسمیت بشناسد و مستعمره‌نشینان به طور داوطلبانه با وضع مقررات تجاری از سوی پارلمان–نه به منظور افزایش درآمد، بلکه برای اطمینان از یک رابطهٔ تجاری ممتاز میان مستعمرات و بریتانیای کبیر–موافقت کنند. مستعمره‌نشینان همچنین وفاداری خودرا به شاه اعلام نموده، تمایل خود را برای زندگی زیر سایهٔ پر مهر و پدرانهٔ او ابراز کنند. این در واقع بازگشتی بود به وضعیتی که از پیش، در سال ۱۷۶۳، یعنی حتی قبل از این‌که کابینهٔ بریتانیا برای تحمیل اصلاحات امپریالیستی نادرست خود اقدام کند، وجود داشت.[۱۱]

تا زمانی که این بحران در قالب یک درگیری حقوقی باقی می‌ماند، مصالحهٔ دیکنسنی راه حلی کاملاً بادوام ارائه می‌کرد و در واقع پاسخی آشکار بود که دولتمردان بریتانیایی از قبیل برک و پیت آمادهٔ پذیرش آن بودند. اما هنگامی که جنگ در آوریل ۱۷۷۵ آغاز شد، و به ویژه پس از نبرد بانکرهیل، تحول از درگیری حقوقی به یک درگیری نظامی، وضعیت سیاسی را برای همیشه تغییر داد. میانه‌روها در دو سوی اقیانوس اطلس به حاشیه رانده شدند و مصالحهٔ بدیهی قربانی جنگ شد.[۱۲]

آدامز اصرار دیکنسن بر آشتی در این زمینهٔ جدید را نادرست و آزاردهنده یافت. او در نامه‌ای خصوصی به یکی از دوستانش با استهزا گفت: «اقبال به یقین بلند و نبوغی که شهرتش با صدایی بلند در بوق و کرنا شده، به کل اقدامات ما جنبهٔ احمقانه‌ای داده است.» هنگامی‌که بریتانیایی‌ها نامه را پنهانی باز کردند و سپس به انتشار آن پرداختند، آدامز شرمنده شد، اگرچه او به دوستان خود اصرار داشت که این جنجال تنها بیهودگی امیدهای رو به زوال دیکنسن را آشکار می‌کند، چرا که راه‌حل میانه‌رو دیکنسن کاملاً به پادشاهی آشتی‌جو متکی بود و رخدادهای اواخر ۱۷۷۵ و اوایل ۱۷۷۶ به وضوح نشان داده بودند که جرج سوم هیچ علاقه‌ای به ایفای چنین نقشی ندارد.[۱۳]

~~~

سال‌ها بعد، هنگامی که از جان آدامز پرسیدند چه کسی شایستهٔ بیشترین اعتبار برای پیشبرد دستور کار استقلال در کنگره قاره‌ای است، اکثر پرسش‌کنندگان تصور می‌کردند که آدامز ابتدا ژست متواضعانه‌ای گرفته، سپس این افتخار را به خود نسبت خواهد داد. اما او با لذت از شگفت‌زده کردن آن‌ها این افتخار را به جرج سوم اختصاص داد. اشارهٔ او بدون
~~~

شک به اعلامیهٔ سلطنتی صادر شده در اوت ۱۷۷۵ و نطق پادشاه برای هر دو مجلس پارلمان در اکتبر همان سال بود.(۱۴)

ظاهراً جرج سوم از خواندن گزارش‌هایی که پس از عملیات برای وی ارسال شد و نبرد بانکرهیل را «پیروزی ویرانگر» خواند، بسیار برافروخته بود. این امر او را متقاعد ساخت که رویدادهایی که در مستعمرات آمریکا رخ می‌دهد از نقطه‌ای که امکان هرگونه توافق سیاسی را هنوز ممکن می‌دانست عبور کرده است. و به این ترتیب او اعلام کرد که مستعمره‌نشینان در موضع شورش قرار داشته و دیگر تحت حمایت او نیستند. جرج سوم سپس همهٔ دارایی‌های آمریکا را در بریتانیای کبیر مسدود کرد، همهٔ بنادر بریتانیا را به روی کشتی‌های آمریکایی بست، و خواستار تصویب لایحه‌ای در پارلمان مبنی بر تشکیل یک گروه عملیاتی عظیمی شد تا شورش را با ضربه‌ای قاطع در نطفه خفه کند. علاوه بر ۲۰،۰۰۰ سرباز منظم بریتانیایی، او دستور داد که ۱۰،۰۰۰ مزدور دیگر نیز یا از روسیه یا از شاهزاده‌نشین‌های آلمانی که سربازان حرفه‌ای تعلیم‌دیده در سنت انضباطی فردریک کبیر داشتند، به خدمت گرفته شوند. زمانی که خبر این اقدام آخر به آمریکا رسید، آدامز نتوانست با لحن بی‌پروای معمول خود از اظهارنظر دربارهٔ آن خودداری کند. وی به یکی از دوستانش نوشت: «با اطلاعاتی که دم به ساعت از خارج از کشور می‌رسد، نظر ما بیشتر و بیشتر تأیید می‌شود که نوعی ائتلاف میان کله‌های تاج‌دار و کله‌های پوک اروپا علیه طبیعت انسان در حال شکل‌گیری است.»(۱۵)

آنگاه تا آغاز سال جدید، جرج سوم به تنهایی دستور کار آشتی‌جویانهٔ جناح میانه‌روی کنگره را تضعیف کرد. زیرا میانه‌روها همهٔ امید خود را به پادشاهی دانا و خیرخواه بسته بودند که عاطفهٔ پدری‌اش نسبت به اتباع آمریکایی در نهایت جنگ‌افروزان کابینه و پارلمان را به سر عقل می‌آورد. اکنون جرج سوم نشان داد که خود وی احتمالاً سرسخت‌ترین منادی جنگ در هیأت حاکمهٔ بریتانیا است. پادشاه خود رأساً ابتکار عمل را به دست گرفته بود و مشاورانش بی‌درنگ پشت سر حاکم خود صف کشیدند. در حالی که میانه‌روها سرگرم جلوگیری از هرگونه اعلام استقلال آمریکا از امپراتوری بریتانیا بودند، جرج سوم در واقع اعلامیهٔ استقلال خود را از آنها صادر کرد.

ضربهٔ نهایی به چشم‌انداز سازش سیاسی–درواقع تیر خلاص با توجه به اخبار اخیر از

لندن–در قالب یک جزوهٔ پنجاه صفحه‌ای با عنوان عقل سلیم[1] توسط نویسنده‌ای ناشناس وارد شد که در ژانویهٔ ۱۷۷۶ انتشار یافت. عقل سلیم هم از نظر سبک و هم در ماهیت با عنوانی که برایش انتخاب شده بود مطابقت داشت، زیرا با زبانی قابل فهم و جذّاب نگاشته شده بود و واژگان محاورات مرسوم در میان آمریکاییان معمولی در میکده‌ها و قهوه‌خانه‌ها را تکرار می‌کرد که در آنها تأکیدات صریحی همچون «یک جزیره نمی‌تواند بر یک قاره حکومت کند» جایگزین استدلال‌های پیچیدهٔ حقوقی شده بود. عقل سلیم همچنین حمله‌ای مستقیم و از روبرو به نهاد سلطنت بود. نویسنده ادعای مبنی بر این‌که پادشاه مستقیماً با خدا صحبت می‌کند را مضحک قلمداد و تبار سلطنتی را به مانند صفی از مجرمان و راهزنان توصیف می‌کرد، و این تصور را که جرج سوم برای اتباع آمریکایی خود ذرّه‌ای اهمیت قائل است همچون افسانه‌ای–یا شاید به مانند رؤیایی احساسی که همهٔ شهروندان مسئول باید از آن بیدار شوند–مردود می‌شمرد. زمان انتشار عقل سلیم از این بهتر نمی‌توانست بوده باشد، زیرا همچون کیفرخواستی آشکار علیه خانوادهٔ سلطنتی بریتانیا به‌طور کلی، و جرج سوم به‌طور خاص، درست در زمانی منتشر شد که مطبوعات آمریکا از نقشهٔ دربار برای درپیش گرفتن تهاجمی عظیم سخن می‌گفتند. سبک، پیام و زمان‌بندی این جزوه با هم ترکیب شد و آن را به چنان رویدادی پرشور مبدل ساخت که در عرض سه ماه صدوپنجاه هزار نسخه از عقل سلیم به فروش رفت.(۱۶)

معلوم شد که نویسنده مرد انگلیسی سی‌ونه ساله‌ایست به نام تامِس پین[2] که تنها دو سال پیش از آن در فیلادلفیا رحل اقامت افکنده بود. هیچ چیز در پیشینهٔ پین به چشم نمی‌خورد که او را برای چنان مقام والایی آماده کرده باشد. او به‌عنوان فروشنده، همسر و خیاط سازندهٔ کُرسِت در شهرستان لوئیس[3] و سپس لندن شکست خورده بود، هرچند که حس عمیقی از بی‌عدالتی بریتانیا را به دلیل تجربه‌اش به عنوان عضوی از طبقهٔ کارگر فقیر لندن درونی کرده بود. سبک و سیاق نثر خیره‌کنندهٔ او نیز، مانند زیبایی یک زن خوبرو

۱. مترجم تاکنون ترجمه‌ای فارسی از جزوهٔ Common Sense ندیده است. اما عنوان آن را به صورت‌هایی گوناگون اینجا و آنجا از نظر گذرانیده، از جمله «حِسِّ مشترک»، «شعور مشترک»، «عقل سلیم» و ... به هر حال، رساله‌ای است در ۴۷ صفحه که تامس پین در بحبوحهٔ انقلاب آمریکا با هدف دفاع از استقلال مردم سیزده مستعمرهٔ آمریکا از بریتانیای کبیر انتشار داد. این رساله که مبنای فکری پرشوری برای انقلاب بود به سرعت به پرفروش‌ترین اثر برجا مانده از آن دوران تبدیل گشت. (منبع: ویکیپدیا)

2. Thomas Paine

3. Lewes

هدیه‌ای خدادادی بود که وی به سادگی از آن بهره برد. از آنجا که جان آدامز شاخص‌ترین و صریح‌ترین منادی استقلال آمریکا بود و هیچ‌کس هنوز تا آن زمان نام پین را نشنیده بود، در ابتدا همه فکر می‌کردند که آدامز نویسندهٔ عقل سلیم است. ولی او به این شایعات چنین پاسخ داد: «من از این باب بی‌گناهم، همچون نوزادی که تازه متولد شده است. من نمی‌توانستم به قدرت و اختصار سبک او برسم. نه به سادگی دل‌نشین او و نه به دردناک بودن نافذ نثرش.»(۱۷)

تامِس پین، نویسنده عقل سلیم، آخرین پیوند باقی مانده با امپراتوری بریتانیا را، با محکوم کردن جرج سوم و سلطنت به طور کلی همچون بقایای ظلمت قرون وسطی، قطع کرد.
ـ کتابخانهٔ کنگره

آدامز برخی از ویژگی‌های عقل سلیم را نگران‌کننده یافت؛ که مهمتر از همهٔ آنها این اعتقاد پین بود که فکر می‌کرد پس از آنکه مستعمره‌نشینان دست حکومتِ بریتانیا را از کشور کوتاه کردند، تشکیل یک مجلس قانون‌گذاری بزرگ و واحد شکل مناسب حکومت خواهد بود. از دید آدامزْ پین «در خراب کردن بهتر از ساختن» بود. اما از آنجایی که مستعمرات هنوز در مرحلهٔ «تخریب» رابطهٔ خود با جرج سوم و امپراتوری بریتانیا بودند،

عقل سلیم سهمی بسیار ارزشمند و قابل مشاهده در «آرمان» انقلاب ایفا می‌کرد. حمایت از بیانیهٔ استقلال آمریکا تا حدی به دلیل نفوذ این جزوه تا بهار ۱۷۷۶ از موضع یک اقلیت به اکثریتی در کنگره تغییر کرد. ولی موضع سیاسی مستعمرات میانی، به ویژه در مناطق میانه‌رو و سخت وفادار به سلطنت در نیویورک و پنسیلوانیا، همچنان نامشخص بود.(۱۸)

~~~

مردی که بیش از هر فردی دیگر شکلی از پاسخ این سؤال را به دست داد، جان آدامز بود که همچون رهبر جناح رادیکال در کنگرهٔ قارّه‌ای ظاهر شد، گرچه به او نمی‌آمد که ایفاگر چنین نقشی باشد. در سال ۱۷۷۶ و در سن چهل‌ویک سالگی، او در حال از دست دادن دندان‌ها و باقی‌ماندهٔ موهایش بود. با قامت یک متر و شصت و هفت سانتی، از اغلب مردان زمان خود کوتاه‌تر بود، و بالاتنه‌ای داشت که دشمنانش آن را به گلولهٔ توپ تشبیه می‌کردند؛ لقبی که سرانجام منجر به نامیدن او به «عالیجناب گِرد» شد. او در جوانی و هنگامی که تازه از هاروارد فارغ‌التحصیل شده بود، شروع به نوشتن دفتر خاطراتی کرد. در این دفترچه آدامز جوان از «گاوهای خشمگینی» نام می‌برد که احساس می‌کرد در روح و روانش می‌تازند. این تلاطمات درونی به طور دوره‌ای روحیهٔ او را دچار نوسانات شدیدی می‌کرد که سپس فرومی‌نشست اما هیچ‌گاه کاملاً از میان نمی‌رفت. این تلاطمات حتی پس از ازدواجش با اَبی‌گِیل اسمیت در ۱۷۶۴ به طور کامل او را رها نکرد و به این گمان در میان دوستان و دشمنان دامن زد که او گاهی اوقات از کنترل کمی خارج می‌شود. تصادفی نبود که آرمان زیبای فلسفهٔ سیاسی او تعادل بود، زیرا او احساسات متضاد درون خود را به جهان فرافکنی می‌کرد و به حکومت به عنوان مکانیزم ایجاد موازنه و تعادل نظر می‌کرد که موجب اجتناب از خارج از کنترل شدن چند دستگی‌ها و نزاع‌ها می‌شد.(۱۹)

جان آدامز حتی پیش از ورود به کنگرهٔ قارّه‌ای در سال ۱۷۷۴ متقاعد شده بود که برنامهٔ امپراتوری بریتانیای کبیر جای اندکی برای مذاکره یا توافق باقی می‌گذارد. تصویب لوایح سرکوب‌گرانه[1] (۱۷۷۴)، که حکومت نظامی را بر ماساچوست تحمیل می‌کرد، آدامز را از محافظه‌کاری به سمت موضع دفاع از استقلال سوق داد، و هنگامی که از آن سَدّ بزرگ فراتر رفت، دیگر هرگز پشت سرِ خود را هم نگاه نکرد. او این روزها را سال‌ها بعدْ چنین به

1. Coercive Acts
~~~

یاد آورد: «من تصمیمی دشوار را با عواقبی غیرقابل بازگشت پشت سر گذارده بودم. عزم تغییرناپذیرم این بود که باید با وطنم شنا کنم یا با هم غرق شویم. زنده بمانیم یا بمیریم. بقا یا نابودی.»(۲۰)

آدامز، دستکم تا حدودی به این دلیل که به دنبال «آرمان» می‌گشت، خیلی زود به آن پیوست. به هر حال، این مرد در جوانی در مقابل آینه می‌ایستاد و خطابهٔ سیسرون[1] علیه کاتیلین[2] را تمرین و حرکات بدن و حالات صورت خود را برای بیشترین اثرگذاری اصلاح و تکمیل می‌کرد. بحران حقوقی با بریتانیای کبیر فرصتی خدادادی بود تا جاه‌طلبی‌های عظیمش را به هدفی بزرگتر از خود گره زده و به رسالتی بپیوندد که او را فراتر از افق‌های محلی یک وکیل بوستونی، به قله‌هایی تاریخی برساند. آدامز نزدیک به یک دهه در خلوت ذهنش برای ایفای نقش «سیسرون آمریکایی» تمرین کرده بود. اکنون، یک مشت افراد نالایق در کابینهٔ بریتانیا، با مساعدت ماهرانهٔ جرج سوم، متنی را به او سپرده بودند که در نهایت «انقلاب آمریکا» نام گرفت. او آماده بود تا نقشی برجسته در این نمایش ایفا کند.(۲۱)

از همان آغاز، آدامز با همکاران میانه‌رو خود در کنگرهٔ قاره‌ای درگیر شد، چرا که به آن‌ها گفت محور اصلی استراتژی‌شان در قبال بریتانیا–آشتی بر پایهٔ نوعی قدرت مشترک با پارلمان یا مداخلهٔ خیرخواهانهٔ پادشاه–توهّمی بیش نیست. او با تأسف گفت: «من استدلال کردم، مسخره کردم، انتقاد کردم و علیه این توهم مرگبار سخنرانی کردم. اما نمی‌توان با استدلال جریانی را متوقف و طوفانی را با تمسخر آرام کرد.» ولی از دید میانه‌روها، که در سال‌های ۱۷۷۴ و ۱۷۷۵ از اکثریت قابل توجهی در کنگره برخوردار بودند، استقلال به معنای جنگ با بزرگترین قدرت نظامی روی کرهٔ زمین بود که برایشان غیرقابل تصور بود. آدامز، برعکس، پاسخ داد که عواقب استقلال هرچه باشد، اجتناب‌ناپذیر است. او پیش‌بینی کرد: «در نهایت متقاعد خواهیم شد که این سرطان ریشهٔ بسیار عمیقی دارد و بقدری گسترش یافته است که با هر چیزی جز قطع کامل آن قابل درمان نیست.» آن‌گونه که به اَبی‌گِیل گفت: «ما منتظر یک منجی هستیم... که هرگز نخواهد آمد.»(۲۲)

آدامز قبول داشت که خود را از چشم بسیاری از همکارانش، که او را به طعنه نابودکنندهٔ

1. Cicero
2. Catiline

همهٔ چیزهای ارزشمند دنیوی می‌خواندند، انداخته است. این امر هرگز آدامز را ناراحت نکرد، و در اوقاتی که میل به مخالف‌خوانی در روحیه‌اش بیشتر می‌شد، ادعا می‌کرد که عدم محبوبیت وی شاهد قاطعی است بر این‌که موضع او اصولی بوده است، زیرا بدیهی بود که او مواضع خود را برای خوشآمد افکار عمومی تبیین نمی‌کند. بنابراین، انزوای جان آدامز معیاری برای درستی او بود. منتهی ناامیدکننده‌ترین مسأله برای مخالفانش این بود که سیر رویدادها بر پیش‌بینی‌های او صحه می‌گذاشت—به همین دلیل به جرج سوم همچون متحدی ضروری بسیار اعتبار می‌داد—و از این رهگذر ادعای او را مبنی بر آگاهی از مسیر تاریخ تقویت می‌کرد.

از قضا، در اوایل بهار ۱۷۷۶، زمانی که امواج وقایع یکی پس از دیگری به سمت آدامز می‌تاخت (رَدِّ آشتی سیاسی به نفع جنگ توسط جرج سوم، تأثیر هیجان‌انگیز عقل سلیم،) وی شروع به اتخاذ لحنی محتاطانه‌تر کرد. به‌رغم گستاخی‌هایش در رَدّ محبوبیت و تمسخر نمایندگان میانه‌رو به‌عنوان افرادی به‌طرز ناامیدکننده‌ای ساده‌لوح، در واقع نگران بود که نکند سرعت شتابان جنبش برای استقلال آمریکا از افکار عمومی پیشی گرفته باشد. جزوهٔ پِین مطمئناً در این زمینه به «آرمان» خدمت کرده بود، اما اصلاً مشخص نبود که اکثر آمریکاییان، به ویژه در مستعمرات میانی، برای جدایی از تخت و تاج آماده باشند. این شورشی دوآتشهٔ سابق اکنون مدیر محتاط نیروهای انقلابی شده بود و نه به‌دنبال تسریع فرآیند سیاسی، بلکه در تلاش برای کندتر کردن آن بود. مستعمرات آمریکایی «با گام‌های آهسته اما مطمئن به سوی آن انقلاب عظیم» پیش می‌رفتند—او در این نکتهٔ کلیدی همچنان مطمئن بود—اما «تلاش‌های اجباری برای تسریع این حرکات می‌تواند با نارضایتی و شاید با آشفتگی همراه شود.»[۲۳]

آدامز با وجود شهرت سزاواری که به عنوان یک رادیکال دوآتشه به دست آورده بود، اکنون چهرهٔ واقعی خود را به مانند نادرترین موجود خلقت، یک انقلابی محافظه‌کار، نشان می‌داد. او در حالی که متعهد به جدایی از امپراتوری بریتانیا بود، در این اندیشه به سر می‌برد که باید اجماعی آشکار در میان شهروندان آمریکایی به وجود آید تا انقلاب پیروز شود. و پیش از آن‌که این اجماع به طور قانع‌کننده‌ای محرز گردد، افکار عمومی باید «همچون انگور بر تاک» برسد. علاوه بر این، تغییر حالت دادن از مستعمرهٔ بریتانیا به یکی از دولت‌های آمریکایی باید همواره و پیوسته رخ دهد و نباید صورتی تنش‌زا به خود گیرد.

آدامز هشدار داد: «من تا به حال همیشه فکر می‌کردم که سخت‌ترین و خطرناک‌ترین بخش کار ابداع روشی برای این است که مستعمره‌ها اقتدار خود را به شیوه‌ای نامحسوس از دست حکومت قدیمی بدر آورده و با صلح و رضایتْ تسلیم حکومت‌های جدیدی سازند.» شاید بتوان گفت که او می‌خواست انقلابی تکامل‌یابنده را سامان دهد تا به این ترتیب نیروی انفجاری آن مهار گردد. مطالعات وسیع او در تاریخ کمک چندانی نکرد، چرا که تاریخ نشان می‌داد هیچ‌کس در تلاش در انجام این کار تاکنون موفق نشده است.(۲۴)

~~~

جان آدامز خود را همچون یک انقلابی مسئولی می‌دید که از آن الگوی تاریخی سرپیچی می‌کند. در متن روی‌دادهای زمان، این به معنای ایجاد چارچوب سیاسی جدیدی برای مستعمرات آمریکا پیش از اعلام رسمی استقلال بود. اَبی‌گِیل مشکل را با رشته‌ای از سؤالات مشخص پیش‌بینی کرده بود: «اگر ما از بریتانیای کبیر جدا شویم، چه قوانینی وضع خواهد شد؟ چگونه حکومتی باید بر ما حکمفرما شود تا آزادی‌های خود را حفظ کنیم؟ آیا حکومتی که با قوانین عمومی اداره نمی‌شود می‌تواند آزاد باشد؟ چه مرجعی باید این قوانین را تنظیم کند؟ چه مرجعی به این قوانین نیرو و مشروعیت خواهد داد؟» زیرا تا زمانی که نهادهای سیاسی جدیدی از پیش ایجاد نشده بودند، آمریکاییان در معرض خطر فرار از ظلم امپراتوری بریتانیا و سقوط به دامن نوعی هرج و مرج قرار داشتند.(۲۵)

در حالی که آدامز در سراسر بهار ۱۷۷۶ گذاشته بود تا اندیشهٔ استقلال پخته‌تر شده و به «بلوغ» برسد، در عوض همهٔ انرژی خود را بر ایجاد چارچوبی حکومتی برای آمریکای پس از استقلال متمرکز کرد. به نظر او، یک توالی مناسب از وقایع می‌توانست گذار بی‌دردسر از حاکمیت بریتانیا به یک جمهوری پایدار آمریکایی را تضمین کند. «مستعمرات باید ابتدا اختیارات حکومتی را در همهٔ شاخه‌های آن بر عهده گیرند؛» آنگاه، پس از بازنگری در قوانین اساسی خود در راستای اصول جمهوری، «باید با یکدیگر وارد ائتلاف شده و سپس اختیارات کنگره را در مرحلهٔ بعد مبرهن سازند.» بیانیهٔ علنی استقلال تنها پس از تکمیل این مراحل باید صادر گردد. البته وقایع به زودی این طرح منظم را به سخره گرفتند، اما این طرح دقیقاً بازتاب‌دهندهٔ اشتیاق عمیق آدامز برای کنترل انرژی‌های انفجاری ناشی از نفی اقتدار بریتانیا بود. مستعمرات پیش از جهش، باید می‌دانستند در کجا فرود خواهند آمد.(۲۶)
~~~

بنابراین، نخستین وظیفه این بود که هر مستعمره، حکومت خود را مطابق با اصول جمهوری‌خواهی بازبینی کند. از آنجا که آدامز به‌عنوان یکی از متفکران برجستهٔ قانون اساسی در کنگره شناخته می‌شد، نمایندگان سه مستعمره-کارولینای شمالی،[1] پنسیلوانیا، و نیوجرسی[2]-از او خواستند تا خرد و نظر خود را در اختیار آنان بگذارد. آدامز در اواخر مارس و اوایل آوریل سه یادداشت برای این منظور تنظیم کرد. سپس تصمیم گرفت پیش‌نویس چهارمی برای انتشار بنویسد تا توصیه‌هایش در دسترس همهٔ مستعمرات قرار گیرد. این متن که عنوان «اندیشه‌هایی دربارهٔ حکومت»[3] را داشت، در تاریخ ۲۲ آوریل در روزنامهٔ پِنسیلوانیا پَکت[4] منتشر شد.[(۲۷)]

آدامز گرچه بعدها اندیشه‌ها... را به عنوان «صرفاً طرحی که با عجله انجام شد» کم اهمیت جلوه می‌داد، ولی این اثر تلاشی بود برای پیشنهاد نسخه‌ای کاملاً جمهوری‌خواهانه از «حکومتِ مختلط»[5] انگلیسی. هر حکومت ایالتی باید از سه بخش تشکیل می‌شد که بر اساس مدل انگلیسی شامل قوهٔ مجریه، قوهٔ مقننهٔ دو مجلسی و قوهٔ قضائیه باشد. اما به جای یک پادشاه موروثی، یک فرماندار منتخب و به جای یک مجلس موروثی اعیان، یک مجلس اعلا یا سنا با اعضای منتخب خواهد داشت-گزاره‌ای کاملاً روشن مبنی بر این‌که قدرت سیاسی به جای سرچشمه گرفتن از پادشاه، از منبع اولیهٔ خود نزد «مردم»، به سمت بالا جریان خواهد یافت.

آدامز به ویژه مشتاق علنی کردن مخالفت خود با تجویز تامِس پین در عقل سلیم برای

1. North Carolina
2. New Jersey
3. Thoughts on Government
4. Pennsylvania Packet

۵. حکومت مختلط Mixed Government یا ساختار مختلط Mixed Constitution به شکلی از حکومت گفته می‌شود که عناصری از دمکراسی (مردم‌سالاری)، آریستوکراسی (اشرافیت) و سلطنت را با هم ترکیب می‌کند تا مانع فساد هر یک شود که به ترتیب عبارتند از آنارشی، الیگارشی و استبداد. این فکر در اروپای دوران قدیم طرفداران بسیاری پیدا کرد تا ثبات، ابتکار عمل و توفیق جمهوری را به مانند شکلی از حکومت در قانون رُم توضیح دهد. حکومت‌های دنیای باستان مانند یونان، رُم و کارتاژ از نوع مختلط بودند. در حکومت مختلط بر خلاف دموکراسی، آریستوکراسی یا سلطنتِ کلاسیکْ حاکمان به جای این‌که مقام خود را از طریق ارث یا قرعه‌کشی به دست آورند، توسط شهروندان انتخاب می‌شوند. (منبع: وبسایت سنای ایالات متحده www.senate.gov)

مفهوم حکومت مختلط در دوران رنسانس و عصر خرد توسط نیکولو ماکیاوللی، جیامباتیستا ویکو، امانوئل کانت، و تامس هابز مطالعه شد. این نظریه‌ای بسیار مهم در میان حامیان جمهوری‌خواهی بود و هنوز هم هست. مکاتب مختلفْ جوامع سیاسی مدرن مانند اتحادیهٔ اروپا و ایالات متحده را دارای ساختاری مختلط توصیف کرده‌اند. (منبع: ویکیپدیا)

فصل ۱: احتیاط حُکم می‌کند ۲۵

قوهٔ مقننه‌ای بزرگ و تک مجلسی بود که ظاهراً ارادهٔ «مردم» را در خالص‌ترین شکل آن تجسم می‌بخشید. از دیدگاه آدامز، «مردم»، مانند موجود افسانه‌ای هیدرا،[1] موجودیتی پیچیده، چندصدا و چندسر بود که باید در نهادهای مختلف محدود و سامان‌دهی می‌شد. او باور پین به یک جمعیت همگن و هماهنگ مردمی را به همان اندازه واهی می‌دانست که باور به یک پادشاه ملهَم از پروردگار. در گوشه و کنار فرمول آدامز برای حکومت نطفه‌های اولیهٔ دو اصل متداخل قابل تمایز است—نظارت و موازنه[2] و تفکیک قوا[3]—که یازده سال بعد به ویژگی‌های اصلی قانون اساسی فدرال آمریکا تبدیل شد.(۲۸)

آدامز به سرعت متوجه شد که مدل‌های متعددی برای یک جمهوری ممکن است وجود داشته باشد، و نسخه‌ای که او در اندیشه‌هایی دربارهٔ حکومت پیشنهاد داده بود نباید به‌عنوان یک نسخهٔ تغییرناپذیر در نظر گرفته شود. هرکدام از مستعمرات، تاریخ و سنت‌های سیاسی متفاوتی داشتند و لازم بود تا جایی که ممکن است، عناصر مناسبی از این اندیشه‌ها را با تجربهٔ سیاسی خود هماهنگ سازند. هر مستعمره بهتر بود با اقتباس جمهوری‌خواهانه از نسخهٔ کهن قانون اساسی خود، احساس تغییر را به حداقل و حس تداوم را به حداکثر برساند.

کنگره در ۱۲ ماه مه، با تصویب قطعنامه‌ای رسمی برای اجرای پیشنهاد آدامز مبنی بر ایجاد قوانین اساسی جدید ایالتی به‌جای قوانین اساسی مستعمرات که تحت اقتدار پادشاه بریتانیا تصویب شده بودند، موافقت کرد. آدامز آن را به مانند «مهم‌ترین قطعنامه‌ای که تا به حال در آمریکا به تصویب رسیده» توصیف کرد. وی سه روز بعد مقدمه‌ای را اضافه کرد که قطعنامه را، هم از نظر شکل و هم از نظر محتوا، به گامی عظیم به سوی استقلال مبدل ساخت.(۲۹)

مقدمهٔ آدامز با فهرستی از شکایات علیه پادشاه آغاز شد که درخواست‌های

[1] هیدرا، Hydra در افسانه‌های یونانی، فرزند تیفون Typhon و اکیدنا Echidna (براساس تئوگونیا یا تبارنامهٔ خدایان اثر شاعر نامدار یونانی سدهٔ هشتم پیش از میلاد، هزیود)، اشاره‌ای است به هیولای غول‌پیکر مار آبی با نُه(۹) سر که یکی از آنها جاودانه بود. محل سکونت این هیولا، باتلاق های لِرنا Lerna، در نزدیکی آرگوس Árgos بود، که به طور دوره‌ای از آنجا بیرون می‌آمد تا مردم و دام‌های لِرنا را به ستوه آورد. هر کسی که قصد بریدن سر هیدرا را داشت متوجه می‌شد که به محض بریدن یک سر، دو سر دیگر از زخم تازه بیرون می‌جهند. به این ترتیب بر تعداد سرهای هیدرا اضافه می‌شد. تا این‌که نابودی هیدرا به یکی از دوازده کار هراکلس، نام‌آورترین قهرمان اسطوره ای یونان تبدیل شد. در انگلیسی مدرن، «هیدرا»، «هیدرا-سر»، یا «هیدرا-وش» می‌تواند موقعیتی دشوار یا چندگانه را توصیف کند. (منبع: دانش‌نامهٔ بریتانیکا https://www.britannica.com)

[2] checks and balances

[3] separation of powers

مستعمره‌نشینان برای رسیدگی به نارضایتی‌ها را رد کرده بود. سپس به این تصمیم او پرداخت که «همهٔ نیروهای آن پادشاهی، با کمک مزدوران خارجی، برای نابودی مردم خوب این مستعمرات» گسیل شده بودند. (این نخستین باری بود که سند رسمی کنگره، پادشاه را همچون شریک جرم در این درگیری متهم می‌کرد.) سپس چنین ادامه داد که همهٔ قوانین بریتانیا «و هر نوع اقتدار تحت تاج و تخت مزبور باید کاملاً کنار گذاشته شده و متوقف شود،» و مردم مستعمرات متحد باید این خلأ را با حکومت‌های خودساخته‌شان پُر کنند، «که برقراری این حکومت‌ها تحت اقتدار مردم مستعمرات به هدف حفظ صلح داخلی، فضیلت و نظم نیکو؛ و همچنین به منظور دفاع از جان‌ها، آزادی‌ها و دارایی‌هایشان در برابر تجاوزات خصمانه و تاراج‌های بی‌رحمانهٔ دشمنان‌شان است.»[۳۰]

آدامز بلافاصله حس کرد که اتفاقی واقعاً تاریخی رخ داده است. دو روز بعد، در ۱۷ مه، نامه‌ای به اَبی‌گِیل نوشت، مملو از افتخار از این‌که نام خود را در کتاب‌های تاریخ تضمین کرده است. او نوشت:

> آیا این سخن موسی نیست که گفت: «من کیستم که در میان این مردم آمد و شد کنم؟» وقتی به رویدادهای بزرگی که گذشت و رویدادهای بزرگتری که به سرعت در پیش است فکر می‌کنم و به این‌که من نیز در ابداع ایده‌های نو و ایجاد تغییرات کوچک که چنین تأثیراتی داشته و خواهند داشت نقش داشته باشم، احساس حیرت و هراسی عمیق بر من چیره می‌شود که به آسانی نمی‌توان توصیف کرد.[۳۱]

در طول سال‌های بعد، آدامز مایل بود ادعا کند که قطعنامهٔ ۱۵ مه در واقع بیانیهٔ واقعی استقلال بود و بیانیهٔ معروف‌تر جفرسن شش هفته بعد، صرفاً یک پی‌نوشت تشریفاتی بود. به بیان دیگر، صاعقه پیشتر در ماه مه زده بود و سند ماه ژوئیه[۱] تنها پژواک رعدی بود که پس از آن شنیده می‌شد. این استدلال در مورد تألیف و این‌که چه کسی شایستگی عبور دادن مستعمرات را «از نقطهٔ بی‌بازگشت»[۲] داشت، پیچیدگی‌های وضعیت سیاسی اواخر

[۱] بیانیهٔ استقلال که چرکنویس آن را تامس جفرسن نوشته بود در ۴ ژوئیهٔ ۱۷۷۶ به تصویب رسید. نک: پیوست ۳.

[۲] آدامز از عبارت across the Rubicon منظور خاصی داشت. این اصطلاح به تصمیم برگشت‌ناپذیر اشاره دارد و به عبور ژولیوس سزار از رود روبیکن در ۴۹ پیش از میلاد برمی‌گردد، که به معنای شکستن مرز و اعلام جنگ بر جمهوری رم بود. به‌طور مشابه، آدامز با این اصطلاح می‌خواست نشان دهد که با تصویب قطعنامهٔ ۱۵ مه، مستعمره‌ها مسیری بدون بازگشت را به سوی استقلال پیموده‌اند.

بهار ۱۷۷۶ را تحریف می‌کند. آدامز بدون تردید درست می‌گفت که قطعنامهٔ ۱۵ مه گامی بزرگ به‌سوی استقلال بود، و بحث داغ در کنگرهٔ قاره‌ای پیش از رأی‌گیری نشان می‌داد که نمایندگان می‌دانستند با تصویب این قطعنامه دیگر راه بازگشتی وجود ندارد. رأی‌های مخالف نمایندگان نیویورک و پنسیلوانیا نیز نشان می‌داد که استقلال همچنان در کنگره مسأله‌ای بحث‌برانگیز بود. اکنون تنها نگاه به گذشته نشان می‌دهد که بحران سیاسی به نقطهٔ بی‌بازگشت رسیده بود. به مدت ده سال (۱۷۷۵-۱۷۶۵) مستعمره‌نشینان آمریکایی درگیر مبارزه‌ای حقوقی بر سر اختیارات پارلمان بریتانیا شده بودند که در ابتدا صلاحیت آن را برای اخذ مالیات از خودشان رد می‌کردند و در نهایت با قدرت قانون‌گذاری آن به‌طور کامل به مخالفت پرداختند. شروع خصومت‌ها در بهار ۱۷۷۵ ترکیب سیاسی بحث حقوقی را تغییر داده و ارتباط با پادشاه را همچون واپسین پیوند با امپراتوری بریتانیا باقی می‌گذاشت. اکنون اقدامات خصمانه و تهاجمی جرج سوم این آخرین پیوند را قطع می‌کرد و عملاً به هرگونه چشم‌اندازی واقع‌بینانه برای راه حلی سیاسی از طریق مذاکره پایان می‌داد. بنابراین، هم قطعنامهٔ ماه مه و هم بیانیهٔ معروف‌تر ژوئیه، پاسخ‌های بلاغی به بحران سیاسی غیرقابل‌مذاکره‌ای بودند که از میزهای دیپلماتیک لندن و فیلادلفیا به میدان نبرد، که نیویورک بود، منتقل شده بود. در ماه آوریل، واشنگتن ارتش قارّه‌ای را به نیویورک منتقل کرد با این فرض که تهاجم بریتانیا در آن‌جا رخ خواهد داد؛ فرضی که درست از آب درآمد. وقایع نظامی تصمیمات سیاسی را دیکته می‌کردند. (۳۲)

با این اوصاف، قطعنامهٔ ۱۵ مه آدامز از یک جنبهٔ مهم با مانیفستی که بعداً از قلم جفرسن تراوید متمایز و متفاوت بود زیرا تنها رد اقتدار بریتانیا نبود، بلکه تأکید بر نیاز به ایجاد حکومت‌های ایالتی جدیدی بود که بتوانند به‌عنوان جایگزین حکومت بی‌اعتبار شدهٔ بریتانیا عمل کنند. به این معنا، این قطعنامه دعوتی بود برای اعلام این‌که یک جمهوری مستقل آمریکایی یا ائتلافی از جمهوری‌ها، باید چگونه پدیده‌ای باشد. آدامز برحق اطمینان داشت که مستعمره‌های سابق در پشت این فراخوان استقلال متحد خواهند شد و مطابق با چارچوبی که پیشنهاد کرده بود، قوانین اساسی جدید ایالتی را تدوین خواهند کرد. اما در ورای این پیش‌بینی، او نگران بود که با این قطعنامه در واقع جعبهٔ پاندورا[1] را گشوده و ممکن است

1. Pandora's box

تندروترین طرفداران استقلال بخواهند یک دستور کار کاملاً انقلابی را به اجرا درآورند. او با اضطراب و نگرانی تنها می‌توانست نفسش را حبس کند و منتظر بماند، اما دلایل کافی داشت که بترسد مبادا جنگ برای استقلال به انقلاب واقعی آمریکا تبدیل شود. (۳۳)

~~~

این ترس کاملاً به جا بود و در واقع ریشه در منطق همان براهین حقوقی‌ای داشت که آدامز و همکارانش در جبههٔ میهن‌دوستان به مدت بیش از یک دهه به پارلمان بریتانیا گوشزد می‌کردند. زیرا در مرکز استدلال مستعمره‌نشینان تأکید بر این اصل بود که هر قدرت سیاسی بدون رضایت مردم خودسرانه و نامشروع است. و هنگامی که رضایت به عنوان اصل غیرقابل‌چانه‌زنی برای هر جمهوری شایستهٔ این نام تثبیت گشت، انگار چراغ‌هایی در سراسر جامعه روشن شد و گوشه‌های تاریک متعددی از جامعهٔ آمریکا را روشن کرد، جایی که گروه‌هایی سکونت داشتند که می‌توانستند به نحوی معقول و قانع‌کننده ادعا کنند که حقوق‌شان بدون رضایت آن‌ها پایمال شده است.

برده‌داری آشکارترین تناقض با همهٔ آن چیزی بود که انقلاب نوپای آمریکا ادعا می‌کرد نمایندهٔ آن است. برای نادیده گرفتن این واقعیت که ۲۰ درصد از جمعیت آمریکا ـ حدود ۵۰۰ هزار نفر ـ آفریقایی‌تبار و ۹۰ درصد از آن‌ها برده بودند و اکثریت عظیم‌شان در جنوب رودخانهٔ پوتوماک[1] سکونت داشتند، انکار بزرگی لازم بود. آدامز چندین درخواست دریافت کرد که این ناسازگاری آشکار را در دستور کار کنگرهٔ قاره‌ای قرار دهد. دادخواهان مدعی بودند که عدم رسیدگی به این موضوعْ کلّ پروندهٔ مستعمره‌نشینان علیه استبداد بریتانیا را ریاکارانه و ناصادقانه جلوه خواهد داد.

یکی از درخواست‌کنندگان ناشناس، از ویرجینیا، این مشکل را به اختصار چنین بیان داشت: «آیا نگاه داشتن شماری از نگون‌بختان در بردگی مطلق، و به این ترتیب تبدیل ایشان به سرسخت‌ترین دشمنان اربابان فعلی خود، با مبارزهٔ باشکوهی که آمریکا برای آزادی خود می‌کند ناسازگار نیست؟» شاید تلخ‌ترین درخواستی که آدامز دریافت کرد از یک پنسیلوانیایی بود که سواد چندانی هم نداشت و خود را «انسانیت» می‌نامید: «مگر سیاه‌پوستان آفریقایی با ما چه کرده‌اند که باید آن‌ها را از سرزمین‌شان خارج کرده و کاری

---

[1]. Potomac River

کنیم که تا آخر عمر در خدمت ما باشند؟»[۳۴]

کل جمعیت زنانْ گروه بزرگتری از جمعیت محروم شدگان از حقوق را تشکیل می‌دادند که نه می‌توانستند رأی دهند و، در صورت ازدواج، نه از خود دارایی داشته باشند. و عرض‌حال‌دهندهٔ ارشد حقوق زنان کسی نبود جز اَبی‌گِیل آدامزِ، همسر رک‌گو و جسور جان آدامز. در ۳۱ مارس ۱۷۷۶، در میان نامه‌ای پر از اخبار که به موضوعات مختلفی پرداخته بود–از جمله اثرات شیوع آبله در بوستون و گیاهانی که قصد داشت در باغشان بکارد–اَبی‌گِیل در یکی از معروف‌ترین «راستی، در ضمن»های تاریخ نامه‌نگاری آمریکا، دل خود را خالی کرد:

> و درضمن، در قوانین جدیدی که فکر می‌کنم ضروری خواهد بود شما تنظیم کنید، آرزو می‌کنم که بانوان را در خاطر داشته باشید و نسبت به آنها سخاوتمندتر و مساعدتر از اجداد خود باشید... به یاد داشته باشید که همهٔ مردان اگر بتوانند ظالم خواهند بود. اگر مراقبت و توجه خاصی به بانوان نشود، مصمم هستیم که دست به شورش بزنیم و در آن صورت دیگر خود را ملزم به اطاعت از قوانینی که در آن هیچ صدایی یا نمایندگی نداریم نخواهیم دانست.[۳۵]

این درخواستی بود که جان آدامز نمی‌توانست نادیده بگیرد. او با لحنی طنزآلود پاسخ داد و چنین وانمود که اَبی‌گِیل این سخن را از روی شیطنت و بازیگوشی گفته است. او به شوخی گفت: «ما می‌دانیم که نباید تدابیر مردانهٔ خود را برچینیم زیرا در آن صورت کاملاً در معرض استبداد زیرپوش زنانه قرار خواهیم گرفت.» چندین نامه میان برین‌تری[۱] و فیلادلفیا رفت و برگشت، که در آن اَبی‌گِیل تصدیق کرد که بازیگوشی می‌کند، اما در عین حال در اصرار خود بر این نکته جدی بود که همان براهینی که همسرش علیه قدرت خودسرانهٔ پارلمان بریتانیا به کار می‌برد، پیامدهایی عمیق برای وضعیت زنان در جمهوری مستقل آمریکا خواهد داشت. اَبی‌گِیل در آخرین نامه‌اش از این سری چنین نتیجه گرفت: «اما شما باید به خاطر داشته باشید که قدرت خودسرانه مانند بیشتر چیزهایی است که بسیار سخت‌اند... و به‌رغم همهٔ قوانین و اصول عقلانی شما، ما نه تنها برای رهایی خود،

[۱] شهر زادگاه جان آدامز و محل سکونت وی و خانواده‌اش در ایالت ماساچوست. در زمانی که این نامه‌ها بین جان آدامز و همسرش ردوبدل می‌شد، جان برای شرکت در جلسات کنگره در فیلادلفیا به سر می‌برد.

بلکه برای فائق آمدن بر اربابان‌مان به اندازهٔ کافی قدرت در اختیار داریم و می‌توانیم بدون استفاده از خشونت، اقتدار طبیعی و حقوقی‌تان را به زیر بکشیم.»[۳۶]

درست دو هفته پیش از آن‌که اَبی‌گِیل فعالیت گستردهٔ خود را به طرفداری از حقوق زنان براه اندازد، سرمقاله‌ای در پنسیلوانیا ایونینگ پست[1] منتشر شد که در آن گروه دیگری که از حقوق خود محروم شده بودند، یعنی طبقهٔ کارگران صنعتی و مکانیک‌های فیلادلفیا، با توصیف خود به مانند «مردانی که **پیشبند چرمی** می‌پوشند» به اصلی که از قدیم‌الایّام شرط دارایی را برای رأی دادن الزامی ساخته بود اعتراض کردند: «آیا از هر صد نفر از مردم آمریکا نود و نه نفر را مکانیک‌ها و کشاورزان تشکیل نمی‌دهند؟ اگر قرار باشد این افراد به دلیل مشاغل خود از داشتن هر گونه سهمی در انتخاب حاکمان یا اشکال حکومت خود محروم شوند، آیا بهتر نیست که اذعان کنیم پارلمان بریتانیا صلاحیت بیشتری دارد؟»[۳۷]

از دو سال پیش از آن شمار بسیاری از طبقهٔ کارگر ساکن فیلادلفیا فعالانه در سازمانها و کمیته‌های انقلابی مختلفی شرکت داشتند که کنترل حکومت شهر را به دست گرفته بودند. اتفاقی نبود که ورود تامِس پین به میدان مبارزه به این گروه صدای شیوای تازه‌ای می‌بخشید، که بی‌عدالتیِ قطعی نهفته در شرط مالکیت برای رأی دادن را به مانند شعار خود برگزیده بود. در نظر این گروه، شهروندی نباید امتیازی باشد که فقط کسانی بتوانند از آن بهره‌مند گردند که مالک زمین‌اند، بلکه باید حق هر فردِ بالغی باشد که به جای داشتن زمین، از آزادی شخصی برخوردارست [برده نیست].

در آوریل ۱۷۷۶ آدامز نامه‌ای از میهن‌پرست برجسته‌ای به نام جیمز سالیوان[2] در نیوهمشایر، که افکار مشابهی داشت، دریافت کرد. سالیوان مدعی شد که از نتیجه‌ای که به آن رسیده متعجب شده است، زیرا منطق استدلال آمریکا علیه امپریالیسم بریتانیا او را به جایی رسانیده که تنها چند سال پیش آن را موضعی بیگانه تلقی می‌کرد: «قوانین و حکومت بر اساس رضایت مردم بنا می‌گردند... هیچ کس جز یک وکیل که به خوبی با نظام فئودالی آشناست نمی‌تواند بگوید چرا شخص باید به اعمال جامعه‌ای رضایت دهد که در این مورد کاملاً او را کنار گذارده است.[۳۸]

آدامز که از پیش براثر ابراز احساسات شدید اَبی‌گِیل به نمایندگی از طرف زنان تزلزل

1. Pennsylvania Evening Post
2. James Sullivan

اراده پیدا کرده بود، فقط توانست به سالیوان هشدار دهد که ادعای او برای گسترش دایرهٔ رأی‌دهندگان عواقب فاجعه‌باری به بار خواهد آورد. آدامز هشدار داد: «بر این امر پایانی متصور نیست و هر فردی که حتی یک پاپاسی از خود ندارد صدایی برابر با دیگران در همهٔ مصوبات حکومت طلب خواهد کرد.» سالیوان فقط همین میزان می‌توانست پاسخ دهد که، بله، درست است که ما دنیایی جدید را خلق کرده‌ایم، اما این وضع نتیجهٔ طبیعی و ناگزیر اصول جمهوری‌خواهانه‌ای است که آمریکایی‌ها ادعای دفاع از آن را دارند.(۳۹)

نگاه به گذشته به ما این امکان را می‌دهد که دریابیم چگونه در عرض تنها چند ماه، تمام برنامهٔ لیبرالی برای قرن آینده وارد گفت و گوی سیاسی شد. در واقع، این وضعیت پیش‌نمایشی بود از آنچه قرار بود به وقوع بپیوندد، اما برای جان آدامز، یعنی برجسته‌ترین شخصیت آن لحظهٔ پرالتهاب، مهم‌ترین موضوع در دستور کار آمریکا، استقلال از بریتانیا بود. و اگر در انجام این خواسته شکست می‌خورد، همهٔ اهداف سیاسی دیگر به رؤیاهایی بی‌معنا تبدیل می‌شد.

آدامز که وسواس زیادی نسبت به کنترل سرعت جنبش استقلال‌طلبانه داشت، اکنون از موضوعی واهمه داشت. مستعمره‌های مجزایی که در حال تشکیل دولت بودند، سخت به کار تدوین پیش‌نویس قوانین اساسی خود اشتغال پیدا کرده و به این منظور نیاز شدیدی به تفاهم و همرأئی احساس می‌شد. نگرانی آدامز از این بود که بحث‌های ضروری برای تصویب قوانین اساسی ایالتی توسط یک برنامهٔ سیاسی گسترده‌تر منحرف شود و هم‌رأئی و توافق بر سر مسألهٔ اصلی استقلال را غیرممکن سازد. تهدید اصلی در این زمینه برده‌داری بود، زیرا اگر چنین مقولهٔ حساسی وارد بحث‌ها می‌شد، تک‌تک ایالت‌های جنوب رودخانهٔ پوتوماک در مورد استقلال تزلزل پیدا می‌کردند. آدامز معتقد بود که بحث در مورد نوع جمهوری‌ای که آمریکا آرزوی تبدیل شدن به آن را داشت باید به پس از موفقیت در جنگ استقلال موکول می‌گشت. از نگاه او طرح چنین موضوعات جنجال‌برانگیزی در این برهه مانند توقف اسب مسابقه در فاصلهٔ چند قدمی خط پایان بود تا بر سر میزان جایزه چک و چانه زده شود.

اما همان قطعنامهٔ ۱۵ مه که باعث افتخار آدامز شده بود، در اصل، هر یک از سیزده مستعمره را ملزم می‌ساخت تا در مجالس مقننهٔ خود بحثی را در مورد استقلال شروع کنند که به راحتی می‌توانست قربانی امیال و تصورات اشخاص مختلف در مورد ماهیت آیندهٔ یک جمهوری مستقل آمریکایی شود که در آن صورت آدامز واقعاً هیچ کاری نمی‌توانست

انجام دهد. زیرا در نهایت، کشوری که عزم به برقراری جمهوری کرده بود تنها یک راه برای حل چنین مسائل سنگینی داشت و آن تسلیم کنترل در همهٔ اشکال به مردم در مزارع و شهرها و روستاها بود. پذیرش این مسأله برای آدامز، که توهمی در مورد خردِ فوق طبیعیِ انسانِ معمولیْ به خود راه نمی‌داد، آسان نبود. اما او واقعاً چاره‌ای نداشت. حکومت بریتانیا، بنا بر سبیل معمول سلطنت، تصمیمی از بالا به پایین گرفته بود تا شورش آمریکاییان را با قدرت مهیب نظامی خود که در حال آمادگی برای عبور از اقیانوس اطلس و وارد آوردن ضربه‌ای قاطعانه بود، درهم بشکنند. در مقابل، کنگرهٔ قارّه‌ای بنا بر قاعدهٔ مرسوم جمهوری‌خواهانه تصمیمی از پایین به بالا گرفته بود تا استقلال آمریکا و معنای آن را به همه‌پرسیِ آحاد ملت بگذارد. این روش بسیار آشفته‌تری برای ادامه کار بود، اما با اصولی که مستعمره‌نشینان ادعا می‌کردند به آنها باور دارند، هم‌خوانی داشت.

به این ترتیب، با نزدیک شدن تابستان، همهٔ عناصر انقلابی، مانند قطعات یک پازل، در جای خود قرار می‌گرفتند. جرج واشنگتن به تازگی ارتش قارّه‌ای را از بوستون به نیویورک منتقل کرده بود، منطقه‌ای که انتظار می‌رفت مورد حملهٔ بریتانیا واقع شود. بزرگ‌ترین ناوگانی که تا آن زمان قصد عبور از اقیانوس اطلس کرده بود، در چندین بندر بریتانیا زیر فرمان دریاسالار ریچارد هاو، برادر بزرگ‌تر ویلیام هاو، در حال تشکیل بود. ویلیام هاو نیز خود از هالیفکس[1] با هفت هنگی که حرکتشان را اَبی‌گِیل آدامز، سه ماه پیش‌تر، از بندر بوستون دیده بود، به سمت نیویورک می‌آمد. مجالس قانون‌گذاری همهٔ مستعمرات گردهم می آمدند تا قوانین اساسی خود را بازنگری و نظر خود را در مورد استقلال ثبت کنند.

تنها جان آدامز بود که حرکت نمی‌کرد، گرچه افکار و احساسات او در حالی که از پست خود در فیلادلفیا به طوفان در حال جمع شدن نگاه می‌کرد، به شدت در درونش در تلاطم بود. در ۱۴ مه، نمایندهٔ نه چندان شناخته‌شده‌ای از ویرجینیا به نام تامِس جفرسن به او ملحق شد. وی در ملک خود بر بالای تپه‌ای در دامنهٔ کوه‌های بلو ریج[2] مدتی را به مراقبت از همسر بیمار خود سپری کرده و اکنون برای انجام وظیفه حاضر شده بود. اگرچه جفرسن در آن زمان نمی‌دانست—و هیچ کس دیگری هم از این امر آگاه نبود—او قطعهٔ نهایی این پازل بود

۱. هالیفکس Halifax مرکز ایالت کانادایی نووا اسکوشیا Nova Scotia است.

2. Blue Ridge Mountains

۲

سربازان و تسلیحات

اغلب به این فکر کرده‌ام که چقدر خوشحال‌تر می‌بودم اگر به جای پذیرش مقام فرماندهی تحت چنین شرایطی، تفنگ خود را بر دوش می‌گرفتم و وارد صفوف سربازان می‌شدم یا... بازنشسته می‌شدم و در کومه‌ای سرخپوستی در یک جای پرت و دورافتاده زندگی می‌کردم.

– جرج واشنگتن به جوزف رید، ۱۴ ژانویه ۱۷۷۶

با این‌که در اواخر بهار ۱۷۷۶ استقلال آمریکا هنوز به طور رسمی اعلام نشده بود، اما تا همین جا نیز، هم شهید داده هم قهرمانی برای خود دست و پا کرده بود. شهیدْ یک پزشک محلی بود به نام جوزف وارن[1] که به مانند ستارهٔ در حال ظهوری در سیاست بوستون تشخص یافته و از قضا پزشک خانوادهٔ آدامز نیز بود. وارن شجاعانه در بانکرهیل موضع گرفته بود تا این‌که سربازان کت قرمز بریتانیا بر سنگر او غلبه یافتند. او در حالی که برمی‌گشت تا موضع خود را ترک کند، از پشت سر مورد اصابت گلوله قرار گرفت و سپس چند سرباز بریتانیایی که در گرماگرم نبرد جو گیر شده بودند جسد او را به سرنیزه کشیدند. روز بعد، جوخهٔ اعدام ارتش بریتانیا که در حال تمام کردن زندگی مجروحان آمریکایی بود، به هتک حرمت جسد وارن پرداخته و بدین وسیله جایگاه شهید را برایش تضمین کرد.(۱)

قهرمان، جرج واشنگتن بود، فرماندهٔ کل مجموعه‌ای نامنظم از واحدهای شبه‌نظامی که اکنون به‌عنوان ارتش قارّه‌ای شناخته می‌شد. واشنگتن با یک متر و هشتادو هشت سانتیمتر قد و بیش از ۹۰ کیلوگرم وزن، تجسم آرمانی یک قهرمان با معیار قرن هجدهمی شخصیت‌های برجسته بود (مدت‌هاست که بحثی علمی در مورد قد و قامت واشنگتن همچنان در جریان است. او در دستورالعمل‌های خود به خیاطش، قد خود را صد و

[1] جوزف وارن Joseph Warren (۱۷۷۵ - ۱۷۴۱) پزشک آمریکایی که در روزهای اولیهٔ انقلاب آمریکا نقش برجسته‌ای در سازمان‌دهی میهن‌پرستان بوستون ایفا کرد و در نهایت به ریاست کنگرهٔ انقلابی ماساچوست انتخاب شد و تا پایان حیات در این سمت خدمت کرد. وارن در نبردهای لکزینگتن و کنکورد که معمولاً به عنوان اولین درگیری‌های جنگ انقلابی آمریکا در نظر گرفته می‌شود، شرکت داشت. او در نبرد بانکرهیل همپای دیگر میهن‌پرستان شرکت کرد و مرگش در این نبرد به شور و هیجان انقلابیون دامن زد. (منبع: history.gov)

هشتادوسه سانتیمتر ذکر می‌کرد. افسران همرزمش در جنگ فرانسه و سرخ‌پوستان[۱] او را صد و هشتادوهشت سانتیمتر توصیف کردند. درازای قامت او پس از مرگ برای ساختن تابوت ۱۹۱ سانتیمتر به ثبت رسیده است.) آدامز در یکی از جلسات اولیهٔ کنگرهٔ قارّه‌ای در ژوئن ۱۷۷۵ او را به عنوان فرماندهٔ نظامی آمریکا به نمایندگان معرفی کرد، و بعدها توضیح داد که واشنگتن تا حدی به این دلیل گزینه‌ای بدیهی بود که ویرجینیایی بوده و حمایت ویرجینیا از جنگی که هنوز اعلام نشده بود حیاتی می‌نمود، و تا حدی نیز به این دلیل که در اتاقی که نمایندگان کنگرهٔ قارّه‌ای گرد هم می‌آمدند، یک سر و گردن بلندتر از سایرین بود.(۲)

محاصرهٔ بوستون بیشتر شبیه یک «رقص آرام و تاکتیکی طولانی» بود تا یک نبرد واقعی،[۲] جایی که نیروهای آمریکایی از نظر نفرات نسبت سه به یک را داشتند، بدون این‌که یکدیگر را به‌طور جدی تهدید کنند. اما این واقعیت که ارتش بریتانیا در نهایت از آن مهلکه جست تا روزی دیگر فرصتی برای گرفتن انتقام به دست آورد، در مطبوعات آمریکا همچون پیروزی بزرگی در جنگ تلقی می‌شد. و نماد آشکار این پیروزی واشنگتن بود. نه تنها هاروارد به او مدرک افتخاری اعطا نمود، بلکه مجلس عوام ماساچوست[۳] با صدور اعلامیه‌ای پیش‌بینی کرد که بناهای یادبودی به نام او ساخته خواهد شد. و کنگرهٔ قارّه‌ای دستور ریخته‌گری مدال طلایی را برای بزرگداشت پیروزی او صادر کرد. جان هنکاک،[۴] رئیس کنگره، توضیح داد که این مدال برای قدردانی از چه چیزی بوده است: «صفحات تاریخ آمریکا نام شما را در مکانی برجسته در معبد مشاهیر خود ثبت خواهد کرد، صفحاتی که آیندگان را آگاه خواهد ساخت که تحت فرمان شما، گروهی زارع بی‌انضباط،

[۱] جنگ بریتانیا با فرانسه و سرخ‌پوستان بخشی از جنگ هفت سالهٔ بریتانیای کبیر با فرانسه بود که در صحنهٔ آمریکای شمالی از سال ۱۷۵۴ تا معاهدهٔ پاریس در ۱۷۶۳ جریان داشت. این جنگ فتوحات سرزمینی عظیمی را برای بریتانیای کبیر در آمریکای شمالی به ارمغان آورد، اما اختلافات متعاقب آن بر سر سیاست مرزی و مصوبهٔ پارلمان مبنی بر انداختن هزینه‌های جنگ بر دوش مستعمره‌نشینان به نارضایتی ساکنان مستعمرات و در نهایت به انقلاب آمریکا منجر گشت. (منبع: تلخیص از دانشنامهٔ بریتانیکا)

[۲] به این معنا که دو طرف بدون درگیری مستقیم و شدید، در حال انجام یک بازی تاکتیکی طولانی بودند، گویی که در یک رقص موزون و هماهنگ با هم در حرکتند.

[۳] مجلس عوام ماساچوست در واقع قوهٔ مقننهٔ ایالتی ماساچوست است. نام Massachusetts General Court مربوط به روزهای اولیهٔ مستعمرهٔ خلیج ماساچوست است. در آن دوران مجمع استعماری، علاوه بر وضع قوانین، به عنوان دادگاه تجدید نظر قضایی نیز تشکیل می‌شد. (منبع: ویکیپدیا)

[۴] جان هنکاک John Hancock (تولد: ۲۳ ژانویه ۱۷۳۷؛ مرگ: ۸ اکتبر ۱۷۹۳) بازرگان، دولت‌مرد و میهن‌پرست برجستهٔ انقلاب و یکی از پدران بنیادگذار آمریکا. (منبع: ویکیپدیا)

فصل ۲: سربازان و تسلیحات

ظرف چند ماه، سرباز شدند و سپس ارتشی از کهنه‌کاران را که توسط باتجربه‌ترین ژنرال‌ها فرماندهی می‌شدند، شکست دادند.»(۳)

به این ترتیب ترس گسترده از شکست‌ناپذیر بودن ارتش بریتانیا باطل شد. نه تنها ناوگان بریتانیا با شکست و سرافکندگی در حال عقب‌نشینی بود، بلکه فرمول موفقیت نظامی آمریکا نیز اکنون کشف شده بود. آماتورهای کاملاً ساده‌دل که به آرمانی که برای آن می‌جنگیدند ایمان داشتند، می‌توانستند کهنه‌سربازان بریتانیایی را که تنها برای دریافت مزد می‌جنگیدند شکست دهند؛ البته اگر فرماندهی آن‌ها در دستان یک رهبر طبیعی و کاردان باشد که بتواند از عمق چاه بی‌پایان میهن‌پرستی در میان سربازان شهروند خود بهره ببرد. واشنگتن آشکارا همان رهبر بود که اکنون به یگانه انسان تجسم‌بخش «آرمان» استقلال‌طلبی آمریکا تبدیل شده بود.

هنگامی که واشنگتن با اندکی کمتر از ده هزار سرباز از بوستون به سمت جنوب راه افتاد تا با حملهٔ احتمالی بریتانیا به نیویورک مقابله کند، مردم شهرها و روستاهای سر راه از وی استقبالی بی‌سابقه به عمل آوردند و برای ارتش ظفرمند وی پایکوبی‌ها می‌کردند و به سلامتی «عالیجناب» می‌نوشیدند. این نوع ابراز ارادت عمومی که به شکلی خودجوش به نمایش درآمده بود، به امر عادی و معمولی زندگی او بدل شد. اگر همهٔ انقلاب‌های موفق به قهرمانانی نیاز دارند، که همین‌طور هم هست، انقلاب آمریکا شخصیت بزرگی را کشف کرده بود که مردم می‌توانستند با حلقه زدن به دور وی آرمان خود را محقق سازند.

واشنگتن نه تنها از نظر جسمی مناسب چنین مقامی بود، بلکه از نظر روانی نیز بی‌نقص بود. وی به قدری با برتری خود احساس راحتی می‌کرد که نیازی به توضیح خود نمی‌دید. (در طول جنگ فرانسه و سرخ‌پوستان، هنگامی که هنوز باد جوانی به سر داشت، صریح‌اللهجه‌تر بود، اما از تجربه آموخته بود که بگذارد محض حضورش احساس شود و به جای کلمات سخن بگوید.) در حالی که مردان دارای اعتماد به نفسی کمتر به وِرّاجی می‌افتادند، او سکوت اختیار می‌کرد و به این ترتیب خود را به ظرفی مبدل می‌ساخت تا تحسین‌کنندگانْ عمیق‌ترین اعتقادات خود را در آن بریزند؛ جامی برای آرزوهای گوناگونی که به صورتی سحرآمیز در یک مرد جمع می‌شد. همهٔ بحث‌ها در مورد اینکه استقلال به چه معناست در حضور او باز می‌ایستاد. آن‌گونه که در گفتار جاری در مورد واشنگتن عادی شده بود، او «همهٔ دل‌ها را متحد می‌کند.»(۴)

با این حال، پشت این ظاهر باوقار و مقام رفیع، خود واشنگتن به‌طور جدی دربارهٔ فرضیاتی که در ارزیابی دلگرم‌کنندهٔ جان هنکاک نهفته بود، تردیدهایی داشت، به‌ویژه در اعتماد بیش از حد به توانایی نظامی ارتشی از افراد آماتور با وی هم‌عقیده نبود. در طول محاصرهٔ بوستون، او بارها در این مورد نگرانی خود را ابراز داشته بود. او به کنگره هشدار داد: «انتظار داشتن از تازه‌واردها و سربازان آموزش ندیده که مانند سربازان کهنه‌کار خدمت کنند، انتظاری است که هرگز محقق نشده و شاید هرگز نیز محقق نشود.» میهن‌پرستی و عشق به سرزمین بدون شک عاملی ضروری بود، اما نمی‌توانست جایگزین مناسبی برای انضباط و تجربهٔ نظامی باشد. چیزی که به نظر می‌رسید کسی متوجه نشد این بود که کسب پیروزی در شکستن محاصرهٔ بوستون بدون نبردی بزرگ میسر شد. از این نظر، ارتش قارّه‌ای هنوز امتحان پس نداده بود. و واشنگتن مطمئن نبود که در صورت مواجهه با قدرت کامل ارتش بریتانیا در نیویورک، با موفقیتی مشابه عمل کند. اگر او می‌دانست که بریتانیا چه نیرویی را برای مقابله با او در نیویورک تدارک دیده‌اند، احتمالاً حتی بدبین‌تر هم می‌شد.(۵)

در اینجا، برای اولین بار، تناقضی بنیادین، که در واقع هرگز به طور کامل حل نشد، شکل گرفت. (در ذهن واشنگتن، این تناقض به شکل یک شبح شیطانی بود.) یعنی آن ارزش‌هایی که میهن‌پرستان آمریکایی ادعا داشتند برای آن می‌جنگند با فرهنگ منضبط مورد نیاز در یک ارتش حرفه‌ای ناسازگار بود. جمهوری‌ها به اصل بنیادین رضایت پای‌بندی داشتند، در حالی که ارتش‌ها تجسم نهادینه شدهٔ اطاعت کور و اجبار برنامه‌ریزی شده بودند. خودِ اندیشهٔ «ارتش دائمی» در تلقی اکثر اعضای کنگرهٔ قارّه‌ای و مجالس قانون‌گذاری ایالتی به مانند تهدیدی بسیار خطرناک برای اصول جمهوری جلوه می‌کرد. و با این حال، دستکم در برداشت واشنگتن، تنها یک ارتش حرفه‌ای به سیاق ارتش بریتانیا می‌توانست در جنگی پیروز شود که پیش‌شرط بسط و ماندگاری آن اصول جمهوری‌خواهانه بود. دست‌کم از نظر منطقی، این معضلی غیرقابل حل و یکی از بغرنج‌ترین مشکلات از نوع هدف-وسیله بود. حتی در سطح بلاغی نیز این تضاد هرگز واقعاً حل نشد، بلکه در زیر درخشش معنوی «هالهٔ واشنگتن» پنهان شد. از آنجا که او در نزد مردم نماد همهٔ آن چیزهایی بود که آرمانهای آمریکایی ادعای دفاع از آن را داشت، هر ارتشی که او فرماندهی می‌کرد، بنا به تعریف، ماهیتی جمهوری‌خواهانه داشت. تامِس

جفرسن در آستانهٔ اعلام برخی حقایق بدیهی[۱] نسبتاً مهم خود قرار داشت، اما برای حال حاضر و در واقع برای کل جنگ، واشنگتن حقیقت بدیهی و استوار سوار بر اسب بود، چهره‌ای غیرقابل جایگزین که همهٔ استدلال‌ها را غیرضروری می‌کرد.

~~~

جرج واشنگتن بارها و بارها در طی نه ماه محاصرهٔ بوستون دو نکته را دربارهٔ ارتش قارّه‌ای که از طریق رُدآیلند و کانکتیکات به سمت نیویورک، در جنوب، هدایت می‌کرد، آموخته بود و آن دو نکته این بود که ارتش تحت فرماندهی وی نه قارّه‌ای بود و نه به هیچ عنوان ارتشی به معنای واقعی حرفه‌ای.[۶]

در مورد نکتهٔ اول، بیش از ۹۰ درصد سربازان او اهل شش ایالت نیوانگلند بودند. این امر، با توجه به این‌که درگیری‌های نظامی اولیه همه در بوستون و اطراف آن رخ داد، کاملاً منطقی به نظر می‌رسید. اکثر واحدهای میلیشیا که جلب «آرمان» گشته بودند، داوطلبانی از ماساچوست، نیوهمشایر و کانکتیکات بودند. علاوه بر این، اگر میهن‌پرستی را می‌شد با درجهٔ دما نشان داد، داغ‌ترین منطقه در مستعمرات آمریکا نیوانگلند بود، منطقه‌ای که بسیاری از شهرها و روستاهای آن به بی‌تفاوتی سیاسی به دیدهٔ رفتاری خیانت‌آمیز می‌نگریستند. هر فردی که صریحاً به تاج و تخت اظهار وفاداری می‌کرد به شدت تنبیه می‌شد؛ سراپای او را قیراندود کرده و سپس با پر ماکیان می‌پوشانیدند و به این شکل در میدان شهر می‌گرداندند؛ اوباش به خانه‌اش حمله‌ور شده و آن را تخریب می‌کردند یا می‌سوزاندند، و اعلامیه‌هایی در سطح شهر خبر مرگ قریب‌الوقوع او را وعده می‌کرد. بیهوده نبود که دولت بریتانیا نیوانگلند را به مانند گهوارهٔ شورش درنظر می‌گرفت.[۷]

اما اگر ارتش آشکارترین تبلور مقاومت و میهن‌پرستی آمریکا بود، حضور غالب نیوانگلندی‌ها در آن ارتش سؤالاتی جدی در موردِ میزانِ تعهدِ سیاسیِ مستعمراتِ میانه و جنوبی مطرح می‌کرد. واشنگتن بر مبنای این فرض عمل می‌کرد که او تلاش یکپارچهٔ آمریکا را برای خروج از امپراتوری بریتانیا رهبری می‌کند، ولی هنوز هیچ بیانیه‌ای سیاسی در این زمینه از جانب کنگرهٔ قارّه‌ای صادر نشده بود. به‌رغم اعتماد به نفسی که واشنگتن

[۱] اشاره‌ای است به جمله‌ای در بند دوم بیانیهٔ استقلال: «ما این حقایق را بدیهی می‌انگاریم که همهٔ انسانها برابر آفریده شده‌اند و آفریدگارشان حقوق سلب‌ناشدنی معینی به آنها اعطا کرده که حق زندگی، آزادی و نیل به سعادت از جملهٔ آنهاست.» نک: پیوست ۳.
~~~

هنگام عبور از پراویدنس،[1] نیولندن،[2] و نیوهِیون[3] نشان می‌داد، هنوز مشخص نبود که مستعمرات جنوب و غرب رودخانهٔ هادسن با همان حدّت و اشتیاق نیوانگلندی‌ها به «آرمان» بپیوندند.

ارتش پشت سر واشنگتن را با کمی اغماض می‌توان در حال پیشرفت دانست. سربازان این ارتش بازماندگان واحدهای میلیشیایی بودند که در تابستان سال پیش از آن در اطراف بوستون تشکیل یافته و سپس در ارتش قارّه‌ای ادغام شده بودند. در واقع، اکثر سربازان مردان سرپرست خانواده بودند و جزو خرده‌مالکانی محسوب می‌شدند که پس از محاصرهٔ بوستون به سر خانه و زندگی خود بازگشته بودند تا به مزارع خود رسیدگی کنند و به وظایف زراعت خود بپردازند و نقش خود را همچون میلیشیای ایالتی از سر بگیرند. نیروهایی که هنوز مانده بودند نمایندهٔ رده‌های پایین ارتش بودند که سابق بر این در اجتماع خدمتکاران قراردادی بودند؛ مهاجران اخیر ایرلندی؛ صنعتگران، آهنگران و نجاران بیکاری که علت ماندنشان نزد واشنگتن این بود که جایی برای رفتن نداشتند. آن‌چه که واشنگتن «سرباز» ارتش قارّه‌ای می‌خواند، دسته‌ای از عناصر ناجور و مختلط حاشیه‌ای و نامتناسبی بود که اکثراً به جای اونیفورم پیراهن شکاری به تن داشتند، تنباکو می‌جویدند و هر ده قدم آب دهان تف می‌کردند. اینان همگی با اعتماد به نفس خاص افراد متمرّد به خود غرّه بودند که به تازگی گل سرسبد ارتش بریتانیا را در بوستون تحقیر کرده‌اند و به زودی در نیویورک باز هم این کار را تکرار خواهند کرد. این مردان، رها، زمخت و صیقل نخورده و پر از شور جوانی بودند و از آن دسته کسانی به شمار نمی‌آمدند که مایل باشید در همسایگی شما زندگی کنند.

سربازان ارتش انقلابی طی ۹ ماه سپری شده واشنگتن را به مرز عصبانیت کشانیده، در برابر اکثر اشکال انضباط نظامی مقاومت می‌کردند؛ هر جا و هر زمان که دلشان می‌خواست قضای حاجت کرده و خود را آسوده می‌ساختند؛ افسران جزء را با این که خودشان در بسیاری از موارد انتخاب کرده بودند و نمایندهٔ خود می‌دانستند، به جای آن که مافوق بدانند، مسخره می‌کردند. اوضاع به قدری بد بود که واشنگتن نزد یکی از دستیاران

1. Providence
2. New London
3. New Haven

مورد اعتماد خود اعتراف کرد، «اغلب به این فکر کرده‌ام که چقدر خوشحال‌تر می‌بودم اگر به جای پذیرش مقام فرماندهی تحت چنین شرایطی، تفنگ خود را بر دوش می‌گرفتم و وارد صفوف سربازان می‌شدم یا... بازنشسته می‌شدم و در کومه‌ای سرخپوستی در یک جای پرت و دورافتاده زندگی می‌کردم.»[۸]

در مواردی متعدد، زمانی که واشنگتن حمله به نیروهای دفاعی بریتانیا را در بوستون توصیه کرده بود، همهٔ افسرانی که در شوراهای جنگ گرد هم می‌آمدند، او را متقاعد ساخته بودند که نیروها فاقد نظم و انسجام و واحدهای نبرد برای انجام عملیات تهاجمی آمادگی ندارند. به سخن ساده، آنها بیش از حد بی‌تجربه بودند. (میانگین مدت خدمت در ارتش قارّه‌ای کمتر از شش ماه و در ارتش بریتانیا هفت سال بود.) واشنگتن در نهایت، اگرچه با اکراه، محدودیت‌های ناشی از نوع نیروهای تحت فرماندهی‌اش را پذیرفت و تاکتیک‌های خود را بر این اساس تنظیم می‌کرد: «آنها را در جان‌پناهی پشت یک دیوار سنگی بگذارید. ..و ببینید چقدر خوب تن به کار می‌دهند... اما به میل خود و با جسارت به طرف کار نخواهند رفت یا ایستاده در یک دشت در معرض دید قرار نخواهند گرفت.» نمونهٔ بارز این رویکرد بانکرهیل بود. یک موضع دفاعی قوی را اشغال کن، سپس بریتانیایی‌ها را دعوت به حمله کن، و این مردان با چنگ و دندان هم که شده همچون گرگان وحشی مبارزه خواهند کرد. این تصویر و دیدگاه تاکتیکی ذهن واشنگتن را در راه نیویورک به خود مشغول کرده بود.[۹]

~~~

واشنگتن به این دارودسته به چشم تنها دارایی می‌نگریست که آرمان انقلاب از آن برخوردار بود. سرمایهٔ جبران‌کنندهٔ این سربازان، که ناملموس اما حیاتی بود، این بود که همه داوطلبانی بودند که برای هدفی که به آن عمیقاً باور داشتند می‌جنگیدند. در چندین نوبت در بیرون از بوستون، واشنگتن این سرمایه را به رخ آن‌ها می‌کشید و تشویقشان می‌کرد. او گفت: «وقتی که مردانی داریم که از هر نظر برتر از نیروهای مزدور هستند، چرا نباید در ظاهر هم برتر از آن‌ها باشیم، در حالی که برای زندگی، آزادی، مالکیت و کشورمان می‌جنگیم؟» اما این سوال برای بخش عمده‌ای از نیروها که اطاعت غریزی از دستورات و اطاعت سریع از سلسله مراتب نظامی را همچون تجاوز به همان آزادی‌ای تلقی می‌کردند که برایش می‌جنگیدند، بی‌معنا بود. آنها خود را شکست‌ناپذیر می‌پنداشتند، نه به این دلیل
~~~

که سربازانی مطیع و منظّم مانند کت‌قرمزها[۱] بودند، بلکه به این دلیل که میهن‌پرستانی آزادی‌خواه بودند که حاضر بودند جان خود را فدای اعتقادات خویش کنند.(۱۰)

به این معنا، پیاده نظام ارتش قارّه‌ای تجسم‌بخش چیزی بود که «روح ۷۶» خوانده می‌شد. «روح ۷۶» در آن زمان همچون «خشم نظامی» نیز شناخته شده بود. این دیدگاه پرشور اما رمانتیک بر این باور بود که برتری اخلاقی آمریکایی‌ها در جستجوی استقلال، نیرویی خستگی‌ناپذیر و شکست‌ناپذیر است که تصویر جوزف وارن[۲] را با شکوه مرگ افتخارآفرینش در بانکرهیل تداعی می‌کرد. صرف‌نظر از واشنگتن که برای پذیرش چنین نگرشی بسیار واقع‌گرا بود، خود سربازان نیز در آن زمان از این حقیقت آگاه نبودند–چگونه می‌توانستند آگاه باشند–که این به اصطلاح «روح ۷۶» حتی پیش از پایان سال، و از همه طعنه‌آمیزتر، حتی قبل از این‌که کنگرهٔ قارّه‌ای فرصت آن را بیابد که به استقلال آمریکا جنبهٔ رسمیت ببخشد، رو به زوال بود. مورخی دربارهٔ این مقطع نمادین گفته است «لحظات نورمن راک‌وِل»[۳] جنگ به پایان می‌رسید. تو گویی این درک می‌رفت تا بر همگان مستولی گردد که نبرد نظامی، درگیری کوتاهی نخواهد بود که با انفجاری از میهن‌پرستی آمریکایی به پیروزی برسد و طرف بریتانیایی را متقاعد سازد که حاصل این جنگ ارزش هزینه‌های مالی و جانی آن را ندارد. این یک جنگ طولانی‌مدت بود که در آن توانایی مقاومت و پایداری، بیش از خلوص «آرمان»، اهمیت داشت. برای چنین نبردی–و واشنگتن این را می‌دانست–ارتش قاره‌ای در وضعیت فعلی‌اش به‌شدت دچار کمبود و نقص بود و حقیقتاً حریف نظم و انضباط نیروهای بریتانیایی نمی‌شد.(۱۱)

اگر از شعارهای وطن‌پرستانه و تجلیل‌های رمانتیک از وضعیت آماتوری گذر می‌کردید، واقعیت ساده این بود که ارتش موسوم به «ارتش قاره‌ای» کمتر از یک سال از عمرش می‌گذشت. بیش از یک قرن بود که ارتش بریتانیا نهادی را با قواعد و رویه‌های تثبیت‌شده بنا کرده بود. ارتش قاره‌ای باید از صفر شروع می‌کرد و باید در حین عمل و

۱. اونیفورم سربازان ارتش بریتانیا به رنگ قرمز بود. سربازان ارتش قاره‌ای تا آنجا که بودجه‌ای در کار بود اونیفورم آبی رنگ به تن می‌کردند. این مسأله بعدها به دوگانگی کت‌قرمزها / کت‌آبی‌ها پا داد و به همین صورت وارد تاریخ شد.

۲. نک: پانوشت ۱ ص ۳۳.

۳. نورمن راک‌ول (۱۹۷۸-۱۸۹۴م.) نقاش و تصویرگر آمریکایی سدهٔ بیست میلادی است که آثارش به دلیل انعکاس فرهنگ آمریکایی در ایالات متحده جذابیت گسترده‌ای دارد. (منبع: ویکیپدیا) منظور نویسنده این است که لحظات پرشکوه جنگ به پایان می‌رسید.

حرکت سیستم تدارکات متمرکزی برای تأمین غذا، یک سازمان لجستیک برای تحویل تجهیزات و لباس، و مقرراتی برای بهداشت و مراقبت پزشکی، حتی ابتدایی‌ترین مسائل نظیر ایجاد توالت و دفع زباله‌ها، ایجاد می‌کرد.

و این تازه همهٔ نکات مورد احتیاج نبود. مسائل مربوط به نرخ دستمزد افسران، رویه‌های دادگاه‌های نظامی، و مقررات یکسان برای مشق و تمرینات نظامی‌گری، همگی باید ابداع و سپس تبدیل به استاندارد می‌شدند. و از آنجا که دورهٔ خدمت برای اکثریت قریب به اتفاق نیروها فقط یک سال تعیین شده بود، ارتش قارّه‌ای همیشه در حال چرخش بود، سربازان مختلف پیوسته می‌آمدند و می‌رفتند، به طوری که تا اصول زندگی نظامی را آموخته و به آن خو می‌گرفتند، با افراد تازه‌کار و بی‌تجربه جایگزین می‌شدند. واشنگتن به مقامات غیرنظامی مافوق خود در کنگره برای تخصیص اجباری سربازان از هر ایالت و مشوق‌هایی برای کسانی که مایل به خدمت به مدت سه سال، یا حتی بهتر از آن، «برای تمام مدت مبارزه»، بودند، فشار می‌آورد. اما پاسخ کنگره با سکوت حیرت‌آوری همراه بود، زیرا آنچه که واشنگتن درخواست می‌کرد، بسیار شبیه ارتش دائمی به نظر نمایندگان می‌رسید، یعنی مظهر همهٔ چیزهایی که آمریکایی‌ها علیه آن در حال شورش بودند.

مضافاً این‌که سرسپردگی‌ها به جای این‌که دارای خصلتی ملی باشد، همچنان **محلی و به ایالت** بود، به این معنی که تحت‌الشعاع وفاداری‌های محلی و حداکثر ایالتی قرار داشت، بنابراین طبیعی بود که همهٔ انگیزه‌های سیاسی به نفع خدمت در میلیشیای **ایالتی** باشد، و به همین ترتیب نرخ دستمزدها در میلیشیای بیشتر ایالت‌ها نیز بالاتر بود، که ارتش قارّه‌ای را به آخرین گزینه تقلیل می‌داد.

ایجاد و پرورش سپاهی متشکل از افسران نخبه و تعلیم دیده و آشنا با آخرین **فنون جنگاوری**، به ویژه در سطح ارشد، مجموعهٔ خاصی از مشکلات را نیز به همراه داشت. در ارتش بریتانیا، افسران ارشد محصول ترکیبی از امتیاز و شایستگی بودند؛ امتیاز از تولد در خانواده‌های اشرافی می‌آمد، و شایستگی از حدود بیست سال تجربه به عنوان رهبرانی ثابت‌شده در میدان نبرد. از آنجایی که آمریکا چیزی به نام اشرافیت و طبقهٔ نجیب‌زادگان نداشت و تنها میدان نبردی که سربازان می‌توانستند در آن تجربه کسب کنند جنگ **هفت ساله** با فرانسه و سرخ‌پوستان بود، شمار نامزدان چنین سپاه نخبه‌ای بسیار کم می‌نمود،

اگرچه به اندازهٔ کافی بزرگ بود که واشنگتن و چند نفر دیگر مانند چارلز لی[1] را شامل شود که باتجربه‌ترین و پرزرق و برق‌ترین ژنرال ارتش قارّه‌ای و از این نظر جالب‌ترین شخصیت نظامی ارتش بود. ژنرال لی خصوصیات غیرعادی فراوانی داشت، از جمله این‌که همیشه دسته‌ای سگ او را در نبرد همراهی می‌کردند، یا این‌که قبیلهٔ موهاوک[2] به ژنرال لی به دلیل نوسان‌پذیری غیرقابل پیش‌بینی‌اش لقب «آب جوشان» داده بود.(۱۲)

اما واشنگتن و لی، با در پیش گرفتن روش‌هایی متفاوت که در نهایت کارشان را به برخورد با هم می‌کشید، شخصیت‌هایی منحصربه‌فرد بودند. معمول‌تر و گویاتر از مشکل رهبری که ارتش تازه‌کار قارّه‌ای با آن مواجه بود، قوهٔ تشخیص عالی واشنگتن در یافتن استعدادها بود که دو نمونه از این قوهٔ شناسایی را در طول دورهٔ طولانی جنگ می‌توان دید.

یکی از این دو شخصی است به نام ناتانیل گرین، پیرو آئین کوئِکِر از رُدآیلند که به دلیل حمایتش از جنگ، از جامعهٔ دینی دوستان[3] اخراج شده بود. در سال ۱۷۷۵، گرین در پایین‌ترین ردهٔ یکی از واحدهای شبه‌نظامی رُدآیلند به نام گارد کنتیش[4] خدمت می‌کرد.[5] یک سال بعد واشنگتن او را بر اساس هوش و فداکاری آشکارش از میان سربازانی که از بوستون خارج شده بودند برگزید و با درجهٔ سرتیپی به خدمت در ارتش قارّه‌ای گمارد.(۱۳)

دیگری هنری ناکس[6] است که با وزنی بالای ۱۳۶ کیلوگرم یکی از چاق‌ترین سربازان ارتش قارّه‌ای بود و تنها تجربه‌اش از جنگ از طریق کتاب‌هایی به دست آمده بود که با ولع تب‌آلودی در کتاب‌فروشی خود در بوستون می‌خواند. واشنگتن تحت تأثیر این تدبیر ناکس قرار گرفت که توپ‌های بریتانیایی مصادره شده در شهر تیکاندروگا[7] را با چهل سورتمه روی یخ و برف حمل کرده و با این شاهکار لجستیکی تقریباً غیرممکن که قدرت شلیک در دُرچستر هایتس را برای میهن‌پرستان فراهم کرده بود، در وادار نمودن بریتانیا به عقب نشینی از بوستون نقش مهمی داشت. به این مناسبت واشنگتن ناکس را به ریاست هنگ توپخانه در ارتش قارّه‌ای منصوب نمود.(۱۴)

1. Charles Lee
2. Mohawk tribe

۳. نک: پانوشت ص ۱۲.

4. Kentish Guards

۵. علت این‌که گرین امیدی به ترفیع درجه نداشت این است که علاوه بر نقص عضو بی‌سواد هم بود.

6. Henry Knox
7. Ticonderoga

انتصاب گرین و ناکس به عنوان افسران ارشد معمولاً همچون نمونه‌ای از قوهٔ تشخیص و قضاوت مافوق طبیعی واشنگتن دربارهٔ توانایی‌های پنهان اشخاص ذکر می‌شود. این سخن بدون شک درست است و عملکرد آن دو نفر طی هفت سال بعد این گفته را تأیید می‌کند. اما در آن زمان، یعنی در بهار ۱۷۷۶، این انتصاب نشانگر سطح بی‌سابقه‌ای از بی‌تجربگی نظامی در رهبری ارتش قارّه‌ای تلقی می‌شد و در هرپس‌زمینهٔ اروپایی یا دستکم از دید افسران ارتش بریتانیا، حضور آنها به‌عنوان افسران ارشد بسیار نامعقول و دور از تصور به نظر می‌رسید. به‌طور قطع، آمریکا از پیش به‌عنوان سرزمین فرصت‌ها شناخته شده بود، جایی که شایستگی واقعی مهم‌تر از مدارک رسمی بود. اما انتخاب گرین و ناکس که هیچ‌یک هرگز صدای شلیک گلوله‌ای در میدان جنگ نشنیده بودند، نشانگر استیصال واشنگتن و نوپا بودن ارتش قارّه‌ای بود. کسی نمی‌خواست این را آشکارا بگوید، اما نبرد قریب‌الوقوع در نیویورک فرصتی برای کسب تجربهٔ عملی برای آن‌ها فراهم می‌کرد.

در نهایت، ماهیت مشکل‌ساز نیویورک به‌عنوان مکانی برای رودررویی بود. نیویورک بدون شک از اهمیت استراتژیک عظیمی برخوردار بود. آن‌گونه که آدامز از پیش واشنگتن را آگاه ساخته بود، «نیویورک رابط مستعمرات شمالی و جنوبی. .. و کلید کلّ قاره بود، زیرا گذرگاهی به کانادا، دریاچه‌های بزرگ[1] و به همهٔ قبایل سرخ‌پوست است.» چارلز لی که به دلیل تجربه‌اش در شناسایی ناحیه و نوع زمین به جنوب فرستاده شده بود، ارزیابی آدامز را تأیید کرد و موافق بود که «عواقب تسخیر نیویورک توسط دشمن به قدری برای ما وحشتناک به نظر می‌رسد که من به ندرت قادر به بیان آن بوده‌ام.» اما لی سپس به این نتیجه رسید که نیویورک غیرقابل دفاع است. وی گزارش داد: «من از این بابت حیرانم که چگونه می‌توان از این شهر دفاع کرد. زیرا چنان با آب‌های عمیق قابل کشتیرانی احاطه شده است که هر طرفی که بر دریا سلطه یابد، شهر را تحت فرمان خواهد گرفت.»[۱۵]

این که کدام طرف از لحاظ دریایی تفوق دارد جای بحث نداشت. هیچ نیروی دریایی دیگری در تاریخ مدرن مانند نیروی دریایی سلطنتی بر امواج دریاها حکومت نمی‌کرد. و نگاهی به نقشه تأیید می‌کرد که شهر نیویورک از سه جزیره تشکیل شده است—

[1] با تغییراتی که در جغرافیای ایالات متحده از آن زمان تا به امروز پیش آمده، اکنون از پنج دریاچهٔ مزبور با عنوان دریاچه‌های بزرگ آمریکای شمالی The Great Lakes of North America یاد می‌شود. این دریاچه‌ها که در مرز میان ایالات متحده و کانادا قرار دارند عبارتند از هیوران، ایری، میشیگان، سوپریور و انتاریو. (منبع: geography.gov)

استاتن‌آیلند،[1] لانگ‌آیلند و منهتن–و خطوط ساحلی هر سه در چندین مکان از طریق دریاراه لانگ‌آیلند[2] و رودخانه‌های هادسن و ایست[3] برای استقرار نیرو از زمین و دریا قابل دسترسی است. چیزی به نام نیروی دریایی قارّه‌ای وجود نداشت، فقط یک ناوگان کوچک متشکل از افراد خصوصی بود که می‌توانستند اسباب زحمت کشتی‌های کوچکتر بریتانیایی در سواحل نیوانگلند گردند. برتری کامل دریایی ارتش بریتانیا به این معنا بود که می‌توانست سکوهای شناور توپخانه را در هر نقطه‌ای که تصمیم می‌گرفت حمله کند در اختیار گیرد. این سکوها چابکی تاکتیکی برای جابجایی نیروها را در هر کجا و هر زمان که می‌خواست در اختیار بریتانیا قرار می‌داد. ناگفته نماند که در میان همهٔ مستعمرات آمریکای شمالی، نیویورک دارای بالاترین درصد وفاداران به تاج و تخت بود.(۱۶)

بدین ترتیب، با شکوفه زدن گل‌های بهاری و سبز شدن چمن‌ها در طول جادهٔ نیویورک، دوران ماه‌عسل انقلاب آمریکا به پایان می‌رسید. شورش پیروزمندانه در آستانه تبدیل شدن به یک جنگ تمام‌عیار بود. در شهرها و روستاهایی که واشنگتن و ارتش از آن‌ها عبور می‌کردند، جام‌های متعددی که به افتخار واشنگتن بلند می‌شد، پژواک سرود میهن‌پرستانه‌ای در ستایش «آرمان» بود؛ آرمانی که هم باشکوه و هم شکست‌ناپذیر به نظر می‌رسید. اما یک ارزیابی بی‌طرفانه‌تر، شاید آوایی شوم‌تر را به همراه داشت، با اشعاری دربارهٔ یک شبه‌ارتش متشکل از افراد حاشیه‌ای و نامتجانس که توسط تیمی از تازه‌کاران بیش از حد دارای اعتماد به نفس رهبری می‌شد و عازم دفاع از شهری با اهمیت راهبردی بود که، حقیقت این است، امکان دفاع از آن وجود نداشت.

~~~

در حالی که ارتش نیم‌بند وموقت آمریکا به زحمت به سمت جنوب حرکت می‌کرد و کنگرهٔ قارّه‌ای منتظر بود تا افکار عمومی در مورد استقلال، یک‌پارچه شود، ماشین جنگی بریتانیا با سرعت برق در حال آماده شدن بود. در نمایشی شگفت‌انگیز و معجزه آسا از تلاش و هماهنگی، بریتانیا ناوگانی متشکل از ۴۲۷ کشتی مجهز به ۱۲۰۰ توپ را برای انتقال ۳۲,۰۰۰ سرباز و ۱۰,۰۰۰ ملوان برای گذار از اقیانوس اطلس تشکیل داد. این عملیات

1. Staten Island
2. Long Island Sound
3. East River
~~~

بزرگ‌ترین عملیات آبی-خاکی بود که تا آن زمان توسط هر قدرت اروپایی صورت گرفته بود، و نیروی هجومی‌اش از جمعیت فیلادلفیا، بزرگ‌ترین شهر آمریکا، بیشتر بود. سران حکومت در وایت‌هال با این نتیجه‌گیری که چیزی کمتر از حفظ همهٔ مستعمرات آمریکایی‌شان در میان نیست، تصمیم گرفته بودند چهرهٔ با ابهت امپراتوری بریتانیا را به نمایش بگذارند.(۱۷)

فردی که بیشترین مسئولیت را در این تردستی لجستیکی داشت لرد جُرج جِرمین[1] بود؛ انتصاب او به عنوان وزیر مستعمرات آمریکا در کابینهٔ لُرد نورث[2] نشان‌دهندهٔ تعهد حکومت بریتانیا به سیاست تهاجمی‌ای بود که برای سرکوب شورش آمریکا با یک ضربهٔ بزرگ طراحی شده بود. جِرمین اندکی پس از این‌که گزارش قابل‌توجه خونریزی در بانکرهیل به لندن رسید، عقاید خود را به وضوح بیان کرده بود. لرد جُرج، بی‌آنکه بداند، سخن خود را به شکلی مشابه با جزوهٔ تامِس پین بیان کرد و نوشت: «از آنجا که هیچ منطقی در طولانی کردن جنگی از این نوع وجود ندارد، من طرفدار به کارگیری حداکثری از نیروی این پادشاهی برای پایان دادن به شورش در یک کارزار هستم.» ناوگان عظیمی که در چندین بندر انگلیسی جمع‌آوری شده بود–تقریباً نیمی از ناوگان بریتانیا–به اضافهٔ ۱۸,۰۰۰ مزدور که در نهایت از چندین قلمرو شاهزادگان آلمانی با هزینهٔ چشم‌گیری به خدمت گرفته شده بودند، همگی نشانگر تعهد جرمین به نمایش کامل توان نظامی بریتانیا برای دستیابی به نتیجه‌ای قاطع بودند.(۱۸)

همهٔ برآوردهای تاریخی از جِرمین با باد سرزنش و انتقادی که در پی پیروزی نهایی آمریکا بر او وزید، در پردهٔ ابهام فرو رفت، چرا که وی همچون «احتمالاً بی‌کفایت‌ترین مقامی که تا به حال پست مهمی را در لحظه‌ای حساس بر عهده داشته» توصیف می‌شود. در نگاه به گذشته این توصیف کاملاً منطقی بود، زیرا از دست دادن کل مستعمرات آمریکای شمالی بدون شک بزرگترین اشتباه در تاریخ حکومت‌داری بریتانیا بود، و جِرمین بیش از هر کس دیگری سیاست نافرجام بریتانیا را شکل می‌بخشید. و هنگامی که تفسیر وقایع از این زاویه تثبیت شد، تمایلات ستیزه‌جویانهٔ جِرمین به عنوان افراط‌گرایی اجتناب‌ناپذیر مردی که شهرت نظامی‌اش توسط اتهاماتی چون بزدلی و بی‌کفایتی در نبرد

1. Lord George Germain
2. Lord North

میندن[۱] (۱۷۵۹) خدشه دار شده بود، معنا پیدا کرد، و او مابقی عمر خود را صرف تلاش برای جبران حیثیت حرفه‌ای خود با اتخاذ سیاست‌هایی آشکارا تهاجمی کرد.(۱۹)

جرج جِرمین وزیر امور خارجهٔ بریتانیا بود که حملهٔ دریایی و زمینی به نیویورک را ترتیب داد تا شورش آمریکا را با یک ضربهٔ بزرگ سرکوب کند.

اما در این مورد، آگاهی پس از وقوع به جای این‌که درک ما را از لحظهٔ تاریخی بسیار حساس و پیامدداری روشن کند، بیشتر به ابهام‌زایی می‌گراید. زیرا جِرمین به طور غریزی جدیت و عمق تهدیدی را که در شورش آمریکاییان وجود داشت، درک می‌کرد. او حسّ اطمینان توأم با تحقیر چندین ارتشبد بازنشستهٔ بریتانیایی را به مانند حماقتِ آشکار رد کرده بود-یکی از آنها ادعا می‌کرد که می‌تواند با ۵۰۰۰ نفر در سراسر مستعمرات آمریکا رژه رفته و فتنهٔ آمریکاییان را ظرف یک ماه سرکوب کند. جِرمین می‌دانست در برابر نیرویی مهیب قرار

[۱] نبرد میندن Battle of Minden یکی از درگیری‌های بزرگی بود که در طول جنگ هفت ساله در ۱ اوت ۱۷۵۹ (۱۰ مردادماه ۱۱۳۸ خورشیدی) رخ داد. در این نبرد ارتش انگلیسی-آلمانی تحت فرماندهی کلی ارتشبد پروسی، فردیناند از برانزویک، ارتش فرانسوی به فرماندهی سرلشکر مارکی دو کنتادس Marquis de Contades را شکست داد. (منبع: دانشنامهٔ بریتانیکا.)

دارد که اقدامات متعارف نظامی را به چالش می‌کشد و نگران بود که، در یک جنگ طولانی، مکان و زمان یاور شورشیان خواهد بود. وسعت عظیم صحنهٔ کشمکش‌ها در آمریکا، به علاوهٔ انرژی نهفتهٔ مردمی مغرور، پرشمار و مسلح، به تدریج عزم بریتانیا را مضمحل می‌ساخت، مگر این‌که شورش پیش از به کارگیری این نیروهای بزرگتر، سرکوب گردد.

علاوه بر این، جِرمین از استراتژی نظامی‌ای پیروی می‌کرد که شمِّ تیز او را مبنی بر فوریت داشتن وضعیت سیاسی منعکس می‌ساخت. بنا به همهٔ دلایلی که جان آدامز فهرست کرده بود، نیویورک هدف مرجّح بود. اما پس از آن که شکست خورده و اشغال شد و به مانند پایگاه عملیات ارتش و نیروی دریایی تحت تسلط بریتانیا قرار گرفت، جِرمین به این خیال افتاد که در مسیر رودخانهٔ هادسن رو به شمال لشکرکشی کرده و به ارتش بریتانیا که از کانادا به سمتِ پایین می‌آمد ملحق شود و به این ترتیب نیوانگلند را از دسترس مستعمرات میانی و جنوبی دور سازد. این دو ارتش بریتانیا، پس از پیوستن به یکدیگر، از راه غرب نیوانگلند به سمت بوستون رفته و مهد شورش آمریکا را در حین حرکت منکوب می‌ساخت و این در حالی بود که نیروی دریایی بریتانیا همهٔ شهرها و روستاهای ساحلی را ویران می‌کرد.

حتی از منظر حال، این استراتژی بسیار پیچیده‌ای به نظر می‌رسد که اگر در اوایل جنگ اجرا می شد، ممکن بود به خوبی جواب دهد. ولی همچنین نشان می‌دهد که جِرمین از همان ابتدا متوجهٔ خطر بزرگی بود که بر سر راه هر لشکرکشی علیه آمریکاییان نشسته بود: یعنی ارتش بریتانیا–صرف‌نظر از این‌که چقدر بزرگ و با تجربه می‌نمود–قدرت خود را در سرکشیدن به این سو و آن سو در سراسر چشم‌انداز وسیع آمریکا در جستجوی یک مرکز استراتژیک شورش که در واقع وجود نداشت، تلف می‌کرد. (در نهایت همین اتفاق هم افتاد.) نقشهٔ جِرمین، با تأکید بر نمایش هماهنگ برتری نظامی بریتانیا در برابر دشمن مصمم و متمرکز، یک نیوانگلند منزوی، که او آن را به‌عنوان سرچشمه و روح شورش آمریکا می‌شناخت، از چنین دورنمای شومی پرهیز داشت.[۲۰]

سرانجام، جِرمین برادران هاو را برای رهبری نیروی دریایی و زمینی بریتانیا انتخاب کرد. دریاسالار لرد ریچارد هاو، ملقب به «بلک‌دیک» به دلیل جدّیتِ ذاتی،[۱] در چهل و نه

[۱] برخی می‌گفتند جذبهٔ ریچارد هاو به دلیل پوست گندمگون او بود. برخی دیگر معتقد بودند که لبان او هرگز به خنده باز نمی‌شد مگر زمانی که جنگ در شرف آغاز بود. (منبع: دریاسالاران پرآوازهٔ جهان - از سال ۱۵۰۰ میلادی تا امروز، ویلیام استوارت)

سالگی نزدیک به اوج قدرت خود به عنوان تواناترین دریانورد در بزرگترین نیروی دریایی جهان بود. لرد ریچارد مانند برادر کوچکترش، ویلیام، با خانوادهٔ سلطنتی پیوند نسبی داشت، البته به شکلی ناجور: مادربزرگ آنها معشوقهٔ مورد علاقهٔ جرج اول بود. هر دو فارغ‌التحصیل ایتون[۱] بودند، که مسیر مورد علاقه و ترجیح اول ممتازترین اعضای اشرافیت بریتانیاست، و هر دو کرسی‌های امنی را در پارلمان در اشغال داشتند، در حالی که به مانند ویگ‌های خوب، در ابتدا طرفدار حل دیپلماتیک مناقشهٔ انگلستان و آمریکا بودند، دستکم تا حدی به دلیل علاقه‌ای متقابل برای شهروندان ماساچوست، که ۲۵۰ پوند برای بنای یادبودی به افتخار برادر بزرگترشان، جرج آگوستوس هاو، که در تیکاندروگا در سال ۱۷۵۸ کشته شده بود، جمع‌آوری کرده بودند.[۲] با این حال، تا سال ۱۷۷۶، هر دو به این نتیجه رسیده بودند که جنگ جاری را تنها می‌توان با وارد کردن ضربه‌ای قاطع که پسرعموهای آمریکایی را به هوش آورد، به پایان رساند. هر دو از فرصتی که برای وارد آوردن چنین ضربه‌ای دست داده بود، لذت می‌بردند، اما از فرصت مذاکره برای صلحی که به این درگیری نادرست و ناگوار به سرعت پایان می‌بخشید، بیشتر استقبال می‌کردند.(۲۱)

سرلشکر ویلیام هاو، برادر کوچکتر (۴۵ ساله)، قد بلندتر بود (یک متر و ۸۲ سانتیمتر) و سابقهٔ نظامی درخشان‌تری داشت. و از آنجا که تصمیمات وی در طول نبرد برای نیویورک بسیار مهم بود، پرداختن به حرفه‌اش مستلزم بحث درازتری است.

آموزش نظامی هاو، همانند واشنگتن، در طول جنگ با فرانسه و سرخ‌پوستان پایه و اساس گرفت. و باز مانند واشنگتن از چندین عملیات، هنگامی که گلوله از هر سو می‌بارید و خون همراهانش همه جا پخش می‌شد، بدون برداشتن خراشی جان سالم به در برده بود. ویلیام هاو همچون افسری جوان، حملهٔ «امید دل افسرده» (یعنی مأموریت انتحاری) را در دشت‌های آبراهام در کبک رهبری کرده بود، که ثابت شد گامی مهم در نبرد تعیین‌کنندهٔ

[۱]. دبیرستان ایتون (Eton College) یکی از نه مدرسهٔ خصوصی انگلستان، از قدیمی‌ترین دبیرستانهای شبانه‌روزی پسرانه انگلستان است که در سال ۱۴۴۰ توسط هنری ششم انگلستان در ۳۰ کیلومتری لندن در شهر ایتون در نزدیکی ویندسور تأسیس شد. (منبع: ویکیپدیا)

[۲]. جرج آگوستوس هاو George Augustus Howe، سومین ویکانت هاو (۶ ژوئیه ۱۷۵۸-حدود ۱۷۲۵م.) یک افسر حرفه‌ای و در ارتش بریتانیا سرتیپ بود. یکی از همردیفانش بنام جیمز وولف James Wolfe که در ارتش بریتانیا همدوش او در جنگ هفت ساله با فرانسه شرکت داشت، جرج را «بهترین افسر ارتش بریتانیا» توصیف کرد. در بحبوحهٔ آن جنگ جرج آگوستوس هاو در درگیری در قلعهٔ تیکاندروگا Ticonderoga یک روز قبل از نبرد کاریلون کشته شد. (منبع: ویکیپدیا)

جنگ بود.[۱] او در سال‌های میانی زندگی حرفه‌ای‌اش، به دلیل تسلط بر تاکتیک‌های پیاده نظام سبک که اهمیت را به مانورهای سریع می‌داد، شهرت پیدا کرد. پس از نمایش آشکار چابکی تاکتیک‌های او در نبرد هاوانا،[۲] به طور کلی به چشم باهوش‌ترین فرماندهٔ هنگ در ارتش بریتانیا دیده می‌شد.

نقش هاو در بانکرهیل شهرت او را از حیث داشتن شجاعت شخصی تقویت کرد، اما بُعدِ جدیدی از جبرگرایی را به ذهنیت نظامی او اضافه نمود. او موج اول حمله را با همراهی کارکنانش و خدمتکاری که ظرف شرابی را بر سینی نقره‌ای حمل می‌کرد، رهبری کرده بود. هاو که واضح بود تحت تأثیر قدرت جنگی شبه‌نظامیان قرار ندارد، تصور می‌کرد که این حمله برایش مثل آب خوردن خواهد بود. اما همهٔ کارمندانش، از جمله آن خدمتکار، در آن روز، به همراه تقریباً نیمی از نیروی مهاجم، یعنی بیش از ۱۰۰۰ سرباز، به هلاکت رسیدند. هاو هرگز به طور کامل از ضربهٔ این تجربه که دو حس را در او درونی کرده بود بهبود نیافت. یکی احترام تازه‌ای که نسبت به روحیهٔ رزمی سربازان آمریکایی یافته بود و دیگری بیزاری و پرهیز تقریباً وسواس‌گونه‌ای که به حملات از روبرو علیه مواضع مستقر داشت.

بعد از بانکرهیل چیزی در هاو تکان خورد و او آرامش خود را از دست داد. به یک معنا، زرق و برق سبک زندگی اشرافی او حتی پررنگ‌تر شد. هنگامی که در مخمصهٔ بوستون گیر افتاده بود، اوقات بیشتری را به ورق بازی می‌گذراند و مقادیر تقریباً نامناسبی غذا و نوشیدنی مصرف می‌کرد. او در همین دوران شرط احتیاط را پشت گوش انداخته و با الیزابت لورینگ،[۳] همسر بیست و چهار ساله و بلوند و زیبای یک سلطنت‌طلب بوستونی، رابطه‌ای جنجالی و آشکارا رسوایی‌آور ایجاد کرد. همسر معشوقه‌اش با این رابطه

۱. دشت‌های آبراهام که بلندی‌های آبراهام نیز نامیده می‌شود، (فرانسوی: Plaines d'Abraham) واقع در منطقهٔ کبک، استان کبک جنوبی، در کانادا است. این فلات در لبهٔ غربی شهر قدیمی محصور شده و مشرف به رودخانهٔ سن لوران قرار دارد که در ۱۳ سپتامبر ۱۷۵۹ (۲۲ شهریور ۱۱۳۸ خورشیدی) صحنه نبردی از جنگ هفت ساله، میان فرانسوی‌ها به رهبری مارکی دو مونتکلم و بریتانیایی‌ها به رهبری جیمز وولف، بود که در آن هر دو رهبر کشته شدند اما کبک را برای بریتانیایی‌ها حفظ کرد. این دشت که به نام آبراهام مارتین، ناخدای یک کشتی که قبلاً بخشی از این زمین‌ها را در اختیار داشت، نامگذاری شد، اکنون به پارک ملی تبدیل شده است. (منبع: دانشنامهٔ بریتانیکا)

۲. نبرد هاوانا یکی از درگیری‌های دریایی میان اسکادران بریتانیایی کارائیب و یک اسکادران اسپانیایی مستقر در نزدیکی هاوانا در طول جنگ گوش جنکینز بود. جنگ گوشِ جِنکینز War of Jenkins' Ear از سال ۱۷۳۹ تا ۱۷۴۸میلادی میان بریتانیا و اسپانیا جریان داشت. در زبان اسپانیائی معروف است به Guerra del Asiento. (منبع: دانشنامهٔ بریتانیکا)

3. Elizabeth Loring

موافقت داشت و به درستی تصور می‌کرد که هاو فکر باز او را پاداش خواهد داد. در عقب‌نشینی نیروهای بریتانیایی از بوستون به هالیفکس، الیزابت لورینگ، و همسرش جاشوآ، ویلیام هاو را همراهی کردند. در هالیفکس خانم لورینگ بار دیگر در جلد کلئوپاترا فرورفت و نقش خود را در برابر مارک آنتونیِ هاو از سر گرفت. هاو در حالی که روزها به قماربازی می‌پرداخت و شب‌ها از همراهی خانم لورینگ لذّت می‌برد، حکمِ انتخاب خود را به مانند فرماندهٔ نیروهای زمینی ملوکانه در آمریکای شمالی و همچنین دستور جِرمین مبنی بر آماده شدن برای عملیات علیه نیویورک را دریافت کرد.[۲۲]

پاسخ هاو به جِرمین ترکیبی از خستگی و احتیاط او را در مورد مأموریت جدید نشان داد. او به جِرمین گفت: «صحنه در حال حاضر در اینجا دست پایین را داشته و کمترین چشم‌اندازی برای مصالحه و متحد کردن قاره وجود ندارد، مگر این‌که با ارتش‌های آن به سختی برخورد شود. و من اعتراف می‌کنم از این‌که چنین رویدادی به آسانی رخ نخواهد داد نگرانم.» در واقع، هاو با تحلیل استراتژیک جِرمین موافق بود که باید ضربه‌ای قاطع وارد شود، و این‌که هرگونه تلاش برای آشتی تنها پس از آن می‌تواند صورت گیرد که لشکرکشی با نیرویی عظیم شورشیان را شوکه کرده باشد تا پی به بیهوده بودن آرمان خود ببرند.

در حالی که هاو هیچ شکی نداشت که ارتش بریتانیا به اندازه‌ای که جِرمین پیشنهادش را داده بود می‌توانست چنین ضربه‌ای را وارد کند، ولی از این نگران بود که آمریکاییان با تلاش برای دفاع از نیویورک از همکاری خودداری ورزند. هاو پیش‌بینی کرد: «آنها با آگاهی از مزایای در اختیار داشتن همهٔ کشور، به راحتی در موقعیتی قرار نخواهند گرفت که سربازان پادشاه بتوانند در شرایط مساوی با آنها ملاقات کنند.» از آن جایی که نیروی دریایی بریتانیا مزیت‌هایی تاکتیکی و لجستیکی نسبت به ارتش داشت، ارتش شورشیان احتمالاً در خشکی، به دور از ساحل، عقب‌نشینی می‌کرد. هاو نتیجه گرفت: «ارتش‌های آنان از رودخانه‌های قابل کشتیرانی چند کیلومتر عقب‌نشینی می‌کنند و ارتش ما قادر نیست آنها را دنبال کند به این دلیل که پیش‌بینی می‌کنم دشواری‌هایی در تأمین وسایل نقلیهٔ زمینی خواهیم داشت.» هاو از قبل پیش‌بینی می‌کرد که ارتشبدهایش جان بورگوین[1] و چارلز

[1] John Burgoyne

کورن‌والیس،[1] زمانی که بدون حمایت ناوگان بریتانیا بر ساحل فرود آیند و در داخل خاک آمریکا به تعقیب ارتش واشنگتن بپردازند، با چه مشکلاتی مواجه خواهند شد. اما او بسیار تردید داشت که آمریکایی‌ها آنقدر احمق باشند که در نبردی متعارف با نیروی بریتانیایی از لحاظ عددی و حرفه‌ای برتر گلاویز شوند. و آخرین جایی را که تصور می‌کرد برای این کار انتخاب کنند، نیویورک بود. او کاملاً انتظار داشت که شورشیان آمریکایی نیویورک را ترک کرده و احتمالاً به آتش کشند و با خاک یکسان کنند.[۲۳]

~~~

ارتش قارّه‌ای در واقع استراتژی جامعی برای هدایت جنگ نداشت. در طول محاصرهٔ بوستون، چند تن از افسران ارشد واشنگتن، عمدتاً چارلز لی و هُریشیو گیتس[2]–که هر دو اتفاقاً از جانبازان سابق ارتش بریتانیا نبودند–به نفع یک استراتژی دفاعی استدلال کرده بودند که دقیقاً مطابق با خطوطی بود که هاو انتظار داشت. گیتس حتی پیشنهاد کرده بود که ارتش را به غرب اَلِه‌گِنیز[3] برده و ارتش بریتانیا را به صرافت تعقیب آنها بیندازد، در حالی که به نظر می‌رسید لی طرفدار جنگ فرسایشی است به گونه‌ای که ارتش قارّه‌ای از هرگونه درگیری تمام عیار به جز در مطلوب‌ترین شرایط اجتناب می‌کرد. در مواردی لی پیشنهاد کرد که ارتش را به چند واحد کوچکتر تقسیم کند و سپس عملیات شبه چریکی را برای آزار ارتش بریتانیا و خنثی کردن آن انجام دهد.[۲۴]

اما اینها صرفاً گفتگوهایی بود که در جلسات شورای جنگ در خارج از بوستون صورت می‌گرفت. تدوین یک استراتژی جامع برای هدایت جنگ مستلزم وجود حکومتی مستقر با اختیاراتی مشخص و تصمیم‌گیرندگانی منصوب بود که وظیفهٔ هماهنگی ملاحظات نظامی و مدنی بسیار مهمی را بر عهده می‌گرفتند. هم کنگرهٔ قارّه‌ای و هم ارتش قارّه‌ای هنوز نهادهایی خودجوش و موقت بودند و بحران مستعمرات را، روز به روز، به بهترین شکلی که از دستشان برمی‌آمد مدیریت می‌کردند. در این زمان، بواقع، مسألهٔ استراتژی نظامی باید تا حل و فصل مسألهٔ مهم استقلال به تعویق می‌افتاد. حضور قاطع شخصی مانند لُرد جِرمین در چارچوب اوضاع سیاسی آمریکا غیرقابل تصور بود، زیرا هنوز هیچ

1. Charles Cornwallis
2. Horatio Gates
۳. اَلِه‌گِنیز Alleghenies نام بخش غربی کوه‌های آپالاچی است که از شمال پنسیلوانیا تا جنوب غربی ویرجینیا امتداد دارد. (منبع: ویکیپدیا)
~~~

زیرساخت سیاسی یا خطوط اختیاراتی مشخص نشده بود، و تا زمانی که در مورد استقلال تصمیمی گرفته نشده بود، معلوم نبود که به زیرساختی نیاز باشد.

بنابراین، هنگامی که واشنگتن در ۱۳ آوریل وارد نیویورک شد، این سوال که آیا باید از نیویورک دفاع کرد یا خیر، تا آن روز مطرح نگشته بود. واشنگتن نزد جان هنکاک اعتراف کرد: «نقشه‌های دشمن بیش از حد پشت پرده است که من بتوانم نظر دقیقی دربارهٔ برنامهٔ عملیاتی آنها پیدا کنم. ما در میدان حدس و گمانْ سرگردان رها شده‌ایم.» با این حال، همهٔ این سرگردانی‌ها به این نتیجه منتهی شد که «هیچ مکانی–نظر به همهٔ عواقب–در اجرای طرح بزرگ آنها، مهم‌تر از تسلط یافتن بر رودخانهٔ هادسن به نظر نمی‌رسد.»[۲۵]

از آنجا که نسخه‌ای آمریکایی از «طرح بزرگ» برای هدایت تصمیم‌گیری‌ها وجود نداشت، واشنگتن به طور ضمنی اعتراف می‌کرد که استراتژی بریتانیا دیکته‌کنندهٔ استراتژی آمریکاست. این در عمل بدان معنا بود که واشنگتن احساس می‌کرد موظف به دفاع هر نقطه‌ای است که هاو (یا جِرمین) برای حمله انتخاب می‌کرد. به نظر می‌رسید همه در دو جبههٔ مخالف بر سر این نکته توافق نظر داشتند که نیویورک آشکارا هدف بعدی است. به همین دلیل بود که واشنگتن در اواسط آوریل مقر جدید خود را در منهتن ایجاد کرد. این واقعیت که شناسایی قبلی لی از منطقه به این نتیجه منتهی شد که نیویورک ذاتاً غیرقابل دفاع است، آن شهر را دست‌کم به طور موقت از معادلهٔ استراتژیک خارج ساخته بود.

بررسی‌های واشنگتن، در طول ماه بعد، از آن منطقه که اکنون مملو از قلعه‌ها، سنگرها، استحکامات و حصاربندی‌های متعدد بود، موجب شد که نیویورک مجدداً وارد معادلهٔ استراتژیک گردد. همهٔ این ساختارها توسط سپاه کوچکی از کارگران سفال‌کار، سربازان و بردگان طبق طرح مهندسی لی با این هدف بنا شده بود تا مجموعه‌ای آسیب‌پذیر را به چیزی شبیه یک اردوگاه نظامی تبدیل کند. هدف اصلی لی محدود کردن تحرک نیروی دریایی بریتانیا در ورودی رودخانه‌های هادسن و ایست و سپس ایجاد یک سری مواضع دفاعی در جزیرهٔ منهتن بود که به سربازان آمریکایی اجازه می‌داد تلفات سنگینی به بریتانیایی‌ها وارد کرده و سپس به خط یکی از مواضع بعدی بازگردند. این بیش از آنکه دستورالعملی برای پیروزی آمریکاییان باشد، تلاشی بود برای تکرار تجربهٔ بانکرهیل، زیرا اگر قرار بود که احتمالاً بریتانیا پیروز شود، این پیروزی دستکم می‌بایست با هزینهٔ بسیار بالایی برای دشمن به دست می‌آمد.[۲۶]

فصل ۲: سربازان و تسلیحات   ۵۳

عمارت موریس/جومل، که در طول جنگ در منهتن مقر واشنگتن بود.
– به لطف تام استولکر

همین طور که این سناریوی تلخ در ذهن واشنگتن جا می‌افتاد، فرماندهٔ ارتش قارّه‌ای تصمیم گرفت که بهترین راه برای تقویت اعتماد به نفس در حال کاهش خود، دو برابر کردن استحکامات و سنگرهای منهتن و لانگ‌آیلند است. او یکی از سرتیپ‌های خود را به نام ویلیام الکساندر که زاده و بالیدهٔ نیویورک بود مأمور نظارت بر دو هنگ کامل کرد که ده ساعت در روز به حفاری و ساخت و ساز مشغول بودند. (الکساندر ادعا می‌کرد که از تبار خانوادهٔ سلطنتی اسکاتلند است، و اگرچه مجلس اعیان این ادعا را رد کرد، او اصرار داشت که لرد استرلینگ نامیده شود، و همه، از جمله واشنگتن، تا حدی عجیب از این خواسته پیروی می‌کردند.) از آنجایی که لانگ‌آیلند در ذهن واشنگتن همچون مسیر تهاجم احتمالی بزرگ‌تر جلوه می‌کرد، واشنگتن ساخت تدابیر دفاعی آن را به ناتانیل گرین سپرد، که همان‌گونه که از وی انتظار می‌رفت شروع به تبدیل بروکلین هایتس به نوعی بانکرهیل مضاعف، یعنی شبکهٔ تودرتویی از دژها و سنگرهای بهم متصل کرد.[۲۷]

اما با گرم شدن هوا، کاملاً مشخص شد که نیویورک از هرگونه مقایسه شدن با بوستون ابا دارد و در برابر آن مقاومت می‌کند. گرین به برادرش نوشت: «استحکامات داخل و

اطراف این شهر بسیار قوی هستند و هر روز تقویت می‌شوند. اما با توجه به خلق و خوی متفاوت مردم از مستعمرات نیوانگلند، بدون کمترین استحکامات، می‌توان به راحتی از این مستعمره [نیویورک] دفاع کرد. توری‌ها در اینجا به اندازهٔ ویگ‌های شما هستند.[۱]»[(۲۸)]

در واقع، گزارش‌ها حاکی از آن بود که اکثر کشاورزان لانگ‌آیلند از وفاداران یا دست‌کم طرفداران بریتانیا بوده و در حال سازماندهی یک واحد شبه‌نظامی هستند تا هر زمان که ارتش بریتانیا وارد شهر شد به آن بپیوندند. فرماندار مستعمرهٔ نیویورک، شهردار شهر نیویورک، و اکثریت ثروتمندترین ساکنان آن، همگی به تاج و تخت وفادار بودند و در نتیجه اعتبار قابل توجهی به این ادعای بریتانیا می‌بخشیدند که هر گونه تهاجم و اشغال نیویورک نه یک اقدام خصمانه بلکه عملی رهایی‌بخش و بسیار مورد استقبال است. و بنابراین، در حالی که جغرافیای پرآب نیویورک آن را از نظر استراتژیک غیرقابل دفاع می‌کرد، احتمالاً بدترین نقطه در ساحل اقیانوس اطلس برای آمریکاییان بود که بخواهند آن را نماد دفاع مقدس خود سازند. معماری سیاسی شهر و روستاهای حومه آن را تبدیل به خصمانه‌ترین منطقه در همهٔ مستعمرات آمریکا برای دفاع کرده بود، زیرا بسیاری از ساکنان مایل به دفاع در برابر بریتانیا نبودند.

در حالی که این دریافت‌های ناامیدکننده همچنان در حال افزایش بود، واشنگتن سعی داشت با به یادآوردن همهٔ قلاع و مکانهای جدید توپخانه ذهن مشوش و نگران خود را با این مکانیسم‌های دفاعی در برابر تردیدهای رو به رشد خودش و به همان اندازه دربرابر غول در حال پیش‌روی بریتانیا، که همهٔ حواس وی را به خود مشغول کرده بود، آرامش ببخشد. او همچنین تقریباً هر روز دستوراتی صادر می‌کرد تا این تلقی را جا بیندازد که ارتش قارّه‌ای مهمان مورد استقبال شهر است و باید مطابق با بالاترین معیارهای مدنیت و آداب رفتار کند. جمله‌بندی معمول یک دستور عمومی چنین بود: «ارتشبد واشنگتن بدین امر مفتخر است که هیچ شکایتی از شهروندان، در مورد بدرفتاری یا سوءرفتار، در هیچ زمینه‌ای نخواهد شنید؛ بلکه برعکس هر افسر و سربازی، از هر درجه و مقامی که باشد، آن‌گونه که مرسوم مردانی است که در راه آرمان باشکوه آزادی گام می‌نهند، باید به خود

[۱] فعالان استقلال‌طلب اولیه در مستعمرات که خود را در اتحاد با مخالفان سیاسی در بریتانیا می‌دیدند، تا زمانی که به استقلال روی آوردند و نام خود را رسماً به میهن‌پرستان Patriots تغییر دادند، خود را «ویگ» می‌نامیدند. در مقابل، آمریکاییان وفادار به سلطنت همواره به عنوان محافظه‌کاران یا هواداران «توری» شناخته می‌شدند. (منبع: دانشنامهٔ بریتانیکا)

ببالد که رفتاری منظم، شایسته و عادی بروز خواهد داد.»[۲۹]

واقعیتِ کمتر میهن‌پرستانه و بیشتر پیش پا افتاده این بود که مناسبات میان نیروهای شورشی و ساکنانْ متشنج و اغلب همراه با وهن و خشونت بود، گواه این که تصویر ارتش قارّه‌ای در نزد بخشی از عوام بسیار شبیه یک ارتش ناخواستهٔ اشغالگر می‌نمود. فضای مسموم اجتماعی با حضور بزرگترین فاحشه‌خانه‌های آمریکای شمالی–با ارتشی واقعی از روسپیان که مشتاق به اشتراک گذاشتن جذابیت‌ها و بیماری‌های مقاربتی خود با مردان جوان فاقد خانواده و آتیه‌ای روشن ولی سرشار از نیروی نرینگی بودند–در محله‌ای که به طنز به سرزمین مقدس شهرت داشت، تنش بیشتری یافت. بیشتر این روسپیان سلطنت‌طلبانی دوآتشه بودند و زمانی که اجساد دو سرباز اخته و مثله شده در بشکه‌ای در کوچه‌پس‌کوچه‌ها کشف شد، همرزمان آنها روز بعد با تخریب دو خانهٔ بدنام که قاتلان مظنون در آن به خدمات خود مشغول بودند، تلافی کردند. واشنگتن رفتار هنگ را به مانند نقض آشکار مقررات محکوم کرد و منبع واقعی مشکل را نادیده گرفت.[۳۰]

سرانجام، آن‌چه که وخیم‌تر شدن اوضاع را در پی داشت این بود که کنگرهٔ قارّه‌ای به واشنگتن دستور داد تا شش هنگ خود را جهت تقویت یک کمپین نادرست برای تصرف کِبِکْ آزادْ و به آن دیار اعزام کند. پیش از اهمیت استراتژیک یافتن نیویورک، واشنگتن با نیّت محروم ساختن بریتانیا از پایگاه امنی برای گسترش شرارت در میان شش قبیلهٔ سرخ‌پوست، از این ابتکار متهورانه حمایت کرده بود، زیرا ائتلاف سرخ‌پوستان به اتحاد و همکاری با کت‌قرمزها تمایل داشت. اما اکنون واشنگتن تا حدودی با اکراه با این دستور همراهی می‌کرد. وی به هنکاک اطلاع داد با وجود این‌که نیویورک به «انبار بزرگ مهمات آمریکا» تبدیل شده است، اما با این سرعت که از نیروهایش کاسته می‌شود، دیگر کسی برای مقاومت با تهاجم قریب‌الوقوع بریتانیا باقی نخواهد ماند.[۳۱]

اطمینان‌خاطری که کنگره می‌داد به شکل تضمین‌هایی مبنی بر این بود که واحدهای شبه‌نظامی از نیویورک، کانکتیکات، نیوهمشایر و نیوجرسی به حال آماده‌باش درآمده و قرار بر این بود که به محض مشاهدهٔ ناوگان بریتانیا در افق، حرکت کرده و حدود ۱۵۰ هزار نیروی تازه‌نفس به پادگان واشنگتن در نیویورک اضافه کنند. از دیدگاهی میهن‌پرستانه، این خبر فوق‌العاده خوشایند ضمناً تأییدی می‌توانست باشد بر این‌که سربازان حاضر به یراق

میلیشیای[۱] آمریکا آماده بودند تا به وظیفهٔ خود عمل کنند. منتهی، از یک منظر حرفه‌ای‌تر، این ترتیبات جنبه‌ای تقریباً مضحک داشت، زیرا به هیچ یک از واحدهای شبه‌نظامی مسئولیت مشخصی نه در منهتن و نه در لانگ‌آیلند داده نشده بود. این نیروها در بافت ارتش قارّه‌ای ادغام نشده بودند و مسأله‌ای به این اهمیت مانع از این فرض و انتظار نمی‌شد که این نیروها بتوانند صرفاً با حضور خود در صحنه موجب تفاوتی گردند.

در اواخر ماه مه، واشنگتن به‌اندازهٔ کافی مشاهده کرده بود تا خطر بی‌ثباتی استراتژیک و سیاسی وضعیت خود را درک کند و رویکردی تقدیرگرایانه نسبت به فاجعه‌ای که در افق دیده می‌شد، در پیش گرفت. او به برادر خود نوشت: «تابستانی بسیار خونین را برای نیویورک پیش‌بینی می‌کنم، زیرا انتظار دارم عمده‌ترین تلاش‌های دشمن بر اینجا متمرکز شود. و متأسفم از این‌که ما، هم از نظر نفرات و هم به لحاظ تسلیحات، برای چنین رودررویی آمادگی نداریم.» اما چند دلیل ناگفته–از جمله آن همه کاری که برای ساختن قلاع و استحکامات شده بود، این حس که او قبلاً بر هاو برتری یافته بود و بازهم می‌توانست، و اتفاق نظر تقریباً همهٔ مافوق‌های غیرنظامی‌اش در کنگره که نیویورک را نباید رها کرد–موجب شد که او هرگز به انجام کاری که هاو تصور می‌کرد انجام خواهد داد توجه جدی نکند و نیویورک را به سمت زمین‌های قابل دفاع‌تر به دور از ساحل رها نکرد. از آنجایی که همهٔ نشانه‌های محسوس وخیم بود، او در نهایت به قدرت ناملموس خود «آرمان» پناه برد: «اگر آرمان ما عادلانه است، آن‌گونه که من اعتقادی مذهب‌گونه بدان دارم، همان سرنوشتی که در بسیاری از موارد در انتظارمان بود، همچنان به کمک خود ادامه خواهد داد.» او روی معجزه حساب می‌کرد.[۳۲]

~~~

آخرین فرصت برای بازنگری در تعهد به نیویورک در اواخر ماه مه و اوایل ژوئن رخ داد، و آن هنگامی بود که واشنگتن به فیلادلفیا فراخوانده شد تا دیدگاه‌های خود را با نمایندگان

[۱] در تاریخ ایالات متحده، به آن عده از شبه‌نظامیان انقلابی ایالت‌های نیوانگلند که داوطلبانه حاضر بودند «با یک دقیقه هشدار» برای انجام وظیفهٔ نظامی خود را آماده کنند، Minutemen گفته می‌شد که ترجمهٔ تحت اللفظی آن مردان دقیقه‌ای است. (منبع: دانشنامهٔ بریتانیکا) مردان دقیقه‌ای نیروی نخبهٔ دستچین شدهٔ کوچکی در دوران انقلاب بود که فرماندهان ارتش قاره‌ای اعضای آن را از میان فهرست‌های شبه‌نظامیان انتخاب می‌کردند. اعضا معمولاً ۲۵ سال یا کمتر داشته و به دلیل اشتیاق، قابل اطمینان بودن و قدرت بدنی برگزیده می‌شدند. یکی از خصوصیات عضو ایده‌آل این بود که باید از تحرک بالایی برخوردار می‌بود تا بتواند به سرعت ظرف یک دقیقه خود را آمادهٔ نبرد سازد. (منبع: سایت تاریخ ایالات متحده USHistory.org)
~~~

کنگرهٔ قارّه‌ای دربارهٔ استراتژی کلی آمریکا در میان بگذارد. این اولین جلسه در نوع خود بود، اما به دلایلی متعدد، دشواری وضعیت نظامی در نیویورک هرگز مورد توجهی درخور قرار نگرفته بود. واشنگتن همسرش، مارتا، را به همراه آورد تا او واکسن نوظهور آبله را دریافت کند و با توجه به ویژگی خطرناک این عمل، جرج نگران بود و بخشی از حواس وی متوجهٔ بهبودی مارتا بود. اخبار مربوط به ناکامی کامل سربازان آمریکایی در کِبک نیز در این مدت به گوش می‌رسید و مذاکرات را تحت تأثیر قرار می‌داد زیرا این اولین شکست بی‌بروبرگرد آمریکا در جنگ و کاملاً غیرمنتظره بود، اما به دلایلی نه کاملاً بی‌اساس، بی‌اهمیت جلوه داده می‌شد–این‌که آبله سربازان آمریکایی را آلوده کرده است. حضور هیأتی از رؤسای سرخ‌پوستان نیز، که در این زمان همچون متحدان احتمالی مورد رایزنی قرار داشتند، بر سردرگمی‌ها می‌افزود زیرا ایشان اصرار بر این داشتند که تنها در صورت اطمینان از دریافت مقادیر کافی مشروبات الکلی در جریان مذاکرات، به گفتگو ادامه خواهند داد.(۳۳)

اما بزرگترین وقفه قطعنامه‌ای بود که قانون‌گذاران ویرجینیا در ۱۵ مه تصویب کرده و درست پیش از واشنگتن و همراهانش به فیلادلفیا رسیده بود. این قطعنامه بنا به دلایلی صریح و روشن، فوراً بر دستور کار کنگرهٔ قارّه‌ای غلبه یافت، زیرا پیشنهاد می‌کرد که «این مستعمرات متحد، دولت‌هایی به حق آزاد و مستقل هستند و باید باشند.» در واقع، اجلاس سران در مورد استراتژی نظامی با لحظهٔ اوج سیاسی‌ای مصادف شد که بحث استقلال آمریکا، که درازمدتی معوقه افتاده بود، سرانجام در برابر کنگره گشوده شد. ریچارد هنری لی[۱] از ویرجینیا این قطعنامه را در ۷ ژوئن مطرح ساخت و کنگره بلافاصله کمیتهٔ پنج نفره‌ای را برای تهیهٔ پیش‌نویس سندی برای اجرای قطعنامهٔ لی تعیین کرد. تدابیر حیاتی نظامی و سیاسی همزمان در حال شکل‌گیری بود.(۳۴)

واشنگتن گزارش مفصلی از همهٔ هزینه‌های سفر به فیلادلفیا و اقامتش را نگاه داشت، اما هیچ فرازی را از مذاکرات بسیار مهم در مورد دفاع از نیویورک ضبط نکرد. بخشی از توجه خود او معطوف به رأی‌گیری قریب‌الوقوع دربارهٔ استقلال شد، زیرا به دلیل عدم تمایل

[۱] ریچارد هنری لی Richard Henry Lee (۱۷۹۴-۱۷۳۲م.) رجل سیاسی و یکی از پدران بنیادگذار آمریکا محسوب می‌شود. او اهل ویرجینیا، همکار تامس جفرسن و از امضا کنندگان بیانیهٔ استقلال ایالات متحده بود. او از امضاکنندگان اصول کنفدراسیون بود که یک دوره یک ساله نیز به عنوان رئیس کنگرهٔ قاره‌ای خدمت کرد. ریچارد هنری لی از سال ۱۷۸۹ تا ۱۷۹۲ سناتور ایالات متحده از ایالت ویرجینیا بود. (منبع: ویکیپدیا)

نمایندگان میانه‌روئی مانند جان دیکنسن برای رویارویی با آنچه که اجتناب‌ناپذیر می‌نمود، مطمئن نبود که استقلال رأی بیاورد. جرج به برادرش نوشت: «اعضای کنگره، به طور خلاصه، نمایندگان ولایات بزرگی، هنوز هم از طعام لذیذ آشتی تغذیه می‌کنند.» در این زمان اخبار تازه‌ای از لندن رسید مبنی بر این‌که دولت بریتانیا قصد کرده پیرامون مذاکره و یافتن راه حلی سیاسی برای اختلافاتْ مأموران صلح اعزام کند. واشنگتن این خبر را ترفندی آشکار برای تقویت امیدهای واهی و تحت تاثیر قرار دادن جناح میانه‌رو در کنگره تلقی کرد، تاکتیکی که او فقط می‌توانست از آن به مانند حیله‌ای آشکار ابراز انزجار کند. (۳۵)

اگرچه هیچ سابقه‌ای از مذاکرات کمیته نگهداری نشد، مکاتبات در هفته‌های بعد و گزارش‌های بعدی کنگره به وضوح نشان داد که کمیته دو تصمیم گرفت. اول، هیأت مدیرهٔ جدیدی را به ریاست جان آدامز برای جنگ و مهمات منصوب کرد تا کلّیهٔ استراتژی‌های نظامی را هماهنگ کند و به این ترتیب آدامز در عمل وزیر جنگ شد. آدامز با اکراه پست جدید را پذیرفت و بیانیهٔ سال گذشتهٔ واشنگتن را تکرار کرد که دارای صلاحیت این وظیفهٔ مهم نیست. او نزد گرین اعتراف کرد: «این برای من باعث شرمندگی بزرگی است. این که من برای حراست از چنین امانتی فراخوانده می‌شوم که خود را بسیار نابرابر با آن احساس می‌کنم، و در اجرای آن هیچ چشم‌داشت کمکی نه از تحصیلات و نه از تجربهٔ قبلی زندگی‌ام نمی‌توانم داشت، می‌ترسم اغلب موجب سرافکندگی کشورمان شود.» او شروع کرد و از دوستان خود در بوستون خواست تا در کتابخانهٔ هاروارد به دنبال کتاب‌هایی دربارهٔ نحوهٔ ادارهٔ ارتش بگردند. اکنون مجموعه‌ای از سربازان و افسران آماتور باید تحت نظارت یک غیرنظامی قرار می‌گرفتند که هیچ تجربهٔ نظامی نداشت. (۳۶)

دوم، مسألهٔ دفاع از نیویورک توجه گسترده‌ای را به خود جلب کرد، اما تمرکز نمایندگان بیشتر بر منابع اضافی‌ای بود که به عقیدهٔ واشنگتن او برای متوقف کردن تهاجم قریب‌الوقوع نیاز داشت، نه بر این‌که آیا نیویورک اساساً باید دفاع شود یا خیر. البته این مورد دوم حیاتی‌ترین و سرنوشت‌سازترین ملاحظه و بنیادی‌ترین مسألهٔ استراتژیک بود، اما هرگز با آن مواجه نشدند یا حتی مطرح نشد. اگرچه توضیح دادن یک رویداد پیش پا افتاده همیشه به لحاظ فکری ناخوشایند است، در این مورد به نظر می‌رسد این تلاش توجیه‌پذیر باشد؛ زیرا می‌دانیم که تمام سلسلهٔ فجایع میدان نبرد که قرار بود بر سر واشنگتن و نیروهای

کم‌تجربه‌اش نازل شود، به‌طور اجتناب‌ناپذیری از همین اشتباه استراتژیک بنیادی نشأت می‌گرفت.

نگاهی به پیش‌زمینه‌ها به توضیح آن‌چه که در غیر این صورت به طرز گیج‌کننده‌ای غیرقابل توضیح است کمک می‌کند. همچنین بد نیست میزان ستایش بی‌امانی را که واشنگتن و سربازانش در پی تخلیهٔ بریتانیا از بوستون دریافت کرده بودند به یاد داشته باشیم. همان گونه که پیش از این گفته شد، هرچند عقب‌نشینی بریتانیا بدون نبردی واقعی بوقوع پیوست، همچون پیروزی بزرگی برای ارتش قارّه‌ای به تصویر درآمد. اگر نه همه، ولی اکثر نمایندگان کنگرهٔ قارّه‌ای، از جمله آدامز، اعتقاد غلوآمیزی نسبت به مهارت نظامی نیروهای خام واشنگتن و همچنین تخمین ناآگاهانه و کاملاً غیرواقعی از میلیشیا همچون یک نیروی جنگی قابل‌اعتماد داشتند. گرین یک بار سعی کرد، هر چند به آرامی و دیپلماتیک، آدامز را از همهٔ شبهات خلاص کند. او هشدار داد: «شما تصور می‌کنید ارتش فعلی با کمک شبه‌نظامیان برای مقابله با نیروی بریتانیا کافی است. به شما اطمینان می‌دهم که لازم است در محاسبات قدرت خود جا و احتمال زیادی برای خطا بگذارید. .. وگرنه به شدت فریب خواهید خورد.» آدامز به واقع متقاعد شده بود که واشنگتن همان نتیجهٔ عالی‌ای را که در مقابله با ارتش هاو در بوستون ارائه کرده بود، در نیویورک نیز تکرار خواهد کرد.[۳۷]

واشنگتن خود بهتر می‌دانست، اما نمی‌توانست به مافوق‌های غیرنظامی خود بگوید که ستایش‌های پرشوری که به‌راحتی نثار می‌کردند، نابه‌جا بوده و اطمینانی که به او و ارتش او داشتند، بیش از حد بوده است. او ظاهراً به قدرت شبه‌معنوی «آرمان» و امکان تکرارهای متعدد از کشتار بانکرهیل در لانگ‌آیلند و منهتن پناه برد. در نامه‌ای که به هنکاک نوشت، اظهار کرد: «اگر نیروهای ما خوب رفتار کنند، نیروهای هاو باید از خون و کشتار فراوانی عبور کنند تا بتوانند هر بخشی از استحکامات ما را تصرف کنند، اگر اصلاً بتوانند آنها را تصرف کنند... باشد که قداست آرمان ما به سربازان ما انگیزه‌های قهرمانی ببخشد و آنها را به انجام برجسته‌ترین دلاوری‌ها سوق دهد.»[۳۸]

این نکته نیز مهم است که ارتش هاو احتمالاً در همان روزهایی وارد نیویورک شد که تصمیم‌گیری در مورد مسألهٔ استقلال آمریکا انجام می‌گرفت. چگونه به نظر می‌رسید اگر درست در لحظه‌ای که نهایت اوج ارادهٔ سیاسی، که پس از سال‌ها بحث و تبادل‌نظر سرانجام داشت به نتیجهٔ دلخواه می‌رسید، تجسم نظامی آن آرمان باشکوه از نیویورک

گریخته و به دامان امن تپه‌های کانکتیکات پناه می‌برد و به هاو اجازه می‌داد، بدون شلیک گلوله‌ای، شهر را به تصرف خود درآورد؟ شتاب سیاسی فزاینده برای استقلال همچنین تقویت‌کنندهٔ اعتماد به تعهد نظامی برای دفاع از نیویورک شده بود. آمریکاییان اکنون که سرانجام در آستانهٔ اعلام استقلال قرار گرفته بودند، برای این‌که از نظر نظامی ضعیف و آسیب‌پذیر جلوه‌گر نشوند، دلایل سیاسی فراوانی داشتند.

البته، این پرسش نیز می‌توانست مطرح شود که چه تأثیری می‌داشت اگر درست در بحبوحهٔ شور و شعف و پایکوبی برای در آغوش گرفتن شاهد استقلال، خبر از نیویورک می‌رسید که ارتش قارّه‌ای نابود شده است؟ حتی طرح چنین پرسشی، در این لحظهٔ حساس، تقریباً مغایر وطن‌پرستی می‌نمود و هیچ‌کس آن را مطرح نکرد. هنگامی که واشنگتن در فیلادلفیا بود، وعدهٔ گسیل نیروهای جدید شبه‌نظامی را، به میزانی گسترده، از نیوجرسی، دِلُوِر[1] و مریلند[2] دریافت کرد که به تقویت نیروهایش می‌انجامید و شمار آنها را به کمی بیش از ۲۵,۰۰۰ نفر می‌رساند که بیش از نیمی از آنها شبه‌نظامیان میلیشیا بودند. او اجازه یافت که وفاداران به سلطنت را در لانگ‌آیلند جمع‌آوری و دستگیر کند. به این ترتیب این تظاهر پایان یافت که تا زمانی که اعلام رسمی استقلال صورت نگرفته است، نمی‌توان به آنها دست زد. به واشنگتن دستور داده شد که به مانند واپسین چاره برای ممانعت از دسترسی نیروی دریایی بریتانیا به رودخانه‌های هادسن و ایست «هر تعداد قایق حامل باروت،[3] قایق‌های مسلح، قایق‌های پارویی،[4] و واحدهای شناور که لازم باشد» بسازد.(۳۹)

روزی که واشنگتن به نیویورک بازگشت، دستیارانش به او اطلاع دادند که بسیاری از شبه‌نظامیان از راه رسیده حتی تفنگ هم ندارند. فردای آن روز، ستاد فرماندهی دستور داد که این افراد به نیزه مجهز شوند. این نشانهٔ بدشگونی بود.(۴۰)

1. Delaware
2. Maryland
۳. قایق حامل باروت Fire boat به قایق‌های چوبی پارویی یا بادبانی گفته می‌شد که آن را پر از مواد قابل احتراق می‌کردند و به سمت ناوگان دشمن می‌فرستادند و منفجر می‌کردند.(منبع: ویکیپدیا)
۴. قایق پارویی row galley اصطلاحی بود که توسط نیروی دریایی اولیهٔ ایالات متحده برای کشتی‌های آبی مسلحی به کار می‌رفت که به‌جای بادبان به‌عنوان وسیله‌ای برای رانش از پارو استفاده می‌کردند. (منبع: ویکیپدیا)

۳

سگ‌هایی که پارس نکردند

ما در بحبوحهٔ یک انقلاب هستیم؛ کامل‌ترین، غیرمنتظره‌ترین و برجسته‌ترین انقلابی که در تاریخ ملل رخ داده است.

– جان آدامز به ویلیام کوشینگ، ۹ ژوئن ۱۷۷۶

تهاجم بریتانیا توسط لرد جِرمین و عواملش در وایت‌هال، بسیار شبیه به مسابقهٔ ترانس‌آتلانتیک، طراحی شد. اول از همه، در اوایل ژوئن، سرلشکر ویلیام هاو بود که با ۹,۰۰۰ کهنه سربازش از محاصرهٔ بوستون جان به در برد و از هالیفکس خارج گشت. بتسی[۱] لورینگ در کنار قامت شیک، اگرچه شکم‌گندهٔ، هاو دیده می‌شد، گیسوان بلوند معشوق تاب خورده در باد، مواج و هوس‌انگیز. تنها نگرانی هاو در این زمان آن بود که واشنگتن از ایستادگی در نیویورک خودداری کند. ناوگان کوچک‌تری از سواحل کارولینای جنوبی با ۲,۹۰۰ سرباز به فرماندهی سرلشکر هنری کلینتن،[۲] به سمت شمال می‌آمد. این ناوگان، که به تازگی نتوانسته بود چارلزتاون را تصرف کند، مشتاق انتقام این شکست در نیویورک بود، جایی که خودش در آن به دنیا آمده و همچون فرزند فرمان‌دار سلطنتی بزرگ شده بود.(۱)

آخرین و بزرگترین ناوگانی که تحت فرماندهی دریاسالار ریچارد هاو به سمت نیویورک به راه افتاد، با بیش از ۱۵۰ کشتی و بیست هزار نیرو–همراه شش ماه آذوقه و مهمات–تا پیش از نیروهای اعزامی آمریکا در جنگ بین‌الملل اول، عظیم‌ترین ناوگانی بود که از اقیانوس اطلس عبور کرده بود. جِرمین بدون هیچ‌یک از تجهیزات فناوری ارتباطات مدرن، به نحوی شایسته توانسته بود موانع غلبه‌ناپذیر فضا و مسافت را برای هماهنگ کردن این حملهٔ سه جانبه به چالش بگیرد، به طوری که دستکم در عرض چند هفته، اگر نگوییم همزمان، در استاتن‌آیلند به یکدیگر بپیوندند. هیچ عملیات نظامی فراآتلانتیکی در چنین مقیاس و گستردگی تا آن زمان امتحان نشده بود؛ مهارتی که در این راستا به کار رفت شاهدی گویا بر قدرت بی‌بدیل نیروی دریایی سلطنتی بود.

~~~

۱. لقب الیزابت لورینگ در میان عوام نیویورک.

2. Henry Clinton
~~~

در حالی که نیروهای نظامی بریتانیا گردهم می‌آمدند، قدرت سیاسی آمریکا در حال گسترش بود. قطعنامهٔ مصوبهٔ کنگرهٔ قارّه‌ای در ۱۵ مه فراخوانی شفاف برای واداشتن مجالس مستعمره‌نشین‌ها به رأی‌گیری مستقیم در مورد مسألهٔ استقلال بود. چندین مستعمره اصرار داشتند که این پرسش در برابر حکومت‌های محلی در سطح روستاها و شهرستانها مطرح گردد و بدین ترتیب بحث فراتر از پایتخت‌های مستعمرات رفته و به روستاها کشیده شود. برای مثال، ماساچوست، در اواخر ماه مه و ژوئن، پنجاه و هشت پاسخ از شهرها و شهرستانها درخواست و دریافت کرد، که همگی به این سوال پاسخ می‌دادند که آیا «ساکنان مربوطه... به طور جدی با جان و مال خود برای حمایت از کنگره [قارّه‌ای] در این اقدام مشارکت می‌کنند.»(۲)

در تاریخ بریتانیا موارد متعددی وجود داشته است که پارلمان طومارها یا بیانیه‌هایی را برای تحدید یا پایان دادن به قدرت سلطنتی صادر کرده که معروف‌ترین آنها در طول جنگ داخلی انگلستان و انقلاب شکوهمند بود. بنابراین، پیشینهٔ قانونی برای خلع ید از پادشاهانی که گفته می‌شد عهد با اتباع خود را نقض کرده بودند به خوبی ثابت شده بود. در واقع، اگر پادشاه بودید و سندی به دست شما می‌دادند که با عبارت «در حالی که» شروع می‌شد، باید انتظار می‌داشتید که رشته‌ای از شکایت‌ها به دنبال آن فهرست شود و متوجه می‌شدید که سلطنت شما احتمالاً کوتاه‌مدت خواهد بود. اما برای اختیارات گسترده و همه‌جانبه‌ای که اکنون کنگرهٔ قارّه‌ای درخواست کرده بود، هیچ سابقه‌ای وجود نداشت. این درخواست شکل یک همه‌پرسی کامل و فراگیر مردمی به خود گرفته بود و به رویکردی مانند دمکراسی افسارگسیخته شباهت داشت.(۳)

کابینهٔ بریتانیا و کنگرهٔ قارّه‌ای، در واقع، در حال نگریستن به بحران از دو سر متفاوت یک تلسکوپ بودند، که به طور دقیق بازتاب‌دهندهٔ تفاوت‌های فرضیات سیاسی‌شان بود. رویکرد بریتانیا قطعاً امپریالیستی بود، از بالا به پایین، از جرج سوم به‌واسطهٔ لرد جرمین تا تمامی آن ناوگان‌ها و مردانی که در حال همگرا شدن بودند. رویکرد آمریکایی‌ها کاملاً جمهوری‌خواهانه بود، از پایین به بالا، وابسته به رضایت گستردهٔ وجود اسرارآمیزی که آن را «مردم» می‌نامیدند. برای تاکید دوباره، هیچ تلاشی به این اندازه دمکراتیک پیش از آن انجام نشده بود، به دلیل این منطق درست که یک نظرسنجی از مردم تقریباً به طور حتم پاسخی مبهم یا چندپاره تولید می‌کرد، یا بدتر از آن، همهمه‌ای آشوبناک.

از نگاه تاریخی، مهم‌ترین نکته، حداقل در گذشته‌نگری، این است که هر دو طرف چقدر به ارزش‌های اصلی‌ای که ادعای دفاع از آن‌ها را داشتند وفادار بودند. در یک سو، قدرت تحمیلی یک امپراتوری بود و در سوی دیگر، نیروی حاصل از توافق و رضایت یک جمهوری نوپا. تاریخ به ندرت نمونه‌های خالصی از چنین گزینه‌های سیاسی متضادی ارائه می‌دهد، اما در تابستان ۱۷۷۶، این دو دیدگاه در اوج وضوح خود نمایان بودند، و پیش‌بینی‌های نظامی برآمده از هر دو دیدگاه، به برخوردی ناگزیر در دهانهٔ رود هادسن متعهد شده بودند.

~~~

اگر کنگرهٔ قارّه‌ای خواستار برگزاری رفراندومی برای استقلال آمریکا بود، که بود، پاسخ به شکلی قاطع داده شد. ماساچوست با صدور حکمی تقریباً یکپارچه شهرت خود را به عنوان مهد شورش حفظ کرد. شهرک اَشبی[1] حس مشترک ایالت را به اختصار چنین بیان داشت: «اگر کنگرهٔ محترم، برای حفظ امنیت مستعمرات، آنها را مستقل از بریتانیای کبیر اعلام کند، ساکنان اَشبی به طور جدی با جان و مال خود از آنها در این اقدام حمایت خواهند کرد.»(۴)

ماساچوست در طول سالی که گذشته بود بیشترین سرکوب‌های ارتش بریتانیا را به جان خریده و همچنین از دیرینه‌ترین سنت مشارکت قوی در سطح شهر برخوردار بود، بنابراین تعجب آور نیست که مشارکت مردمی در این مستعمره تا چنین میزانی عظیم و با شکوه بود و حکم مستعمره‌نشینان چنین طنین‌انداز شد. با این حال، تصویری که از کشاورزان معمولی، که بیشتر به بحث‌های محلی در مورد مرزهای املاک یا مقررات مربوط به گاوها و خوک‌های ولگرد عادت داشتند، در حال گردهم‌آیی در سالن اجتماعات برای بحث دربارهٔ سرنوشت نقش آمریکا در امپراتوری بریتانیا به دست می‌دهد، چیزی شبیه به حالت عزاداری دارد.(۵)

برای نمونه، ساکنان تاپسفیلد[2] گفتند که این «بزرگترین و مهم‌ترین پرسشی است که این شهر تاکنون با آن مواجه شده است.» آنها در ادامه توضیح دادند که تنها چند سال پیش از آن «چنین سؤالی ما را غافلگیر می‌کرد و دریافت‌مان این است که حتی طرح چنین

1. Ashby
2. Topsfield
~~~

پرسشی با نهایت سرزنش و تحقیر روبرو می‌شد.» اما اکنون افق سیاسی به طرز چشم‌گیری تغییر کرده بود: «او [بریتانیا] بدون هیچ دلیل عادلانه یا آسیبی که از این مستعمرات دیده باشد، تبدیل به بزرگترین دشمن آنها شده است. صدمات غیرقابل توجیهی که این مستعمرات دریافت کرده‌اند؛ ادعاهای غیرقابل توجیهی که توسط دربار بریتانیای کبیر در مورد مستعمرات مطرح شده است تا ما را مجبور کنند و مال ما را بدون رضایت‌مان از ما بگیرند... بیش از حد ظالمانه و ناعادلانه بوده است.»(۶)

در واقع، تاپسفیلد با بسیاری از قطعنامه‌های مشابه در سراسر مستعمرات هم‌صدا بود و پذیرش استقلال را به‌عنوان تحولی جدید و ناخوشایند توصیف می‌کرد که بر اثر سیاست‌های جرج سوم و وزرایش در سال گذشته بر آنان تحمیل شده بود. مردمِ خوش‌نیّتِ مالدن،[1] شهر دیگری در ماساچوست، گفتند: «زمانی بود، قربان، که ما شاه و مردم بریتانیای کبیر را با عشقی واقعاً کودکانه دوست داشتیم... اما احساسات‌مان اکنون برای همیشه تغییر کرده است.» بوستون، به طور قابل پیش‌بینی، با سرکش‌ترین پاسخ‌ها نظر خود را ابراز داشت و هر گونه فکر آشتی را «به یک اندازه خطرناک و پوچ» و «وفاداری به بدترین ظالمان بشریت را خیانت به کشورمان» توصیف کرد. استدلال‌های پیچیده و قانونی جای خود را به بیانیه‌های ساده‌تر و اظهارات مستقیم دربارهٔ عشق ازدست‌رفته به یک شخصیت پدرگونه دادند؛ پدری که گل سرسبد ارتش و نیروی دریایی بریتانیا را به همراه گروهی از سربازان مزدور آلمانی برای قتل عام آنان با خونسردی روانه کرده بود.(۷)

این پاسخْ راهبرد آدامز مبنی بر استفاده از تأخیر را تا رسیدن میوهٔ استقلال بر تاک امپراتوری، تأیید می‌کرد. این انباشت شواهد در مورد نیات جنگ‌طلبانهٔ جرج سوم و حکومت بریتانیا بود که وفاداری‌های قدیمی را فرسوده ساخته و در نهایت در بین مردم عادی آمریکا تغییر اساسی ایجاد کرد. به‌کارگیری مزدوران خارجی نیز اغلب به عنوان ضربهٔ نهایی به پیکر مستعمرات یاد می‌شد. مرور قطعنامه‌هایی که به مجالس مستعمره‌نشینان و سپس کنگرهٔ قارّه‌ای سرازیر شد، مانند برداشت محصولی سیاسی می‌نمود که توسط خود شاه کاشته و پرورش یافته بود. استقلال کشور که یک سال پیشْ ترکیبی از غیرممکن و غیرمحتمل به نظر می‌رسید، اکنون اجتناب‌ناپذیر جلوه‌گر شد.

1. Malden

واکنش ویرجینیا همان قدر مصمم بود که واکنش نیوانگلند، اگرچه صداهایی که از مناطق بیرون ویلیامزبرگ[1] به گوش می‌رسید، به دلیل تفاوت‌های جمعیتی منطقه، از شهرستان‌ها و نه از شهرها برمی‌خاست. در واقع، مجمع ویرجینیا نخستین جایی بود که با قاطعیت تعهد خود را به استقلال اعلام کرد، حتی پیش از آنکه درخواست این امر از سوی کنگرهٔ قارّه‌ای به آن‌ها برسد. ویرجینیایی‌ها مانند بسیاری از مستعمره‌نشینان دیگر، خود فهرستی از سیاست‌های ظالمانه وتحمیل شده توسط جرج سوم و وزرای او را در ماه‌های اخیر تهیه کرده بودند که با اعزام «ناوگان و ارتش... و کمک نیروهای خارجی که برای کمک به این اهداف مخرب درگیر شده بودند، به اوج خود رسیده است.»

ویرجینیا در شکایتی که مختص وضعیت خود بود موضوع ممنوعهٔ برده‌داری را تا حدی به طرزی ناخوشایند پیش کشید: «نمایندهٔ پادشاه در این مستعمره [لرد دانمور[2]] نه تنها از همهٔ اختیارات حکومت برای حراست از امنیت ما خودداری کرده است، بلکه پس از بازگشت به کشتی مسلح، جنگ وحشیانه‌ای همچون دزدان دریایی علیه ما به راه انداخته است و بردگان ما را با انواع حیل وسوسه می‌کند تا به او بپیوندند، و آنها را علیه اربابان خود آموزش داده و به کار می‌گیرد.» دانمور در واقع به همهٔ بردگان ویرجینیا پیشنهاد رهایی داده بود تا به او ملحق گردند، و همزمان خوف اساسی از شورش بردگان را که در میان طبقهٔ صاحبان مزارع همواره وجود داشت، برانگیخته بود، و در عین حال این تناقض اخلاقی را افشا می‌کرد که در جنوب رودخانهٔ پوتوماک صاحبان بردهٔ خود دم از آزادی و رهایی می‌زدند.(۸)

قطعنامه‌های مجمع ویرجینیا و سفارش‌های چهار شهرستان ویرجینیا، مانند قطعنامه‌های هموطنان‌شان در نیوانگلند، همگی طرفدار استقلال و علیه آشتی بودند، اما همچنین بیشتر فلسفی و بسیط‌تر مانند سخنرانی‌های مکتوب بودند تا دادخواهی‌های حقوقی. لحن آنها به وضوح نشان می‌داد که ویرجینیا خود را مهمترین بازیگر در این بحران بالقوه سیاسی می‌دانست و ویرجینیایی‌ها قطعنامه‌های خود را به همهٔ مستعمره‌های دیگر با این فرض ارسال می‌کردند که سرمشق و معیاری برای تقلید دیگران هستند. با توجه به

[1] عمارت پارلمانی ویرجینیا در ویلیامزبرگ Williamsburg جایگاه هر دو مجلس مجمع عمومی ویرجینیا، شورای ایالتی و خانه برگس‌های مستعمرهٔ ویرجینیا از سال ۱۷۰۵، زمانی که پایتخت از جیمزتاون به آنجا منتقل شد، تا سال ۱۷۸۰ بود. در این سال پایتخت به شهر ریچموند منتقل شد. (به نقل از ویکیپدیا.)

[2] Lord Dunmore

برتری ماساچوست در مبارزه تا به اینجا، این حالتی نسبتاً فرضی بود، اما به نظر ویرجینیایی‌ها کاملاً طبیعی می‌رسید.[۹]

تا این مرحله، همه‌پرسی برای استقلال به طرز چشمگیری هماهنگ پیش رفته بود، اما اولین صداهای ناهمگون قرار بود از مستعمرات میانی، به‌ویژه پنسیلوانیا و نیویورک، شنیده شود. هر دو مستعمره شمار قابل توجهی وفادار به بریتانیا و شمار حتی بیشتری انقلابیان بی‌میل داشتند که همچنان به امکان آشتی سیاسی در آخرین لحظه چنگ می‌زدند. مجالس قانون‌گذاری در هر دو مستعمرهٔ پنسیلوانیا و نیویورک به نمایندگان خود در کنگرهٔ قارّه‌ای دستور داده بودند که طبق گفتهٔ پنسیلوانیا عمل کنند، یعنی «با هر نظری که منجر به جدایی از کشور مادر می‌شود مخالفت ورزند.» و در سراسر بهار ۱۷۷۶ جان دیکنسن نیز از این دستورها برای مسدود کردن همهٔ تلاش‌های آدامز در کنگره استفاده کرده بود تا جبهه‌ای متحد برای استقلال ایجاد نکند. مسأله‌ای که با نزدیک شدن تابستان–و ناوگان عظیم بریتانیا–مشخص نبود، این بود که آیا نظر سیاسی در پنسیلوانیا و نیویورک در واکنش به بحران رو به رشد نظامی تغییر کرده است یا خیر.

واکنش‌های اولیهٔ مجالس پنسیلوانیا و نیویورک حاکی از آن بود که چنین تغییری بوقوع نپیوسته بوده است. در پنسیلوانیا، نخبگان کوئِکر قاطعانه به یک راه حل سیاسی به هر قیمتی متعهد ماندند. و در نیویورک، بسیاری از ثروتمندترین بازرگانان صریحاً به تاج و تخت وفادار بودند. به‌رغم تهدید در حال وقوع تهاجم بریتانیا، هر دو مجلس از تغییر دستورالعمل نمایندگان خود در کنگرهٔ قارّه‌ای امتناع کردند.[۱۰]

آنچه سپس در هر دو مستعمره اتفاق افتاد، قدرت سیاسی نهفته در رویکرد از پایین به بالا را آشکار ساخت. در پنسیلوانیا، مکانیک‌های رادیکال فیلادلفیا، که از جمله پرشورترین هواداران تامِس پین بودند، اختیارات مجلس قانون‌گذاری جاری را برای صحبت کردن از جانب مردم به چالش کشیدند–که به زودی توسط طومارهایی از چهار شهرستان اطراف حمایت شد. آنها به طرز مؤثری استدلال می‌کردند که نمایندگان منتخب مردم، با نادیده گرفتن تغییر عظیمی که در ماه های اخیر در افکار عمومی در مورد مسألهٔ استقلال رخ داده، حق حکومت کردن را از دست داده‌اند. و در نمایشی خیره‌کننده از چابکی سیاسی، این مکانیک‌ها، صنعتگران و کشاورزان عادی، به اندازهٔ کافی، هوادارانی را برای ایجاد حکومتی موقت تحت سلطهٔ نمایندگان طرفدار استقلال بسیج نمودند.

(اصلاح اصلی آنها گسترش حق رأی بود، به این صورت که شرط مالکیت دارایی را برای رأی‌دهی کاهش دادند و بدین ترتیب اکثریتی راحت را در مجلس تدوین قانون اساسی و همچنین مجلس جدید تضمین کردند.) یکی از نخستین اقدام‌هایشان ثبت «آمادگی خود برای همراهی در رأی‌گیری کنگرهٔ قاره‌ای برای اعلام استقلال مستعمرات متحده و تبدیل آنها به ایالت‌های آزاد و مستقل» بود.(۱۱)

رویدادی مشابه به این، گرچه نه چندان تعیین‌کننده، در نیویورک اتفاق افتاد. مکانیک‌های شهر نیویورک نیز مانند فیلادلفیا، انجمن‌هایی را تشکیل داده بودند که با حمایت مردم و جمع‌آوری امضا از شهرستانهای اطراف، کارزاری را برای به چالش کشیدن مشروعیت حکومت منتخب به راه انداختند. با این حال، در نیویورک، مخالفان استقلال به اندازه‌ای قدرتمند بودند که مانع از برگزاری مجمع قانون اساسی شوند. استدلال آنها این بود که خود درخواست‌دهندگان «بدون هیچ‌گونه اختیاری در تعاملات عمومی در حال حاضر» نهادی غیرقانونی‌اند. اگرچه تا اواسط ژوئن مشخص بود که قانون‌گذاران ایالتی در حال نبرد رو به باختی علیه یک جنبش مردمی بالنده در بیرون از شهر نیویورک‌اند، اما تا ۹ ژوئیه در برابر این امر اجتناب‌ناپذیر مقاومت کردند[۱] و یک هفتهٔ کامل پس از آن‌که کنگرهٔ قارّه‌ای دست به آن حرکت چشمگیر زد، استقلال را مورد تأیید قرار داده و حتی در آن زمان از «ضرورت بی‌رحمانه‌ای که آن اقدام را اجتناب‌ناپذیر کرده بود» ابراز تأسف کردند. «ضرورت بی‌رحمانه‌ای» که مجلس نیویورک به آن اشاره داشت، جنگلی از دکل‌های ناوگان آماده به هجوم بریتانیایی بود که در دریاراه لانگ‌آیلند با حرکت آب بالا و پایین می‌رفتند.(۱۲)

بنابراین، حتی در مستعمراتی که مقاومت در برابر استقلال از حمایت قابل توجهی برخوردار بود، نیروهای طرفدار استقلال حکوت‌های منتخب را با تکیه بر مهارت‌های سازمانی برتر و انرژی سیاسی بیشتر به تصرف خود درآوردند. اگر نیزه‌هایی که در میان واحدهای شبه‌نظامی در لانگ‌آیلند توزیع می‌شد نشانهٔ شومی برای چشم‌انداز نظامی ارتش قارّه‌ای بود، سرعتی که حامیان استقلال با آن کنترل دستور کار سیاسی در پنسیلوانیا و نیویورک را به دست گرفتند، نشانهٔ شومی برای چشم‌انداز موفقیت امپراتوری بریتانیا بود.

[۱] بیانیهٔ استقلال در ۴ ژوئیه در کنگرهٔ قاره‌ای به تصویب رسید. نک: پیوست ۳.

آن‌گونه که بعداً معلوم شد، همهٔ حکومت‌های ایالتی جدید، در مستعمرات متحد سابق، در نهایت زیر کنترل میهن‌پرستان فداکار که کاملاً به استقلال آمریکا متعهد بودند قرار گرفتند. این امر بازنمایی دقیق از افکار عمومی در کل نمی‌توانست باشد که شکافی عظیم در آن افتاده بود. شاید اقلیت قابل‌توجهی در جنوب رودخانهٔ هادسن آرزو داشتند که بحران به هر نحو که شده پایان یابد و ارتش‌ها ناپدید شوند تا آنها بتوانند به زندگی عادی خود ادامه دهند. اما در آن وهله، کنترل سیاسی در دست شهروندان فعال‌تر و رهبران محلی بود. و اگر گفته‌های آنها را باور کنیم، تغییر سرسپردگی و تعهد بعدی آنها به «آرمان» انتخابی بود که به معنای واقعی کلمه توسط سیاست‌های تحکم‌آمیز و غیرقابل مذاکرهٔ جرج سوم و نزدیک شدن ناوگان کت قرمزها و مزدوران خارجی به آنها تحمیل شد.

~~~

جان آدامز نمی‌توانست نتیجهٔ بهتری را متصور شود. سرازیر گشتن قطعنامه‌ها و طومارها به کنگرهٔ قارّه‌ای در اواخر ماه مه و ژوئن به منزلهٔ این تلقی می‌شد که اجماع متفق‌القولی در مورد استقلال در حال شکل‌گیری است. اما مانند داستان کوتاه شرلوک هلمز، سگی که پارس نکرد نیز به همان اندازه او را خوشنود کرد. به این معنی که همهٔ واکنش‌های رسیده از ایالت‌ها بر مسألهٔ اصلی استقلال تمرکز خود را حفظ نموده، و فهرست پیچیده‌ای از خواسته‌ها در مورد پایان دادن به برده‌داری، اعطای حقوق زنان، یا حذف شرایط مالکیت برای رأی دادن را اضافه نکردند. نگرش غالب به نظر این‌گونه می‌رسید که استقلال مسألهٔ مهم فوری است و نگرانی‌های جانبی در مورد شکل جمهوری آمریکا باید به روز دیگری موکول گردد. همانطور که شهروندان تاپسفیلد به زیبایی بیان کردند: «از آنجا که بدعت‌سازی همواره خطرناک است، ما از صمیم قلب آرزو می‌کنیم تا زمانی که کل مردم مستعمرهٔ ماساچوست آزادی بیان احساسات خود را در رابطه با این موضوع [شکل جمهوری] به همان اندازه که در مورد استقلال کاملاً به دست نیاورده‌اند، قوانین سابق مندرج در منشور [ماساچوست] به جِد رعایت شود.»(۱۳)

به نظر می‌رسید که تنها استثناء مکانیک‌های فیلادلفیا بودند که در این هنگام به نگارش پیش‌نویس قانون اساسی پنسیلوانیا همت گماردند. آنها در این پیش‌نویس خواستار گسترش حق رأی دادن به صنعت‌گران و مکانیک‌هایی همانند خودشان شدند. اما به جای ایجاد ابهام یا پیچیده کردن مسألهٔ استقلال—ترس بزرگ آدامز—افزودن مردان بدون ملک به
~~~

فهرست شهروندان، تنها سبب شد که دامنهٔ میهن‌پرستان گسترش یابد. بدون تلاش آنها واقعاً ممکن بود پنسیلوانیا مانع بزرگی در راه استقلال باقی بماند. آدامز بقدری از همراهی پنسیلوانیا استقبال کرد و هیجان‌زده شد که به طور موقت اعتقاد دیرینهٔ خود به شرط مالکیت برای رأی دادن را به کناری نهاد و به یکی از دوستانش در نیویورک نوشت: «منطقهٔ پنسیلوانیا. .. به زودی به عضوی مهم در کنفدراسیون تبدیل خواهد شد. بخش بزرگی از مردم از قدرت و اهمیت بیشتری برخوردار خواهد بود و ناگفته نماند، با غروری که در خور آن است. با این حال امیدوارم عدالت در مورد همه اجرا گردد.»[۱۴]

برای نزدیک به یک سال، آدامز فرا رسیدن اوج این لحظه را تصور می‌کرد و در ذهن خود توالی مناسبی از رویدادها را به تصویر می‌کشید که مدیریتی منظم می‌توانست آن را امکان‌پذیر سازد. ابتدا مستعمرات با تدوین قوانین اساسی دولت خود را تشکیل داده، سپس ائتلافی از ایالت‌ها ایجاد می‌شد، و سپس اتحاد با فرانسه در برنامهٔ کار قرار می‌گرفت. آنگاه، و تنها پس از طی این سه مرحله، هنگامی که همهٔ این قطعات در جای خود قرار می‌گرفتند، استقلال اعلام می‌شد. اما اکنون روی‌دادها این سکانس منظم را به سخره گرفته بودند. از بالا تا پایین سواحل اقیانوس اطلس، در حالی که قوانین اساسی ایالتی جدید مورد بحث و جدل قرار می‌گرفت، نمایندگان کنگرهٔ قارّه‌ای با دستورالعمل‌های جدیدی از سوی حکومت‌های ایالتی متبوع خود به فیلادلفیا رفت و آمد می‌کردند، و هر لحظه انتظار آن می‌رفت که ناوگان بریتانیا به نیویورک برسد. آن‌گونه که آدامز به پاتریک هنری توضیح داد، وی اکنون متوجه شده بود که امیدهای او برای مدیریت یک انفجار سیاسی هیچ‌گاه بیش از رؤیایی محض نبوده است. او در ۳ ژوئن نوشت: «اکنون کاملاً واضح است که همهٔ این اقدامات پی در پی یکدیگر را به‌سرعت دنبال می‌کنند، و شاید مهم نباشد که اولویت با چه کاری است.»[۱۵]

همچنین «بسیار واضح» بود که وقتی تاریخ با چنین سرعت سرسام‌آوری در حال رخ دادن است، هرگونه تلاش برای مدیریت آن توهمی بیش نیست. آدامز از این دریافت خوشش نیامد زیرا همهٔ غرایز محافظه‌کارانهٔ او را زیر پا می‌گذارد، اما چاره ای جز پذیرش آن نداشت. او اگر نمی‌توانست سیر رویدادها را کنترل کند، دستکم می‌توانست آنها را برای آیندگان به ثبت رساند، که شاید شکل نهایی کنترل همین باشد. او به اَبی‌گِیل نوشت: «من در این همه مکاتباتی که انجام داده‌ام، هرگز یک نسخه را برای خودم حفظ نکرده‌ام... اکنون دفترچه‌ای خریداری کرده‌ام که در صفحهٔ اول آن... در حال نوشتن این نامه هستم. و قصد

دارم از امروز به بعد چرکنویس همهٔ نامه‌هایم به تو را در این دفترچه بنویسم.» او از اَبی‌گِیل خواست که همین کار را انجام دهد، «چون من واقعاً فکر می‌کنم که نامه‌هایت، نسبت به نامه‌های من، ارزش بیشتری برای محافظت کردن دارند.»(۱۶)

او به‌خوبی حس می‌کرد که در لحظهٔ آفرینش حضور دارد. آن‌گونه که به یکی از همکاران قدیمی‌اش در بوستون توضیح داد: «اهدافی در شگفت‌انگیزترین ابعاد، اقداماتی که زندگی و آزادی میلیون‌ها نفر، زاده و نازاده، را رقم خواهد زد، اکنون در برابر ما قرار دارد. ما در بحبوحهٔ یک انقلابیم، کامل‌ترین، غیرمنتظره‌ترین و برجسته‌ترین انقلابی که در تاریخ ملل رخ داده است.»(۱۷)

آدامز را می‌توان بخشید که در شلوغی آن لحظهٔ پرقدر عنان از کف داده و ارزیابی بیش از حد مهیّجی به دست داده است. اما در واقع او اغراق نمی‌کرد. هرگز تشکیل چنین جمهوری–یا ائتلافی از جمهوری‌ها–در مقیاسی به این بزرگی امتحان نشده بود. آدامز واقعاً «در بحبوحهٔ یک انقلاب» می‌زیست. او همچنین در ژوئن ۱۷۷۶ احساس می‌کرد در حالی که جریانهای تاریخ از کنار او می‌گذرند، در کانون گردبادی مهیب ایستاده است.

ذهن آدامز، چونان‌که مکاتبات او در آن هفته‌های پرتنش نشان می‌دهد، بیشتر درگیر وظایفش همچون رئیس هیأت جنگ و مهمات کنگرهٔ قارّه‌ای بود. این وظایف شامل تهیهٔ جمع‌بندی‌هایی در مورد روی‌دادهای نبردِ کِبِک،[۱] یافتن پاسخ برای پرسش‌هایی در مورد این‌که کجا می‌توان ذخایر کافی گوگرد و شوره[۲] را برای ساختن باروت به دست آورد، پیشنهادهایی برای ایجاد نیروی دریایی آمریکا، و نگرانی در مورد دفاع نادیده گرفته شده در اطراف بوستون بود. عجیب آن که آدامز تقریباً هیچ توجهی به گسترش استحکامات نظامی در نیویورک نداشت. وی شاید معتقد بود که نشست با واشنگتن همهٔ مشکلات باقیمانده را حل کرده است، به طوری که اکنون کاری جز اعتماد به رهبری واشنگتن و انتظار برای رسیدن ناوگان هاو وجود ندارد. دستکم بخشی از ذهن او معطوف به اَبی‌گِیل و چهار فرزندشان بود که در خارج از بوستون در بحبوحهٔ همه‌گیری شدید آبله به سر می‌بردند. در جبههٔ سیاسی، تمرکز اصلی او بر ترسیم طرحی کلی برای سیاست خارجی جدید آمریکا، با توجه به جلب فرانسه به مثابهٔ یک متحد ارزشمند اروپایی، بود.(۱۸)

1. Battle of Quebec

۲. نیترات پتاسیم.

فصل ۳: سگ‌هایی که پارس نکردند   ۷۱

او هیچ اشاره‌ای به انتصاب خود در کمیتهٔ پنج نفره‌ای که مسئول تهیهٔ پیش‌نویس سندی برای اعلام استقلال آمریکا به جهان بود، نکرد. تشکیل چنین کمیته‌ای به دلیل تقویم کنگره

بنجامین فرانکلین دیر به جنبش استقلال آمریکا پیوست، اما پس از تغییر عقیده، اعتبار عظیم خود را به مانند مشهورترین آمریکایی آن دوران پشتوانهٔ جنبش کرد و از سرسخت‌ترین هواداران استقلال شد. فرانکلین اصرار داشت که بریتانیا هم گمراه و هم بیچاره شده است. – موزهٔ هنر متروپولیتن

فکر معقولی به نظر می‌رسید. رأی‌گیری در مورد قطعنامهٔ ویرجینیا، که رسماً توسط ریچارد هنری لی در ۷ ژوئن پیشنهاد شده بود، به احترام چند نماینده‌ای که موظف بودند پیش از هر رأی‌گیری الزام آور در مورد استقلال، با مجالس ایالتی متبوع خود مشورت کنند، تا ۱ ژوئیه به تعویق افتاد. اگر قطعنامهٔ ویرجینیا به تصویب می‌رسید، یعنی هنگامی که اساساً به تصویب می‌رسید، باید سندی در مورد استقلال آماده می‌شد تا کنگره بتواند بدون فوت

وقت نسبت به انتشار آن اقدام کند. آدامز کمیته را برای پیش‌نویس بیانیهٔ استقلال[1] در ۱۱ ژوئن تشکیل داد. سایر اعضا بنجامین فرانکلین، تامِس جفرسن، رابرت لیوینگستن[2] و راجر شرمن[3] بودند. هیچ یک از افراد نامبرده این تکلیف را مهم تلقی نکرد. کار اصلی در هیأت‌های نمایندگی همچنان دوقطبی پنسیلوانیا و نیویورک، بسته به موضعی که هر یک داشت، بازگشت به مجالس ایالتی بود، یعنی به فیلادلفیا و سواحل لانگ‌آیلند و منهتن.(۱۹)

کمیتهٔ پنج نفره (از چپ) تامِس جفرسن، راجر شرمن، بنجامین فرانکلین، رابرت لیوینگستن، و جان آدامز، پیش‌نویس بیانیهٔ استقلال را در ۲۸ ژوئن ۱۷۷۶ به جان هنکاک ارائه کرد. اغلب به اشتباه تصور می‌شود که این اقدام در ۴ ژوئیه رخ داد. ــ مجموعهٔ ترامبُل، گالری هنر دانشگاه ییل

انتخاب آشکار برای تهیهٔ پیش‌نویس سند، بنجامین فرانکلین بود که عموماً همچون برجسته‌ترین نثرنویس صاحب سبک در آمریکا در نظر گرفته می‌شد. اما فرانکلین ابتدا به بهانهٔ مورد دردناکی از نقرس چنین مسئولیتی را نپذیرفت، سپس ادعا کرد که بر اساس چندین تجربهٔ تلخ، با خود قرار گذاشته که هرگز چیزی ننویسد که قرار است پس از آن توسط کمیته‌ای مورد ویرایش قرار گیرد. آدامز نیز این افتخار را رد کرد و توضیح داد که

[1] برای متن کامل بیانیهٔ استقلال آمریکا، نک: پیوست ۳.

[2] Robert Livingston

[3] Roger Sherman

برجستگی نقش وی به عنوان رهبر جناح رادیکال در کنگره این سند را بیشتر در معرض نکته‌بینی و بررسی قرار می‌دهد. او همچنین زیر بار سهمگین وظایف فوری خود به عنوان رئیس هیأت جنگ و مهمات قرار داشت. جفرسن، تا حدی به این دلیل که ویرجینیایی بود و قطعنامه از ویرجینیا می‌آمد، و تا حدی به این دلیل که او از آدامز بی‌ضررتر بود و دشمنان کمتری داشت، انتخاب بعدی بود. بعدها معلوم شد که این سند یکی از مهم‌ترین و باپیامدترین حوادث تاریخ آمریکا دیده خواهد شد.[۲۰]

~~~

تامس جفرسن پس از ۵ ماه غیبت، که در مانتی‌چلو،[۱] عمارت در حال ساختش در خارج از شارلوتس‌ویل[۲] سپری شد، در ۱۴ ماه مه به مأموریت خود در فیلادلفیا بازگشت. همسر وی، پس از چهار سال ازدواج، دوران بارداری سختی را می‌گذراند و مادرش به طور ناگهانی در ماه مارس فوت کرده بود. خود جفرسن نیز از سردردهای میگرنی رنج می‌برد؛ در واقع اولین باری بود که به چنین سردردی دچار شده بود و سپس محرز گشت بیماری مزمنی است. به محض ورود به فیلادلفیا، جفرسن می‌خواست آنجا را ترک کند، زیرا معتقد بود که حوادث اصلی و تاریخ‌ساز در ویلیامزبرگ در حال روی دادن است، جایی که مجلس ویرجینیا سرگرم تهیهٔ پیش‌نویس قانون اساسی جدیدی برای ایالت بود. او به یکی از دوستان ویرجینیایی خود چنین توضیح داد: «[پیش‌نویس قانون اساسی ویرجینیا] جالب‌ترین ماهیت را داراست به طوری که هر فردی دوست دارد انعکاس دیدگاه‌های خویش را در آن ببیند. در حقیقت، کل مناقشهٔ فعلی بر سر این موضوع است.» هرگاه جفرسن در مورد «کشور من» صحبت می‌کرد، منظور وی ویرجینیا بود، و دیدگاه ویرجینیایی بارز و مشهودی که دربارهٔ آمریکا داشت مبتنی بر این بود که تاریخ در ویرجینیا رقم می‌خورد و آن‌چه که اکنون در فیلادلفیا در حال رخ دادن بود، صرفاً چیزی بیش از یک نمایش فرعی نیست. بر اساس مکاتبات او در ماه‌های مه و ژوئن، به نظر می‌رسد که نبرد قریب‌الوقوع در نیویورک اصلاً به ذهن او خطور نکرده بود.[۲۱]

تقریباً یک سال پیش از آن، جفرسن با کالسکهٔ روباز پرزرق و برقی که چهار اسب آن را به دنبال خود می‌کشیدند، همراه با سه برده به فیلادلفیا رسید—ورودی پرطمطراق، اگرچه

1. Monticello
2. Charlottesville
~~~

کمی ساده‌دلانه و روستایی. در سلسله مراتب دقیقاً طبقه‌بندی شدهٔ زمین‌داران ویرجینیا، او تا حدی به دلیل سن‌-زیرا فقط سی و دو سال داشت- و تا حدی به این دلیل که سخنران ضعیفی بود، در ردیف اول قرار نداشت. او با یک متر و هشتاد و هشت سانتی‌متر قد و موهای بلوند مایل به قرمز و حالت ایستاده‌ای که «مستقیم همچون لولهٔ تفنگ» توصیف می‌شد، از ویژگی‌های جسمانی یک نجیب‌زادهٔ ویرجینیایی برخوردار بود، اما صدایش زیر و ضعیف بود به طوری که در سالن‌ها و فضاهای بزرگ طنین نداشت. او همچنین از نظر خلق و خوی خوددار بود، ترکیبی از گوشه‌گیر و خجالتی، و معمولاً در مجامع در گوشه‌ای ساکت می‌ایستاد و بازوانش را محکم دور سینه جمع می‌کرد که گویی می‌خواهد مزاحمان را دفع کند. (۲۲)

تامِس جفرسن در تابستان ۱۷۷۶ شاعر انقلاب آمریکا شد. پژواک کلماتی که از خامهٔ او تراوید در طول اعصار همچنان شنیده می‌شود.
- موزهٔ هنر متروپولیتن

تامس جفرسن شهرت سیاسی خود را با قلمش به دست آورده بود، و آن نیز عمدتاً با جزوه‌ای با عنوان نگاهی اجمالی به حقوق آمریکایِ بریتانیا (۱۷۷۴)،[1] که در آن او یکی از اولین کسانی بود که چنین استدلال کرد که پارلمان بریتانیا نه تنها صلاحیت اخذ مالیات از مستعمرات آمریکا را ندارد، بلکه اصولاً حق ندارد برای آنها قانون‌گذاری کند. (با عطف به گذشته، نگاهی اجمالی... همچنین حاوی میزانی از انتقادات تند بر جرج سوم بود، ممارستی ابتدایی برای تدوین کیفرخواست گسترده‌تری که در بیانیهٔ استقلال لحاظ شد.) آدامز بلافاصله این ویرجینیایی جوان را به‌عنوان روحی هم‌فکر در میان جناح رادیکال کنگرهٔ قاره‌ای شناخت؛ فردی ساکت اما استوار در کمیته‌ها و «قلم‌زن»ی که می‌توانست برای تهیهٔ گزارش‌ها به کار گرفته شود. رهبران کنگره او را برای تهیهٔ بیانیه‌ای به جرج سوم با عنوان اعلام دلایل و ضرورت مسلح‌شدن (۱۷۷۵)[2] برگزیدند؛ وظیفه‌ای مهم که شهرت جفرسن به‌عنوان یک نویسندهٔ ماهر را نشان می‌داد و حاکی از این بود که او می‌تواند بزرگ‌ترین نقش خود را در پشت صحنه ایفا کند.[۲۳]

پس انتخاب جفرسن برای تهیهٔ پیش‌نویس آنچه که می‌رفت تا مشهورترین و محترم‌ترین سند تاریخ آمریکا قلمداد گردد، بخشی از یک الگوی رایج بود. او به طور غیررسمی منشی و طراح کنگرهٔ قارّه‌ای شده بود. اما توجه به این نکته مهم است که هالهٔ مقدسی که سرانجام بیانیهٔ استقلال را فرا می‌گرفت، در این زمان هنوز شکل نیافته و اهمیت بعدی آن برای همهٔ شرکت‌کنندگان، از جمله خود جفرسن، نامعلوم بود. همه فرض می‌کردند که کار مهم‌تر در جایی دیگر در جریان است، چه در سایر کمیته‌ها در فیلادلفیا یا، به دیدهٔ جفرسن، در ویلیامزبرگ. همهٔ بازیگران و صحنه‌گردانان آنچه که بعدها به لحظهٔ خلاقانهٔ بزرگی تعبیر می‌شد را همچون یک کار پیش‌پاافتادهٔ اداری تلقی می‌کردند.

مورخان در این مورد مطمئن نیستند ولی به احتمال زیاد در ۱۱ ژوئن، یا اندکی پس از آن، همهٔ اعضای کمیته در اقامتگاه فرانکلین تشکیل جلسه دادند تا در مورد محتوا و شکل سند بحث کنند. پس از توافق بر سر چارچوب کلی، وظیفهٔ تدوین آن بر عهدهٔ جفرسن گذارده شد. درازمدتی پس از آن، زمانی که اهمیت تاریخی بیانیهٔ استقلال هویدا گشت، تامِس ادعا کرد که «در حین نوشتن نه به کتابی روی آورده و نه جزوه‌ای» و «از هیچ نوشتهٔ

1. A Summary View of the Rights of British America (1775)
2. Declaration of the Causes and Necessity for Taking Up Arms (1775)

پیشین یا خاصی اقتباس نکرده» بوده است. گرچه این اظهارات فی‌نفسه صحت داشت، ولی گمراه‌کننده نیز بود چرا که خوراک افسانهٔ نوظهوری مبنی بر این شد که جفرسن فردی انزواجوست که با خدایان در خلسه‌ای شبه‌مذهبی ارتباط برقرار می‌کند.(۲۴)

در واقع، او پیش‌نویس اخیرش از قانون اساسی جدید ویرجینیا را در برابر خویش یا دست‌کم در ذهن داشت که حاوی فهرست بلندبالایی از شکایات علیه جرج سوم بود. پیش نویس بیانیه‌ای که او تهیه کرد، به تبع فرمول کاملاً تثبیت شده‌ای در تاریخ انگلستان که هر زمان نیاز می‌افتاد پادشاهی مهار یا عزل گردد، می‌نوشتند، نشان‌دهندهٔ گسترش آن فهرست بود. ادموند پندلتون،[1] که ریاست کنوانسیون ویرجینیا را بر عهده داشت، با خواندن نسخهٔ منتشر شدهٔ بیانیه، به جفرسن اطلاع داد که لایحهٔ کیفرخواست علیه جرج سوم در پیش‌نویس قانون اساسی‌ای که او به ویلیامزبرگ ارسال کرده بود، ظاهراً «موضوع شکایت علیه جرج سوم را به پایان رسانده است. و [من] از کشف آنچه که کنگره بدون کپی کردن می‌توانست انجام دهد... ناامید بودم، اما متوجه شدم که از این نظر [اتهام کپی کردن] به خوبی خود را تبرئه کرده‌اید.» جفرسن، در حقیقت، از زمان اعلام دلایل و ضرورت...، داشت بندهای مرتبط با شکایات طولانی بیانیهٔ استقلال را تمرین می‌کرد، پیش‌نویس نسخهٔ خود را از قانون اساسی ویرجینیا اصلاح کرده بود و سپس آخرین تجدیدنظر خود را برای کنگرهٔ قارّه‌ای انجام داده بود. از این نظر، او با تجربه‌ترین دادستانی بود که کنگره می‌توانست برای طرح شکایات علیه جرج سوم برگزیند.(۲۵)

جفرسن پیش‌نویس بیانیه را در هفتهٔ سوم ژوئن تکمیل کرد. (آدامز بعداً، شاید به نحو اغراق‌آمیزی، به یاد آورد که فقط «یک یا دو روز» طول کشید.) او این پیش‌نویس را به آدامز و فرانکلین، دو تن از برجسته‌ترین رهبران کنگره، که به قضاوت آنها احترام می‌گذاشت، نشان داد. آنها فقط یک تغییر را پیشنهاد کردند. یعنی به جای «ما این حقایق را مقدس و غیرقابل انکار می‌دانیم»، حقایق را «بدیهی» کردند، تغییری که جفرسن ظاهراً آن را همچون بهبودی در نثر خود پذیرفت.(۲۶)

سپس کمیته سند را در ۲۸ ژوئن در برابر نشست کامل کنگره قرار داد. (نقاشی معروف جان ترامبُل[2] که با عنوان بیانیهٔ استقلال در تالار مدوّر و گنبددار کنگره آویزان است، این

1. Edmund Pendleton
2. John Trumbull

لحظه را به تصویر می‌کشد، نه ۴ ژوئیه را، آن‌گونه که بیشتر تماشاگران تصور می‌کنند.) سپس مناظره‌ای در تاریخ‌های ۱ و ۲ ژوئیه در مورد قطعنامهٔ ویرجینیا برای استقلال آغاز شد که در آن جان دیکنسن با شور و حرارت از تأخیر دفاع کرد و با تکرار استدلال میانه‌روها، بر این باور بود که دیپلماسی هنوز به پایان نرسیده است، که جدایی از امپراتوری بریتانیا به معنای جنگ با یکی از نیرومندترین قدرت‌های نظامی جهان است و این‌که هر تلاشی برای تصور یک جمهوری مستقل آمریکایی تنها مجموعه‌ای از کابوس‌های سیاسی را در ذهن او به تصویر می‌کشد. متأسفانه برای پیام دیکنسن، و در واقع به‌طور مرگباری برای برنامه‌ای به‌طور فزاینده ناسازگار با شرایط زمانه، کابوس واقعی گرد آمدن نیروها و کشتی‌های بریتانیایی در استاتن‌آیلند بود، که نیازی به خیال‌پردازی نداشت. آدامز با بهترین سبک سخنوری خود به شیوهٔ سیسرون استدلال کرد که زمان استقلال آمریکا آشکارا فرا رسیده است. (این مهم‌ترین سخنرانی در کارنامهٔ طولانی سیاسی آدامز بود، اما بدون یادداشت ارائه شد و هیچ متنی از آن در دست نیست.) رأی‌گیری تقریباً به اتفاق آرا انجام شد، یعنی ۱۲ به ۰، در حالی که نمایندگان نیویورک به دلیل این‌که هنوز به دستورالعمل‌های قوهٔ مقننهٔ خود متعهد بودند، رأی ممتنع دادند. سپس کنگره بلافاصله وارد قالب کمیتهٔ کل شد تا پیش‌نویس جفرسن را مورد بحث قرار دهد. (۲۷)

طی دو روز بعد، کمیته هشتاد و پنج اصلاح یا حذف در متن اعمال کرد، که دستاوردی قابل توجه در ویرایش بود و بیشتر مورخان بر این باورند که این تغییرات به شفافیت و قاطعیت بیشتر سند نهایی کمک کرد. اما جفرسن در تمام طول بحث، خاموش و ناراحت نشست و هر تغییری را نوعی مثله کردن می‌دانست. یک وقتی، فرانکلین برای دلداری به او نزدیک شد و به جفرسن یادآوری کرد که به همین دلیل او هرگز چیزی نمی‌نویسد که **توسط کمیته ویرایش شود**. در ۴ ژوئیه، کنگره نسخهٔ اصلاح شده را تأیید کرد و بیانیهٔ استقلال برای چاپ فرستاده شد. برخلاف آنچه جفرسن بعدها ادعا کرد، در آن روز مراسم امضایی برگزار نشد و نسخهٔ پوستی این سند در تاریخ ۲ اوت توسط اکثر اعضا امضا شد. (۲۸)

تغییرات عمدهٔ ویرایشی همگی در بخش طولانی شکایات سند صورت گرفت؛ بخشی که نمایندگان تمرکز خاصی بر آن داشتند، زیرا این قسمت دلیل و توضیح و توجیه علت سیاسی و قانونی استقلال را فراهم می‌کرد و اساساً هدف اصلی بیانیه نیز همین بود. نمایندگان سه مورد از اتهامات علیه جرج سوم را یا بیش از حد مربوط به ویرجینیا یا بیش

از حد منطبق با نگاه جفرسن می‌دانستند و آن‌ها را نمی‌پسندیدند.

ابتدا، جفرسن جرج سوم را به راه‌اندازی «جنگ بی‌رحمانه علیه ذات بشریت، از طریق رد تلاش‌ها برای پایان دادن به تجارت برده» متهم کرد، و سپس او را به «تحریک همان افراد [یعنی برده‌ها] برای برخاستن به سلاح علیه ما... ،» متهم نمود. این تلاش جفرسن بود برای بازنگری در ادعای نسبتاً پیچیدهٔ ویرجینیا مبنی بر این‌که تجارت برده، و به طور ضمنی خود برده‌داری، تقصیر جرج سوم است و این‌که او همچنین مسئول پیشنهاد آزادی لرد دانمور به بردگان ویرجینیا بوده، که به‌ظاهر یک اقدام مجرمانه به شمار می‌آمد.

نقاشی یک افسر نیروی دریایی بریتانیا که ورود ناوگان لرد هاو به استاتن‌آیلند در ۱۲ ژوئیه ۱۷۷۶ را به تصویر می‌کشد. ــ مجموعهٔ اسپنسر، کتابخانهٔ عمومی نیویورک

این طرز استدلال ممکن بود در ایالت ویرجینیا، که مزارع قلمروش بیش از حد ذخیره به دست می‌داد، منطقی به نظر رسد؛ زیرا پایان بخشیدن به تجارت برده در میان نخبگان ویرجینیا طرفداران بسیاری داشت، اگرچه پایان دادن به برده‌داری فی‌نفسه غیرقابل تصور بود. اما در جنوب آمریکا، به ویژه در کارولینای جنوبی، بحث از پایان دادن به تجارت برده همدلی و توافقات را به هم می‌زد. و برای همهٔ ایالت‌های شمال رودخانهٔ پوتوماک، یعنی واشنگتن به بالا، گنجاندن برده‌داری در بخش کیفرخواست بیانیه غیرقابل قبول بود، بویژه اگر با محکومیت پیشنهاد رهایی دانمور، که با پیامدهای ضد برده‌داری آن بند در تضاد

بود، همراه می‌شد. بهترین کار این بود که کل آن جمله حذف و اجازه داده شود برده‌داری که چون «فیلی در وسط اتاق» آشکار بود ولی هیچ‌کس درباره‌اش حرفی نمی‌زد، باقی بماند.[۲۹]

دوم این‌که، جفرسن تلاش کرد یکی از باورهای محبوب خود را که به شکل کامل‌تر در نگاهی اجمالی... مطرح کرده بود، در پیش‌نویس بگنجاند. او این عقیده را دکترین خروج از تابعیت[1] می‌نامید، که مدعی بود مهاجران اولیهٔ انگلیسی به آمریکا «به هزینه خون و ثروت خودمان و بدون کمک بریتانیای کبیر» آمده‌اند، و «تسلیم شدن در برابر پارلمانشان هیچ‌گاه بخشی از قانون ما نبوده است.» در سناریوی جفرسن، مستعمره‌نشینان آمریکایی همگی از نسل نژاد ساکسون بودند که ریشه‌های آن به جنگل‌های ژرمنی می‌رسید؛ جایی که همه نوع حکومت مبتنی بر زور به‌عنوان حکومت خودکامه رد شده بود، پس تمامی ادعاهای مبنی بر اقتدار پادشاهی یا پارلمانی برای تسلط بر مستعمره‌نشینان آمریکایی «تخطی‌های متأخر» یا «نقض‌های جدید» از درک اولیه بود. این تفسیری عجیب و غریب از تاریخ استعمار آمریکا به سبک افسانه‌ای «روزی روزگاری» بود، و کنگرهٔ قارّه‌ای آن را به‌عنوان یک خیال‌پردازی رمانتیک و شرم‌آور حذف کرد.[۳۰]

سومین و آخرین مورد در پایان پیش‌نویس بود که جفرسن، با حساسیّتِ تمام، جرج سوم را محکوم می‌کرد که با «اعزام نه تنها سربازان همخون ما، بلکه سربازان اسکاتلندی و مزدوران خارجی برای تهاجم و نابودی ما» از نقش خود به عنوان پدری مهربان کناره گرفته است. یعنی بیرحمی خودکامه به گونه‌ای جایگزین عشق پدر به فرزند شده بود: «این واقعیات آخرین خنجر را به عشقِ رنجور زده است و غیرت جوانمردانه از ما می‌طلبد تا این از برادران بی‌عاطفه برای همیشه چشم بپوشیم.» جفرسن سعی داشت اعتراضات قطعنامه‌های متعدد از نواحی ایالت‌ها، شهرها و شهرستانها را بازتاب دهد که از استحالهٔ ناگهانی جرج سوم از پادشاهی خیرخواه به مستبدی جنگ‌طلب ابراز تاسف می‌کردند. این به‌راستی پیام غالبی بود که توسط مردم عادی آمریکا منتقل می‌شد، و گنجاندن آن نشان می‌دهد که جفرسن قطعنامه‌هایی را که در پاسخ به درخواست ۱۵ مه به سوی کنگره سرازیر شده بود، می‌خواند. اما نسخهٔ جفرسنی پیام به نظر اکثر اعضای کنگره بیش از حد

1. expatriation

احساساتی رسید. پس آن نیز حذف شد.(۳۱)

~~~

مهم‌ترین روی‌داد در طول بحث‌های ویراستاری کنگره، اتفاقی بود که رخ نداد، یا به عبارتی، سگ دیگری که پارس نکرد. از آن‌جایی که نمایندگان تمرکز خود را بر بخش طولانی شکایات در بیانیه گذارده بودند، به طور کلی دو پاراگراف اول متن را که احتمالاً لفاظی‌های جفرسن در پیش‌درآمد می‌پنداشتند–دورخیز خودنمایانهٔ پیش از پرش واقعی–نادیده گرفتند. آنها در مورد کلمات زیر هیچ نظری ندادند:

> ما این حقایق را بدیهی می‌انگاریم که همهٔ انسانها برابر آفریده شده‌اند و آفریدگارشان حقوق سلب‌ناشدنی معینی به آنها اعطا کرده که حق زندگی، آزادی و نیل به سعادت از جملهٔ آنهاست. برای تضمین این حقوق، حکومت‌هایی در میان انسانها برپا می‌شوند که اختیارات به حق خود را با رضایت حکومت‌شوندگان کسب می‌کنند.(۳۲)

از آنجایی که این قطعه می‌رفت تا مهم‌ترین پنجاه و پنج کلمهٔ تاریخ آمریکا، یعنی بیان اصلی «مرام آمریکایی»[1] و شاید الهام‌بخش‌ترین کلمات در سراسر تاریخ مدرن شود، درک بی‌تفاوتی و بی‌توجهی کامل نمایندگان برای ما دشوار است. اما این به دلیل آن است که ما از مزیّت بازاندیشی و بازنگری برخورداریم و بنابراین متوجه می‌شویم که بخش حقوق طبیعی بیانیه مآلاً به چه چیزی تبدیل گشت. از دههٔ ۱۷۹۰، شماری از آمریکاییان برجسته مفاهیم زبان جفرسن را دریافتند، اما اوج تفسیر اعتقادی این سند توسط آبراهام لینکلن در سال ۱۸۵۹ بیان شد:

> همهٔ احترام و افتخارات نثار جفرسن باد، مردی که در زیر فشار عینی مبارزهٔ یک ملت برای دست‌یابی به استقلال، با خونسردی، آینده‌نگری و توانایی، یک حقیقت انتزاعی را در یک سند صرفاً انقلابی وارد کرد... و آن را در صورتی جاودانه به گونه‌ای در آن سند ثبت و محفوظ کرد که امروز و در همهٔ روزهای آینده، توبیخ و مانعی برای پیش‌قراولان نوظهور جباریت و ستم باشد.(۳۳)

اما آنچه لینکلن، مطمئناً با زبانی آکنده از طعنه، آن را «یک سند صرفاً انقلابی» نامید،

1. American Creed
~~~

فصل ۳: سگ‌هایی که پارس نکردند ۸۱

برای همهٔ نمایندگان در فیلادلفیا، هدف عمدهٔ این اقدام و دلیل اصلی نامیده شدن این سندْ به عنوان «بیانیهٔ استقلال» بود. عبارت «در آن سند ثبت و محفوظ کرد» در سخنان لینکلن به این معناست که گویی جفرسن می‌دانست در حال جاودانه ساختن حقیقتی در متن بیانیهٔ استقلال است، هرچند هیچ شواهدی وجود ندارد که او از اهمیت تاریخی این بخش آگاه بوده باشد. توجه اصلی جفرسن در هفته‌های بعد بر حفظ پیش‌نویس خود بدون ویرایش--یعنی قبل از آنکه توسط همکارانش «مثله» شود--معطوف بود و این تمرکز عمدتاً بر زبان و سبک نگارش بخش شکایات بود. (۳۴)

با این وجود، کاری که جفرسن انجام داد، هر چند به سهو، این بود که پیامدهای رادیکال انقلاب آمریکا را وارد این سند بنیادگذاری کرد، و بذرهایی را کاشت که به برنامهٔ لیبرال در حال گسترش برای حقوق فردی انجامید که در نهایت نقطهٔ پایانی بر صلاحیت مالکیت برای رأی دادن و بردگی گذارد و حق رأی زنان را اجتناب‌ناپذیر و حقوق مدنی همهٔ اقلیت‌های نژادی را تضمین کرد. آدامز نگران این بود که مجموعهٔ قطع‌نامه‌های ایالتی، شهرستانی و شهری در ماه‌های مه و ژوئن این دستور کار رادیکال را مطرح و در این روندْ رأی بسیار مهم برای استقلال را پیچیده سازند. اکنون نثر والا و غنایی جفرسن به طور پنهانی پیامدهای نهفتهٔ انقلاب آمریکا را چنان ماهرانه در بیانیه وارد کرده بود که هیچ کس متوجه آن نشد. جفرسن پیش از وداع با زندگی در سال ۱۸۲۶، با نیم نگاهی به آنچه که در انجام آن سربلند گشته بود اصرار داشت که «تألیف بیانیهٔ استقلال» در صدر فهرست دستآوردهای حک شده بر روی سنگ گور او باشد.

درست همان‌گونه که لینکلن پیش‌بینی کرد، بخش حقوق طبیعی بیانیهٔ استقلال، به مانند هستهٔ مرکزی اساسی‌ترین اصول بنیادین آمریکا، آزمون زمان را پس داده است و دلایل این امر را لینکلن یکی از اولین کسانی بود که دلایل این امر را به طور کامل درک می کرد.

هرچند که این اندیشه که حکومت‌ها اقتدار خود را از رضایت مردم به دست می‌آورند آشکارا به آموزه‌های جان لاک و «حق انقلاب» که از دومین رساله دربارهٔ حکومت (۱۶۸۸)[1] او سرچشمه می‌گیرد، مدیون است، اما در بند دوم بیانیه بُعدی آرمان‌شهری نهفته است که تماماً از تخیل جفرسن برمی‌خیزد. این بند جهانی کامل را تصور می‌کند، جهانی

1. Second Treatise on Government (1688)

که سرانجام از پادشاهان، کشیش‌ها و حتی خود حکومت بی‌نیاز است. در این سرزمین رؤیایی، افراد آزاد بدون نیاز به اجبار سیاسی، با هماهنگی تعامل دارند، چرا که قوانین را درونی کرده‌اند؛ هر کس نسخهٔ خود از خوشبختی را بدون تداخل با دیگران دنبال می‌کند، و در آن نوعی برابری اجتماعی بر جهان حکم‌فرماست. همان‌گونه که لینکلن تشخیص داد، این یک جهان ایده‌آل است که در این زمین دست‌نیافتنی باقی می‌ماند و تنها می‌توان به سوی آن گام برداشت. هر نسل وظیفه دارد که آمریکا را اندکی به تحقق کامل این وعده نزدیک‌تر کند، همان‌طور که لینکلن در معروف‌ترین کارش انجام داد. رؤیای آمریکایی، در واقع همان رؤیای جفرسنی است که در مقیاسی گسترده‌تر نمایان شده و در زبانی جاودانه شده که توسط یک جوان آرمان‌گرا در میان شلوغ‌ترین و پرتکاپوترین لحظات تاریخ آمریکا نگاشته شده است، جوانی که آرزویش این بود که جای دیگری باشد.

~~~

در یکی از آن تصادف‌های زمانی غیرمنتظره که در داستانهای خیالی نیز باورپذیر نیست، اولین موج ناوگان بریتانیایی که ژنرال ویلیام هاو و ۹,۰۰۰ سرباز او را حمل می‌کرد، در ۲۸ ژوئن در نزدیکی سواحل لانگ‌آیلند در همان روزی دیده شد که کمیتهٔ پیش‌نویس بیانیهٔ استقلال را به کنگرهٔ قارّه‌ای ارائه کرد. نگهبانان ارتش قارّه‌ای از عظمت آن شوکه شدند: ۱۱۳ کشتی به فرماندهی کشتی اصلی هاو، گِری‌هاوند.[1] یکی از نگهبانان با شگفتی گفت: «فکر کردم تمام لندن به روی آب آمده است.» او خبر نداشت که دریاسالار هاو با ناوگان بزرگتری در حال نزدیک شدن بود.(۳۵)

سرلشکر هاو پس از بررسی‌های اولیهٔ سواحل لانگ‌آیلند، بر آن شد که استاتن‌آیلند مکان امن‌تری است. در دوم ژوئیه، روزی که در کنگره در مورد استقلال رأی‌گیری می‌شد، نیروهای بریتانیایی در استاتن‌آیلند شروع به پیاده شدن کردند و در چهارم ژوئیه، روزی که بیانیهٔ استقلال را تصویب و به جهان اعلام کردند، پیاده‌سازی نیروها تکمیل شد. برادران هاو خیلی زود دریافتند که با ورود در همان لحظهٔ تعیین‌کنندهٔ رأی‌گیری برای استقلال، نقش دلخواهشان به‌عنوان کمیسیونرهای صلح با چالشی جدی مواجه شده است، زیرا اکنون از آمریکایی‌ها نمی‌خواستند تا از برداشتن آن گام سرنوشت‌ساز بپرهیزند، بلکه باید

1. Greyhound
~~~

از مردمانی که دیگر خود را مستعمره‌نشین نمی‌دانستند می‌خواستند تا در تصمیم خود تجدیدنظر کنند.

گرچه واشنگتن هفته‌ها در نگرانی از آسیب‌پذیری تاکتیکی نیویورک به سر می‌برد، اما حضور واقعی قوای معظم بریتانیا در استاتن‌آیلند اکنون به سیاق بدترین کابوسش به تحقق پیوسته بود. او با این فرض که هاو قصد دارد فوراً حمله کند، به ویژه پس از آن که جاسوسانی از میان سلطنت‌طلبانْ بریتانیایی‌ها را از مکان و وضعیت نصفه نیمهٔ دفاع آمریکا مطلع ساخته بودند، همهٔ ارتش خود را به حالت آماده باش درآورد. واشنگتن هنوز متوجه نشده بود که هاو محتاطانه تصمیم گرفته تا برای ورود برادرش همراه با نیرویی بزرگ‌تر صبر کند.

نمایش سیاسی که در فیلادلفیا به اوج خود می‌رسید اکنون همتای نظامی خود را در نیویورک پیدا کرده بود، جایی که خطر مرگ و زندگی برای همه قابل مشاهده و ملموس شده بود. واشنگتن، که به‌وضوح متأثر شده و هنوز از آنچه در فیلادلفیا در حال وقوع بود، اطلاعی نداشت، در دوم ژوئیه با فرمان عمومی خود قدرت بلاغت خود را نیز فراخواند و پیام و لحن آرمان‌گرایانهٔ جفرسن را به‌شیوه‌ای دیگر بیان کرد:

> اکنون زمان آن فرا رسیده است که معلوم گردد که آیا آمریکاییان باید آزاد باشند یا در بند. آیا آنها مالک دارایی‌های خود باید باشند یا خیر؟ آیا خانه‌ها و مزارع آنها غارت و ویران خواهد شد و به حالتی از فلاکت سپرده خواهند شد که احتمالاً هیچ تلاش بشری نتواند آنها را از آن رهایی بخشد؟ اکنون سرنوشت میلیون‌ها نفری که هنوز از مادر زاده نشده‌اند، تحت عنایت پروردگار، به عمل این ارتش بستگی خواهد داشت... پس بیایید یکدیگر را تشویق و تقویت کنیم و به تمام جهان نشان دهیم که یک مرد آزاد که بر سرزمین خود برای آزادی می‌جنگد، برتر از هر مزدور برده‌صفتی روی زمین است.[۳۶]

این اعلامیهٔ خود واشنگتن بود که با درک این واقعیت که بیانیهٔ جفرسن، در صورت شکست در جنگ در همان تابستان، به سرعت فراموش خواهد شد، فوریت و اهمیت بیشتری پیدا کرده بود. آرمانهایی که جفرسن چنان شیوا بیان داشت به گونه‌ای جهانی و ابدی طراحی شده بودند. اما این‌که آیا آن آرمانها برای همیشه دوام خواهند آورد یا در هفته‌های پیشِ رو به پایان زودهنگام خود خواهند رسید، پرسشی بود که به زودی توسط

سربازان در میدان نبرد پاسخ خود را می‌یافت و نه توسط دولت‌مردی جوان که صرفاً از مطالعات خود الهام گرفته بود.

۴

و غیره و غیره و غیره...

بنابراین، این جنگی که علیه ما درگرفته را من هم ناعادلانه و هم نابخردانه می‌دانم و بر این باورم که کسانی که جنگ علیه ما را توصیه کردند توسط آیندگان، با نگاهی خونسرد و بی‌طرفانه، به بدنامی محکوم خواهند شد؛ و حتی پیروزی نیز آنان را که به‌طور داوطلبانه برای هدایت این جنگ وارد میدان شدند، از بی‌اعتباری مصون نخواهد داشت.

– بنجامین فرانکلین به لُرد ریچارد هاو، ۲۰ ژوئیهٔ ۱۷۷۶ [1]

مردانی که در حال پیاده شدن در استاتن‌آیلند بودند، ماهی طاقت‌فرسا را در دریا پشت سر گذاشته بودند که در نهایت از هر نبردی که در خشکی با آن مواجه می‌شدند خطرناک‌تر بود. ازدحام و فشردگی جمعیت، تغذیه نامناسب و شرایط بهداشتی بد باعث شیوع مالاریا و میزان بالای تلفات شده بود. کمی بیش از ۱۰۰۰ سرباز و ملوان در دریا دفن شده بودند، همراه با تقریباً همین تعداد اسب و دام. در بیشتر تاریخ‌های نظامی، اصطلاح منطقهٔ کشتار [2] به آن کشنده‌ترین مکان در میدان نبرد اشاره دارد که در آن نیروهای پیشرونده آماج پرتابه‌های فلزی قرار می‌گیرند که با سرعت بالا از پیشرفته‌ترین سلاح‌های کشتار جمعی پرتاب می‌شود. اما در اواخر سدهٔ هجدهم و به مدت بیش از صد سال پس از آن، کشنده‌ترین «مناطق کشتار» بیمارستانها و شرایط محصور یا محدود روی کشتی‌ها بود، یعنی جاهایی که سلاح‌های کشتار جمعیْ ریزجانداران، میکروب‌ها و گونه‌های ویروسی بودند که علم پزشکی هنوز در برابر آنها هیچ سازوکار دفاعی پیشگیرانه یا درمانی ایجاد نکرده بود. ترک آن کشتی‌های آلوده به بیماری و رفتن به تپه‌های فرح‌بخش و باز و هوای پاک استاتن‌آیلند به این معنی بود که برای ارتش بریتانیا خطرناک‌ترین قسمت کارزار آمریکایی پایان یافته بود.(۱)

امبروز سِرل، [3] منشی دریاسالار هاو، کامل‌ترین شرح از برداشت‌هایش از استاتن‌آیلند را به‌جا گذاشته است. او نوشت: «مردم این جزیره، همچون خاکشان، نحیف و فقیرهستند؛

1. ۳۰ تیر ۱۱۶۶ خورشیدی

2. killing zone

3. Ambrose Serle

صداهایشان ضعیف و تمامی بدنشان سست و پژمرده است،» و افزود که «خاک جزیره عمدتاً بی‌حاصل است و از کشت و کار به‌مراتب پایین‌تری نسبت به زمین‌های ما در بریتانیا برخوردار است.» سِرْل مردم و محیط آمریکا را که پیش از آن هرگز ندیده بود، از منظر برتری بدیهی خود و با نگاهی تحقیرآمیز که برای یک اشراف‌زادهٔ مغرور بریتانیایی طبیعی بود، مشاهده می‌کرد. این نگرش بخشی از ذهنیتی بود که او از دربارهای لندن و راهروهای وایت‌هال به همراه آورده بود، جایی که مقاومت آمریکایی‌ها در برابر اقتدار بریتانیا به‌عنوان نقضی غیرمعقول در نظم سیاسی الهی تلقی می‌شد و جرج واشنگتن، به قول سِرْل، «به چشم سرهنگ ناچیزی در رأس داروسته‌ای از راهزنان شورشی دیده می‌شد.»[۲]

اگر پیش‌داوری‌های سیاسی سِرْل به همان اندازه که قابل پیش‌بینی بودند، غیرقابل تحمل نیز بودند—و در واقع، این پیش‌داوری‌ها پنجره‌ای به یکی از دلایلی بود که استقلال آمریکا را به یک امر اجتناب‌ناپذیر تبدیل کرده بود—سربازان معمولی بریتانیایی هم چندین پیش‌فرض عجیب و غریب خود را داشتند. برخی از این‌که مستعمره‌نشینان لباس بر تن داشتند تعجب کردند زیرا نزد خود تصور می‌کردند که آمریکاییان مانند سرخ‌پوستانْ نیمه‌برهنه می‌گردند. برخی دیگر انتظار داشتند که با گروه‌هایی از حیوانات وحشی به مانند حیوانات جنگل‌های آفریقایی روبه‌رو شوند و زمانی که یک وفادار به پادشاه بریتانیا بر روی یک کشتی آمد تا آن را به بندر هدایت کند، خدمه و سربازان بریتانیایی حیرت‌زده شدند و فریاد زدند: «همهٔ مردم معتقد بودندکه ساکنان آمریکا سیاه‌پوست هستند.»[۳]

اما برداشت و تصور غالب منطقی‌تر و استراتژیک‌تر بود. چشم‌انداز استاتن‌آیلند مملو از مزارع بسیار پربار و گله‌های چشمگیر گاو و گوسفند بود که- با وجود اظهارنظرهای سِرْل در این باره—بلافاصله به بهبود رژیم غذایی سربازان ارتش بریتانیا کمک کرد. در واقع، با توجه به تجربهٔ اخیر آنها در عبور از اقیانوس اطلس، می‌شد سربازان بریتانیایی را معذور داشت که گمان می‌کردند به بهشت رسیده‌اند.

ساکنان محلی نیز برای تکمیل چنین چشم‌اندازی، به جای برخوردی همچون مهاجمان متخاصم، از آنها به مانند ناجیان مورد انتظار استقبال کردند. در طول ماه‌های پیش از آن، همهٔ تلاش‌ها برای ارزیابی وفاداری سیاسی کشاورزان در لانگ‌آیلند و استاتن‌آیلند، تنها به گمانه‌زنی‌های مبهمی انجامیده بود که به درستی گرایش سیاسی چندلایهٔ مردم را نشان می‌داد. وفاداران به سلطنت و میهن‌پرستان انقلابی در قیاس با

کشاورزان ساده‌ای که صرفاً آرزو داشتند ایکاش دو ارتش برای کشتار یکدیگر به جای دیگری بروند، در اقلیت بودند. اما با ورود نیروی عظیم سرلشکر هاو، افکار عمومی یک شبه تغییر کرد. نگهبانان آمریکایی که از سواحل جنوبی لانگ‌آیلند با تلسکوپ‌هایشان نگاه می‌کردند، گزارش دادند که ساکنان استاتن‌آیلند واقعاً نه تسلیم بلکه به کلی برگشته و مشتاقانه به طرف مقابل پیوسته‌اند. «پیوستن»های مختلف خیلی زود شامل برقراری روابط جنسی در سراسر تپه‌های وسیع و باغ‌های سیب جزیره بود. یکی از افسران بریتانیایی گزارش داد: «حوریان زیبای این جزیره در عذاب شگفت‌انگیزی هستند. یک دختر بدون این‌که خود را در معرض خطر قریب‌الوقوع بی‌سیرت شدن قرار دهد نمی‌تواند برای چیدن گل رُز گامی به داخل بوته‌ها نهد.» پرونده‌های دادگاه نظامی مربوط به اتهام تجاوز جنسی، در مقر بریتانیا، به اتفاقی روزمرّه تبدیل شد.(۴)

سربازان بریتانیایی خیمه‌زده در استاتن‌آیلند تا حد شگفت‌انگیزی شبیه همتایان آمریکایی خود در لانگ‌آیلند و منهتن بودند. برخلاف تصور کلیشه‌ای منفی که در سدهٔ بعد و با ظهور امپراتوری بریتانیا در اوج قدرت خود شکل گرفت، ارتش بریتانیا مجموعه‌ای از طردشدگان، جنایتکاران و بیماران روانی نبود که از زندانها و کافه‌های لندن به خدمت گرفته شده یا به زور از شهرها و روستاهای انگلستان بسیج شده باشند. به‌عکس آنها از بریتانیایی‌های طبقهٔ کارگر–کارگران روزمزد سابق، کشاورزان، نجاران و کفاش‌ها–بودند که از بخت بد قربانی انقلاب صنعتی شده بودند، مشاغل‌شان را با آمدن ماشین‌آلات از دست داده بودند و ارتش را به عنوان آخرین چاره کارفرمای خود کرده بودند. آنها تقریباً همه داوطلب بودند.

تفاوت بزرگی که میان سربازان ارتش بریتانیا و همتایان آمریکایی‌شان وجود داشت در سن و تجربه بود. سرباز معمولی بریتانیایی به طور میانگین بیست و هشت سال داشت و همتای آمریکایی او تقریباً هشت سال جوان‌تر بود. مهمتر از همه، سرباز بریتانیایی کت قرمز هفت سال سابقهٔ سربازی داشت، در حالی که تجربهٔ سرباز کت آبی آمریکایی کمتر از شش ماه بود، و در واحدهای ارتش قارّه‌ای بسیاری دیگر بودند که از هیچگونه تجربه‌ای برخوردار نبودند.(۵)

نهایتاً این به تجربهٔ ثابت شده در نبرد بستگی داشت که امتیاز برتری یافتن بر خصم در میدان نبرد سدهٔ هجدهم را در حفظ آرامش در بحبوحهٔ صحنه‌های قتل عام و وحشت غیرقابل وصف می‌دید. ناتانیل گرین با خود چنین فکر کرد: «گذر کردن از روی اجساد

کشته شدگان در نبرد، شنیدن بدون نگرانی ناله‌های مجروحان؛ از نظر من تعداد کمی از مردان می‌توانند چنین صحنه‌هایی را تحمل کنند، مگر این‌که از روی عادت این‌گونه ساخته شده باشند یا از روی غرور نظامی بنیه پیدا کرده باشند.» بسیاری از سربازان بریتانیایی، و حتی بیشتر هِسی‌ها،[۱] نشان داده بودند که می‌توانند آن آزمون را پشت سر بگذارند. آمریکایی ها هنوز در این مورد امتحانی پس نداده بودند.[۶]

واشنگتن در تلاش برای تقویت روحیهٔ سربازان خود، در فرصت‌های متعدد انگیزهٔ نیروهای بریتانیا را زیر سؤال می‌برد؛ این‌که آنها صرفاً مزدورانی بودند که برای پول می‌جنگیدند، در حالی که آمریکاییان میهن‌پرستانی بودند که برای هدف عالی استقلال پیکار می‌کردند. این پیام شبه‌مذهبی نکته‌ای در بر داشت، اما تفسیر غلطی از انگیزهٔ سربازان عادی طرف بریتانیایی ارائه می‌داد که علاقه‌ای شدید در کشاکش نبرد به هنگ‌های مربوطهٔ خود و مردانی داشتند که در چپ و راست آنها می‌جنگیدند. سربازان بریتانیایی خود را همچون برادرانی می‌دیدند و احساس می‌کردند که آماده بودند در دردناک‌ترین تجربیات زندگی خود با یکدیگر سهیم شوند. هنگْ خانواده و ناموس آنان بود و آنها آماده بودند تا به هر قیمتی که شده از ناموس خود دفاع کنند.

~~~

در ۹ ژوئیه، واشنگتن یک بسته سند از هنکاک به همراه نامه‌ای دریافت کرد:

> کنگره ضروری تشخیص داده است که ارتباط میان بریتانیای کبیر با مستعمرات آمریکا را منحل و مستعمرات را کشورهایی آزاد و مستقل اعلام کند. همانطور که

[۱] حدود ۳۰ هزار آلمانی که به دلیل نظم و مهارت رزمی خود شناخته شده بودند، در طول جنگ انقلابی آمریکا در طرف بریتانیا جنگیدند و در واقع یک چهارم نیروهای زمینی بریتانیا را تشکیل می‌دادند. از آنجایی که ۶۵ درصد ایشان از حکمران‌نشین (لنت‌گراف) هسه-کاسل و هسه- هانائو در آلمان آمده بودند، اصطلاح هسی Hessian که ترکیبی است آمریکایی برای همهٔ آلمانی‌هایی که در طرف بریتانیا می‌جنگیدند و به عنوان مزدور تلقی می‌شدند، به کار می‌رفت. هسی‌ها از نظر قانونی از نیروهای کمکی متمایز بودند. یعنی در حالی که این مزدوران به میل خود به یک کشور خارجی خدمت می‌کردند، نیروهای کمکی سربازانی بودند که از طرف حکومت کشور خودشان به یک طرف خارجی کرایه داده می‌شدند. در آن دوران که آلمان هنوز کشور منسجم و ثروتمندی نشده بود، نیروهای کمکی منبع اصلی درآمد بسیاری از ایالت‌های کوچک و نسبتاً فقیر آن بودند که معمولاً در جنگ‌هایی خدمت می‌کردند که در آن دولت‌های خودشان بی‌طرف بودند. هسی‌ها، مانند بسیاری از نیروهای کمکی این دوره، در ارتش‌های خارجی به‌عنوان یگان‌های کامل خدمت می‌کردند، زیر بیرق خود می‌جنگیدند، توسط افسران معمولی فرماندهی می‌شدند و اونیفورم‌های مخصوص خود را می‌پوشیدند. بریتانیا سربازان هسی را در تقریباً همهٔ درگیری‌های خود، از جمله در ایرلند، به کار می‌برد، اما استفاده از آنها در مقیاس وسیع‌تری در طول جنگ انقلابی آمریکا انجام گرفت و این مسأله کارزار حمایت گسترده‌ای از آرمان هوادار استقلال آمریکا فراهم کرد. طرف هوادار استقلال از این واقعیت که سربازان مزدور غیرانگلیسی بودند، استفادهٔ تبلیغاتی می‌کرد. آمریکاییان نیز با دادن وعدهٔ زمین به آنها پیشنهاد پیوستن به نیروی خود را می‌دادند. (منبع: ویکیپدیا)
~~~

> از بیانیهٔ ضمیمه متوجه خواهید شد، من دستور دارم این حکم را به شما ابلاغ کنم و از شما بخواهم که آن را به عنوان فرماندهٔ ارتش به مناسب‌ترین روشی که می‌دانید، به سربازان اعلام کنید.(۷)

خبر اعلام استقلال دو روز قبل به واشنگتن رسیده بود، اما این مکاتبه‌ای رسمی از جانب رئیس غیرنظامی حکومت به فرماندهٔ نظامی، همراه با خود سند، بود. واشنگتن هیچ اظهار نظری دربارهٔ لحن بیانیه نکرد و ترجیح داد که این کلمات را هچون تعهد سیاسی مورد انتظاری تلقی کند که در نهایت کنگرهٔ قارّه‌ای را با ارتش قارّه‌ای همسو می‌کرد. او دستور داد بعد از شام آن شب در مکان عمومی شهر نیویورک[۱] و در چندین زمین برگزاری رژهٔ تیپ، آن را با صدای بلند برای همهٔ سربازان بخوانند.

خواندن بیانیه با «سه بار هورا کشیدن سربازان» مورد استقبال قرار گرفت. سپس این سربازان به جمعیت انبوهی از غیرنظامیان پیوستند که از خیابان برادوی[۲] به سمت بولینگ گرین[۳] در حرکت بود تا مجسمهٔ عظیم جرج سوم را خراب کنند. این مجسمه از سرب ساخته شده و با طلا اندود شده بود و شاه را سوار بر اسب و در ردای یک امپراتور رُمی مجسم می‌کرد. تنها با تلاش بسیار و استفاده از دیلم و طناب‌ها، مردم توانستند این یادمان دو تُنی را تکان دهند. پس از جدا کردن سر پادشاه پیشین خود، سرب آن را بردند تا ۴۲,۰۰۰ گلوله تفنگ بسازند، و یک شاهد با رضایت خاطر از دورنما اظهار داشت که «سربازان سلطنتی با اعلیحضرت ذوب‌شده مورد هدف قرار خواهند گرفت.» در دستورالعمل عمومی روز بعد، واشنگتن سربازانش را به‌دلیل پیوستن به جمعیت در این اقدام تخریبی بی‌محابا علیه آخرین نشانهٔ قدرت سلطنتی توبیخ کرد. هیچ کس این توبیخ را جدی نگرفت، حتی خود واشنگتن، که دستور به انجام تحقیق نداد و هیچ مجازاتی برای عاملان در نظر نگرفت.(۸)

~~~

۱. مکان عمومی شهر نیویورک New York City Commons جایی بود که مردم برای جشن یا اعتراض به قوانین و اقدامات حکومتی گرد هم می‌آمدند. این در سدهٔ هجدهم معادل میدان تایمز امروزی بود. بسیاری از رویدادهای مهم در اینجا رخ داد، از جمله اولین قرائت عمومی بیانیهٔ استقلال در شهر نیویورک در ۹ ژوئیه ۱۷۷۶م. (منبع: وبسایت تورهای انقلابی نیویورک https://www.revolutionarytoursnyc.com/)

۲. خیابان برادوی (Broadway Avenue) از خیابانهای مشهور شهر نیویورک که در بخش منهتن قرار گرفته‌است. (منبع: ویکیپدیا)

۳. بولینگ گرین (Bowling Green) پارک عمومی کوچکی است در منطقهٔ مالی منهتن در شهر نیویورک، در انتهای جنوبی برادوی. این پارک که در کنار محل اصلی قلعه هلندی نیوآمستردام واقع است، پیش از آن‌که در سال ۱۷۳۳ به مانند پارک منظور شود، در خدمت نیازهای مردم به یک مکان عمومی بود. (منبع: ویکیپدیا)
~~~

در خلال واپسین روزهای ژوئیه، واشنگتن به ایجاد شبکه‌های دفاعی، هم در لانگ‌آیلند و هم در اعماق روان خود، ادامه داد. با وجود تهدید بزرگی که اردوگاه بریتانیایی‌ها در استاتن آیلند ایجاد می‌کرد، این اردوگاه به زودی اطلاعات قابل‌اعتمادی ارائه داد؛ اطلاعاتی از سربازان فراری بریتانیایی و از وفاداران آمریکایی ساکن جزیره که در وفاداری خود دچار تردید شده بودند. گرین اطلاعاتی در مورد اندازه و زمان رسیدن ناوگان نزدیک‌شوندهٔ دریاسالار ریچارد هاو به دست آورده، از طرح‌های تاکتیکی ژنرال ویلیام هاو برای آغاز تهاجم اصلی خود به لانگ‌آیلند با خبر شد.(۹)

پس از اطلاع از اعلام استقلال، در ۹ ژوئیه ۱۷۷۶، نیویورکی‌ها با پایین کشیدن مجسمهٔ عظیم جرج سوم در بولینگ‌گرین، در جنوب منهتن جشن گرفتند. ــ مجموعهٔ هنر کالج لافایت، ایستُن، پنسیلوانیا

این خرده اطلاعات گرانبها به واشنگتن کمک کرد تا به جای حدس و گمان با اعتماد به نفس بیشتر شکاف‌های خالی در طرح دفاعی خود را پر کند. علاوه بر این، او تا اواسط ژوئیه اطلاعات دقیقی در مورد طرح استراتژیک جِرمین برای هدایت کل جنگ به دست آورده بود. واشنگتن به هنکاک گفت: «اکنون به‌نظر می‌رسد که بدون شک، دشمن قصد دارد

عملیات‌های خود را علیه این مستعمره هدایت و متمرکز کرده و تلاش خواهد کرد دو ارتش خود را به یکدیگر بپیوندد؛ یکی تحت فرمان ژنرال جان بورگوین[1] [که از کانادا می‌آید] و دیگری که اینجا مستقر شده است.» بنابراین، این حملهٔ قریب‌الوقوع به نیویورک، نیمهٔ جنوبی استراتژی هماهنگ بریتانیا برای تصرف دالان هادسن و منزوی کردن نیوانگلند بود.(۱۰)

این امر به‌نوعی توضیح می‌دهد که چرا واشنگتن به تلاش‌های نظامی بی‌رمق و به‌ظاهر بی‌امید آمریکایی‌ها در شمال ایالت نیویورک تحت فرمان ژنرال فیلیپ اسکایلر[2] توجهی غیرقابل‌توجیه نشان می‌داد. این موضوع چندین روز مکاتبات او را به خود اختصاص می‌داد و باعث می‌شد از توجه به تهدید آشکار و مشهود بریتانیا که تنها ده کیلومتر دورتر بود، غافل شود. آگاهی از استراتژی کلی جِرمین، واشنگتن را به فراختر کردن دیدگاه خود برای رویارویی با تجمع نیروهای بریتانیا در شمال دریاچهٔ شامپلین[3] واداشت. با نگاه به گذشته می‌توان گفت، او بهتر بود حواس خود را بر روی حریف فوری‌ترش متمرکز می‌ساخت.(۱۱)

در ۱۲ ژوئیه او دقیقاً همین کار را کرد. واشنگتن با آگاهی از این‌که ناوگان دریاسالار هاو در همان روز وارد خواهد شد، نشست شورای جنگی را تشکیل داد تا مشاورانش امکان حمله به پادگان بریتانیا در استاتن‌آیلند را قبل از رسیدن قوای کمکی، بررسی کنند. او به جای این‌که صرفاً نظاره‌گر رسیدن گل سرسبد نیروی دریایی بریتانیا و تجمع قوای نظامی دشمن و آماده شدن آن برای وارد آوردن ضربه‌ای کوبنده بماند، در این جلسه پیشنهاد کرد که ارتش قارّه‌ای پیش از آن‌که ناوگان دریاسالار هاو در امنیت کامل مواضع خود را مستحکم سازد، دست پیش را گرفته و ضربهٔ خود را وارد آورد.

این فکر جسورانه به‌خوبی بازتاب‌دهندهٔ غرایز تهاجمی نظامی واشنگتن بود. طرحی به دست‌خط لرد استرلینگ تدوین شد که در آن یک حملهٔ هماهنگ به استاتن‌آیلند توسط ۳,۳۰۰ نیروی آمریکایی در شش نقطهٔ فرود مجزا پیش‌بینی شده بود. این طرح به زمان‌بندی دقیق لحظه‌ای و سطحی از هماهنگی نیاز داشت که حتی برای مجرب‌ترین ارتش حرفه‌ای جهان آزمونی سخت محسوب می‌شد. با توجه به بی‌تجربگی و آشفتگی آشکار ارتش قاره‌ای، این طرح به نمونه‌ای درسی از چگونگی سازمان‌دهی یک فاجعه

1. John Burgoyne
2. Philip Schuyler
3. Champlain

شباهت داشت. همچنین این نخستین طرح تهاجمی ذاتاً پیچیدهٔ واشنگتن بود که در طول جنگْ ارتش قارّه‌ای را با مانع روبرو می‌ساخت. پرسشی که به شورای جنگ مطرح شد، ساده و واضح بود: آیا ارتش باید به استاتن‌آیلند حمله کند؟ پاسخ نیز با همان وضوح رسید: «به‌اتفاق آرا تصمیم گرفته شد که حمله صورت نگیرد.» حملات تاکتیکی پیچیده هنوز بخشی از توانایی‌های ارتش قاره‌ای نبودند. واشنگتن از فکر و تصمیم خود عقب‌نشست.(۱۲)

پیش از آنکه این تصمیم حتی به‌خوبی درک شود، ناو اصلی فرماندهی دریاسالار هاو به نام ایگل[۱] در افق مشاهده شد که از رسیدن نیروی بریتانیایی خبر می‌داد. چند ساعت بعد، دو ناو جنگی بریتانیایی به نام‌های فینیکس[۲] و رُز[۳] همراه با سه کشتی بادبانی، از باد و جزر و مد مناسب بهره بردند و از کنار جزیرهٔ گاورنرز[۴] و محلهٔ رِد هوک[5] به سمت شمال رود هادسن پیش رفتند و بر تمام مسیر سمت غرب منهتن، آتش توپ‌های خود را برافروختند. در حالی که گلوله‌های توپ بر سر خانه‌ها سقوط می‌کرد و باعث می‌شد ساکنین وحشت‌زده به خیابان‌ها بریزند، سربازان ارتش قارّه‌ای با ناباوری از خط ساحلی نظاره‌گر بودند که نیروی دریایی سلطنتی قدرت بی‌نظیر آتش خود را به نمایش گذاشته است. توپچی‌های آمریکایی تقریباً دویست بار به کشتی‌های در حال عبور شلیک کردند، اما این تلاش‌ها بی‌نتیجه ماند–کشتی‌ها به‌سادگی از کنار استحکامات اصلی در فورت واشنگتن[۶] عبور کردند و پس از طی ۵۰ کیلومتر به سمت شمال، در عصر همان روز در جایی که هادسن پهن‌تر می‌شود موسوم به تاپان‌زی،[۷] لنگر انداختند.(۱۳)

سرباز تازه‌کاری از کانکتیکات که تنها پانزده‌سال داشت، به نام جوزف پلامب مارتین،[۸] گفت این اولین برخورد نظامی میان دو طرف است که او به چشم خود می‌بیند و از آن به عنوان هرج و مرجی کامل یاد کرد. پیش از این او هرگز شاهد شلیک توپ نبود، اما شهادت داد که «صدایش موسیقایی یا دستکم عظیم بود.» او مسحور شده بود.(۱۴)

1. The *Eagle*
2. Phoenix
3. Rose
4. Governors Island
5. Red Hook
6. Fort Washington
7. Tappan Zee
8. Joseph Plumb Martin

واشنگتن در دستورات عمومی خود در روز بعد، بر واکنش مبهوت‌آمیز نیروهایی مانند سرباز مارتین، تمرکز کرد که مطابق دستورات رفتار نکردند و به جای قرار گرفتن در پُست‌های خود، صرفاً مات و مبهوت در جا خشکشان زده بود. واشنگتن با اشاره به این‌که با آغاز جنگ و با وارد شدن به مرحلهٔ جدی تخاصمات، چنین واکنشی برای «آرمان» زیان‌بخش است، خطاب به قشون گفت: «چنین رفتاری شایستهٔ یک سرباز نبوده و باید مایهٔ شرمندگی هر افسر خوب باشد.»[۱۵]

اما واقعیتی که در آن روز بیش از همه ترسناک و پیش‌گویانه بود، سهولت عبور کشتی‌های بریتانیایی از کنار همهٔ استحکامات توپخانه‌ای آمریکایی بود. استراتژی دفاعی آمریکا با آن برج و باروها و استقرارات توپخانه و تجهیزات بسیط و تودرتویی که به منظور بازدارندگی و محدود کردن تحرک نیروی دریایی بریتانیا در اطراف منهتن طراحی شده بود در نخستین آزمون به‌شدت شکست خورده بود. این بدان معنابود که کشتی‌های بریتانیایی می‌توانستند با مصونیت کامل در سراسر مجمع‌الجزایر نیویورک حرکت کرده و نیروها و قدرت آتش خود را به هر کجا که بخواهند تحویل دهند و دفاعِ ساکنِ واشنگتن را به سخره گیرند. بدتر از همه، این بدان معناست که اگر منهتن بطری بوَد، بریتانیایی‌ها می‌توانستند با چوب‌پنبه‌ای سر آن را به دلخواه خود ببندند و با قرار دادن سربازانی در انتهای شمالی جزیره، کل ارتش واشنگتن را بدون هیچ راهی برای فرار به دام اندازند. این بدان معنا بود که ارزیابی اولیهٔ ژنرال لی مبنی بر این‌که برتری نیروی دریایی بریتانیا، نیویورک را غیرقابل دفاع می‌کرد، درست بود.

با نگاه از مقطع کنونی به گذشته، آشکار شدن این نقاط ضعف می‌بایست موجبات بازنگری اساسی استراتژی آمریکا را فراهم کرده و منجر به ترک نیویورک و عقب‌نشینی ارتش قارّه‌ای به داخل آمریکا، به نیوجرسی یا کانکتیکات، می‌شد. اما دیدگاه امروز در دسترس واشنگتن، در آن لحظه‌ای که ارتشش در دو جزیره گرفتار آمده بود، قرار نداشت. واضح بود که کنگرهٔ قارّه‌ای از او انتظار داشت به هر قیمتی که شده از نیویورک دفاع کند. به همان اندازه واضح بود که مافوق‌های غیرنظامی او در فیلادلفیا نمی‌دانستند «به هر قیمتی» چه می‌تواند باشد.

در طول ماه ژوئیه، واشنگتن همهٔ توان خود را صرف ارزیابی چندین طرح کرد که برای محدود کردن تحرک نیروی دریایی بریتانیا در رودخانه‌های هادسن و ایست طراحی شده

بود. او با شور و شوق به پیشنهاد کمیتهٔ ایمنی پنسیلوانیا مبنی بر ساختن شش «کشتی احتراقی» پاسخ داد؛ کشتی‌هایی که از مواد انفجاری یا آتش‌زا پر شده و به سمت ناوچه‌های بریتانیایی حمله کرده و آن‌ها را در عملیاتی مشابه تاکتیک‌های «امید از دست‌رفته»–که به عملیات‌های انتحاری شباهت داشت–غرق می‌کردند. واشنگتن همچنین چشم‌انداز بستن آبراه‌های هادسن به روی کشتی‌ها را با انبوهی از زباله در زیر دریا و ایجاد موانع زیرآبی درنظر گرفت که کشتی‌های بریتانیایی را مجبور می‌ساخت تا سرعت خود را کاهش داده و صرفاً در محدودهٔ استحکاماتی مانند فورت واشنگتن، یعنی در تیررس توپ‌های آمریکایی، مانور دهند. او حتی به پیشنهادی که از طریق بنجامین فرانکلین به او منتقل شده بود گوش داد؛ پیشنهادی مبنی بر به‌کارگیری نوع جدیدی از کشتی به نام زیردریایی که زیر سطح آب حرکت می‌کرد و سپس به‌طور ناگهانی بالا می‌آمد تا در میان کشتی‌های بریتانیایی بی‌خبر از حضورش، ویرانی به بار آورد. بدیهی است که او به دنبال راهی برای جبران مزایای تاکتیکی ناوگان بریتانیا بود، و با توسل به هر فکر و تمهیدی در صدد کاهش عوامل منفی و افزایش احتمال پیروزی خود بود.[۱۶]

حجم انبوه پیشنهادهای ارسالی که بر روی میز واشنگتن تلنبار گشته بود، باعث شد او نتواند توجه خود را بر روی تصویری کلی‌تر متمرکز سازد. آن‌گونه که معلوم شد حدود پانزده هزار گاو، گوسفند و اسب در لانگ‌آیلند وجود داشت که همه متعلق به کشاورزان محلی بودند. آیا ارتش او باید آنها را مصادره کند تا از افتادن‌شان به دست بریتانیایی‌ها جلوگیری شود؟ چنین مصادره‌ای چه تأثیری بر وفاداری سیاسی کشاورزان می‌داشت؟ پس از تأملات، گفتگوها و تبادل‌نظرهای زیاد، همهٔ دام‌های لانگ‌آیلند جمع‌آوری و سلاخی شدند، که به منزلهٔ تشخیص ضمنی واشنگتن مبنی بر افتادن لانگ‌آیلند به دست بریتانیا بود.[۱۷]

سپس این سوال مبرم و ناخوشایند مطرح شد که با وفاداران محلی به تاج و تخت چه باید کرد. این امر بسیار ضروری بود زیرا، بنا به برآورد گرین، چند صد نفر از ساکنان لانگ‌آیلند در جنگل‌ها و مرداب‌ها پنهان شده و در انتظار پیوستن به نیروی تهاجمی بریتانیا در فردای رسیدن به خشکی بسر می‌بردند. این امری ناخوشایند بود زیرا در شهر نیویورک بخشی قابل توجه از مردم، از جمله برخی از برجسته‌ترین شهروندان، از پذیرش واقعیت جدیدی که بیانیهٔ استقلال به وجود آورده بود سر باز می‌زدند و همچنان در تلاش بودند که

به عنوان آمریکایی‌های وفادار به بریتانیا در میان دو جناح باقی بمانند و از انتخاب خودداری کنند. در نهایت، تصمیم بر این شد که همهٔ افرادی که در این دوگانگی باقی مانده‌اند به عنوان وفادار به بریتانیا تلقی گشته و در زندان حبس شوند و افرادی که بیشترین شبهه به آن‌ها وارد است به کانکتیکات منتقل شوند تا در صورت اشغال شهر توسط بریتانیایی‌ها امکان آزادیشان وجود نداشته باشد. گرین دستور داد همهٔ خانه‌های لانگ‌آیلند به طور کامل بازرسی شوند، اما این کار می‌بایست با دقت و متانت صورت گیرد تا نشانی از خشونت یا بی‌حرمتی نسبت به افراد بی‌طرف و صادق دیده نشود. افسران مأمور جلب باید «لباس شایسته» به تن داشته باشند و از ابراز هرگونه «هتک حرمت یا بدرفتاری با هر شخصی» خودداری ورزند. گوسفندها به دلایل آشکار نظامی باید از بزها جدا می‌شدند، اما ناتانیل گرین می‌خواست مأموریت خود را بدون ترساندن یا کاشتن بذر نفرت در دل افرادی که امید به نجاتشان داشت، به انجام رساند.(۱۸)

همدست اصلی واشنگتن در مدیریت مجموعه‌ای از مطالبات روزانه، جوزف رید،[1] سرباز کارآزمودهٔ سی و پنج ساله‌ای بود که در محاصرهٔ بوستون حضور داشت و واشنگتن او را به دلیل هوش و سوابق تحصیلی آشکارش از صفوف سربازان برای خدمت به‌عنوان دستیار جدا کرده بود. (رید در انجمن میدل تمپل[2] لندن درس حقوق خوانده بود.) تصمیم رید در آوریل آن سال برای بازگشت به خانواده و حرفهٔ وکالتش در فیلادلفیا واشنگتن را مغموم ساخت، زیرا او این جوان را عضوی ضروری در «خانوادهٔ» رسمی خود می‌دانست و توان قضاوت و نگارش او را بسیار ارزشمند یافته بود. در ماه ژوئن، واشنگتن او را با پیشنهاد ارتقاء رتبه به خدمت بازگرداند و به او مقام رئیس دفتری ارتش، یعنی بالاترین مقام اداری در ارتش قاره‌ای، را واگذار کرد. رید بلافاصله دریافت که با این منصب دچار مشکل شده است و به همسرش نوشت: «مقامی که در آن هستم به کلی خارج از حوزهٔ تخصّص من است و در آن راحتی و آرامش ندارم.» (۱۹)

رید علاوه بر بی‌تجربه‌گی همچون گرین و ناکس از جمله آماتورهای با استعدادی بود که واشنگتن در دفتر خود جمع کرده و اغلب مسئولیت‌های سنگینی را به آن‌ها محول می‌کرد. رید مسئول تبلیغات ارتشی شده بود که فاقد رویه‌های آزمایش‌شده در طول زمان

---

[1]. Joseph Reed
[2]. Middle Temple

و سیاست‌های بی خلل و مدون بود، به طوری که هر تصمیمی به یک عمل فی‌البداهه تبدیل می‌شد. به عنوان نمونه، نگرانی شدید در میان افسران نسبت به جایگاه، منعکس‌کنندهٔ معیارهای در حال تغییر برای ترفیع بود که باعث بروز مشاجرات مداوم، کوهی از کاغذبازی‌ها و دلخوری‌های فراوان شد. واحدهای شبه‌نظامی از کانکتیکات که اصرار داشتند اسب‌های خود را به همراه داشته باشند، مجبور به بازگشت به خانه شدند، زیرا ارتش قارّه‌ای هیچ‌گونه آمادگی برای پذیرش یک هنگ سواره‌نظام نداشت. رید تلاش کرد تا کمبود پارچه برای لباس‌های نظامی را به یک مزیت تبدیل کند و به سربازان دستور داد تا «پیراهن‌های شکارچی» مخصوص خود را بسازند، که شاید موجب وحشت بریتانیایی‌ها شود، «زیرا آنها فکر می‌کنند هر کس که چنین لباسی دارد، یک تیرانداز ماهر است.» هنگ توپخانه ناکس توپ‌های بیشتری نسبت به تعداد مردانی که قادر به بارگذاری و شلیک امن آن‌ها بودند، در اختیار داشت. گلوله‌های تفنگ و چخماق‌های استاندارد ارتش قاره‌ای با تفنگ‌هایی که توسط چندین واحد شبه‌نظامی حمل می‌شد، سازگاری نداشتند. جراحان بیمارستان‌های هنگ خواستار اختیار برای پذیرش یا ترخیص بیماران بدون تأیید افسران مافوق بودند، اما به نتیجه‌ای نرسیدند.[۲۰]

وظیفهٔ اصلی رید این بود که مانع از آن شود که همهٔ این مشکلات آزاردهنده به میز واشنگتن برسند. او قطعاً همهٔ تلاش خود را کرد، اما با توجه به بی‌تجربگی ارتش، حتی مجرب‌ترین افسر بریتانیایی هم در مدیریت جریان کارها به سختی می‌توانست موفق گردد. علاوه بر مسئولیت‌های اداریِ بی‌نظم و برنامه، خود ارتش قارّه‌ای نیز در واقع به عنوان یک ساختار موقتی و انعطاف‌پذیر طراحی شده بود که در هر نبرد به صورت موقت گسترش و انقباض می‌یافت، به‌طوری که هستهٔ اصلی نیروهای دائمی با واحدهای شبه‌نظامی از ایالت‌های نزدیک تقویت می‌شد.

این بدان معنا بود که بیش از نیمی از کل نیروی ارتش را داوطلبان تازه وارد تشکیل می‌دادند که باید به نحوی در آخرین لحظه در برنامه‌های نظامی و نمودارهای سازمانی جای می‌گرفتند. این کابوس لجستیکی یافتن هر گونه راه‌حل روشن را ناممکن می‌کرد و تنها لایه‌ای از آشفتگی و مسائل ناتمام به مجموعه‌ای پیچیده و درهمی از انسان‌ها و تجهیزات که ارتش قارّه‌ای نامیده می‌شد، می‌افزود. هیچ ذهنی توان درک همهٔ آن را نداشت، چه رسد به این‌که آن را کنترل کند. واشنگتن که هر روز از همه طرف زیر بار بی‌شماری

درخواست‌های آزاردهنده بود، از این رگبار بی‌وقفه به پناهگاه نفوذناپذیر ذهن خود پناه می‌برد، جایی که همهٔ گزینه‌ها روشن، با قطعیت، و به طرز خوش‌بینانه‌ای ساده بودند. وی به برادرش چنین نوشت: «اگر آنها در کنارم بایستند، این مکان را [دشمن] بدون متحمل شدن خسارت قادر نیست بگیرد،» و این اخطار را به آن اضافه کرد: «با وجود این، ما هنوز در وضعیتی دفاعی که آرزویش را داشتم نیستیم.»(۲۱)

~~~

توالی زیر را در نظر بگیرید: در ۱۲ ژوئیه، ناوگان لرد ریچارد هاو با ۲۰,۰۰۰ سرباز بریتانیایی به دریاراه لانگ‌آیلند[۱] رسید. در همان روز، دو ناو سلطنتی فینیکس و رُز راه را در مسیر رودخانهٔ هادسن گشوده، برتری تاکتیکی نیروی دریایی بریتانیا و آسیب‌پذیری پایدار راه‌برد دفاعی آمریکا را نشان دادند. روز بعد، لرد هاو نامه‌ای از طریق یک پیک برای واشنگتن فرستاد و از مأموریتی که به وی محول شده بود خبر داد، مأموریتی که به انتصاب او به عنوان یکی از دو کمیسر صلح اشاره داشت-برادر وی کمیسر دیگر بود-و ظاهراً حامل پیشنهاداتی از سوی جرج سوم و دولت بریتانیا برای مذاکرات دیپلماتیک بود که می‌توانست این همه کشتی و سرباز را غیرضروری کند. لرد ریچارد با خوش‌بینی ابراز امیدواری کرد که: «من امیدوارم بررسی بی‌طرفانه نیات خیرخواهانه پادشاه بتواند از ریخته شدن بیشتر خون جلوگیری کند و صلح و اتحادی پایدار میان بریتانیای کبیر و آمریکا به بار آورد.» شاید نتوان نمونه‌ای چشمگیرتر از مشت آهنین و دستکش مخملی-یا شمشیر و شاخهٔ زیتون-در هنر حکمرانی باستان و مدرن یافت.(۲۲)

اما نامه قابل تحویل نبود. پیکِ هاو و جوزف رید در قایق‌های پارویی میان استاتن‌آیلند و جزیرهٔ گاورنرز ملاقات کردند. پس از تعارفات و خوشایندگویی‌های مرسوم در میانهٔ هنگامهٔ باد و امواج، رید از پذیرش نامه امتناع ورزید، زیرا خطاب آن به «عالیجناب جرج واشنگتن، غیره و غیره» بود. رید اعلام کرد که چنین شخصی در ارتش قارّه‌ای وجود ندارد و اضافه کرد که «همهٔ جهان سرلشکر واشنگتن را از زمان انتصابش در تابستان گذشته می‌شناسند،» که احتمالاً منظورش انتصاب واشنگتن به عنوان فرماندهٔ کل ارتش قارّه‌ای بود. تربیت حقوقی رید در طول این تبادل دیپلماتیک به نیکی به کارش آمد و به او این

[۱] دریاراه لانگ‌آیلند (Long Island Sound) مصبّ نیمه‌محصوری است از اقیانوس اطلس که میان ایالت کانکتیکات در شمال و جزیرهٔ لانگ‌آیلند در ایالت نیویورک در جنوب قرار دارد. (منبع: ویکیپدیا)
~~~

جرأت را داد تا هرگونه درخواستی را که مؤید وضعیت حقوقی موکلش نبود، رد کند.[۲۳]

بنابراین پیکْ نامه را تحویل نگرفته برگرداند که خشم امبروز سِرْل، منشی لرد هاو، را موجب شد. سِرْل در دفترچهٔ خاطراتش نوشت: «غرور و گستاخی این افراد خیلی زیاد است. آنها چنان وقاحتی دارند که پیام لرد هاو را، که شجاعت و شرافتش زبانزد است، رد کنند... [و] در حالی که وانمود می‌کنند (یا بهتر است بگوییم وانمود کرده‌اند) به دنبال صلح هستند، دست رد به سینهٔ او می‌زنند.» واشنگتن روز بعد برای توجیه رفتار رید در جریان آن ملاقات به هنکاک نامه‌ای نوشت و توضیح داد که تصمیم برای رد نامهٔ هاو حاکی از چیزی بیش از صرفاً رعایت آداب معاشرت است. ارزیابی واشنگتن چنین بود: «من تحت هیچ شرایطی اصول اساسی را فدای تشریفات نمی‌کنم، اما در این مورد ... وظیفهٔ خود به هموطنانم و مقام خود دانستم که بر احترام لازم اصرار ورزم، احترامی که در هر موقعیت دیگری جز موردی عمومی، با کمال میل از آن صرف‌نظر می‌کردم.»[۲۴]

کوتاهی لرد هاو در مورد خطاب قرار دادن واشنگتن بر اساس رتبه، هر چند فقط نمادین بود، اما در حقیقت ماهیت بن‌بست دیپلماتیک را نشان داد، زیرا دستورات جِرمین صراحتاً هاو را از رفتار برابر با آمریکاییان یا حتی مذاکره با آمریکاییان تا زمانی که شورشیان سلاح‌های خود را زمین نگذارده و تسلیم نشده‌اند، منع می‌کرد. برادران هاو ترجیح می‌دادند دستشان در این مأموریت بازتر بود، اما هر دو مجبور شده بودند با محدودیت‌های بازدارندهٔ جِرمین کنار بیایند، و با اکراه به این نتیجه رسیده بودند که هرگونه ابتکار صلح تنها پس از تحمیل شکست قاطع به ارتش واشنگتن به ثمر خواهد نشست.

لرد هاو ظاهراً تصمیم گرفته بود پیش از نبرد تلاش جسورانه‌ای را امتحان کند. او شاید نزد خود فکر می‌کرد مشاهدهٔ نیروی عظیم مهاجم بتواند عزم واشنگتن را تضعیف سازد. این احتمال نیز وجود دارد، هرچند حدس و گمان محض است، که هاو دو کشتی جنگی را به بالادست هادسن فرستاد تا به واشنگتن ناامید بودن وضعیت نظامی‌اش را نشان دهد. انگیزهٔ هاو، هر چه بود، هیچ تأثیری بر موضع قاطعانهٔ واشنگتن مبنی بر مقاومت در برابر قوای مهاجم نداشت، و در اعتقاد دیرینه‌اش به این‌که مأموریت صلح در مجموع چیزی جز ترفندی سیاسی نیست که برای ایجاد امید کاذب به مصالحه‌طلبان پیگیر طراحی شده

خللی وارد نکرد: واشنگتن به ژنرال هوریشیو گیتس،[1] که در این زمان سعی داشت به بخش شمالی ارتش قارّه‌ای نوعی نظم و انضباط بدهد، اطلاع داد: «لرد هاو از راه رسیده است. او و برادر ژنرالش همچون مأمورانی برای بخشش گناه توّابین گسیل گشته‌اند.»(۲۵)

لرد هاو از یک سو به دلیل اعمال نظارت شدید جِرمین بر او و از سوی دیگر به دلیل بی‌توجهی آشکار واشنگتن، که فرصت جلوگیری از فاجعه‌ای نظامی را رد می‌کرد، اوقاتش آشکارا تلخ بود. او یک هفته بعد تصمیم گرفت آخرین تلاش خود را به کار بندد، و این بار رئیس کل پرسنل ارتش، سرلشکر جیمز پترسن،[2] را با همان نامه به همراه پیشنهادی سخاوتمندانه در مورد تبادل زندانیان اعزام کرد. رید اینطور تشخیص داده بود که مسألهٔ زندانیان بهانه‌ای برای گفتگوی رو در رو با واشنگتن است. از این رو پترسن با چشمان بسته به مقر واشنگتن در منهتن هدایت شد. در میان راه به پترسن گوشزد شده بود که واشنگتن را «عالیجناب» خطاب و با او با نهایت احترام رفتار کند و به او اطمینان دهد که به برادران هاو اختیارات وسیعی برای حصول توافق داده شده است. این ادعا آشکارا عاری از حقیقت بود، و واشنگتن نیز بلافاصله به آن اشاره کرد و مشاهده کرد که سخاوت خودستایانهٔ جرج سوم در تخالف با تسلیم آمریکا قرار دارد، بنابراین همهٔ آنچه که برادران هاو ارائه می‌دادند، عفو بود، «و کسانی که خلافی مرتکب نشده‌اند، بخشش طلب نمی‌کنند.» پترسن ناامیدی عمیق لرد هاو را از این‌که معضلات را نمی‌توان از این گیر اولیه عبور داد، ابراز و پشیمانی برادران هاو را از عدم شناسایی رتبهٔ مردی که «بالاترین احترام‌ها را برای شخصیت و منش او قائل بودند» تکرار کرده، سپس با تعظیم بلندبالایی «تماماً با رعایت سرزندهٔ آداب اجتماعی» از نزد واشنگتن بیرون آمد.(۲۶)

شکاف میان مواضع بریتانیا و آمریکا اکنون بیش از هر زمان دیگری آشکار شده بود. از دید بریتانیایی‌ها، دربار سلطنتی همه گونه حقی را قاطعانه حفظ کرده بود. جرج سوم و وزرای او، به‌رغم بیش از ده سال درگیری سیاسی که طی آن مستعمرات حاکمیت پارلمان را به چالش کشیده و خواستار نوعی حضور نیمه‌خودمختار آمریکا در داخل امپراتوری بریتانیا شدند، و بعد از آن پانزده ماه درگیری نظامی و خونریزی که خطرات را برای هر دو طرف افزایش داد، همچنان اصرار داشتند که مستعمره‌نشینان اتباع هستند، نه شهروند، و

1. Horatio Gates
2. James Patterson

حاکمیت پارلمان غیرقابل مذاکره است. سازش ناممکن بود زیرا چیزی کمتر از بقای امپراتوری بریتانیا در آمریکای شمالی در خطر نبود. و هیچ‌گونه مصالحه‌ای لازم نبود، زیرا ارتش و نیروی دریایی بریتانیا، که به طرزی آشکار در استاتن‌آیلند استقرار داشتند، شکست‌ناپذیر بودند.

جرج سوم فقط در چنین چارچوبی برای امپراتوری حاضر بود سخاوت به خرج دهد، نه به این دلیل که به او تحمیل می‌شد این کار را انجام دهد، بلکه به این دلیل که به ادعای برادران هاو، او حس محبت خیرخواهانه‌ای را نسبت به اتباع آمریکایی خود حفظ کرده و می‌خواست آنها را یک بار دیگر در لوای حفاظت‌گر سلطنت در آغوش بگیرد. این به معنی این بود که او آمادگی آن را داشت تا برای اکثریت قریب به اتفاق مستعمره‌نشینان آمریکایی، هرگاه از ادعای نادرست خود برای استقلال دست کشیدند، ارتش خود را منحل کردند و از آن دسته از رهبران افراطی در کنگرهٔ قارّه‌ای و ارتش قارّه‌ای که مسبب بسیاری از شیطنت‌های اخیر شده بودند، سربپیچند، عفو عمومی صادر کند. مقصران واقعی آنها بودند که البته باید دستگیر و محاکمه و به جرم خیانت محاکمه می‌شدند و عواقب آن را متحمل می‌گشتند. آنگاه پس از احیای نظم قدیم، جرج سوم آمادهٔ شنیدن پیشنهادهای تازه پیرامون برپا داشتن چارچوب معقولی برای اصلاحات سیاسی بود که به منظور راضی نگه داشتن رعایایش طراحی می‌شد.

دیدگاه آمریکایی‌ها نسبت به این اختلاف را بنجامین فرانکلین به شیوایی بیان کرد. او ریچارد هاو را از روزهایی که در لندن با هم بودند، زمانی که هر دو بیهوده به دنبال مصالحه‌ای سیاسی بودند تا از گسستی آشکار اجتناب شود، می‌شناخت. فرانکلین که در ۲۰ ژوئیه در فیلادلفیا بود، از وضعیت لرد ریچارد ابراز تأسف کرد چرا که از ارائهٔ هرگونه شرایط صلحی به غیر از «پیشنهاد عفو پس از تسلیم» منع شده است؛ و نوشت، «پیشنهاد عفو در صورت تسلیم؛ که از شنیدنش متأسف شدم، زیرا این امر بدون شک برای حضرت‌عالی موجب رنجش یا ناراحتی خواهد بود که برای چنین مأموریت بیهوده‌ای این‌قدر راه طولانی را بپیمایید.»

هیچ نمایندهٔ دیگری-در واقع، هیچ آمریکایی دیگری-نمی‌توانست چنین کلماتی را بنویسد که به طرز ماهرانه‌ای نقش بریتانیا و آمریکا را معکوس می‌دید و با لرد ریچارد به دلیل ناچاری موقعیتش ابراز همدردی می‌کرد. این طبیعت سبک نگارش فرانکلین بود، زیرا

نزدیک به پنجاه سال در آن ممارست داشت، نخست به عنوان ریچارد بیچاره،[۱] یک عامی خوش‌ذوق و سروزبان‌دار با زرادخانه‌ای از احکام نغز (به عنوان مثال، «بگذار همهٔ مردم تو را بشناسند، اما هیچ کس تو را کاملاً نشناسد.») و در همین اواخر طنزی کوبنده از حکومت‌داری بریتانیا تحت عنوان، قواعدی که تحت اجرای آنها یک امپراتوری بزرگ می‌تواند به یک امپراتوری کوچک تنزل یابد (۱۷۷۳).[۲]

فرانکلین در واقع دیر به آرمان استقلال آمریکا پیوسته بود. او بخش عمده‌ای از دو دههٔ گذشته را در لندن می‌زیست و برای دریافت منشور سلطنتی برای پنسیلوانیا رایزنی (یا لابی‌گری) می‌کرد. و تمجیدهای انجمن سلطنتی را به دلیل آزمایش‌های پیشگامانه‌اش در زمینهٔ برق دریافت کرده و با چهره‌های سرشناس جامعهٔ بریتانیا، از جمله لرد ریچارد، محشور بود. او اعتقاد داشت که امپراتوری بریتانیا واقعاً یک امپراتوری انگلیسی-آمریکایی متشکل از دو شریک است که با رضایت متقابل و منافع مشترک به هم پیوند خورده‌اند. تا زمانی که جرج سوم تاجگذاری کرد و کابینه‌های بریتانیا یکی پس از دیگری به تشدید محدودیت‌ها بر تجارت مستعمره‌نشینان پرداخته و پارلمان مالیات‌های جدیدی تصویب و یک ارتش دائمی در آمریکا مستقر ساخت، فرانکلین این تغییرات را به مثابهٔ انحراف موقت فهم می‌کرد. به اعتقاد وی تنها گلّه‌ای از حُمقا خواستار نابودی رابطهٔ حسنه با قدرت امپراتوری بودند که نویدبخش آینده‌ای خوب برای هر دو طرف به عنوان اعضای یک قدرت نوظهور جهانی بود.

بنجامین فرانکلین تا سال ۱۷۷۳ به این نتیجه رسیده بود که حکومت بریتانیا دیگر منافع خود را تشخیص نمی‌دهد. لحظهٔ تعیین تکلیف برای وی در ژانویهٔ ۱۷۷۴ پیش آمد، یعنی زمانی که به دلیل حمایت از دیدگاه خود در مورد امپراتوری بریتانیا بر اساس اصل رضایت متقابل، در مجلس اعیان، مورد تحقیر و توهین قرار گرفت و به وی با تحکم دستور داده شد که سکوت کند و سرجایش بنشیند. این تجربهٔ غیرقابل‌تحمل باعث گرایش وی به آرمان استقلال آمریکا شد. او در سال ۱۷۷۵ به آمریکا بازگشت، بلافاصله به عضویت کنگرهٔ قارّه‌ای انتخاب شد و هرگز پشت سرش را نگاه نکرد. اگر جان آدامز معمار عملی جنبش

[۱] ریچارد بیچاره Poor Richard، شخصیتی است کاملاً خیالی که توسط نویسنده و دولتمرد آمریکایی بنجامین فرانکلین خلق شد. ریچارد بیچاره فیلسوفی درس نخوانده و عامی اما باتجربه بود. فرانکلین با این نام مستعار از ۱۷۳۲ تا ۱۷۵۷ «سالنامهٔ پور ریچارد» را منتشر می‌ساخت. (منبع: ویکیپدیا)

[2] Rules by Which a Great Empire May Be Reduced to a Small One (1773)

برای استقلال در کنگره بود، فرانکلین همچون سیاستمدار بزرگ شناخته شده‌ای که یکی دو نسل از بیشینهٔ نمایندگان دیگر مسّن‌تر است، عزم یک نوآئین و اعتبار شهرت بین‌المللی و جایگاه یک شخصیت سرشناس را به جلسات مشورتی می‌آورد. اگر واشنگتن قهرمان جدید آمریکا بود، فرانکلین آشناترین و مشهورترین آمریکایی قرن بود.[۲۷]

در نتیجه پیام او به لرد ریچارد هاو حاوی طنین خاصی بود که نمی‌شد به‌سادگی آن را نادیده گرفت، حتی اگر همه آنچه را که لرد ریچارد امیدوار بود بدان دست یابد، تضعیف می‌کرد. فرانکلین اظهار داشت که این تصور که دولت بریتانیا آماده است مستعمره‌نشینان سرکش را عفو کند، به‌طرز مضحکی متکبرانه است، زیرا همان حکومت «با گستاخانه‌ترین قساوت‌ها و بی‌رحمی‌ها رفتار کرده بود، شهرهای بی‌دفاع ما را در میانهٔ زمستان به آتش کشیده بود و بومیان وحشی[۱] را به قتل عام کشاورزان تحریک کرده بود... و حتی اکنون نیز مزدوران خارجی را می‌آورد تا سکونت‌گاه‌های ما را در خون غرق کند.» اهرم اخلاقی برای اعطای عفو، متعلق به طرف آمریکایی بود، «زیرا این شما (یعنی ملت بریتانیا) هستید که نمی‌توانید مردمی را که این‌چنین به آن‌ها آسیب زده‌اید، ببخشید.»

فرانکلین ادامه داد، اگر لرد ریچارد پیشنهادهایی را برای صلح میان دو قدرت مستقل، که در حال حاضر در حال جنگ هستند، ارائه می‌کرد، شاید مذاکره امکان‌پذیر بود. او گفت، «اما من متقاعد شده‌ام که شما چنین اختیاراتی ندارید،» زیرا بریتانیا نمی‌توانست، بدون کنار گذاردن برتری مفروض خویش، وجود مستقل و مجزای مستعمرات سابقش را به‌عنوان دولت‌های برابر به رسمیت بشناسد. و اگر آن برتری سپس شکل نظامی به خود می‌گرفت، که اکنون گرفته بود، صرفاً دورویی همهٔ ادعاهای سخاوت‌مندی بریتانیا را آشکار می‌ساخت. این که این لُرد خوش‌نیت هم‌زمان سفیر صلح و هم رهبر یک قوای متهاجم بود، به هدف او کمکی نمی‌کرد.

فرانکلین پیش‌بینی کرد نتیجهٔ رقابت فعلی در نیویورک هر چه که باشد، جنگ بریتانیا علیه آمریکا غیرقابل پیروزی و «همان اندازه ویران‌کنندهٔ جان و مال خواهد بود، که پیش از این جنگ‌های صلیبی در پایان برای بیشتر ملل اروپا زیان‌بار بود.» فرانکلین می‌فهمید که این پیش‌بینی نیز مانند همهٔ پیش‌بینی‌های قبلی‌اش، «تا زمانی که سیر رویدادها آن را تأیید

۱. سرخ‌پوستان

نکند» باور نخواهد شد. زرّادخانهٔ تسلیحات بریتانیا، به جای شکست‌ناپذیر، ناکافی خواهد بود.

فرانکلین نامهٔ خود را با یک نصیحت ناخواسته به هاو پایان داد. برای او دردناک بود که دوست سابقش را در حال پیگیری جنگی غیرضروری، غیرعاقلانه و ناعادلانه در تاریخ ببیند. او هشدار داد: «آیندگان کسانی که این جنگ را توصیه کرده‌اند به بدنامی خواهند شناخت، و حتی موفقیت، کسانی را که داوطلبانه به اجرای آن پرداخته‌اند از هیچ‌گونه بی‌حرمتی نجات نخواهد داد.» فرانکلین آماده بود این را بپذیرد که «انگیزهٔ قوی شما برای آمدن به اینجا، امید به این بود که نقشی در برقراری آشتی ایفا نمائید.» اکنون که واضح بود آشتی با شرایطی که لرد ریچارد مجاز به پیشنهاد آن بود غیرممکن است، او بهتر است «فرماندهی بسیار نفرت‌انگیزی را رها کند و به حرفهٔ خصوصی محترم‌تری بازگردد.»[۲۸]

البته، لرد ریچارد به سختی می‌توانست نصیحت فرانکلین را در نظر گیرد، چه رسد به این‌که آن را بپذیرد. او چند هفته بعد به جِرمین نوشت: «گفتگو [با واشنگتن] بیشتر مؤدبانه بود تا جالب؛ منتهی برای رسیدن به هدفی مطلوب مرا واداشت به این‌که نظرم را تغییر دهم.» این روش غیر سرراست و پیچیدهٔ لرد ریچارد برای صحه گذاردن بر این نظر بود که تا آمریکاییان درس دردناک و خونینی نگیرند، هیچ صلحی امکان‌پذیر نیست، امری که اکنون در صدر وظایف او قرار داشت.[۲۹]

برای افشای اختیارات محدود لرد ریچارد و کنار زدن امیدهای واهی که هنوز در اذهان میانه‌روی اندکی باقی مانده بود، کنگرهٔ قارّه‌ای بنا به اصرار فرانکلین پیشنهادهای صلح او را به چندین روزنامهٔ بزرگ ارسال کرد. اگر همان زمان نیز اساساً یک موضع میانی وجود داشت و امکان آن بود که پلی بر روی این شکاف بنا ساخت، ان فرصت اکنون کاملاً از میان رفته بود.[۳۰]

~~~

در اوایل ماه اوت، تجمع ابرهای مهیبِ توفانِ قریب‌الوقوع همچنان ادامه داشت. در ۱ اوت، گرین گزارش داد که سی کشتی که او تصور می‌کرد حامل مزدوران آلمانی هستند وارد سندی‌هوک[1] شده‌اند، ولی بعداً آشکار شد که حامل قوای ژنرال کلینتن[2] و ژنرال

1. Sandy Hook
2. General Clinton
~~~

کورن‌والیس بوده‌اند که از کارولینای جنوبی می‌آمدند. یک هفته بعد از آن ناوگان کوچک دیگری وارد شد که شامل اولین موج هِسی‌ها و چندین هنگ از کوه‌نشینان اسکاتلند بود. نیروی اصلی هسی‌ها، مشتمل بر هشت هزار سپاهی زبده، در ۱۲ اوت پهلو گرفت. برادران هاو اکنون در مجموع فرماندهی یک نیروی ضربتی متشکل از ۴۲,۰۰۰ سرباز، تفنگدار دریایی و ملوان را بر عهده داشتند که تا آن زمان عاملان بزرگترین عملیات نظامی در آمریکای شمالی بودند.(۳۱)

آدامز در فیلادلفیا به این نتیجه رسید که ابتکار و پیشنهاد صلح لرد هاو از همان ابتدا تاکتیکی برای به تأخیر انداختن درگیری بوده است: «اهداف او برملا شد... نخست پیشنهاد صلح را برای سرگرم کردن دشمن مطرح می‌سازد تا زمانی که نیروهای کمکی او برسند.»(۳۲) این سخن واقعاً روی در صواب نداشت. تلاش دیپلماتیک لرد ریچارد، در آخرین لحظه، کاملاً صادقانه بود، اگرچه به همان میزان تلاشی از سرناچاری بود. حقیقت غیرعادی‌تر این بود که ویلیام هاو، از این نکته کاملاً آگاه بود که جِرمین برای به دست آوردن مزدوران هِسی ثروت اندکی را هزینه نکرده بود، بنابراین هیچ دلیلی برای شروع حملهٔ خود پیش از رسیدن آنها نمی‌دید. و با توجه به مزیت‌های تاکتیکی و نیروی انسانی که از آن برخوردار بود، هیچ فشاری برای حرکت بر اساس مصلحتی جز آن‌چه که خود تشخیص می‌داد احساس نمی‌کرد.

در طرف مقابل، واشنگتن با هر ورود جدید نیروهای بریتانیایی و هسی فاتحه‌ای برای کار خود می‌خواند. او با یادآوری از مهلکه جستن‌های خود و یکی از همرزمان کهنه‌کارش در کارزارهای جنگ با فرانسه و سرخپوستان، با لحنی نوستالژیک به او نوشت و از فرارهایشان از «میدوز[1] [فورت نسه‌سیتی[2]] و در کرانه‌های مِنان‌گِهیلا[3]» یاد کرد. از آنجایی که این هر دو نبرد شکست‌های سختی را به همراه داشت، عجیب است که خاطرات آن در آستانهٔ نبرد پیش رو به ذهن وی متبادر می‌شد. تماشای نیروهای بریتانیایی ترس او را از این‌که نیروهایی که در اختیار داشت به طور جدی مغلوب خواهند شد، افزایش داد. جرج واشنگتن به همرزم قدیم خود اعتراف کرد که «نمی‌توانم اضطرابی شدید را حس

1. Meadows
2. Fort Necessity
3. Monongahela

نکنم.»[۳۳]

بخشی از مشکل او این بود که به طور قطع نمی‌دانست چه تعداد نیرو در اختیار دارد. اندازهٔ ارتش قارّه‌ای، در صورتی که واحدهای شبه‌نظامی از کانکتیکات، نیویورک و نیوجرسی می‌رسیدند، کمی بیش از دو برابر می‌شد و مجموع نیروی خود را به حدود ۲۵,۰۰۰ نفر می‌رساند. اما فصل درو آغاز شده بود، بنابراین بسیاری از سربازان وی که باید به مزارع خود سر می‌زدند یا در مراجعت عجله‌ای به خرج نمی‌دادند یا بالکل از زیر بار انجام وظیفه شانه خالی می‌کردند. واشنگتن با تاکید بر فوریت تاریخی بحران کنونی، به فرمانداران و افسران شبه‌نظامی ایالت‌ها در لحظات آخر با تأکید بر ضرورت حضور نیروها توصیه می‌کرد که بگذارید محصولات اگر لازم افتاد در مزارع بپوسند. او هشدار داد: «کمبود نفرات در هنگ‌ها... بسیار بیش از حد در نظر گرفته شده است. از زمان استقرار این مستعمرات، هرگز چنین موقعیت عادلانه‌ای برای هشدار دادن وجود نداشته و هرگز چنین دشمنی از راه دریا و خشکی بر ما ظاهر نگشته است.»[۳۴]

علاوه بر این، او نمی‌دانست چه تعدادی از نیروهایش برای انجام وظیفه آماده‌اند. منابع آب آلوده به طور گسترده‌ای باعث ایجاد اسهال خونی در منهتن شده بود و گرین در اواخر ژوئیه گزارش داد که در لانگ‌آیلند آبله شیوع پیدا کرده است. در عرض یک هفته، واشنگتن تخمین زد که ۲۰ درصد از ارتش او بقدری بیمار بودند که نمی‌توانستند بجنگند.

آدامز با شنیدن همه‌گیری آبله خونش به جوش آمد: «آبله بیش از ارتش بریتانیا، کانادایی‌ها، سرخ‌پوستان، سیاه‌پوستان، هانوفری‌ها، هِسی‌ها و سایرین به ما آسیب رسانده است.» در عین‌حال این بیماری به دلایل شخصی نیز ذهن او را به خود مشغول کرده بود، زیرا اَبی‌گِیل و چهار فرزند خردسالشان در بوستون همزمان تحت تلقیح بودند. او که سنگینی بار مسئولیت‌های خود به‌عنوان یک دولتمرد و تعهداتش به‌عنوان شوهر و پدر و از دور بودن از خانواده‌اش را حس می‌کرد، آن هم در زمانی که همگی در خطر بودند، در همان نامه ابراز گناه کرد و سپس افزود که «ارتش ما نیز در نیویورک نسبتاً بیمار است.»[۳۵]

گزارش‌های عمومی که از مقر فرماندهی صادر می‌شد، با وجود برتری بی‌شمار بریتانیا از نظر تعداد، همچنان نویدبخش بود و از لحنی مثبت بهره داشت. در گزارش ۱۳ اوت چنین گفته آمد: «دشمن سعی خواهد کرد با نمایش و ظاهرسازی ایجاد رعب کند، اما به یاد داشته باشید که در موارد مختلف چگونه توسط چند مرد شجاع از آنها دفع شر شد.

آنان از آرمانی سخیف بهره می‌گیرند؛ سربازانشان از این امر آگاهند، و چنان‌چه با صلابت و خونسردی با ایشان مقابله شود... پیروزی قطعاً از آن ما خواهد بود.»(۳۶)

واشنگتن خودش این عبارات را واقعاً باور نداشت، اگرچه معتقد بود که شخصاً و از نظر حرفه‌ای موظف به نوشتن آنها است. او با هنکاک صریح‌تر بود و مشکلات نیروی انسانی و بیماری را فهرست‌بندی می‌کرد. او اذعان داشت که بعید است بتواند از تسخیر نیویورک توسط برادران هاو جلوگیری کند. منتهی آخرین ملجاء خود را در سناریوی بانکرهیل یافت، که در واقع پیروزی ویرانگر دیگری برای بریتانیا بود: «این ملاحظات مرا به این فکر می‌اندازد که اگر چه ممکن است تکرار آن نبردها آنچنان که من مایلم ممکن است به نفع ما خاتمه پیدا نکند، اما آنها در کار خود بدون خسرانی قابل‌توجه توفیق نخواهند یافت. هر مزیتی که دشمن به دست آورد، من مطمئنم که برایش گران تمام خواهد شد.» آن‌چه که واشنگتن ناگفته گذارد این بود که برای تحمیل پیروزی پرهزینه و کمرشکنی بر بریتانیا خودش ظرفیت از دست دادن چند مرد مبارز را داشت.(۳۷)

آدامز که هنوز از نتیجهٔ فرآیند تلقیح خانواده‌اش مطمئن نبود به اَبی‌گِیل که دوران نقاهت را در بستر می‌گذراند اطمینان داد که همهٔ فکر و ذکرش با او است. اما دستکم بخشی از حواسش متوجهٔ صحنه‌آرائی‌ها در شمال کشور بود: «ما هر روز منتظر یک حملهٔ قاطع به نیویورک هستیم.»(۳۸)

۵

در پی فضیلت

> به این ترتیب حتی در همان نخستین تلاش‌مان برای ترویج آزادی، بذرهای جهل، فساد و بی‌عدالتی را در لطیف‌ترین و منصفانه‌ترین کشتزار آزادی‌ای می‌کاریم که تا کنون بر روی زمین ظاهر گشته است.
>
> — جان آدامز به جوزف هاولی، ۲۵ اوت ۱۷۷۶ [1]

پیشتر، در بهار، جان آدامز در فرصت‌هایی متعدد گام‌هایی سیاسی را که کنگرهٔ قارّه‌ای می‌بایست برای مدیریت مسئولانهٔ جنبش به سوی استقلال آمریکا برمی‌داشت تشریح کرده بود. دغدغهٔ اصلی او این بود که پیش از راه‌اندازی جنبشی برای استقلال آمریکا یک بستر سیاسی باثبات از ایالت‌های ائتلاف‌کننده ایجاد شود. جدای از این فرض که اساساً می‌توان یک زلزلهٔ سیاسی را مدیریت کرد، نقصان عمدهٔ این طرح کاملاً منطقی این باور بود که می‌توان پیش از حصول اطمینان از وجود آمریکایی مستقل برای اداره کردن، زمینه را برای یک حکومت مستقل فراهم آورد. پس از آن که رأی قاطع دوم ژوئیه این اطمینان را به دست داد، نمایندگان تصمیم گرفتند بدون وقفه به برنامهٔ سیاسی بلندپروازانه‌ای که آدامز قبلاً ترسیم کرده بود، بپردازند، البته به ترتیبی متفاوت از آنچه او تصور می‌کرد.

تنها در نگاهی به گذشته است که این امر تصمیم فرضی مضحکی می‌نماید؛ تصمیمی که مطمئناً از میزانی از وفور اعتماد به نفسی سرچشمه می‌گرفت که همراه پیروزی پرشور در مسألهٔ استقلال شده بود. زیرا کنگرهٔ قارّه‌ای پیشنهاد کرد که پیش‌نویس قانون اساسی جدیدی برای مستعمره‌های متحد سابق، که اکنون نام ایالات متحده را بر خود نهاده بودند، تهیه شده و همزمان اهداف سیاست خارجی هر حکومتی که قرار بود ایجاد شود، تعیین گردد، و همهٔ این کارها نیز توسط همین یکی دو کمیتهٔ کاری ظرف چند هفته در اواخر ژوئیه و اوایل اوت انجام گیرد.

ظاهراً آتش انقلابی آشکارا شعله‌ور بود و «روحیهٔ ۱۷۷۶» را به منتهی‌الیه هیجاناتی می‌رساند که هرگونه ارزیابی محتاطانه‌ای از آنچه شدنی است را به چالش می‌کشید. در

---

[1] ۴ شهریور ۱۱۵۵ خورشیدی

واقع، آن مسائل سیاسی‌ای که کنگرهٔ قارّه‌ای برای حل و فصل سریع پیشنهاد می‌کرد، همچنان وجدان جمهوری نوپای آمریکا را برای دههٔ بعد و فراتر از آن آزار می‌داد و تا برگزاری مجلس مؤسسان قانون اساسی حل و فصل نمی‌شد، و حتی راه حلی هم که در آن زمان به تصویب می‌رسید موقتی و آزمایشی می‌بود.[۱]

علاوه بر این، این گفتگوهای سیاسی دلهره‌آور در سایهٔ تهاجم قریب‌الوقوع بریتانیا به نیویورک رخ می‌داد؛ تهاجمی که به گونه‌ای طراحی و سپس هنرمندانه سازماندهی شده بود که تا قبل از این‌که شورش آمریکا بتواند آغاز شده و قوام گیرد، ضربهٔ کوبنده‌ای بر آن وارد کند، و در نتیجه همهٔ بحث‌ها و مذاکرات در فیلادلفیا را بی‌ربط و بی‌نتیجه سازد. با توجه به حجم روزافزون تجمع دو ارتش در آب‌ها و جزایر نیویورک، و با توجه به ذهنیت «یا مرگ یا پیروزی» در هر دو طرف، بی‌توجهی ظاهری کنگرهٔ قارّه‌ای شایان دقت است. در حالی که کابینهٔ بریتانیا سرانجام درگیری نظامی در نیویورک را تعیین‌کننده می‌دانست، نمایندگان در فیلادلفیا دستور کار سیاسی آمریکای مستقل را اولویتی می‌دانستند که نباید با نگرانی در مورد آنچه که در میدانهای جنگ لانگ‌آیلند و منهتن رخ می‌دهد متوقف یا مختل شود.

بخشی از اعتماد بیش از حد ریشه در ترکیبی از جهل و ایمان نادرست به توانایی واشنگتن برای غلبه بر هاو در نیویورک، همان‌گونه که در بوستون انجام داده بود، داشت. به جز شاید آدامز، که نقشش به عنوان رئیس کمیسیون جنگ و مهمات موجب این بود که اطلاعات دقیق‌تری دریافت کند، اکثر نمایندگان بر این باور بودند که «انبوه مبارزان میلیشیا» ارتش واشنگتن را به تقریباً دو برابر ارتش هاو افزایش داده است. جفرسن به یکی از بستگانش در ویرجینیا نوشت: «عدهٔ سربازان تحت فرماندهی واشنگتن بسیار افزایش یافته است، اما ما از تعداد آن اطلاع دقیقی نداریم. فکر می‌کنم او تا الآن باید میان ۳۰,۰۰۰ تا ۳۵,۰۰۰ نفر در اختیار داشته باشد.» اما در واقع واشنگتن تقریباً نیمی از این تعداد را داشت که ۲۰ درصد آنها بیمار و « برای انجام وظیفه ناشایست» بودند. جفرسن به طور گذرا اشاره که کشتی‌های بریتانیا توانایی خود را در عبور از استحکامات آمریکاییان در رودخانهٔ هادسن نشان داده‌اند، اما او پیامدهای تاکتیکی برتری نیروی دریایی بریتانیا را درک نمی‌کرد. او با اطمینان گفت: «من تصور می‌کنم هنگامی که ژنرال واشنگتن متوجه می‌شود نمی‌تواند مانع از عبور آنها به بالادست رودخانه شود، آماده شد تا هر کجا که بروند

آنها را سرگرم سازد.» او متوجه نبود که واشنگتن بدون نیروی دریایی از لحاظ تاکتیکی قادر به سرگرم کردن کسی نبود. حتی پس از این‌که کل نیروهای بریتانیایی، به جز هسی‌ها، به استاتن‌آیلند رسید، و در مجموع ۲۵,۰۰۰ سرباز را شامل می‌شد، جفرسن به خبرنگاران ویرجینیا گزارش داد که «دشمن در آنجا بیش از هشت یا ده هزار تن نیست.»(۲)

بنابراین، در مجموع، از دیدگاه فیلادلفیا این طور به نظر می‌رسید که واشنگتن وضعیت را در نیویورک به خوبی تحت کنترل دارد، امری که به وضوح صحت نداشت، و این‌که ارتش قارّه‌ای به اندازهٔ کافی با حضور شبه‌نظامیان تقویت یافته و برتری عددی مناسبی نسبت به ارتش هاو دارد، در حالی که، واقعیت دقیقاً برعکس این برداشت بود. یکی از شایعه‌های وسیعاً غلوآمیز حاکی از آن بود که واشنگتن بیش از ۶۰,۰۰۰ نیرو را فرماندهی می‌کند.(۳)

یک رشته افکار خوش‌بینانهٔ دیگر که در کنگرهٔ قارّه‌ای در جریان بود، نسبت به هر تخمین تقریبی از ارتش واشنگتن و هاو پیامدهای گسترده‌تری داشت. البریج جِری،[۱] نمایندهٔ ماساچوست در کنگرهٔ قارّه‌ای، پس از بازگشت از یک تور اطلاعاتی در ایالت‌های شرقی، به آدامز گزارش داد که بر اساس حساب او، از نیوجرسی به سمت شمال ۱۱۱,۰۰۰ شبه‌نظامی مسلح و آمادهٔ جنگ وجود دارد، که «نیرویی است کافی برای عقب راندن دشمن حتی اگر ۴۰,۰۰۰ سرباز در نیویورک و کانادا در اختیار داشته باشد.» حتی اگر واشنگتن شکست فاجعه‌باری را متحمل می‌گردید، حتی اگر کل ارتش او در نیویورک نابود یا اسیر می‌شد، تقریباً ذخایر بی‌پایانی از مردان قابل برای جانشینی آنها در دسترس بود. در واکنش به ادعای شکست‌ناپذیری بریتانیایی‌ها بر اساس برتری ارتش و نیروی دریایی بریتانیا، اکنون احساس شکست‌ناپذیری آمریکایی بر اساس پتانسیل نیروی انسانی جمعیت آمریکا در حال ظهور بود.(۴)

از دیدگاه بریتانیایی‌ها، یک پیروزی قاطع در نیویورک، سپس اتحاد ارتش هاو و بورگوین در امتداد هادسن، به جنگ پایان می‌داد. از دیدگاه آمریکاییان، تا زمانی که کل جمعیت آمریکا تحت انقیاد قرار نگرفته، هیچ شکستی به تنهایی ملاک تعیین‌کننده‌ای نبود، نتیجه‌ای که هیچ ارتش بریتانیایی قابل تصوری نمی‌توانست به آن دست یابد. فرانکلین این دیدگاه

1. Elbridge Gerry

را این‌گونه بیان داشت: «اگر دشمن شکست بخورد، احتمالاً برای آنها تعیین‌کننده خواهد بود؛ زیرا آنها به سختی می‌توانند ارتش و تسلیحات دیگری برای کارزاری دیگر گسیل دارند. اما کشور در حال رشد ما می‌تواند آسیب‌های قابل‌توجهی را متحمل گشته و آن را بازیابی کند، به طوری که اگر شکستی بر ما وارد شود، به هیچ وجه باعث نمی‌شود ما از آرمان خود دست بشوئیم.»(۵)

فرمول فرانکلین بازتابندهٔ ارزش‌های او همچون یک دانش‌آموختهٔ قدیمی جمعیت‌شناسی آمریکا بود. او در رسالهٔ کوتاهی تحت عنوان مشاهدات مربوط به افزایش نوع بشر، مردم کشورها و غیره (۱۷۵۱)[1] که دقت آن بعدها مسجل گشت، پیش‌بینی کرده بود که جمعیت آمریکا هر ۲۰ تا ۲۵ سال بیش از دو برابر خواهد شد؛ یعنی بیش از دو برابر سرعت رشد جمعیت بریتانیای کبیر. فرانکلین، با آن برق همیشگی در چشمانش، مشاهده کرد که ظرف یک قرن یا بیشتر، مرکز امپراتوری بریتانیا احتمالاً به جایی در پنسیلوانیا نقل مکان می‌کرد. اما پیامد فوری‌تر دیدگاه جمعیت‌شناختی او–که می‌توان مضامین این اندیشه را در عقل سلیم پین نیز دید–این بود که ارتش‌های آمریکا و بریتانیا صرفاً تجسم پیش‌بینی‌های نظامی دو جامعه و جمعیت متفاوت بودند. هر مزیتی که بریتانیا در نتیجهٔ ارتش و نیروی دریایی برتر خود از آن برخوردار بود، با بزرگی و برتری جمعیت در حال انفجار آمریکا خنثی شده و در نهایت مقهور آن می‌شد. برادران هاو چه می‌دانستند و چه نمی‌دانستند پی مأموریت احمقانه‌ای گسیل گشته بودند.

اما حتی در چارچوب خوش‌بینانهٔ این چشم‌انداز نوظهور آمریکایی، نتیجهٔ رویارویی در نیویورک حیاتی باقی ماند. شکست تحقیرآمیز بریتانیا بسیار ارجح می‌نمود، زیرا به معنای جنگی کوتاه‌مدت بود. بدیهی است که شکست فاجعه‌بار آمریکا دردناک می‌بود، زیرا به معنای جنگی طولانی‌مدت بود. چنان‌چه پیروزی بریتانیا در نیویورک همچون نبرد بانکرهیل به سختی به دست می‌آمد–از دید واشنگتن محتمل‌ترین نتیجه–چیزی در میانهٔ این دو می‌بود.[2] نتیجهٔ نظامی در نیویورک هر چه باداباد، نمایندگان فیلادلفیا معتقد بودند که انقلاب آمریکا باید بدون توجه به آن به حرکت سیاسی خود ادامه دهد. برای آنها این به

1. *Observations Concerning the Increase of Mankind, Peopling of Countries, etc. (1751)*

۲. در نبرد بانکرهیل، در اوایل جنگ انقلابی (۱۷ ژوئن ۱۷۷۵ م.) بریتانیا شورش‌گران آمریکایی را شکست داد. اما نیروهای بی‌تجربهٔ مستعمره‌نشینان، به رغم شکستی که خوردند، تلفات قابل توجهی به دشمن وارد کردند. این نبرد، در طول محاصرهٔ بوستون، اعتماد به نفس مهمی را در آمریکاییان ایجاد نمود. همچنین نک به ص ۷.

معنای آن بود که، حتی در حالی که ارتش‌ها به مصاف هم می‌رفتند، تصمیم‌گیری در مورد چگونگی سازوکار حکومت ایالات متحده باید به پیش رود.

~~~

کنگره به عنوان کابینهٔ موقت دولت، به مدتی بیش از یک سال، دارای اختیارات اضطراری گسترده‌ای بود که به طور ضمنی با شرایط وخیم جنگی ادامه‌دار و اعلام نشده و چشم‌انداز جدایی از امپراتوری بریتانیا توجیه می‌شد. بدیهی است که پس از اعلام استقلال، لازم بود که یک حکومت مرکزی دائمی‌تری زمام امور را به دست گیرد. از این رو کنگره در ۱۲ ژوئن نمایندگانی از هر یک از مستعمرات را به کمیتهٔ بزرگ سیزده نفره‌ای به ریاست جان دیکنسن منصوب کرد که ساختار سیاسی آن حکومت جدید را در صورت اعلام استقلال و زمانی که اعلام می‌شد، ارائه می‌کرد. کمیته به مدت یک ماه تشکیل جلسه داد و سپس آنچه را که پیش‌نویس دیکنسن نامیده شد در ۱۲ ژوئیه ارائه کرد. هیچ سابقه‌ای از مذاکرات کمیته وجود ندارد، زیرا هیچ گزارشی از آن حفظ و بایگانی نمی‌شد. در اواخر ژوئیه و اوایل اوت، کنگرهٔ قارّه‌ای مقررات پارلمانی معمول خود را به کناری نهاد تا در مورد توصیه‌های این کمیته، که وظیفه‌اش ارائهٔ چارچوبی برای یک حکومت آمریکایی بود، بحث کند. قرار بر این بود که این حکومت آمریکایی جایگزین کنگرهٔ قارّه‌ای گردد.(۶)

اما گوشه‌ای از موضوعات مورد بحث در مکاتبات میان نمایندگان در آن زمان حفظ شده است. جوسایا بارتلت[1] نمایندهٔ نیوهمشایر به یکی از همکارانش اطلاع داد که گفتگوهای درون کمیته پرتنش و عصبی بوده است: «از آنجایی که این امری بسیار مهم است و مشکلاتی دشوار پدید آمده است، من می‌ترسم که مدتی طول بکشد تا فرجامی پیدا کند.» ادوارد راتلج[2] نمایندهٔ کارولینای جنوبی به مشکل اصلی اشاره کرد و به «اندیشهٔ حذف همهٔ امتیازات و وجه تشخصات محلی و تبدیل همه چیز... به چیزی که آنها خیر کل می‌نامند» ایراد گرفت. بدیهی است که اختلاف‌نظر عمیقی میان نمایندگان بر سر این‌که حکومت مرکزی جدید تا چه میزان باید قدرتمند باشد، وجود داشت.(۷)

وظیفهٔ کمیتهٔ تنظیمِ «اصولِ کنفدراسیون»[3] بود که اتحادِ داوطلبانهٔ دولت‌های مستقل

1. Josiah Bartlett
2. Edward Rutledge
۳. متن کامل اصول کنفدراسیون و اتحاد دائمی Articles of Confederation and Perpetual Union در پیوست ۴ آمده است.
~~~

سیزده مستعمره را پیشنهاد می‌کرد. کنگرهٔ قارّه‌ای دقیقاً به منظور حصول چنین ائتلافی در سال ۱۷۷۴ ایجاد شده بود، که با براهین ساختاری علیه اقتدار پارلمان بریتانیا، مجالس مستعمره‌نشینان را همچون صدای مورد تأیید افکار عمومی رسماً مورد شناسایی قرار داده و در نتیجه حاکمیت را در حکومت‌های مستعمره‌نشینان جای می‌داد.

اما در طول پانزده ماه پیش از آن، کنگرهٔ قارّه‌ای به مثابهٔ یک حکومت ملی مستقل عمل کرده، اختیارات اضطراری را برای تشکیل ارتش، سازماندهی واکنش جمعی به سیاست‌های نظامی و سیاسی بریتانیا، و عرضهٔ چهره‌ای مشترک از سیزده مستعمرهٔ جداگانه، به اجرا می‌گذاشت. این وضعیت شبه ملی، مطمئناً در واکنش به چالش‌های فزایندهٔ بریتانیا که در حال حاضر در همهٔ آن کشتی‌ها و سربازان تحت فرمان برادران هاو تجسم می‌یافت، به‌طور عمل‌گرایانه به دست آمده بود.

بدیهی است که جناحی در کمیته می‌خواست کنفدراسیون جدید آمریکا یک حکومت مرکزی را بر روی نطفهٔ ائتلافی برپا دارد که در بحران سلطنتی ایجاد شده بود، منتهی به اندازهٔ کافی اختیار داشته باشد که به جای صرفاً سیزده حاکمیت مجزا که احتمالاً پس از پیروزی در جنگ استقلال هر کدام راه خود را در پیش می‌گرفت، بتواند پایه و اساس سیاسی یک کشور در حال ظهور را پی بریزد.

تفسیر و حتی درک پیش‌نویس دیکنسن دشوار است، زیرا بازتاب مجموعه‌ای از سازش‌ها و هماهنگی‌ها میان نمایندگانی است که دیدگاه‌های اساسی متفاوتی از آمریکای پس از انقلاب داشتند. همانطور که ذکر شد، خود اصطلاح کنفدراسیون به معنای ائتلاف سستِ کشورهای مستقل است. اما مادهٔ ۲ این پیش‌نویس به مستعمرات سابقی اشاره داشت که «خود را در یک سازمان سیاسی متحد می‌کنند.» مادهٔ ۳ ظاهراً پیشنهاد می‌کرد که هر ایالت بر امور داخلی خود حاکم است و «انحصار مقررات و ادارهٔ انتظامات داخلی خویش را برای خود» محفوظ می‌دارد، اما سپس برای واجد شرایط بودن بند «در همهٔ مواردی که با اصول کنفدراسیون تداخل نداشته باشد» را اضافه کرد.[۸]

پیش‌نویس دیکنسن محدودیتی را برای فاقد شرایط لازم شمردن کنگره ایجاد کرد و آن این بود که کنگره هرگز نمی‌توانست مالیات یا عوارضی بر ایالت‌ها وضع کند. کنگرهٔ جدید، به طور خلاصه، نمی‌توانست به نسخهٔ آمریکایی پارلمان بریتانیا تبدیل شود، اصلی که به وضوح شکایت اصلی مستعمره‌نشینان را در دههٔ گذشته منعکس می‌کند. اما مادهٔ ۱۹

فهرست بلندبالایی را از اختیاراتی که کنگره می‌توانست اعمال کند، ارائه می‌کرد، که بیشتر آنها به سیاست خارجی مربوط می‌شد، و در مجموع یک حکومت مرکزی را پیش می‌نهاد که بسا بیش از صرفاً بازیچهٔ منفعل ایالت‌ها بود.(۹)

هیچ گزارش رسمی از بحث‌های درون کنگره دربارهٔ پیش‌نویس دیکنسن برجای نمانده است، اما آدامز و جفرسن یادداشت‌هایی برداشته بودند که در اسناد و نوشته‌های خصوصی آنها حفظ شد. این یادداشت‌ها تصویری از رقابت‌های در جریان میان ایالت‌ها و مناطق مختلف ارائه می‌دهند. تا کنون بر این اختلاف‌نظرهای بعضاً عمیق سرپوش گذاشته شده بود تا از سوی تعهد مشترک به آن آرزوی والا که به سادگی «آرمان» نامیده می‌شد جبهه‌ای متحد علیه دولت بریتانیا حفظ شود. اما اگر معنای اصلی «آرمان» استقلال آمریکا بود، زمانی که همهٔ مستعمرات سابق آن هدف را پذیرفتند، منافع متفاوت دولت‌های جدید، در نمایشی چشمگیر از فرضیات متضاد در مورد معنای «ایالات متحده»، پس از به دست آمدن استقلال، ظاهر شد. گروه همسرایان موزون و هماهنگ خیلی سریع تبدیل به کارزاری شلوغ و بدصدا شد.

در واقع، سه اختلاف اساسی وجود داشت: اول، شکاف مقطعی میان ایالت‌های شمالی و جنوبی بر سر برده‌داری. دوم، تعارض میان ایالت‌های بزرگ و کوچک بر سر درصد نمایندگی. و سوم، بحثی میان طرفداران ائتلافی از کشورهای مستقل و طرفداران یک وحدت ملی یکپارچه‌تر. همهٔ مسائل سیاسی و ساختاری که جمهوری نوظهور آمریکا را تا زمان جنگ داخلی آزار می‌داد، برای اولین بار در دستور کار قرار گرفت. به مدت پنج روز در اواخر ژوئیه و اوایل اوت ۱۷۷۶، کنگرهٔ قارّه‌ای درگیر بحث‌های پرشوری گشت که نشان داد پیش‌نمایشی از جاذبه‌های آینده در تاریخ آمریکا است.

اگرچه برده‌داری چنان موضوعی انفجاری بود که نمی‌شد به طور مستقیم به آن پرداخت، اما بقدری در اقتصاد ایالت‌های جنوبی عجین شده بود که نمی‌شد از آن گذشت. این موضوع ممنوعه در بحث بر سر مادهٔ ۱۲ پیش‌نویس دیکنسن، که پیشنهاد می‌کرد «هزینه‌های جنگ و رفاه عمومی باید از خزانهٔ مشترکی که توسط مستعمره‌نشین‌ها تامین می شود، به نسبت شمار ساکنان در هر سن، جنس و کیفیت، به جز سرخ‌پوستان، پرداخت شود،» مطرح شد. سپس بحثی در مورد نحوهٔ شمارش «ساکنان» درگرفت که به سرعت به بحثی بر سر بردگان تبدیل شد: آیا آنها شخص انسانی بودند یا دارایی افراد

محسوب می‌شدند؟(۱۰)

نمایندگان ایالت‌های جنوبی اصرار داشتند که بردگان مانند اسب و گوسفند هستند و بنابراین نباید آنها را «ساکن» به حساب آورد. فرانکلین پاسخ داد که آخرین باری که نگاه کرده بود، بردگان مانند گوسفند رفتار نمی‌کردند: «گوسفندها هرگز شورش نمی‌کنند.» این اندک شوخ‌طبعی هیأت نمایندگی کارولینای جنوبی را چندان خوش نیامد و تهدید نهایی را بر این مبنا صادر کرد که اگر بردگان به جای داراییْ همچون فرد تعریف شوند، «این پایان کنفدراسیون خواهد بود.» ساموئل چیس[1] از ایالت مریلند احساس کرد جنبش جدایی جنوب در حال شکل‌گیری است و از همهٔ نمایندگان خواست که آرامش خود را حفظ کنند. وی سپس برای راضی کردن برادران جنوبی پیشنهاد کرد که صفت «سفید» را بعد از «ساکنان» درج کنند. اما اصلاحیهٔ پیشنهادی چیس تنها خشم نمایندگان شمالی از جمله آدامز را برانگیخت که کارولینای جنوبی را متهم به تلاش برای اجتناب از به دوش گرفتن سهم عادلانهٔ خود از بار مالیاتی برای تأمین مالی جنگ کرد. در یک رأی گیری کاملاً منطقه‌ای، اصلاحیهٔ چیس با شکست مواجه شد.(۱۱)

از آنجا که هر گونه راه حلی در این مورد خطر یک انشعاب منطقه‌ای را در همان لحظه‌ای در بر داشت که به یک جبههٔ کاملاً متحد علیه بریتانیای کبیر نیاز بود، نمایندگان به سادگی آن را کنار نهادند. این اختلاف سرانجام در زمانی که کنگرهٔ کنفدراسیون به شمارش هر برده همچون سه پنجم یک فرد آزاد، برای اهداف مالیاتی و نمایندگی رأی داد، در سال ۱۷۸۳ حل شد، اگر چنین اصطلاحی در این مورد جایز باشد، زیرا سازشی ناخوشایند بود که متعاقباً در مجلس مؤسسان به تصویب رسید.

مسألهٔ نمایندگی در حکومت جدید بحثی به همان پرشوری و تفرقه‌انگیزی بحث بر سر برده‌داری به راه انداخت، گرچه این بار نزاع نه منطقه‌ایْ که میان ایالت‌های بزرگ و کوچک درگرفته بود. هر مستعمره [ایالت]، بدون توجه به میزان جمعیت آن، یک رأی در کنگره داشت. و مادهٔ ۱۸ پیش‌نویس دیکنسن تداوم اصل یک رأی به ازای هر ایالت را توصیه می‌کرد.(۱۲)

اما زمانی که پیش‌نویس دیکنسن در جلسهٔ عمومی کنگره مطرح شد، نمایندگانی از ویرجینیا، پنسیلوانیا و ماساچوست با این استدلال که جمعیت باید قدرت انتخاباتی

1. Samuel Chase

هیأت‌های هر ایالت را تعیین کند، شمشیر را از رو بسته و حمله‌ای مستقیم به اصل یک رأی به ازای هر ایالت آغاز کردند. فرانکلین در مورد این موضوع پرشورترین بحث‌ها را می‌کرد و هشدار می‌داد که هر حکومتِ جدیدی که مبتنی بر نمایندگی برابر توسط ایالت‌ها باشد «دوام چندانی نخواهد یافت،» زیرا قدرتِ سیاسیِ نامتناسبِ ایالت‌های کوچکتر واقعیت‌های اقتصادی را به چالش می‌کشد. فرانکلین استدلال کرد که این یک موضوع ساده مربوط به عدالت است: «هرگاه مستعمراتِ [ایالت‌های] کوچکتر به تساوی پول و سرباز دادند، رأی برابر هم خواهند داشت.»(۱۳)

طرفداران نمایندگی تناسبی همچنین می‌خواستند کنفدراسیون جدید بر اساس ائتلافی که در سال گذشته میان مستعمرات علیه امپریالیسم بریتانیا به‌وجود آمده بود، شکل بگیرد. برانگیزاننده‌ترین بحث‌ها را در این زمینه بنجامین راش[۱] از پنسیلوانیا به راه انداخت که می‌گفت: «ما اکنون یک کشور جدید هستیم... به یکدیگر وابسته‌ایم، نه کشورهایی کاملاً مستقل از یکدیگر.» آن‌گونه که راش می‌گفت، آمریکاییان اکنون در آرمانی مشترک، همچون ملتی واحد، متحد شده بودند. فقط یک حکومت نمایندگی مبتنی بر جمعیت می‌توانست این واقعیت جدید را منعکس سازد. در نظر گرفتن خود همچون یک ویرجینیایی یا رُدآیلندی دیگر کهنه شده بود. نام حکومت جدید، «ایالات متحده»، باید به جای اسم جمع تبدیل به اسم مفرد می‌شد.(۱۴)

نمایندگان ایالت‌های کوچکتر دیدگاه ملی راش را کابوسی سیاسی یافتند که قدرت استبدادی پارلمان بریتانیا را با نسخهٔ داخلی همان هیولا مبادله می‌کرد. راجر شرمن نمایندهٔ کانکتیکات هشدار داد که موکلان او هرگز آزادی‌های خود را به حکومتی در دوردست‌ها، که با ارزش‌های آنان سنخیتی ندارد، تسلیم نخواهند کرد. همرائی و گرد هم آمدن برای مخالفت با تهاجم بریتانیا یک چیز بود، ولی شرمن «ایالات متحده» را به عنوان یک اسم جمع توصیف می‌کرد، و دارا بودن هرگونه سرشت ملی را رؤیایی وصف می‌کرد که وفاداری‌های مبتنی بر کشور را به چالشی می‌کشید که بیشینهٔ آمریکاییان برای پذیرش آن آماده نبودند. اگرچه چیزی به نام «آرمان» در کار بود، اما چیزی به نام «ما، مردم ایالات متحده» وجود نداشت.(۱۵)

[1] Benjamin Rush

از آنجایی که رأی‌گیری در کنگرهٔ قارّه‌ای مبتنی بر اصل هر-ایالت-یک-رأی باقی ماند، شرمن و سایر نمایندگان ایالت‌های کوچک می‌دانستند که به‌رغم مخالفت معارضان قدرتمندی مانند فرانکلین و آدامز، می‌توانند موفق گردند. و موفق هم شدند.

اختلاف‌نظرهای نهفته در مورد اختیارات حکوت مرکزی جدید، به شکلی خطرناک در جریان بحث‌هایی بروز کرد که در مورد مرزهای نامشخص غربی، یعنی قلمرو ایالت‌هایی که در سمت غرب قرار داشتند، در سطوح مختلف در گرفته بود. چندین ایالت به منشورهای دوران استعمار استناد کردند که مرزهای غربی‌شان را رودخانهٔ می‌سی‌سی‌پی، یا حتی مضحک‌تر در مورد ویرجینیا، اقیانوس آرام، تعیین می‌کرد. اجماع در کنگره حاکی از آن بود که این ادعاهای گزاف بر اساس منشورهایی صورت گرفته که قبل از این‌که کسی متوجه وسعت قارهٔ آمریکای شمالی شود، تنظیم شده بودند. اما در مورد این که آیا ایالت‌ها صلاحیت تصمیم‌گیری در این مورد را دارند یا حکوت مرکزی جدید، اتفاق‌نظر وجود نداشت. و ایالت‌های زمین‌دار مانند ویرجینیا (و ماساچوست، کانکتیکات، نیویورک، کارولینای شمالی، کارولینای جنوبی، و جرجیا) و ایالت‌های بی‌زمینی مانند مریلند (و نیوجرسی و دلور) [1] به‌طور جدی بر سر چگونگی حل این موضوع اختلاف داشتند.(۱۶)

[1] معاهدهٔ پاریس (۱۷۸۳) که نقطهٔ پایان انقلاب آمریکا بود، حاکمیت آمریکا را بر سرزمین میان رشته کوه‌های آپالاچی و رودخانهٔ می‌سی‌سی‌پی مسجل کرد. کار تعیین نحوهٔ ادارهٔ آن سرزمین و چگونگی حل و فصل ادعاهای متضاد چندین ایالت در مورد آن، یکی از اولین وظایف اصلی پیش روی کشور جدید بود. این ادعاها به دو مشکل احتمالی میدان می‌داد. یکی از آنها مشکل آشکاری بود: در بسیاری از موارد بیش از یک ایالت ادعای مالکیت بر یک قطعه از زمین را مطرح ساخته بود، اما به وضوح تنها یک ایالت در نهایت به عنوان قلمرو شناخته می‌شد. مشکل دیگر صلح اتحادیهٔ جدید را نیز به خطر می‌انداخت: تنها هفت ایالت از سیزده ایالت نخستین بر اراضی غرب مستعمرات ادعای مالکیت داشتند(landed)، و سایر ایالت‌های بی‌زمین (landless) هراس از آن داشتند که تحت‌الشعاع ایالت‌هایی قرار بگیرند که بخش‌های وسیعی از سرزمین‌های جدید را از آن خود می‌کنند. به ویژه ویرجینیا، که تا همین مقطع نیز ۲۰ درصد ساکنان کشور جدید را در بر داشت، ادعا می‌کرد صاحب زمین‌هائیست که بعداً در سال ۱۷۹۲ ایالت کنتاکی را تشکیل داد، و همچنین قلمرو وسیعی که آن را شهرستان ایلینویز (Illinois County) می‌نامید را از آن خود می‌دانست. ایالت‌های کوچک‌تر از آن واهمه داشتند که ویرجینیا سرانجام کاملاً بر اتحادیه تسلط یابد.

در نهایت، بیشتر مطالبات اراضی ورای آپالاچی از سال ۱۷۸۱ تا ۱۷۸۷ به حکومت فدرال واگذار شد. نیویورک، نیوهمشایر و ایالت ورمونت که تا آن زمان به رسمیت شناخته نشده بود، اختلافات خود را در سال ۱۷۹۱ حل کردند و کنتاکی از ویرجینیا جدا و در ۱۷۹۲ به ایالت جدیدی تبدیل شد. این واگذاری‌ها کاملاً فداکارانه و از روی سعهٔ صدر نبود. در برخی موارد واگذاری‌ها در ازای تقبل بدهی‌های ایالت‌ها در زمان جنگ انقلابی توسط حکومت فدرال انجام می‌شد. اما واگذاری‌های از سر گذشت ایالت‌ها در مورد ادعاهای متناقضی که مطرح کرده بودند، مانع از شکاف‌های اولیه و شاید فاجعه‌آمیز میان ایالت‌های جمهوری جوان شد، و ترس ایالت های «بی‌زمین» را به اندازهٔ کافی کاهش داد و آنها را متقاعد ساخت که قانون اساسی جدید ایالات متحده را تصویب کنند. این واگذاری‌ها همچنین زمینه را برای سکونت در غرب میانه و گسترش ایالات متحده به مرکز قارهٔ آمریکای شمالی فراهم کرد و همچنین الگویی را ایجاد نمود که توسط آن سرزمین‌های تازه تصاحب شده توسط ایالات متحده به جای متصل شدن به ایالت‌های قدیمی‌تر به صورت ایالت‌های جدیدی ایجاد و سازماندهی گردند. (منبع: وبسایت کتابخانهٔ کنگره https://www.loc.gov/)

فصل ۵: در پی فضیلت ۱۱۷

جفرسن از سوی همکارانش در ویرجینیا تحت فشار بود تا در برابر هرگونه تجاوز به حق ایالت ویرجینیا در تفسیر ادعاهای منشور خود مقاومت کند. استراتژی اصلی او دفاع از قلمرو ویرجینیا بود، اما به نمایندگان در پشت درهای بسته اطمینان می‌داد که «هیچ ویرجینیایی قصد رفتن به دریاهای جنوبی را ندارد،» که ظاهراً اشاره‌ای به اقیانوس آرام بود. ادموند پندلتُن،[۱] ناظم کنوانسیون ویرجینیا در ویلیامزبِرگ،[۲] از جفرسن خواست تا بحث را به درازا کشد، سپس به طرز شومی اشاره کرد که «شاید تا شما این سطور را بخوانید، یا نه در واقع تا من این نوشته را به پایان می‌برم، ممکن است در نیویورک زور شمشیر تصمیم نهایی را گرفته باشد که آیا هیچ زمینی برای تصاحب ما باقی خواهد ماند یا نه.»(۱۷)

در نگاهی پسینی به گذشته، عدم دستیابی به هیچ‌گونه اجماعی در مورد شکل و اختیارات حکومت جدید آمریکا کاملاً قابل پیش‌بینی بود. از آن‌رو که می‌دانیم مناقشات گستردهٔ سیاسی و حقوق اساسی بر سر مسائل متداخل حاکمیت و برده‌داری، تاریخ جمهوری نوظهور آمریکا را برای هشتاد و پنج سال بعد مشخص کرد، این نکته را تشخیص می‌دهیم که اعتقاد بر این که مشکلات را می‌توان به راحتی در طی چند هفته تلاش جدی در تابستان ۱۷۷۶ حل کرد، بی‌نهایت غیرواقعی بود. با این حال، اکثر نمایندگان کنگرهٔ قارّه‌ای که از چنین نگاهی به گذشته از منظر کنونی بی‌بهره بودند، از عدم موفقیت خود ابراز دلسردی شدیدی کردند، بویژه آن‌که همچون شکستی در پس رأی پیروزمندانه به استقلال آمریکا اتفاق افتاده بود.

آدامز به ویژه از کشف این موضوع پریشان‌خاطر شده بود که اتفاق‌نظر در مورد استقلال با عدم توافق کامل بر سر این که یک حکومت مستقل آمریکایی چه شکلی باید داشته باشد، رخ داد. او با تأسّف نوشت «به این ترتیب حتی در همان نخستین تلاش‌مان برای ترویج آزادی، بذرهای جهل، فساد و بی‌عدالتی را در لطیف‌ترین و منصفانه‌ترین کشتزار آزادی‌ای می‌کاریم که تا کنون بر روی زمین ظاهر گشته است.» دو نتیجه به نظر روشن

۱. ادموند پندلتُن Edmund Pendleton (۱۸۰۳-۱۷۲۱م.) کشاورز، سیاستمدار، وکیل و قاضی آمریکایی. او از پیش از جنگ انقلابی آمریکا عضو مجلس قانون‌گذاری ایالت ویرجینیا بود و سرانجام نیز به ریاست این مجمع ایالتی رسید. پندلتُن در اولین کنگرهٔ قاره‌ای به عنوان یکی از نمایندگان ویرجینیا در کنار جرج واشنگتن و پاتریک هنری شرکت داشت. وی در ۱۷۷۴ پای اولین توافق‌نامهٔ مستعمرات تحت عنوان اصول انجمن قاره‌ای Continental Association امضا گذاشت و رهبری کنوانسیون‌هایی را بر عهده گرفت که در آن ویرجینیا اعلام استقلال می‌کرد (۱۷۷۶) و مهر تأیید خود را بر قانون اساسی ایالات متحده (۱۷۸۸) می‌گذارد. (منبع: دانشنامهٔ بریتانیکا)

2. Williamsburg

می‌رسید: اول این‌که آمریکاییان در مخالفت با سیاست‌های حکومت بریتانیا متحد، یا دست‌کم عمدتاً متحد، بودند؛ دوم، زمانی که دشمن مشترک‌شان از معادله خارج گردد، آنها در راستای خطوط منطقه‌ای و ایالتی تقسیم می‌شدند. آمریکاییان می‌دانستند که با چه چیزی مخالف هستند، اما نمی‌دانستند چه می‌خواهند.[۱۸]

آدامز در مدیریت نمایندگان کنگرهٔ قارّه‌ای، میان طرفداران آشتی با بریتانیا و مدافعان استقلال در سال‌های ۱۷۷۵ و ۱۷۷۶ با چیره‌دستی و مهارت بسیار عمل کرده بود. اما اکنون، اختلافات درون کنگره پیچیده‌تر شده و در چندین سمت رشد می‌کرد. علاوه بر این، آدرنالین سیاسی که به واکنش جمعی آنها به سیاست بریتانیا انرژی داده بود، اکنون اثربخشی خود را به پایان می‌رساند. پیروزی در جنگ البته همچون هدفی مشترک باقی ماند. با این حال، فراتر از آن، مستعمره‌نشینان هیچ برنامهٔ سیاسی دقیقی که همگی بر سر آن توافق توانند کرد، نداشتند. چندین برنامه در مورد چگونگی پیکربندی یک جمهوری مستقل آمریکایی با یکدیگر در حال رقابت بوده و تردیدهایی در مورد این‌که آیا اتحادیه‌ای از ایالت‌ها پس از پیروزی در جنگ باید ادامه یابد یا خیر، وجود داشت. وظیفهٔ اصلی آدامز، در سِمَتِ وزیر بالفعل جنگ، این بود که از تضعیف ائتلاف نظامی توسط اختلافات منطقه‌ای و ایالتی در حال ظهور جلوگیری کند. در همان آستانهٔ نبرد در نیویورک، او نگاهی اجمالی به این داشت که وظیفهٔ او تا چه میزان دشوارتر شده است. آمریکاییان به عبارتی دربارهٔ این‌که آمریکایی بودن، پس از استقلال، به چه معناست اتفاق‌نظر نداشتند.

افشای تفاوت‌های عمیقی که از پانزده ماه پیش، از زمان آغاز خصومت‌ها در لکزینگتن و کنکورد، در زیر سطح پنهان بود، انقلاب آمریکا را وارد فاز جدیدی کرد. ذهنیت سیاسی شبه‌مذهبی و ایده‌آلیستی که عبارات وزینی مانند «آرمان» متبادر می‌کرد و ارجاعات اخلاقی به برتری فضیلت آمریکایی در تقابل با فساد انگلیسی، بستری از لفاظی‌ها را مهیا ساخته بود تا منافع متفاوت و ناهمگون ایالتی و منطقه‌ای بر روی آن، به عنوان یک جمع خودخوانده، تلنبار شوند. میهن‌پرستانی مانند جوزف وارن در بانکرهیل، آماده بودند تا همه چیزشان را—در زبان شعرگونهٔ جفرسن، «جان و مال و شرافت مقدس خود»—به نفع هدفی والاتر قربانی کنند.

سرشت متعالی و تقریباً اپراگونهٔ این ذهنیتْ از صمیم قلب اما ناپایدار بود. این روحیهٔ ملّی، مانند مرحلهٔ ماه عسل یک ازدواجْ بسیار عاشقانه اما کوتاه‌مدت بود. در کنگرهٔ قارّه‌ای

فصل ۵: در پی فضیلت

بحث‌های تفرقه‌انگیز در اواسط تابستان ۱۷۷۶ نشانگر پایان فضیلت و آغاز پی‌گیری منافع به‌عنوان تأثیر غالب در شکل دادن به بحث‌ها شد. مطمئناً برادران هاو باید شکست داده می‌شدند و استقلال آمریکا به دست می‌آمد. اما بعد از آن هیچ چیزی مشخص نبود. و همه چیز باید مورد مذاکره قرار می‌گرفت.

~~~

در میان این تحولات سیاسی ناامیدکننده، موفقیتی قابل انتظار و بدون قیدوشرط حاصل شد. کمیته‌ای که وظیفهٔ تعیین خطوط سیاست خارجی آمریکا را برعهده داشت، و برای بررسی فوری‌ترین عناصر آن که عبارت بود از ایجاد یک اتحاد فرانسوی-آمریکایی که برای حکومت زمان جنگ یک شریک اروپایی ارزشمند به ارمغان می‌آورد، گزارش خود را در ۱۸ ژوئیه ارائه کرد. این وظیفه را کمیته به آدامز محول کرده بود که به تنهایی گزارشی را تحت عنوان «طرح معاهدات»[1] به قلم آورد. طرح معاهدات برخلاف پیش‌نویس دیکنسن، که بیان نامنسجمی از نظرات متفاوت بود، به وضوح و با صدایی منحصر به فرد، تقریباً به طور ناخواسته، چارچوبی را برای سیاست خارجی آمریکا تعریف می‌کرد که به مدت بیش از یک سده پابرجا ماند.(۱۹)

سیزده مادهٔ اول این طرح شروط یک معاهده کاملاً تجاری را «میان متین‌ترین و قدرتمندترین شاهزاده، لوئی شانزدهم، مسیحی‌ترین پادشاه، وارثان و جانشینان او، و ایالات متحده آمریکا» توصیف می‌کرد. آدامز احتمالاً برای نشان دادن اینکه حکومت تازه‌کار آمریکا می‌دانست چگونه در بازی دیپلماتیک اروپایی شرکت کند، زبان درباری دیپلماسی اروپایی را در مؤثرترین سبک آن به کار گرفت. در واقع، از فرانسه دعوت شده بود که ایالات متحدهٔ تازه تأسیس‌شده را به رسمیت بشناسد و هر دو کشور همهٔ عوارض و تعرفه‌های وارداتی را حذف می‌کردند تا ارتباط تجاری قوی‌تری ایجاد کنند.(۲۰)

طرح معاهدات به صراحت هرگونه اتحاد دیپلماتیک یا نظامی با فرانسه را رد می‌کرد. این امر امروز دست‌کم در نگاهی پسینی عجیب به نظر می‌رسد، زیرا اکنون می‌دانیم که کمک نظامی فرانسه برای پیروزی در جنگ استقلال کاملاً ضروری بود. ولی در ژوئیهٔ ۱۷۷۶ آدامز و سایر نمایندگان مجلس مؤسسان در فیلادلفیا بر این باور نبودند که کمک

---

[1]. Plan of Treaties

مالی و سربازان فرانسوی برای شکست دادن بریتانیای کبیر ضروری است. هنوز آشکار نشده بود که اعتماد به قدرت ارتش قارّه‌ای و عرضهٔ تقریباً بی‌پایان نیروی انسانی چیزی جز خیال‌پروری نیست.[۲۱]

دلیل اصلی تأکید مادهٔ ۸ و ۹ این طرح بر روی چرایی اتحاد نظامی با فرانسه مشکلات بالقوه ای را ایجاد خواهد کرد، مبتنی بر این بود که جلوی هرگونه ادعای فرانسه را برای قلمرویی در قارهٔ آمریکای شمالی می‌گیرد. یک اتحاد نظامی که سربازان فرانسوی را در خاک آمریکا قرار می‌داد، بالقوه این خطر را به همراه داشت که وقتی پایشان به این خاک رسید، هرگز آن را ترک نکنند. آدامز کاملاً از میل فرانسه به بازیابی بخشی از امپراتوری از دست رفته‌اش در آمریکا آگاه بود و می‌خواست این امکان را از میان بردارد.[۲۲]

دو سال بعد، هنگامی که وضعیت نظامی در جبهه‌ها مشکل‌سازتر شد، آدامز به پاریس اعزام گشت تا برای همان اتحاد دیپلماتیک و نظامی که طرح معاهدات به دنبال اجتناب از آن بود، مذاکره کند. (در واقع فرانکلین پیش از آمدن آدامز در مورد اتحاد فرانسه و آمریکا مذاکره کرده بود.) نگرانی در مورد بلندپروازی‌های امپراتوری فرانسه در قارهٔ آمریکای شمالی، به ویژه کانادا، تا زمانی که آخرین کشتی و سرباز فرانسوی به خانه‌اش برنگشته بود، از میان نرفت.

سهم آینده‌نگرایانهٔ طرح معاهدات، که اتحاد فرانسه-آمریکای ۱۷۷۸ استثناء اجتناب‌ناپذیر آن بود، در واقع این بود که پاریس تا آینده‌ای قابل پیش‌بینی راهنما و مشوّق بی‌طرفی در سیاست خارجی آمریکا می‌شد. قرار بر این نهاده شد که همهٔ معاهدات، به ویژه با هر یک از قدرت‌های اروپایی، بدون تعهدات الزام‌آور دیپلماتیک یا نظامی بوده و منحصراً جنبهٔ تجاری داشته باشد. طرح معاهدات نخستین فرمول‌بندی یک موضع بی‌طرفانه و انزواطلبانه بود که متعاقباً در سخنرانی خداحافظی واشنگتن (۱۷۹۶) تثبیت گشت. این محوریت سیاست خارجی آمریکا تا جنگ جهانی اول باقی ماند و تا پس از جنگ جهانی دوم رسماً کنار گذارده نشد. اگر بحث بر سر پیش‌نویس دیکنسن فرجام خوبی نداشت، در عوض بحث بر سر طرح معاهدات به آرامی پیش‌رفت. کنگرهٔ قارّه‌ای آن را در ۱۷ سپتامبر تنها با چند اصلاح جزئی تصویب کرد. تصویب طرح معاهدات وضعیتی نسبتاً غیرعادی ایجاد کرد، یعنی این‌که این موجودیت جدید به نام ایالات متحده دید نسبتاً روشنی از چگونگی تعامل با ملل در عرصهٔ جهانی داشت، اما فاقد اجماعی در مورد این

بود که آیا خود یک ملت است یا خیر.[۲۳]

~~~

هرگونه بازسازیِ تاریخیِ دستور کار سیاسی فشردهٔ کنگرهٔ قارّه‌ای در اواسط تابستان ۱۷۷۶ ناگزیر حس انسجامی را به خوانندهٔ امروزی تحمیل می‌کند که نمایندگان، در آن زمان، با همهٔ تلاشی که برای مدیریت رویدادهایی که از زوایای مختلف و با سرعت بسیار زیاد به سمت آنها سرازیر می‌شد، انجام می دادند، آن را حس نمی‌کردند. آنها سعی داشتند انقلابی را سازماندهی کنند که تقریباً بنا به تعریف، حسی از آسیب جمعی ایجاد کرده بود و هر گونه ظاهر انسجام و کنترل را به چالش می‌کشید. اگر بخواهیم زمینه‌های روانی بازیگران اصلی فیلادلفیا را بازیابی کنیم، باید دانایی همه‌جانبهٔ امروزین خود را کنار نهاده و ذهنیت آنان را در حین رویارویی با ناشناخته‌ها دریابیم.

در مورد جفرسن، تغییرات ویراستاری که در پیش‌نویس بیانیهٔ استقلال وی داده شد، بیش از بحث بر سر پیش‌نویس دیکنسن و جهت‌گیری سیاست خارجی آمریکا، ذهن وی را به خود مشغول کرد. او انرژی قابل‌توجهی را صرف کپی برداری از نسخهٔ ویرایش نشدهٔ خود از آن سند کرد. سپس بخش‌های حذف شده توسط نمایندگان کنگره را بازیابی و بازبینی‌های آنان را در حاشیه گذاشت تا نثر خود را از نسخهٔ منتشر شده در سراسر کشور متمایز کند. او سپس این نسخه‌ها را به ویرجینیا برای دوستانش فرستاد، و از کنگره گله کرد که پاکی پیام او را مکدر کرده است، و اشاره کرد که همهٔ تجدیدنظرها تحریف‌هایی بودند که برای آرام کردن افراد ضعیفی طراحی شده بود که هنوز امید آشتی با بریتانیای کبیر را در سر می‌پروراندند. این سخن واقعاً صحت نداشت. همهٔ اصلاحات وارد شده به جای سازشکاری برای روشن ساختن موضوعات مطروحه در متن بود، اما غرور جریحه‌دار جفرسن نیازمند منطق قانع‌کننده‌تری بود.[۲۴]

وسواس جفرسن برای حفظ لحن اصلی خود سرانجام فروکش کرد، اما هرگز به طور کامل از میان نرفت. او در زندگی‌نامهٔ خودنوشتش، در واپسین سال‌های حیات، به این لحظه بازگشت و احساس خود را مبنی بر سوءرفتار کنگره تکرار نمود. در آن زمان، او همچون مرد جوان نسبتاً خود شیفته‌ای به نظر می‌رسید، اگرچه ثابت شد که تشخیص اولیه‌اش مبنی بر اهمیت بسیار زیاد لحن و زبان بیانیه پیش‌گویانه بود.[۲۵]

اگر ذِهنِ تامس بر توجیه و دفاع از کلمات خودش در بیانیهٔ استقلال تمرکز داشت،
~~~

دلش در مانتی‌چلو بود، جایی که به شدت می‌خواست به آن بازگردد. او به ادموند پندلتُن در ویلیامزبرگ چنین توضیح داد: «متاسفم که وضعیت امور داخلی زندگی‌ام این امر را ضروری می‌سازد که درخواست کنم جانشینی برایم به اینجا اعزام شود. حساسیت امور منزل مرا ملزم می‌سازد که به طور دقیق به علل خصوصی این امر ورود نکنم.» این «علل خصوصی» بدون شک به سلامت همسرش اشاره دارد. مارتا جفرسن باردار بود و در واقع در آستانهٔ سقط جنین قرار داشت. تامس جفرسن به ریچارد هنری لی نوشت: «به خاطر خدا، به خاطر کشورتان و به خاطر من، در نظر بگیرید که من بنا به وظیفهٔ مقدسی باید به خانه‌ام بازگردم.» از قضا، اگر درخواست او برای پیدا کردن جایگزینی در هیأت ویرجینیا به سرعت پاسخ داده می‌شد، او در زمان امضای بیانیه در دوم اوت حضور پیدا نمی‌کرد[۱] و در نتیجه اعتبار ماندگاری را که به عنوان نویسندهٔ این سند تاریخی کسب کرد، به دست نمی‌آورد.[۲۶]

اگر بتوان از مکاتبات جفرسن در این دوران چیزی فهمید، این است که او بیشتر به بحث‌های مربوط به قانون اساسی ویرجینیا که در ویلیامزبرگ جریان داشت علاقه‌مند بود تا مناظره‌های سیاسی در فیلادلفیا. او پیش‌نویس قانون اساسی خود را برای پندلتُن فرستاده بود که ریاست کنوانسیون ویرجینیا را بر عهده داشت، و به ویژه بر این ملاحظه پا می‌فشرد که حق رأی به «همهٔ کسانی که قصد سکونت دائمی در کشور [ایالت] دارند» تعمیم داده شود. هنگامی که شایعاتی در ویلیامزبرگ مبنی بر این پخش شد که جفرسن افکار رادیکالی در مورد خردِ ذاتی «مردم» در سر می‌پروراند، او به سرعت متذکر شد که در پیش‌نویس قانون اساسیْ خود با انتخاب مستقیم سناتورها مخالفت کرده است. پندلتُن نوشت: «من به تجربه دیده‌ام که انتخاب مستقیم توسط خود مردم عموماً به دلیل فضیلت متمایز نمی‌شود. نخستین ابراز نظر آنان معمولاً خام و ناهمگن است.»[۲۷]

تامس پاسخی پرشور به شایعهٔ افتراآمیز دیگری داد که حاکی از آن بود که او به سیاستی سختگیرانه علیه قبایل سرخ‌پوست متحد با بریتانیا تمایل ندارد و متعاقباً یک ربع قرن بعد در مقام ریاست‌جمهوری بر مبنای آن عمل کرد: «هیچ سیاستی آن موجودات بیچاره را بهتر از کشاندن جنگ به قلب سرزمین‌شان شکست نمی‌دهد. اما من به همین جا بسنده نخواهم کرد. تا زمانی که یکی از آنها در این طرف رودخانهٔ می‌سی‌سی‌پی مانده باشد، هرگز دست

۱. کنگرهٔ قاره‌ای بیانیهٔ استقلال را در ۴ ژوئیه ۱۷۷۶ به تصویب رساند. این اعلامیه بر روی پوست آهو نگاشته شده بود که سپس در دوم اوت همان سال به امضای نمایندگان رسید.

از تعقیب آنان بر نخواهم داشت.» جفرسن آشکارا بیش از همه به شهرت خود در میان نخبگان تایدواتر[۱] اهمیت می‌داد و نمی‌خواست او را یک ایده‌آلیست رمانتیک بدانند.[۲۸]

جفرسن نهایتاً مانند همهٔ نمایندگان کنگره، به‌روزرسانی‌های منظمی را در مورد وضعیت نظامی در نیویورک دریافت می‌کرد. داده‌های جدید وی را نسبت به اختلاف نیروها میان ارتش بریتانیا و آمریکا بیشتر آگاه کرد، اما جفرسن مطمئن بود که ورود شبه‌نظامیان در آخرین لحظه به تعادل تقریبی قوا خواهد انجامید. او به پندلتُن نوشت: «واشنگتن اعتماد به نفسی یافته که معمولاً فقط در وضعیت‌های برتر کسب می‌کند. او می‌گوید مردانش روحیهٔ بالایی دارند. افرادی که به لانگ‌آیلند اعزام شدند با اشتیاق و روحیهٔ مردانی می‌رفتند که گویی به مراسم رقص دعوت شده‌اند.» امور نظامی همهٔ توجهات ظرفیت عظیم ذهنی وی را جلب نمی‌کرد زیرا او دربست مفتون تبلیغات میهن‌پرستانه‌ای گشته بود که از مقر واشنگتن صادر می‌شد.[۲۹]

~~~

جان آدامز خلق و خویی کاملاً متفاوت داشت و طیفی وسیع از مسئولیت‌ها در کنگره برعهده‌اش بود که به وی اجازه نمی‌داد به احساسات شخصی خود میدان دهد. اگر جفرسن ترجیح می‌داد بر فراز امواج چالش‌های سیاسی و نظامی که پس از اعلام استقلال در کنگرهٔ قارّه‌ای در حال برآمدن بود، حرکت کند، آدامز به این تمایل داشت که یکباره خود را به میان آنها افکند. در بحث‌هایی که بر سر پیش‌نویس دیکنسن در گرفته بود، او از یک کنفدراسیون منسجم‌تر و متحدتر آمریکایی طرفداری می‌کرد. رهبری او در تهیهٔ پیش‌نویس طرح معاهدات، همانطور که دیدیم، مسیر آیندهٔ سیاست خارجی آمریکا را ترسیم نمود. در برخورد بر سر تک‌تک موضوعات سیاسی، او هم آماده بود و هم سرسخت و اهل مجادله، آتشفشانی تک نفره که آماده بود مخالفانش را در سیل گدازه‌ای از کلمات غرق کند. جایگاه

[۱] تایدواتر tidewater یا کشندآب به منطقه دشت ساحلی اقیانوس اطلس شمالی در ایالات متحدهٔ آمریکا اشاره دارد. فرهنگستان ایران کشندآب را از نظر اقیانوس‌شناسی و ژئوفیزیک آبی می‌داند که سطح آن در نتیجهٔ کِشَند به‌صورت تناوبی تغییر کند. در آمریکا، به لحاظ فرهنگی، منطقهٔ کشندآب Tidewater region معمولاً شامل دشت‌های کم ارتفاع جنوب شرقی ویرجینیا، شمال شرقی کارولینای شمالی، جنوب مریلند و خلیج چساپیک است. تایدواتر ویرجینیا Tidewater Virginia به عنوان یک جامعه از فرزندان نسل دوم یا سوم انگلیسی‌هایی تشکیل یافت که در منطقهٔ ویرجینیا به آنها زمین داده شده بود. آنها بخشی از آن طبقه‌ای بودند که به نخبگان جنوبی در آمریکای استعماری تبدیل شد. جیمزتاون اصلی‌ترین و مهم‌ترین سکونت‌گاه تایدواتر بود. پس از فراز و نشیب های فراوان، رهبران آن در کشت تنباکو به مهارت و ثروت کلانی رسیدند.
(منبع: http://www.u-s-history.com)
~~~

آدامز در کنگره با فرانکلین، که او نیز دشمنان خودش را داشت، برابری می‌کرد و مسئولیت‌هایش از همه بیشتر بود. آدامز که هجده ساعت در روز کار می‌کرد، در نظر همکارانش دارای آن چنان روحیهٔ انقلابی خستگی‌ناپذیر و پایان‌ناپذیری می‌رسید که مسابقهٔ ماراتُن را با سرعت مسابقهٔ دوومیدانی می‌دوید.

مبرم‌ترین وظایف آدامز آنهایی بود که به عنوان رئیس هیأت جنگ و مهمات برعهده داشت، زیرا آن‌چه که برای این وظایف انجام می‌داد وی را به حلقهٔ ارتباط محوری میان کنگرهٔ قارّه‌ای و ارتش قارّه‌ای تبدیل کرده بود. او بار مجموعه‌ای از درخواست‌های خاص را بر دوش می‌کشید. واشنگتن به سی هزار سنگ آتش‌زنه [چخماق] برای تفنگ و همچنین به پنج تن باروت اضافی نیاز داشت؛ تصمیمات ترفیع افسران ارشد باعث غرولند و ایجاد دلخوری‌هایی می‌شد که او باید آنها را تسکین می‌داد؛ واحدهای شبه‌نظامی موسوم به میلیشیا از ماساچوست که در اصل بنا به دستور داده شده قرار بود به جبههٔ شمالی در دریاچهٔ شامپلین بروند، اکنون می‌بایست از مسیر خود انحراف حاصل نموده و برای تقویت ارتش واشنگتن به نیویورک گسیل شوند.[۳۰] فراتر از مدیریت این جزئیات مهم، آدامز به معنای واقعی کلمه به دلیل موقعیت خود به عنوان بالاترین مقام غیرنظامی مسئول در امور نظامی مجبور بود درگیر مسائل استراتژیک بزرگتر گردد.

جوزف رید و ناتانیل گرین هر دو در نامه‌های خود–با این استدلال که شبه‌نظامیان آماتورهای آزمایش‌نشده‌ای هستند که افزایش شمار آنها به برابری شرایط در مقابله با جنگجویان حرفه‌ای هِسی یا سربازان آبدیدهٔ انگلیسی در میدان جنگ نمی‌انجامد–به آدامز هشدار دادند که اطمینان از این مسأله که شبه‌نظامیان قدرت جنگی ارتش قارّه‌ای را تقویت خواهند کرد، نادرست است. رید و گرین برای جذب شمار بیشتری سرباز با طول خدمت بلندتری خواستار مژدگانی‌های بزرگتری شدند.[۳۱]

آدامز با ارزیابی آن دو موافق بود، اما به ایشان اطلاع داد که نظر سیاسی غالب در کنگره قاطعانه مخالف ایجاد یک ارتش دائمی بزرگ است. وی در توضیح گفت: «من متقاعد شده‌ام که زمان به تنهایی ما را به این اقدام متقاعد خواهد کرد. منتهی در عین حال، مجبوریم گاه‌به‌گاه به نظرخواهی از شبه‌نظامیان اتکا کنیم.» آدامز بیش از هر کس دیگری در کنگره دریافته بود که مدل فعلی یک ارتش نسبتاً کوچک قارّه‌ای، که برای هر درگیری با موجی از شبه‌نظامیان از ایالت‌های اطراف تکمیل می‌شود، مخاطره‌آمیز است. این‌که به چه

فصل ۵: در پی فضیلت ۱۲۵

میزان خطرناک بود در لانگ‌آیلند و منهتن عیان شد.[۳۲]

آدامز اما نمی‌توانست منحصراً روی نبردی که در نیویورک در پیش بود تمرکز کند. به عنوان مثال، جلسهٔ استماع کنگره در مورد تلاش‌های ناموفق برای گرفتن کِبِکْ تبدیل به بهانه تراشی‌هایی برای رفع تقصیر شده بود. آدامز به این نتیجه رسید که افتضاح کبک نتیجهٔ چندین عامل غیرقابل کنترل است که عمدتاً آب و هوای بد و همه‌گیری خطرناک آبله از عوامل مهم آن به شمار می‌آمد. مهمتر این‌که او داشت به این دریافت می‌رسید که کل کارزار کانادا توهم‌آمیز بوده، بهره‌گیری نادرستی از منابع نظامی محدود آمریکا بر اساس این فرض است که کانادا به نحوی مقدر شده که بخشی از ایالات متحده شود.[۳۳]

آدامز به ژنرال هوریشیو گیتس، که تازه به سمتِ فرماندهی آن‌چه که ارتش شمالی خوانده می‌شد، منصوب شده بود، دستور داد تا از کارزار رهانیدن کانادا دست بردارد و موقعیت خود را در مناطق جنوبی‌تر، در اطراف دریاچهٔ شامپلین، تثبیت کند. او به گیتس نوشت: «ما برای شما و ارتش شما و همچنین ژنرال [واشنگتن] و ارتش او در نیویورک بسیار مضطرب هستیم.» سپس او بینش بسیار گویاتری را اضافه کرد: «ما انتظار ضربه‌های جسورانه‌ای از دشمن داریم، اما من باور ندارم که هاو و برگوین نیروهای خود را امسال متحد کنند.»[۳۴]

آدامز به وضوح هدف اصلی استراتژی بریتانیا را درک می‌کرد، که منزوی کردن نیوانگلند با تصرف مسیر رودخانهٔ هادسن از دو طرف بود: از یک طرف با نیروی بزرگتر هاو که از نیویورک به سمت شمال می‌آمد و از طرف دیگر ۷۰۰۰ سرباز ژنرال جان برگوین که از دریاچهٔ شامپلین به پایین سرازیر می‌شدند. آدامز می‌خواست در حالی که واشنگتن به مقابله با تسخیر نیویورک توسط هاو می‌پردازد، گیتس کانادا را فراموش کرده و بر توقف پیشروی برگوین در پایین درهٔ هادسن تمرکز کند. جان آدامز بیش از هر نمایندهٔ دیگری در فیلادلفیا، چشم‌اندازی گسترده از کل صحنهٔ نبرد در آمریکا داشت.

هیچ‌کس بیش از آدامز از مسئولیت‌های سیاسی و نظامی برخوردار نبود. هیچ کس دیگری ماهیت همه-یا-هیچ این لحظهٔ تعیین‌کننده را تشخیص نمی‌داد یا برای پاسخ به نیازهای غیرممکن این لحظه تقلا نمی‌کرد. او تجسم روحیهٔ انقلابی بود، و به‌رغم پشت‌سرگذاردن حرفه‌ای درازمدت با دستاوردهای قابل توجه، این والاترین لحظهٔ حیات او بود.

اما آدامز نیز، مانند جفرسن، دریافت که حواس‌پرتی‌های شخصی در مورد خانواده‌اش ذهن پر مشغلهٔ او را منحرف می‌کند. همانطور که دیدیم، در اواسط ژوئیه او متوجه شد که

همسرش، اَبی‌گِیل، و چهار فرزند خردسالشان در بوستون آبله‌کوبی شده‌اند. توصیفات اَبی‌گِیل از دختر یازده ساله‌شان، اَبی، تقریباً اشک او را درآورد. «اَبی حدود هزار جوش چرک‌دار به اندازهٔ یک نخود سبز بزرگ دارد» که نه می‌توانست بدون درد بایستد و نه بنشیند. سپس خبر رسید که چارلز، پسر کوچکتر، آبله را «به روش طبیعی» گرفته است، یعنی سرایت به جای تلقیح، و «به مدت ۴۸ ساعت در هذیان،» در آستانهٔ مرگ است.[۳۵]

آدامز احساس می‌کرد که در راه ایفای نقش یک دولتمرد و میهن‌پرست آمریکایی دارد در انجام وظیفهٔ خود به عنوان همسر و پدر شکست می‌خورد. او به اَبی‌گِیل نوشت: «توصیف احساسم در این شرایط برایم امکانپذیر نیست. از این‌که همهٔ خانواده‌ام در بوستون بیمارند، از بودن در اینجا احساس می‌کنم یک انسان بدوی هستم.» جان آدامز اما به رغم وسوسهٔ رفتن به سمت خانه، همچون سربازی بود که نمی‌توانست پست خود را ترک کند. او به اَبی‌گِیل نوشت: «چارلز نازنین من هرگز از فکرم بیرون نمی‌رود–ای چرخ گردون مهربان، او را در پناه خود حفظ کن،» اما نامهٔ خود را این گونه به پایان برد، «دو ارتش در لانگ‌آیلند بسیار نزدیک به هم هستند.»[۳۶]

~~~

اگر جفرسن تمایل داشت که ورای کشمکش‌های سیاسی در کنگره حرکت کند، و اگر آدامز ترجیح می‌داد خود را یکباره با سر به میان زدوخوردهای سیاسی بیفکند، فرانکلین ترکیب متمایز خود از مشارکت سیّال را به این عرصه آورد. او در هر ملاقات و نشستی همواره مشهورترین فرد حاضر در جمع بود–دانشمند سرشناس بین‌المللی، بذله‌گوی نکته‌بین و مقاله‌نویس معروف، دولتمرد ارشد درجهٔ یک. جیمز بودِن[۱] با طنز به فرانکلین نوشت: «خوشحالم که با وجود این‌که هموطنان شما در چهل سال گذشته تکه‌های بسیار لذیذی از شما را میل فرموده‌اند، همچنان به اندازهٔ کافی از شما چیزی باقی مانده که هنوز توقع دارند بازهم شما را در ضیافت شام دیگری صرف کنند، که طبق معمول لذیذترین ضیافت‌ها خواهد بود.»[۳۷]

[۱] جیمز بودِن دوم (۷ اوت ۱۷۲۶ – ۶ نوامبر ۱۷۹۰) در طول انقلاب آمریکا و دههٔ بعد از آن یکی از رهبران سیاسی و روشنفکر آمریکایی از بوستون، ماساچوست، بود. بودِن علاوه بر فعالیت‌های سیاسی، در پژوهش‌های علمی نیز فعال بود و در تحقیقات پیشگامانهٔ بنجامین فرانکلین در مورد برق با وی همکاری می‌کرد. بودِن احتمالاً در اوایل سال ۱۷۴۳م. با بنجامین فرانکلین ملاقات کرده بوده، و آن دو به طور مکرر در موضوعات علمی همکاری و نامه‌نگاری می‌کردند. یک جهان‌نمای مکانیکی ساخته شده توسط ساعت‌ساز جوزف پوپ، که اکنون در دانشکدهٔ علوم هاروارد قرار دارد، شامل مجسمه‌های برنزی بودِن و بنجامین فرانکلین است. (منبع: ویکیپدیا)
~~~

اگرچه فرانکلین به نحو خستگی‌ناپذیری در لندن برای یافتن راه حلی مسالمت‌جویانه میان طرف‌ها کار کرده و دیر به آرمان استقلال پیوسته بود، برگشتن او به همان اندازهٔ ناگهانی بودن، کامل بود. او متقاعد شده بود که تصمیم جرج سوم و کابینهٔ بریتانیا برای اعلان جنگ علیه مستعمرات آمریکا به عنوان بزرگترین اشتباه در تاریخ حکومتداری بریتانیا به ثبت خواهد رسید و ریچارد هاو را از این عقیده آگاه کرده بود. این میزانی از اعتبار فرانکلین را می‌رساند که لرد ریچارد به جای آن که احساس کند به او توهین شده است، سعی کرد دوستی‌اش را حفظ کند. وی ابراز امیدواری کرد که «افتضاحی که شما به دلیل جایگاه نظامی‌ام در این کشور من را در معرض آن می‌دانید، هیچ تغییری در احساسات شخصی شما نسبت به من ایجاد نکرده باشد؛ بنابراین هیچ تفاوتی در مواضع سیاسی، تمایل من به اثبات این‌که چقدر مخلص شما هستم را تغییر نخواهد داد.» فرانکلین برای تأکید بر دیدگاه خود ضمن پاسخی که به هاو نوشت، گفت امیدهای هاو برای آشتی با آمریکا و با او توهمی بیش نیست. اما پس از اتمام نگارش نامه، ترجیح داد آن را ارسال نکند. او تصویر پیامبری را منتقل می‌ساخت که می‌دانست تاریخ به کدام سمت می‌رود. و اگر در طرف اشتباهی قرار داشتید، همانطور که هاو به وضوح چنین بود، هیچ وابستگی عاطفی نمی‌توانست شکاف میان دو اردوگاه سیاسی را پر کند.[۳۸]

فرانکلین همان معیار سخت‌گیرانه را در مورد پسر خود، ویلیام، فرزند نامشروعی که او را به عنوان عضوی کامل از خانوادهٔ خود بزرگ کرده بود، اعمال کرد. ویلیام فرانکلین به عنوان فرماندار نیوجرسی از سوی پادشاه منصوب شده بود، سپس زمانی که دامنهٔ مشاجرهٔ بریتانیا و آمریکا به جنگ گسترش یافت، در کنار بریتانیای کبیر قرار گرفت. او به مانند محافظه‌کاری خطرناک در بهار ۱۷۷۶ دستگیر و در نهایت به کانکتیکات فرستاده شد تا تحت نظارت قرار گیرد. همسر ویلیام، الیزابت، به فرانکلین نامه نوشت و التماس کرد که شفاعت ویلیام را بکند تا او را به نیوجرسی بفرستند تا دست‌کم زن و شوهر بتوانند با هم باشند. او نوشت: «آقای عزیز و محترم من، لطفاً در نظر داشته باشید که من اکنون دارم از سرنوشت پسر شما و همسر محبوبم دفاع می‌کنم.» فرانکلین به این نامه پاسخی نداد. تا آنجائی که به پسرش مربوط می‌شد، او طرفی را انتخاب کرده بود و باید با عواقب آن بسازد. در این لحظهٔ سرنوشت‌ساز، تعهدات سیاسی الزام‌آورتر از رابطهٔ خانوادگی بود.[۳۹]

در مورد مسائل بحث‌برانگیزتر پیرامون حکومت آیندهٔ آمریکا که توسط پیش‌نویس

دیکنسن مطرح شد، فرانکلین مدافع سرسخت نمایندگی تناسبی بود و بنابراین نئوناسیونالیست بود که فکر می‌کرد آمریکای مستقل باید چیزی بیش از ائتلافی از دولت‌های مستقل باشد. اما در مواجهه با مخالفت یکپارچهٔ ایالت‌های کوچکتر او حاضر به پافشاری بر اصل تناسب نشد. فرانکلین همان‌گونه که فکر می‌کرد در جنگ استقلال تاریخ طرف آمریکا است، تصور می‌کرد به مرور زمان ثابت خواهد شد که یک کنفدراسیون مبتنی بر دولت‌های مجزا برای انجام وظیفهٔ حکومت‌داری ناکافی است. اگر آن میوهٔ سیاسی باید قبل از چیدن، می‌رسید... ایرادی نداشت. اگر می‌دانستید که این سفر چگونه به پایان می‌رسد، می توانستید در طول مسیر صبور باشید.(۴۰)

همان ترکیب وجدان و شکیبایی واکنش او را به تدوین قانون اساسی پنسیلوانیا شکل داد. او مانند جفرسن، به تنظیم قانون اساسی ایالت خود شخصاً علاقه‌مند بود. اما بر خلاف جفرسن، فرانکلین از مزیت همجواری برخوردار بود؛ به این ترتیب که کنوانسیون پنسیلوانیا در فیلادلفیا، در واقع در همان ساختمانی تشکیل جلسه می‌داد که کنگرهٔ قارّه‌ای برگزار می‌شد.

بنجامین فرانکلین در نشست با نمایندگان پنسیلوانیا در ۱۳ و ۱۵ اوت وزن قابل توجهی را به دو مورد از متمایزترین و آشکارا دموکراتیک‌ترین مفاد قانون اساسی پنسیلوانیا بخشید، یعنی اصرار بر انضمام منشور حقوقی و ایجاد یک مجلس قانون‌گذاری تک مجلسی از نمایندگان انتخاب شده توسط شهروندانی که شامل صنعتگران و همچنین صاحبان املاک بودند، به طوری که به پنسیلوانیا مساوات‌گراترین حکومت در ایالات متحده را ارزانی داشت. اما با این وصف او می‌گذاشت که دیگران رهبری بحث‌ها را بر عهده بگیرند و در زمان تصویب پیش‌نویس نهایی، همهٔ تحسین و اعتبار را دریافت کنند. اصلاحات پیشنهادی او تقریباً کاملاً ناظر بر به سبک و قالب‌بندی ظاهری بود. مهمترین سهم او، با توجه به منزلت و حیثیتش، حضور در مشروعیت بخشیدن به کل فرآیند بود. فرانکلین هم در کنوانسیون پنسیلوانیا و هم در کنگرهٔ قارّه‌ای، سرمایه‌ای ارزشمند محسوب می‌شد که در این مرحله حتی از واشنگتن احترام و شهرت بیشتری داشت. او غیبگوی نیایشگاه دلفی[۱] در انقلاب آمریکا بود.(۴۱)

[۱] پیتیا (در انگلیسی: Pythia؛ در یونان باستان: Πυθία) نام کاهن اعظم معبد آپولو در دلفی بود. او به طور خاص همچون غیبگوی آن مکان مقدس خدمت می‌کرد و به عنوان کاهن دلفی شناخته می‌شد. او همچنین از نظر تاریخی در زبان انگلیسی به عنوان Pythoness شناخته شده است. (منبع: ویکیپدیا)

این نقشی بود که فرانکلین به طور غریزی ایفای آن را بر عهده گرفت، زیرا در درک آن‌چه که الزامات سیاسی لحظه ایجاب می‌کرد، او نابغه‌ای کم‌نظیر بود. این لحظهٔ خاص در تاریخ آمریکا نیاز به ژستی حکیمانه داشت، که تجسم این اعتقاد بود که بادهای آینده‌نگرانه‌ای بادبانهای آرمان استقلال را به پیش می‌راند. این لحظه همچنین نیازمند آن بود که او در بحث‌های سیاسی در سطحی بالاتر شرکت کند که موقعیت خاص او را با کشیده نشدن به بحث‌های مخرب حفظ می‌کرد. این امر او را به ترکیبی جذاب از حضور همه جانبهٔ آدامز و فاصله‌گیری جفرسن تبدیل کرد. او شخصیتی منحصر به فرد بود.

اما حتی فرانکلین، که معتقد بود راهی که بریتانیا در پیش گرفته محکوم به شکست است، متوجه شده بود که نتیجهٔ عملیات نظامی در نیویورک تعیین خواهد کرد که آیا پیروزی نهایی آمریکا به سرعت رخ می‌دهد–بدیهی است نتیجهٔ مطلوب–یا به آرامی، در یک جنگ طولانی‌تر که بریتانیای کبیر سرانجام آن را رها خواهد کرد. او به اطلاعات کاملی که آدامز در مورد قدرت ارتش و تردیدها در مورد توانایی جنگی شبه‌نظامیان از آن برخوردار بود، دسترسی نداشت، اما یکی از خبرچین‌هایی که در سنگربندی‌های امتداد هادسن خدمت می‌کرد به او اطمینان خاطر داد که تهاجم بریتانیا دفع خواهد شد: «همهٔ شرایط در اینجا مهیا و روحیه‌ها شاد است. اگر دشمن جرأت حمله پیدا کند، بی‌تردید سرکوبی شدیدی را دریافت خواهد کرد.» فرانکلین باور نداشت که شکست در نیویورک باعث از میان رفتن آرمان آمریکا شود، اما تخمین‌های میهن‌پرستان را نیز در کم‌رنگ جلوه دادن چالش‌های پیش رو چندان قابل اعتماد نمی‌یافت. او مطمئن بود که آمریکا در جنگ پیروز خواهد شد، اما از پیروزی ارتش قارّه‌ای در نبرد نیویورک مطمئن نبود. فرانکلین در ۲۸ اوت به هوریشیو گیتس گفت: «هم‌اکنون در حالی که این سطور را می‌نویسم، گزارشی به دستم رسید که ارتش‌ها در لانگ‌آیلند به هم درآویخته‌اند، رویدادی که چند و چون آن در این لحظه نامعلوم است، و این پا در هوایی و ناآگاهی ما را مضطرب کرده است. خدا موفقیت را نصیب کند.» آن گونه که بعداً معلوم شد، گوش خدا به این دعاها بدهکار نبود.»[۴۲]

۶

جنگ و مِه

روبه‌مرفته ژنرال‌های ما گول ژنرال‌های آنها را خوردند.

ـ جان آدامز به اَبی‌گِیل آدامز، ۸ اکتبر ۱۷۷۶

جرج واشنگتن از زمانی که ناوگان لرد ریچارد هاو در اوایل ژوئیه در استاتن‌آیلند فرود آمدْ انتظار حمله را داشت. اما در هفته‌های بعد، با ورود خیل اضافی از نیروها و کشتی‌ها، آشکار شد که لرد جِرمین و دولت بریتانیا قصد دارند نیروی ضربتی بسا بزرگتری از آن‌چه واشنگتن انتظار داشت گردآورند. و برادران هاو تا آمدن همهٔ نیروهای تقویتی جِرمین، به ویژه هسی‌های بسیار حرفه‌ای (و بسیار گران‌قیمت) در اواسط اوت، هیچ دلیلی برای تهاجم نمی‌دیدند.[۱]

این تأخیر به معنای آن بود که کارزار نظامی در اواخر تابستان آغاز می‌شد، و برادران هاو تنها سه یا چهار ماه برای تصرف نیویورک و شکست ارتش قارّه‌ای پیش از آغاز زمستان وقت داشتند. همچنین به این معنی بود که اندازهٔ نیروهای آمریکایی دربرابر تهاجم به طور قابل‌توجهی افزایش می‌یافت، زیرا واحدهای شبه‌نظامی متشکل از کشاورزان در واقع باید محصولات خود را قبل از به دوش گرفتن تفنگ برداشت کرده، سپس از کانکتیکات، پنسیلوانیا، دلاور و مریلند در اوایل ماه اوت به نیویورک سرازیر می‌شدند.

اگرچه واشنگتن از تاکتیک‌های تأخیرافکنانهٔ برادران هاو سردرنمی‌آورد و گیج شده بود، اما از این فرصت برای کاستن از چالش‌ها و موازنهٔ قوا، استقبال کرد: «آنها [نیروهای بریتانیا] قوی‌تر از ارتش تحت فرماندهی من بوده‌اند. اکنون که شبه‌نظامیان به سرعت شروع به آمدن کرده‌اند و در حال حاضر تعداد ما را به حدود ۲۳,۰۰۰ نفر افزایش داده‌اند، انتظار دارم ارتش ما قدرت بیشتری به دست آورده باشد.» یک هفتهٔ بعد، در آستانهٔ نبرد، تعداد آنها به ۲۸,۰۰۰ نفر رسید.[۲]

افزایش شبه‌نظامیان، اعتماد چند افسر آمریکایی، از جمله حتی گرین را، به‌رغم بدبینی‌اش نسبت به قدرت جنگی شبه‌نظامیان، تقویت کرد. گرین که از خط مقدم جبههٔ لانگ‌آیلند به واشنگتن نامه می‌نوشت، اطمینان‌خاطر داد که همه چیز تحت کنترل است:

«خوشحالم به شما اطلاع دهم که سربازان به نظر روحیهٔ بسیار خوبی دارند، و شک نکنید که اگر دشمن به اینجا حمله کند، ما می‌توانیم گزارش بسیار خوبی از عملکرد سربازانمان ارائه دهیم.» لرد استرلینگ که بر تدارکات دفاعی در لانگ‌آیلند نظارت داشت، با گرین موافقت کرد. حفاظ استحکامات، دژها و سنگرها به قدری مهیب بودند که استرلینگ در واقع امیدوار بود، به قول خودش، «سرلشکر هاو به جای هر نقطهٔ دیگری در آمریکا به اینجا بیاید.» هشت ماه پیش‌تر، چارلز لی این حکم را صادر کرده بود که نیویورک غیرقابل دفاع است. اکنون استرلینگ فکر می‌کرد نیویورک غیرقابل نفوذ است.[۳]

لرد استرلینگ نیروهای آمریکایی را در مقابل خط بریتانیا در یک حمله انتحاری رهبری کرد که با موفقیت عقب‌نشینی ارتش اصلی آمریکا به بروکلین هایتس را پوشش داد. ــ ویکی‌مِدیا

شور و شوق بیش از حد استرلینگ اغلب تشخیص میان شجاعت و اعتماد به نفس را دشوار می‌کرد. اما شهادت بعدی افسران بریتانیایی و هِسی این موضوع را مورد تأیید قرار داد که طرح دفاعی لایه به لایه در لانگ‌آیلند برای دفع یک حملهٔ از روبرو از جانب ۵۰,۰۰۰ سرباز کافی بود. و حتی جِرمین هم صلاح ندیده بود که نیروی بریتانیایی به این بزرگی را گردهم آورد.

با توجه به توانایی هر دو طرف به قتل عام طرف مقابل، به نظر می‌رسید که تبادل نامهٔ نهایی میان ویلیام هاو و واشنگتن نشان از آن دارد که هاو عمیقاً از کل این رودررویی خونین

پشیمان است. او به واشنگتن گفت: «من نمی‌توانم این نامه را بدون ابراز عمیق‌ترین نگرانی از این مسأله به پایان برم که وضعیت ناخوشایند مستعمرات، بسیار متفاوت از آن است که افتخار آشنایی با آن را در جریان جنگ گذشته داشته‌ام، و آن لذتی را که در غیر این صورت باید از یک نامه‌نگاری شخصی‌تر ببرم، از من سلب می‌کند.»(۴)

برداشت واشنگتن از این قطعه این بود که پس‌نوشته‌ای است خاطره‌انگیز بر تلاش شکست‌خوردهٔ یک ماه قبل برای حصول آشتی. اما او خود را موظف می‌دانست که به همان سبک اشرافی پاسخ دهد، و آداب شرافت را میان دو آقای محترمی حفظ کند که می‌خواستند خود را از کشتاری در پیش رو که قرار بود بر آن نظارت کنند جدا سازند. واشنگتن پاسخ داد: «به من اجازه دهید تا به شما اطمینان دهم، قربان، که نسبت به پایان مؤدبانهٔ نامه شما خود را بسیار موظّف می‌بینم... و احساس بالایی از افتخار و رضایت را در خود احساس می‌کنم که فرصت چنین آشنایی شخصی با شما به من روی کرده است. وضعیت متفاوت مستعمرات با آنچه در جنگ گذشته بود، اینک آن مسرت را از من سلب می‌کند، و از این بابت هیچ کس نمی‌تواند بیش از این مطیع‌ترین هواخواه شما افسوس بخورد.» با ردوبدل شدن چنین تعارفات مرسومی، اکنون کار خونین پیش رو می‌توانست آغاز شود.(۵)

~~~

پیش‌بینی این‌که آن کار دقیقاً در کجا اتفاق خواهد افتاد، معضل اصلی واشنگتن بود. در ۱۴ اوت، دو فراری از اردوی ارتش بریتانیا گزارش دادند که هدف حملهٔ اصلی بریتانیا لانگ‌آیلند است. چند روز بعد گزارش اطلاعاتی دیگری حملات هماهنگ شده به لانگ‌آیلند و منتهی‌الیه شمالی منهتن را پیش‌بینی کرد. اگرچه یکی از اصول اصلی تاکتیک های نظامی این بود که هرگز نباید ارتش خود را در مقابل یک نیروی برتر تقسیم کرد، اما واشنگتن مجبور به نقض آن شد زیرا باید از دو جزیره در برابر حریفی با برتری کامل دریایی دفاع می‌کرد. او تصمیم گرفت هرگونه حملهٔ بریتانیا به لانگ‌آیلند را به مانند احتمال یک تاکتیک انحرافی تلقی کند. بنابراین، ۶,۰۰۰ سرباز «مناسب انجام وظیفه»، یعنی تنها یک سوم از مردان خود را در آنجا استقرار داد و باقی مانده را در منهتن نگه داشت، که هدف نهایی بریتانیا بود.(۶)

در همین اوضاع و احوال، در استاتن‌آیلند، مناظرهٔ جالب توجهی میان هاو و معاونش
~~~

هنری کلینتن بر سر گزینه‌های استراتژیک‌شان در جریان بود. در حقیقت، هاو چه به عنوان یک ژنرال و چه به عنوان یک مرد، احترام چندانی برای کلینتن قائل نبود، بنابراین هرگز به طور جدی شانس این وجود نداشت که ترجیح کلینتن غالب شود. آنها در بانکرهیل و در محاصرهٔ بوستون با هم خدمت کرده بودند، و در آن جا کلینتن تمایل مادام‌العمر خود را برای دشمن‌تراشی از مافوقان خود نشان داده بود، و آنها کسانی بودند که به نظر نمی‌رسید هرگز آنقدر که او فکر می‌کرد از توصیه های او خوششان بیاید، قدردانی نمی‌کردند. به نظر می‌رسد که کلینتن استعداد واقعاً منحصر به فردی برای منفور کردن خود نزد دیگران داشت. او از آن دسته اشخاص تحمل‌ناپذیری بود که همیشه مطمئن هستند حق با ایشان است. با این حال، در این برهه، مزیّتِ نگاه پسینی کاملاً روشن می‌سازد که حق در واقع با او بود.(۷)

کلینتن طرفدار تهاجم بریتانیا به استحکامات پُل کینگ[۱] در انتهای شمالی منهتن بود و این جایی است که رودخانهٔ هارلم[۲] جزیره را از سرزمین اصلی جدا می‌کند. با فرض کنترل نیروی دریایی بریتانیا بر رودخانه‌های هادسن و ایست، این گزینه، در صورت موفقیت‌آمیز بودن، مانع از فرار ارتش قارّه‌ای هم از منهتن و هم از لانگ‌آیلند می‌شد. این امکان وجود داشت که ارتش قارّه‌ای پس از به دام افتادن، به تدریج فرسایش یافته و در تنها یک لشکرکشی در نهایت نابود شود. استراتژی کلینتن بر این فرض استوار بود که هدفِ پیشِ رو شهر و بندر نیویورک نیست، بلکه خود ارتش قارّه‌ای است که اگر از هستی ساقط می‌شد، شورش آمریکا نیز به سرنوشت مشابهی دچار می‌گشت.(۸)

هاو مخالفت کرد. او معتقد بود که ارتش قارّه‌ای باید قاطعانه شکست بخورد اما نابود نشود. دستور او از جِرمین این بود که نیویورک را تصرف کند و سپس به پایگاه عملیات ارتش و نیروی دریایی بریتانیا برای کارزاری تعیین‌کننده جهت بستن کریدور هادسن و منزوی کردن نیوانگلند تبدیل شود. اگر هدف شهر و بندر نیویورک بود، لانگ‌آیلند راه آشکاری برای رسیدن به آن هدف بود، زیرا تسخیر بروکلین هایتسْ جنوب منهتن را غیرقابل دفاع می‌کرد. اگر در این فرآیند شکستن ارادهٔ شورشیانْ ارتش قارّه‌ای به اندازهٔ کافی تحقیر می‌شد، چه بهتر. اما هدف استراتژیک، اشغال نیویورک بود، نه نابودی ارتش قارّه‌ای. حرف

۱. استحکامات جنگ انقلابی میهنی (King's Bridge Redoubt) که در سال ۱۷۷۶ در شهر نیویورک امروزی، شهرستان نیویورک، تأسیس شد. این استحکامات (۱۷۸۳-۱۷۷۶) به تسخیر ارتش بریتانیا در آمد که در طول اشغال شهر در آن اصلاحاتی انجام داد. (منبع: http://www.fortwiki.com/Fort_Wiki)

2. Harlem River

آخر را البته هاو زد، پس حمله به لانگ‌آیلند برای ۲۲ اوت برنامه‌ریزی شد. تا آن زمان هِسی‌های تازه وارد باید خود را آمادهٔ حرکت می‌کردند.(۹)

در نگاهی به گذشته، تصمیم هاو در رَدّ راهبرد ترجیحی کلینتن ممکن است این معنی را بدهد که بریتانیای کبیر فرصتی طلایی را برای پایان دادن به شورش آمریکا در همان ابتدای کار از دست داد. ما هرگز نمی‌توانیم در مورد این احتمال مطمئن باشیم، زیرا نمی‌توانیم بدانیم که آیا نابودی کامل یا شکست و دستگیری ارتش قارّه‌ای می‌توانست ارادهٔ شورشیان را در هم بشکند. شاید، آن‌گونه که آدامز و فرانکلین صادقانه معتقد بودند، کنگرهٔ قارّه‌ای با کله‌شقّی ارتش دیگری تشکیل می‌داد و نسخهٔ دیگری از واشنگتن را به رهبری آن نصب می‌کرد. واضح است که اگر رهبران دو ارتش جای خود را با هم عوض می‌کردند، برای سربازان هر دو طرف بهتر بود. زیرا هاو، در زمانی که باید جسور می‌بود، با هدف قرار دادن قلمرو به جای ارتش قارّه‌ای، استراتژی محتاطانه‌ای را در پیش گرفت. و واشنگتن در همان تصمیم خود مبنی بر دفاع از نیویورک، در زمانی که باید محتاط می بود استراتژی جسورانه‌ای را دنبال کرد.

~~~

از بخت بد، ناتانیل گرین در بدترین زمان ممکن یعنی در ۱۵ اوت به واشنگتن اطلاع داد که «با تب شدیدی در تخت‌خوابم محبوس شده‌ام.» این تواناترین و قابل اعتمادترین افسر واشنگتن که شبکهٔ دفاعی شورشیان را در لانگ‌آیلند نیز طراحی کرده و ساخته و خود را کاملاً با نوع زمین منطقه آشنا کرده بود و به تازگی درجهٔ ژنرالی گرفته بود، اکنون باید به منهتن منتقل می‌شد. واشنگتنْ جان سالیوان[1] را به عنوان جایگزین گرین انتخاب کرد، نه به این دلیل که او را می‌شناخت و به او اعتماد داشت، بلکه به این دلیل که او تنها افسر ارشدی بود که دارای پست فرماندهی نبود. سالیوان پیش از پیوستن به ارتش قارّه‌ای در نیوهمشایر به کار وکالت اشتغال داشت و از اعتماد به نفسی بی حد و حصر و تجربهٔ نظامی محدودی برخوردار بود، و نسبت به نیروهایی که تحت فرماندهی‌اش قرار داده شده بود و زمین ناحیه‌ای که باید از آن دفاع می‌کرد کاملاً ناآگاه بود. او به تازگی پس از تهدید به استعفا به جای خدمت تحت فرمان‌دهی هوریشیو گیتس، از مرکز نیویورک، آلبانی، بازگشته بود.(۱۰)

1. John Sullivan
~~~

ارتش بریتانیا به مدت دو هفته به تمرین عملیات زمینی و آبی در استاتن‌آیلند پرداخت. در ۲۲ اوت، بیش از ۳۰۰ کشتی ترابری ۱۵,۰۰۰ سرباز را بدون هیچ مشکلی و بدون هیچ گونه مقاومت قابل توجهی به خلیج گریوسِند[1] در جنوب غربی لانگ‌آیلند منتقل کردند. منشی لرد هاو، امبروز سِرلْ، این صحنه را نفس‌گیر توصیف کرد: «در یک کلام، پیاده شدن حدود ۱۵,۰۰۰ سرباز در یک ساحل زیبا، تشکیل آنها در دشت مجاور... یکی از خوش‌منظره‌ترین و بدیع‌ترین صحنه‌هایی را به نمایش گذاشت که تخیل ممکن است تصور کند یا چشم می‌تواند ببیند.» سه روز بعد، ۵,۰۰۰ هِسی دیگر با کشتی انتقال یافتند. اگرچه واشنگتن برای تقویت پادگان لانگ‌آیلند ۲,۰۰۰ سرباز دیگر را از رودخانهٔ ایست عبور داد، اما شمار قوای بریتانیا به نسبت آمریکایی‌ها بیش از دو به یک بود. واشنگتن همچنان حاضر بود شرط ببندد که ژست تهاجم به لانگ‌آیلند فریبی بیش نیست و حملهٔ اصلی بریتانیا در منهتن به وقوع خواهد پیوست.[11]

واشنگتن در دستورات عمومی خود در روز بعد اعلام داشت که سرانجام زمان امتحان ارتش قارّه‌ای که مدت‌ها در انتظار آن بود، فرا رسیده است: «دشمن اکنون در لانگ‌آیلند فرود آمده است و آن ساعتی که این ارتش در میدان رزم شاهد موفقیت و افتخار را در آغوش بگیرد و امنیت کشور در حال خونریزی ما بدان بستگی دارد نزدیک است. افسران و سربازان این را به خاطر بسپارید که شما انسانهای آزاده‌ای هستید که برای موهبت آزادی می جنگید. اگر رفتارتان شرافتمندانه نباشد، سهم شما و فرزندانتان از حیاتْ بردگی خواهد بود.» در صورت ناکافی بودن این کلمات الهام‌بخش، همه نیروها نیز باید این را بدانند که «اگر کسی بخواهد بدون دستور خود را پنهان کند، دراز بکشد یا عقب نشینی کند، فوراً مورد اصابت گلوله قرار خواهد گرفت تا سرمشقی برای دیگران باشد.»[12]

~~~

ناتانیل گرین طرح دفاعی سه لایه‌ای را برای لانگ‌آیلند تدبیر کرده بود که برای تحمیل سطح غیرقابل تحملی از تلفات به بریتانیایی‌ها، در حین حرکت در میادین کشتار طراحی شده بود. قرار بر این بود که در منطقهٔ جنگل‌های انبوه در شمال خلیج گریوسِند تک‌تیراندازانی در امتداد سه گذرگاه که مناسب پیشروی برای اسب‌های توپخانه و سواره‌نظام انگلیسی

1. Gravesend Bay
~~~

بودند، به صورت متمرکزی مستقر شوند. سپس سربازان آمریکایی به گردنبندی از سنگرها و استحکامات در بلندی‌های موسوم به گوآنِس هایتس،[۱] عقب می‌نشستند که خط‌الرأسی است که از شرق به غرب در لانگ‌آیلند امتداد دارد. طرح اولیهٔ گرین مقاومت محکم اما موقتی را در گوآنِس هایتس پیش‌بینی می‌کرد، سپس یک عقب‌نشینی به خطوط دفاعی اصلی در پیرامون، که از چهار قلعه در بروکلین هایتس تشکیل می‌شد، یعنی در جایی که او تصور می‌کرد سنگین‌ترین درگیری‌ها در آن رخ خواهد داد. این شبکه‌ای از مواضع دفاعی قابل فروپاشی بود که حداکثر بهره را از زمین می‌برد و به نیروهای آمریکایی اجازه می‌داد تا به جای درگیری با بریتانیا در زمین باز، جایی که احتمالاً نظم و تجربهٔ برتر سربازان بریتانیایی غالب می‌شد، در پناه سرپوش بجنگند.(۱۳)

اولین و آخرین اقدام سالیوان به عنوان فرمانده این بود که در نقشهٔ گرین تجدیدنظر کرد و نفرات پادگان گوآنِس هایتس را به ۳,۰۰۰ نفر افزایش داد، یعنی تقریباً نیمی از نیروهایش را در آنجا متمرکز ساخت. آن‌گونه که سیر وقایع نشان داد، این اشتباهی پرهزینه بود، زیرا گوآنِس هایتس را در کانون نبردی قرار داد که شمار نیروهای بریتانیایی در آن هفت برابر آمریکاییان بود.

سپس، در ۲۴ اوت، واشنگتن دربارهٔ انتخاب سالیوان به تردید افتاد و افسری به نام ایزرائیل پاتنام[۲] را به فرماندهی کل قوا در لانگ‌آیلند منصوب کرد و حوزهٔ فرماندهی سالیوان به نیروها در گوآنِس هایتس محدود شد. پاتنام نیم‌تنه‌ای مانند گاو نر، سری همچون گلولهٔ توپ و ذهنیت یک جنگجوی مادرزاد را داشت. او در نبرد بانکرهیل فولاد آبدیده شده بود و پیش از آن در جنگ هفت سالهٔ فرانسه و بریتانیا لقب جنگجوی افسانه‌ای در مقابل سرخ‌پوستان متحد فرانسه گرفته بود. او یک بار در حالی که توسط سرخ‌پوستان موهاک[۳] بر روی آتش بریان می‌شد توانست دست و پای خود را باز کرده و پا به فرار گذارد. پاتنام زمانی که مشخص شد حملهٔ اصلی بریتانیا به لانگ‌آیلند انجام خواهد گرفت، درخواست پست فرماندهی را داد. جوزف رید از مقر فرماندهی منهتن نوشت: «پیرمرد شجاع از این‌که در اینجا نگاه داشته می‌شد کفرش درآمده بود. در حالی که تغییر عقیدهٔ واشنگتن نشان‌گر

۱. در سال ۱۶۳۶ میلادی خلیج گوآنِس اولین محل استقرار کشاورزان هلندی در بروکلین فعلی بود. گوآنِس محله‌ای در بخش شمال غربی شهرک نیویورکی بروکلین است، در منطقه‌ای که زمانی به نام بروکلین جنوبی شناخته می‌شد. (منبع: ویکیپدیا)

2. Israel Putnam

3. Mohawk

بلاتکلیفی خاصی بود، اما دادن مسئولیت فرماندهی به کارآزموده‌ترین رهبر آزمایش شده‌اش در نبرد همچنین حاکی از این بود که وی سرانجام متوجه شد که لانگ‌آیلند هدف بریتانیا بوده است. به‌رغم شناسایی این مسأله، او بیش از نیمی از سربازان خود را در منهتن نگاه داشت و بدین وسیله پایگاه‌های خود را تحت پوشش قرار داد، اما این به هزینهٔ اطمینان از برخورداری بریتانیا از نیرویی بسیار برتر در نقطهٔ حمله انجام گرفت.(۱۴)

ویلیام هاو معروف بود که بهترین دانش آموختهٔ تاکتیک‌های پیاده نظام سبک در ارتش بریتانیا است. تجربهٔ وی در بانکرهیل به این تلقی پا داد که او شاید آخرین افسر بریتانیایی در آمریکا بود که به شبکهٔ دفاعی قدرتمند گرین حمله‌ای از روبرو کند. اما او هر چه بیشتر نقشه‌ها را مطالعه می‌کرد، طرح دفاعی گرین به نظرش بیشتر گریزناپذیر می‌رسید و نبرد با تلفات بالای بریتانیا را اجتناب‌ناپذیر می‌ساخت.

آنگاه هنری کلینتن راه حلی جسورانه و البته بسیار ساده ارائه کرد. او نیز نقشه‌ها را مطالعه کرده بود. دورتر، حدود یازده کیلومتر به سمت شرق از مرکز استحکامات دفاعی آمریکاییان، جاده ای کم استفاده به نام گذرگاه جامائیکا[۱] وجود داشت. وفاداران محلی پادشاه گزارش دادند که آمریکایی‌ها این گذرگاه را خیلی دورتر از آن می‌دانستند که تعداد سربازانی بیش از یک نیروی دفاعی نمادین را توجیه کند. اما به گفتهٔ کلینتن، کلید نبرد برای لانگ‌آیلند همین گذرگاه جامائیکا بود، زیرا به هاو این امکان را می‌داد که لایه‌های سنگرهای گرین را از بیرونْ مورد حمله قرار دهد.

کلینتن یک مانور جانبی را در گذرگاه جامائیکا پیشنهاد کرد که سربازان بریتانیایی را در پشت خطوط آمریکایی در گوآنِس هایتس قرار می‌داد و راه عقب‌نشینی آنها را به سمت بروکلین هایتس می‌بست. او همچنین پیشنهاد کرد که واحدهای بریتانیایی و هِسی‌ها جناح راست و مرکز جبههٔ دفاعی آمریکاییان را درگیر کنند تا توجه آنها را تا زمانی که خود را در محاصره می‌یابند به خود مشغول دارد. این طرحی درخشان و پاسخی آشکار به معضل تاکتیکی هاو بود، اما سنگینی بار مسئولیتی ناخوشایند را با خود داشت و آن این بود که از جانب کلینتن منفور ناشی شده بود.(۱۵)

کلینتن بعداً در جریان مناظره‌های تاکتیکی با هاو اذعان کرد که بدترین دشمن خودش

[۱] Jamaica Pass

بوده و به خاطر آورد: «شاید غیرتم در این مواقع مرا به جایی رساننده باشد که گاهی به نظر مشکل‌آفرین می‌آیم.» با این حال، در این مورد، کلینتن این عاقبت‌اندیشی را به خرج داد که ارائهٔ طرح خود را به زیردستان محول کند. هاو در ۲۶ اوت طرح را پذیرفت و از اختیارات فرماندهی استفاده و ادعا کرد که طرح خود اوست.(۱۶)

سپس گروهی از سلطنت‌طلبان داوطلب شدند تا در یک راهپیمایی شبانه، نیروهای بریتانیایی را در گذرگاه جامائیکا راهنمایی کنند. نکتهٔ بسیار گویا این است که هیچ یک از ساکنان لانگ‌آیلند قصد و نقشهٔ بریتانیا را در اختیار هیچکس در ارتش قارّه‌ای قرار نداد. این شاید تنها جایی در آمریکا بود که احساس وفاداری به پادشاه بقدری زیاد بود که بریتانیایی‌ها از نظر اطلاعات از مزیت قابل توجهی برخوردار بودند، موقعیت نادری که هاو به طور کامل از آن بهره گرفت.

~~~

در غروب ۲۶ اوت، کلینتن با رهبری ۱۰,۰۰۰ سرباز پیشقراول بریتانیایی و هسی در یک راهپیمایی یازده کیلومتری دور سنگربندی دفاعی جناح چپ آمریکا حلقه زد، و هاو و کورن‌والیس با بدنهٔ اصلی ارتش بریتانیا در پی او روان شدند. این‌که سالیوان چگونه می‌توانست در دفاع از گذرگاه جامائیکا غفلت کند، هم در آن زمان و هم پس از آن مورد انتقاد و گمانه‌زنی‌هایی قرار گرفت. او از وجود این گذرگاه آگاه بود، زیرا پنج سوار را برای محافظت از آن اعزام داشته بود که همهٔ آنها به سرعت و به راحتی دستگیر شدند. این‌که چگونه یک نیروی بریتانیایی به این بزرگی توانست بدون شناسایی شدن حرکت کند و باقلع و قمع درختان و بوته‌های وحشی مسیر خود را بگشاید نیز عجیب به نظر می‌رسد. در واقع، دو افسر آمریکایی، ساموئل مایلز و دیوید برادهد،[1] بعداً شهادت دادند که ستون بریتانیایی را دیده بودند. مایلز به یاد آورد: «من متقاعد شده بودم که سرلشکر هاو وارد گذرگاه جامائیکا می‌شود، و امیدوار بودم نیروهایی در آنجا باشند تا آنها را زیر نظر بگیرند.» اما کسی نبود. سالیوان متعاقباً با این ادعای سست که «من هیچ سربازی برای این منظور نداشتم» اشتباه خود را توجیه کرد.(۱۷)

1. Samuel Miles and David Brodhead
~~~

نیوجرسی
استاتن آیلند
خلیج فوقانی نیویورک
رودخانهٔ نورث (هادسن)
ردهوک
گوانس هایتز
لانگ آیلند
خلیج جامائیکا
اقیانوس اطلس
جامائیکا
گریوسند
نیواوترخت
فلت‌لندز
بروکلین
نبرد
لانگ آیلند
اوت ۱۷۷۶
نیروهای آمریکایی
نیروهای بریتانیایی/آلمانی
کشتی بریتانیایی

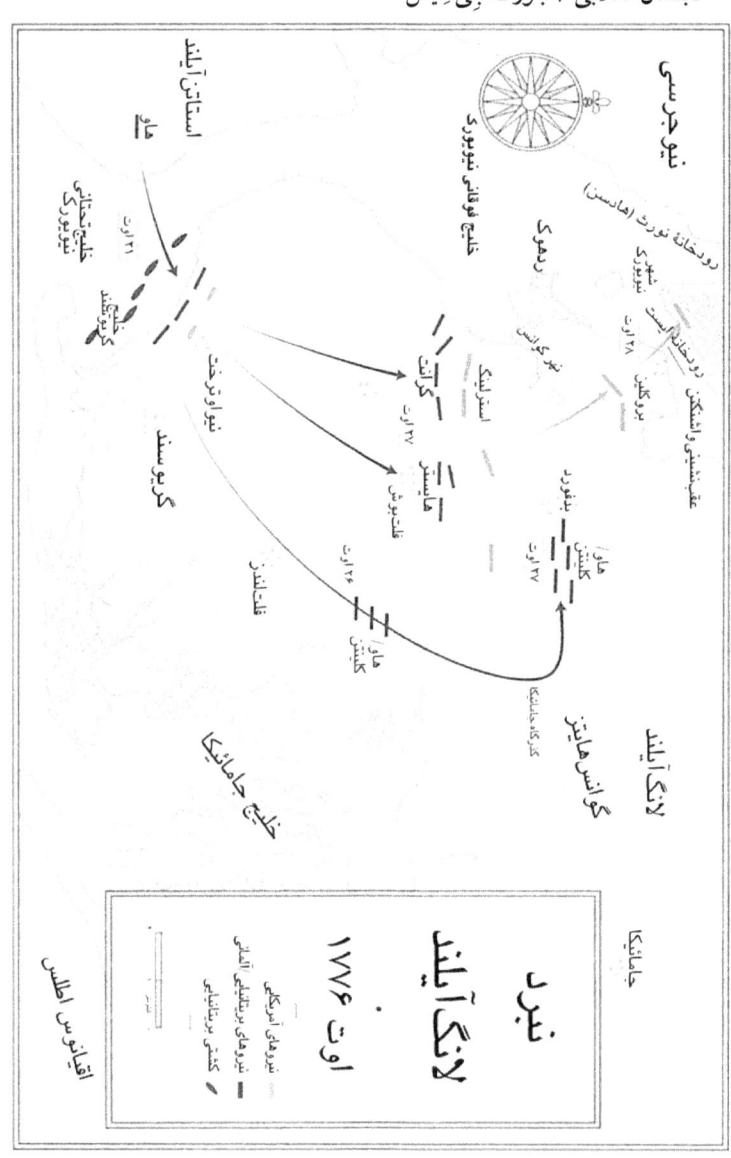

در همین حال، طرح کلینتن در گوآنِس هایتس کاملاً داشت جواب می‌داد. یک نیروی قدرتمند بریتانیایی متشکل از ۵,۰۰۰ پیاده نظام و ۲,۰۰۰ تفنگدار دریایی به فرماندهی ژنرال جیمز گرانت[1] با تیپ استرلینگ در جناح راست درگیر شد. سالیوان به پاتنام اطلاع داد که حملهٔ اصلی بریتانیا آغاز شده است و پاتنام نیز به نوبهٔ خود از واشنگتن خواست تا تا برای نظارت بر نبرد از رودخانه عبور کرده و در بروکلین هایتس به او بپیوندد. در حقیقت، حملهٔ گرانت صرفاً فریبی بود که برای ایجاد انحراف و پی‌گم کردن طراحی شده بود تا نیروهای آمریکایی را سرگرم کند. نقشه این بود که با درگیر شدن شورشیان با پیشقراولان ارتش بریتانیا، نیروهای تحت فرمان کلینتن و هاو از عقب به آنها حمله‌ور شوند.(۱۸)

با این حال گرانت از این موقعیت استفاده کرد و سربازان استرلینگ را از راه دور به مدت دو ساعت زیر آتش توپخانه گرفت. یکی از سربازان گزارش داد: «گلوله‌های توپ و پرتابه با سرعت در حال پرواز بودند، و گاه‌گداری سر یک نفر را می‌بردند.» استرلینگ به نفراتش دستور داده بود که به جای پناه جویی، در آرایشی به صف بایستند تا با پذیرش اصول اخلاقی و آداب شرافتمندانه‌ای که هنوز در سدهٔ هجدهم رایج بود، نظم و انضباط نظامی خود را به نمایش بگذارند. یکی از سربازان با افتخار اعلام کرد: «مردان ما به طرز شگفت‌انگیزی این شرایط را تحمل کردند؛ حتی یک نفر هم تمایلی به پنهان کردن خود نشان نداد.» یک نیروی هِسی متشکل از ۴,۰۰۰ سرباز دیگر، به فرماندهی ژنرال لئوپولد فون هایستر،[2] در سمت راست نیروهای گرانت جمع شدند و با هم خود را آماده کردند تا مانند چکشی در طرف دیگر سندان نیروی کلینتن-هاو، ارتش قارّه‌ای را در میان گرفته و خرد سازند.(۱۹)

نبرد در ساعت نه صبح روز ۲۷ اوت، زمانی آغاز شد که ۱۰,۰۰۰ سرباز انگلیسی از پشت خطوط آمریکایی سربرآوردند. ظهور چنین نیروی مهیبی از پشت سر موجب وحشت دهقانان تازه تفنگ به دست گرفتهٔ آمریکایی شد، که تحت محاصرهٔ نیرویی بسیار بزرگتر از خود قرار گرفته بودند. با تلاش سربازان برای فرار به بروکلین هایتس نظم و انضباط در بیشتر یگانها بلافاصله از میان رخت بربست. جوزف پلامب مارتین که در آن زمان فقط پانزده سال داشت، به یاد آورد که یک ستوان جوان آمریکایی در حالی که سربازان تحت

1. James Grant
2. General Leopold von Heister

فرمانش از کنار او به سمت عقب می‌دویدند، بی‌اختیار می‌گریست و از ایشان طلب بخشش می‌کرد. او همچنین به یاد آورد که افسران روبان‌ها را از کلاه‌های خود در می‌آوردند تا در صورت دستگیری به عنوان افسر شناخته نشوند. او شاهد قتل عامی در نهر گوآنِس[۱] بود، زیرا سربازان آمریکایی در حال عقب نشینی یا غرق شدند یا به ضرب گلولهٔ پیاده نظام بریتانیایی مستقر در ساحل جان سپردند–بطوری که اجساد مردگان سراسر سطح آب را پوشانده بود.[۲۰]

در برخی صحنه‌های مقاومت، نیروهای آمریکایی اسیر شده بلافاصله اعدام شدند. یکی از افسران بریتانیایی به یاد آورد: « هِسی‌ها و سربازان شجاع ما در بلندی‌ها به دشمن هیچ رحم نکردند. پس از آن که ما شورشیان را محاصره کرده بودیم تا نتوانند مقاومت کنند، چه منظرهٔ خوبی دیدیم که آنها به چابکی شورشیان را با سرنیزه‌های خود به درک فرستادند.» شاهدان دیگر توصیف کردند که هِسی‌ها اسرای آمریکایی را با سرنیزه‌هایشان به درختان می‌دوختند. چنین جنایاتی بیشتر استثنا بود تا قاعده، اما بعداً در گزارش‌های روزنامه‌های آمریکایی از نبرد به ویژگی‌های استاندارد تبدیل شد و هِسی‌ها را همچون مزدوران وحشی توصیف می‌کردند.[۲۱]

در حالی که واکنش غالب سربازان آمریکایی ترس و فرار بود، در برخی قسمت‌های میدان جنگ، با سبعیت و خشونتی جنگیدند که حتی بریتانیایی‌ها نیز آن را چشمگیر توصیف کردند. این امر به ویژه در جناح راست صادق بود، جایی که استرلینگ فرماندهی هنگ‌های سربازان کارآزموده از مریلند و دِلُوِر را بر عهده داشت. خود استرلینگ رهبر جنگی نامتعارفی بود که زندگینامه‌نویسش او را «فردی چاق و پرخور، مبتلا به دردهای روماتیسم، از خودراضی، و خودبزرگ‌بین» توصیف کرد. اما او از این امتحان سخت، فرهمند و با عظمت بیرون آمد. چندین ناظر متفق‌القول گفته‌اند که او «مانند یک گرگ جنگید.» استرلینگ برای خریدن وقت تا سایر سربازانش بتوانند فرار کنند، سربازان مریلندی خود را در هفت حملهٔ انتحاری علیه پیاده‌نظام حرفه‌ای بریتانیا رهبری کرد–۴۰۰ تن در برابر ۲,۰۰۰ نفر–و در جریان تحمیل خسارات سنگین به بریتانیایی‌ها متحمل ۹۰ درصد تلفات شد. واشنگتن که از بروکلین هایتس با دوربین جنگ را تماشا می‌کرد، گفت:

۱. نهر گوآنِس Gowanus Creek کانالی است به طول تقریباً ۳ کیلومتر در محلهٔ بروکلین شهر نیویورک، در غربی‌ترین بخش لانگ‌آیلند.

«ای خدای مهربان! چه افراد شجاعی را امروز از دست می‌دهم.»[۲۲]

پیش از ظهر همه چیز تمام شده بود. هر دو ارتش نرخ تلفات بالایی را در مورد طرف مقابل گزارش کردند. هاو به طور مضحکی ادعا کرد که تعداد کشته‌ها، زخمی‌ها یا اسیر شده‌های آمریکایی بیشتر از درگیری‌هایی بود که در گوآنِس هایتس رخ داد. بهترین برآوردها مبنی بر این است که هر طرف میان ۳۰۰ تا ۴۰۰ کشته و زخمی متحمل شد و آمریکاییان، به دلیل قتل عام توسط هسی‌ها، کشته بیش از مجروح داشتند. اما بهترین محک پیروزی بریتانیا، تعداد آمریکاییانی بود که به اسارت درآمدند، یعنی تقریباً ۱۰۰۰ نفر، که سرنوشت اکثر آنها این بود که در اثر بیماری و سوءتغذیه در حبس کشتی‌های بریتانیا در بندر نیویورک تحت نظارت شوهر بتسی لورینگ با مرگی رقت‌بار از میان بروند. دو ژنرال آمریکایی استرلینگ و سالیوان در میان زندانیان بودند.[۲۳]

از قضا، از آنجایی که تعداد زیادی از نیروهای بی‌تجربهٔ آمریکایی، با نادیده گرفتن تلاش افسران مافوق خود برای ایستادگی و مقابله، به سرعت فرار کردند، حدود ۲,۰۰۰ نفرشان به پایگاه خود بازگشتند تا روزی دیگر مبارزه کنند. اگر سربازان کهنه‌کار بریتانیایی بجای آنها بودند، از افسران خود اطاعت می‌کردند و در نهایت قربانی یا اسیر می‌شدند.

با این حال، فراتر از محاسبهٔ تعداد تلفات و اسیران، ارادهٔ ارتش قارّه‌ای درهم شکسته شده و هر گونه نظم و انضباط نظامی از میان رخت بربسته بود. مزیّت روانی در میدان نبرد کاملاً از آن بریتانیا بود، به طوری که نیروهای بریتانیایی و هِسی‌ها باید از تعقیب شورشیان در حال فرار به سمت بروکلین هایتس باز داشته می‌شدند.

چندین شاهد، از جمله خود هاو، معتقد بودند که اگر حملهٔ بریتانیا ادامه می‌یافت، کل ارتش آمریکاییان و قلعه‌هایشان در لانگ‌آیلند به تصرف در می‌آمد. او بعداً اذعان کرد: «من بر این باورم که چنان‌چه به آنها اجازه داده شده بود ادامه دهند، استحکامات را تسخیر می‌کردند.» پاتنام که از بروکلین هایتس نظاره می‌کرد، گفت، «سرلشکر هاو یا دوست ماست یا اصلاً ژنرال نیست.» به نظر پاتنام، هاو «همهٔ ارتش ما را در مشت خود داشت. اگر او فوراً پیروزی خود را پی می‌گرفت، عواقبی که نصیب آرمان آزادی می‌گشت، وحشتناک می بود.» و کلینتن، همان‌طور که انتظار می‌رفت، اعتقاد داشت هاو مجال پایان دادن به جنگ را در یک حرکت از دست داده بود. او در خاطرات خود نوشت: «موفقیت کامل به احتمال زیاد نتیجهٔ یک حمله فوری می‌بود، زیرا نمی‌توان گفت که ضربهٔ از دست دادن کل ارتش

تا چه حد می‌توانست تأثیر بگذارد... یا در چه نقطه‌ای متوقف می‌شد.» کلینتن بر این باور بود که نابودی ارتش قارّه‌ای می‌توانست امواج ضرباتی را ایجاد کند که به نوبهٔ خود ارادهٔ مردم آمریکا برای ادامه جنگ را از میان ببرد.[۲۴]

ویلیام هاو متفاوت می‌اندیشید، گرچه فرآیند فکری او در این مرحله به اندازهٔ دفاع آمریکاییان در لانگ‌آیلند لایه‌بندی شده بود، و هر تلاشی برای درک منصفانهٔ آن مستلزم نوعی مهارت‌های تحلیلی است که معمولاً با روانکاوی مرتبط است.

همانطور که گفتیم، هاو زمانی امید جدی به این داشت که تخاصمات با مذاکره به شکل مسالمت‌آمیزی پایان یابد. او میل داشت شورش را سوءتفاهمی تأسف‌بار تلقی کند که به اصرار رهبران رادیکال در فیلادلفیا و مقامات ناآگاه در لندن و وایت‌هال اکنون به خونریزی منجر شده بود. دوست‌داشتنی‌ترین آرزوی او، که برادرش هم در آن شریک بود، این بود که همچون دولتمردی که با موفقیت آشتی مسالمت‌آمیز با برادران آمریکایی سابقش را میانجیگری کرده به موطن بازگردد و نه به عنوان یک قهرمان فاتح.

این رؤیا در ماه ژوئیه زمانی بر باد رفت که درخواست‌های برادرش، به دلیل مطلقاً ناکافی بودن، توسط واشنگتن و کنگرهٔ قارّه‌ای رد شد. شورشیان که درست قبل از رسیدن برادران هاو، از خط قرمز استقلال عبور کرده بودند، تمایلی به عقب‌نشینی از مواضع خود نداشتند. پس تا ماه اوت، هاو متقاعد شده بود که تنها یک شکست قاطع نظامی می‌تواند آمریکایی‌ها را، با برملا کردن بیهودگی کامل مبارزه‌شان با ارتش و نیروی دریایی بسیار برتر بریتانیا، به خود بیاورد. او کاملاً آماده بود تا مزهٔ چنین شکستی را در لانگ‌آیلند به ایشان بچشاند، کاری که تا اواخر اوت تدارک آن را می‌دید.[۲۵]

با این وجود، رؤیای بر باد رفتهٔ توافقی از طریق مذاکره هرگز از میان نرفت. هاو صرفاً آن را کناری نهاده بود تا ابتدا با درهم کوبیدن ارتش آماتور واشنگتن درس لازمی به آمریکاییان بدهد؛ پس از آن شورشیان آمادگی بیشتری برای تشخیص بی‌فایده بودن آرمان خود پیدا می‌کردند. و به همین دلیل، او جنگ را با این فرض رهبری کرد که نمایش دقیق و حساب‌شدهٔ برتری نظامی بریتانیا برای انجام مقصود وی کافی است. بر خلاف کلینتن، که اعتقاد داشت برای این‌که جنگ به یک درگیری طولانی با سرانجامی مبهم دچار نشود، باید با ضربهٔ سهمگینی کار ارتش قارّه‌ای را یکسره ساخت و به سرعت به پیروزی رسید، هاو تصور می‌کرد که پیروزی بریتانیا اجتناب‌ناپذیر است، که به نوبهٔ خود به معنای این بود که

فصل ۶: جنگ و مِه

یک استراتژی محدودتر بغایت کفایت می‌کند. برخلاف لشکرکشی‌های بریتانیا علیه ایرلندی‌ها و اسکاتلندی‌ها، که درگیری‌هایی وحشیانه و نسل‌کشی بودند و آثار خشمی که موجب شدند تا قرن‌ها بر جای مانده بود، هاو می‌خواست مدیریت کارزاری که در آمریکا به وی سپرده شد امری سنجیده‌تر باشد، و از سرگیری مهر و محبت متقابل پیش از جنگ را، آن‌گونه که او به یاد می‌آورد، پس از جنگ امکان‌پذیر سازد.(۲۶)

ریچارد هاو عموماً به مانند بهترین افسر نیروی دریایی سلطنتی در نظر گرفته می‌شد، اما بزرگ‌ترین امید او به این بود که برای حل و فصل سیاسی شورش آمریکا میانجیگری کند و مستعمرات آمریکایی را در چارچوب امپراتوری بریتانیا نگاه دارد. – موزهٔ ملی دریانوردی لندن

ترجیح هاو برای استراتژی جنگ محدود از یک مؤلفهٔ بریتانیایی نیز برخوردار بود. او وسواس زیادی داشت که تلفات خود را پایین نگاه دارد، نکته‌ای که بعداً در دفاع از تصمیم خود برای توقف حمله به بروکلین هایتس به آن اشاره کرد. او چنین توضیح داد: «من حاضر نبودم خطر از دست دادن نیروهایی را که ممکن بود در حمله متحمل شویم بپذیرم.» مطمئناً بانکرهیل همچنان او را آزار می‌داد، اما این دغدغه را نیز داشت که دارد منابعی را مدیریت می‌کند که پرهزینه و محدود بوده و نمی‌شد به راحتی جایگزین کرد.(۲۷)

بنابراین، دو طرف آمریکایی و بریتانیایی معادلهٔ هاو، کاملاً متعادل بود. ترجیح او به این بود که ضایعات هر دو طرف را حداقل نگاه دارد. در مورد آن قلعه‌ها و استحکامات در بروکلین هایتس، این به معنای محاصره در حالی بود که نیروی دریایی بریتانیا آنها را از ساحل بمباران می‌کرد. ظرف چند روز، چاره‌ای برای واشنگتن جز تسلیم شدن نمی‌ماند، تأخیری که در مقایسه با خساراتی که هر دو طرف در صورت حمله فوری از روبرو متحمل می‌شدند، پیامد ناچیزی بود. در هر حال، اگر از نتیجه مطمئن بودید، نیازی به عجله نبود، وضعیتی که با منش آرام هاو نیز مناسبت داشت.

واشنگتن در چنان محاصره‌ای قرار داشت که نمی‌توانست چیزی مانند وقار و منش از خود بروز دهد. او برای تشویق سربازان روحیه‌باخته دو روز تمام، سوار بر اسب، از یک سمت بروکلین هایتس به سمت دیگر رفته و از رمق تهی شده بود. مردی که روزی در آینده برای قاطعیت در امور نظامی شهرت شایسته‌ای به دست می‌آورد، در این روزها خسته و کوفته بود، و از شکست ویرانگری که نصیبش شده بود هنوز در بهت به سر می‌برد و نمی‌دانست چه باید بکند. و در حالی که به ورطهٔ فرجام شورش خیره شده بود، باران شدیدی سنگرها را پر کرد، به طوری که نگهبانان تا کمر در آب ایستاده بودند و بسیاری از تفنگ‌هایشان به دلیل خیس شدن باروت از کار افتاده بود. در همین حین، مهندسان هاو سنگرهای خود را حفر می‌کردند و به شکل زیگزاگی به سمت قلعه‌ها راه می‌گشودند، آرایشی که در یک تاکتیک کلاسیک محاصره به سربازان پوشش می‌داد. اکنون واضح بود که تصمیم واشنگتن برای فراخواندن ۱,۲۰۰ سرباز دیگر از منهتن، و افزایش پادگان در بروکلین هایتس به ۹,۵۰۰ نفر، اشتباه بوده است، زیرا با این کار تنها نیروهای آمریکایی بیشتری را در تلهٔ بریتانیا گرفتار کرد. واشنگتن با توجه به نیروهایی که علیه او گردآوری شده بود، تنها سه گزینه داشت: تسلیم شدن، نابودی، یا تلاش برای فرار ازراه رودخانهٔ ایست به منهتن.[۲۸]

جوزف رید واشنگتن را تحت فشار قرار داده بود تا تنها گزینهٔ معقول را انتخاب کند، ولی به چند دلیل نمی‌توانست عقب‌نشینی را به خود بقبولاند. هر چه باشد، او ماه‌ها بود که به مردانش درس محکم ایستادن را در برابر حملهٔ بریتانیا می‌داد. اکنون چگونه می‌توانست بدون آن که همچون فرماندهی ابله به نظر رسد تصمیم خود را عوض کند؟[۲۹] واشنگتن، اساساً، از آن دسته از مردان سدهٔ هجدهمی بود که آبرو و افتخار به وی انگیزه

می‌داد. او کاملاً درک می‌کرد که چرا استرلینگ، در حالی که رگبار گلوله‌های آهنین و توپخانهٔ بریتانیا سرها را از بدن جدا می‌کردند و دل و رودهٔ سربازانش را بیرون می‌آوردند، به مردانش دستور داده بود تا سر جای خود بایستند. اگرچه برای ذهنیت مدرن ما غیرمنطقی به نظر می‌رسد، اما واشنگتن بر این باور بود که شرافت شخصی او، یعنی آبرو و شخصیت او به عنوان یک افسر و یک جنتلمن، او را مجبور به پذیرش مرگ می‌کند تا شرم یک عقب‌نشینی را بر خود نبیند. بهت و عجز ظاهری واشنگتن نتیجهٔ تراز دو امر ضروری بود: شهرت او یا بقای ارتش قارّه‌ای.(۳۰)

حل معضل او در ۲۹ اوت در هیبت ژنرال تامِس میفلین[1] ظاهر شد. میفلین یک تاجر ثروتمند فیلادلفیایی با پیشینهٔ کوئِکِر بود که اصول صلح‌طلبانهٔ خود را رد کرده بود تا به کسب بالاترین درجهٔ نظامی در ایالت پنسیلوانیا نایل شود. او در پس یک بازدید مقدماتی از صفوف آمریکاییان گزارش داد که روحیهٔ سربازان و نیروهای پشتیبان پایین بوده و چندین واحد در عمل از تسلیم شدن به بریتانیایی‌ها صحبت می‌کردند. واشنگتن پذیرفت که اگر میفلین خود پیشنهاد عقب‌نشینی را مطرح سازد، در بعدازظهر همان روز شورای جنگ را فراخواند، که باعث حفظ آبروی واشنگتن شد، زیرا این درخواست از طرف شخص دیگری مطرح می‌شد. میفلین موافق بود، اما به یک شرط. او نیز در پی آن بود که حفظ آبرو کند و شرافت و عزت خود را بر اثر پیشنهاد عقب‌نشینی از دست ندهد. بنابراین، او این شرط را گذاشت که صدور دستور تخلیهٔ آخرین سربازان با او باشد، چرا که این کار بیشترین خطر کشته یا دستگیر شدن را در پی داشت، ژستی که باعث می‌شد آبرویش حفظ شود.(۳۱)

شورای جنگ در فور چیمنیز،[2] منزل اشرافی و محل سکونت تابستانی فیلیپ لیوینگستن،[3] تشکیل جلسه داد که چشم‌اندازی گسترده از مسیر فراری ارائه می‌داد که ارتش قارّه‌ای، در نزدیکی پل امروزی بروکلین، طی می‌کرد. تصمیم متفق‌القولی که در آنجا گرفته شد واشنگتن را واداشت تا به جای برگزیدن مسیر دلخواه خودش، مسیر مورد انتخاب ژنرال‌هایش را بپذیرد، گزینه‌ای که به او این امکان را می‌داد چنین وانمایاند که ترجیح می‌دهد به جنگ ادامه داده و جان خود را بر سر آن بگذارد. تنها چیزی که باقی مانده بود

1. General Thomas Mifflin
2. Four Chimneys
3. Philip Livingston

۱۴۸   تابستان انقلابی / جوزف جِی اِلیس

برنامه‌ریزی و اجرای تخلیهٔ نزدیک به ۱۰٬۰۰۰ سرباز بود، بدون آنکه ارتش بریتانیا از خروج آنها از راه آبی که توسط نیروی دریایی بریتانیا کنترل می‌شد، خبردار شود. یکی از

جرج واشنگتن مرتکب اشتباه استراتژیک اساسی‌ای شد که سعی داشت از نیویورک در برابر ارتش و نیروی دریایی بسیار برتر بریتانیا دفاع کند. شکستی که باعث شد جنگ تقریباً در همان آغاز مغلوبه شود.
ــ مجموعهٔ سنای ایالات متحده.

افسران جوان از کانکتیکات، سرگرد بنجامین تالمج،[1] موضوع را به اختصار بیان کرد: «برای حرکت دادن لشکری به این بزرگی، در رودخانه‌ای به عرض یک و نیم کیلومتر، با جریان قوی آب، در مواجهه با ارتشی پیروزمند و منضبط، به بزرگی تقریباً سه برابر آن، و ناوگانی که می‌توانست این حرکت را در عرض رودخانه متوقف سازد، به‌طوری که حتی یک قایق

---
[1] Major Benjamin Tallmadge

هم نمی‌توانست از روی آن عبور کند، به نظر می‌رسید که بزرگترین موانع را عرضه کند.»[۳۲]

دستکم باد به نفع آمریکاییان می‌وزید. توفانی از شمال‌شرقی حرکت کشتی‌های جنگی بریتانیا را به بالا دست رودخانهٔ ایست محدود می‌ساخت، اگرچه برای قایق‌های آمریکایی که در تلاش برای گذر از روی آن بودند نیز مشکلات ناوبری ایجاد می‌کرد. هرچند واشنگتن چارهٔ دیگری نداشت، اما اکنون باید یکی از درخشان‌ترین عقب‌نشینی‌های تاکتیکی در تاریخ نظامی را به سرانجام می‌رساند.

~~~

عنصر اساسی در طرح تخلیه فریب بود. واشنگتن، ظاهراً برای انتقال نیروهای اضافی از نیوجرسی، دستوری عمومی برای جمع‌آوری همهٔ کشتی‌ها و قایق‌های کف تخت در منهتن و لانگ‌آیلند صادر کرد. این دستور به سرهنگ جان گلاور[۱] و هنگِ ماهیگیران و دریانوردان ماربل‌هد،[۲] در ماساچوست، این امکان را داد تا ناوگان را برای تخلیهٔ لانگ‌آیلند، به بهانهٔ تقویت آن، جمع کنند. منظرهٔ بسیار دیدنی گلاور و سربازان او با لباس‌ها و اونیفورم‌های رنگارنگ، که همگی منضبط و با دقتی ناشی از سال‌ها تجربه از مسافرت با کشتی در اقیانوس‌ها، حرکت می‌کردند، تأثیری آنی داشت. یکی از افسران جوان از پنسیلوانیا خاطرنشان کرد: «این‌ها جوانانی بودند که ممکن بود کاری بکنند.» کاری که آنها در واقع می‌خواستند انجام دهند این بود که به این ارتش متشکل از سربازان آماتور نشان دهند که چگونه یک هنگ از دریانوردان کارکشته عملیات نجات را در شب انجام می‌دهد.[۳۳]

بجز شمار اندکی از افسران، کسی نمی‌دانست که تخلیه در حال انجام است؛ بخصوص سربازان وظیفه. در برخی از واحدها، هنگامی که دستور داده شد سربازان «کوله‌بار و سلاح» به دست گیرند، آنها تصور کردند که در آستانهٔ حمله به سنگرهای ارتش بریتانیا هستند و در انتظار مرگ حتمی وصیت‌نامه‌های خود را می‌نوشتند. جوزف پلامب مارتین دستور سکوت ناگهانی را به یاد آورد: «اکیداً به ما دستور داده بودند که صحبت یا حتی سرفه نکنیم. همهٔ دستورات از افسری به افسر دیگر داده می‌شد و آنها دستورات

1. Colonel John Glover
2. Marblehead
~~~

دریافتی را درگوشی به سربازان ابلاغ می‌کردند.» تِنچ تیلمِن،[1] ستوان جوانی که به زودی یکی از مورد اعتمادترین دستیاران واشنگتن می‌شد، گزارش داد که هنگ‌ها در کل بدون این‌که مقصدشان را بدانند به عقب حرکت می‌کردند: «این کار به قدری مخفیانه انجام شد که نه افسران مادون و نه سربازان هیچ‌یک نمی‌دانستند که کل ارتش دوباره به نیویورک بازمی‌گردد.»(۳۴)

هماهنگ کردن عقب‌نشینی تاکتیکی کل ارتشی که در حال زدوخورد با خصمی بزرگ‌تر است، بسیار دشوار است زیرا واحدها باید به صورت تک تک حرکت داده شوند و در هر مرحله شمار کافی از نیروها برای حفاظت پیرامونی باقی بماند. بنابراین، زمان‌بندی باید دقیق باشد و نیروهای باقی‌مانده باید برای جایگزینی آنهایی که تازه تخلیه شده‌اند، پخش شوند. در میانهٔ انجام عملیات تخلیه، زمانی که میفلین دستور خروج همهٔ نیروهایش را دریافت کرد، اشتباه تقریباً مرگباری در بروکلین هایتس رخ داد. این دستور یک اشتباه بود، زیرا قرار بود نفرات میفلین آخرین گروهی باشند که سنگرهایشان را ترک می‌کنند و عقب‌نشینی آنها جبههٔ آمریکا را کاملاً در معرض دید قرار می‌داد. میفلین دستور را زیر سوال برد اما با اکراه از آن اطاعت کرد.

واشنگتن در حالی که نیروهای خود را به سمت فرابَر هدایت می‌کرد سوار بر اسب سر رسید و خواست بداند که میفلین چه می‌کند. او فریاد زد: «خدایا! ژنرال میفلین، می‌ترسم با این عمل کار ما را یکسره کرده باشی.» میفلین که به طور قابل درکی سراسیمه و عصبانی شده بود، توضیح داد که خطایی در ارتباطات صورت گرفته، و سپس نیروهایش را بازگرداند و به سمت سنگرها هدایت کرد. در این میان، با این‌که مواضع آمریکاییان به مدت بیش از یک ساعت بلادفاع بود، اما بریتانیایی‌ها اصلاً متوجه نشدند.(۳۵)

این بخش از خوش‌شانسی بیش از حد انتظار با فروکش توفان شمال‌شرقی همراه شد و بادهای توفانی به جنوب‌شرقی تغییر جهت دادند که موجب تسهیل در حرکت قایق‌های گلاور در سراسر رودخانهٔ ایست شد. تغییر آب و هوا باید موجب ظاهر شدن کشتی‌های جنگی بریتانیا بر روی آب می‌شد، که در آن صورت تخلیهٔ آمریکاییان را به یک قتل‌عام تمام‌عیار تبدیل می‌کرد، زیرا قایق‌های پارویی بیش از حد بارگیری شده و بی‌دفاع بودند.

---

[1]. Tench Tilghman

اما لرد هاو، ابداً متوجه تغییر جهت باد نشد، که این خود تعجب‌آور می‌نمود، و به این ترتیب او ناوگان بریتانیا را وارد عمل نکرد.

هاو در این هنگام، در عرشهٔ ایگل، گل سرسبد ناوگانش، مشغول صرف شام و گفتگو با مهمانانش، دو ژنرال آمریکایی اسیر شده، استرلینگ و سالیوان، بود. همهٔ همّ و غم لرد ریچارد روی این نکته بود که آیا تحقیری که به ارتش قارّه‌ای تحمیل کرده بود می‌تواند نظر دو مهمان بلندپایه‌اش را در مورد پیشنهادات او مبنی بر پایان مسالمت‌آمیز شورش تغییر دهد یا نه. ریچارد هاو مانند برادرش، اگر نه بیشتر، امید و ترجیح بسیاری به آشتی دیپلماتیک داشت تا پیروزی نظامی، و در این لحظهٔ سرنوشت‌ساز، همهٔ توجه او بر آن متمرکز بود. خدایان برای آخرین بار در صبح روز ۳۰ اوت با نظر لطف به فرار آمریکاییان نگریستند. آخرین سربازانی که تخلیه شدند در معرض بیشترین خطر بودند، تا حدی به این دلیل که دیگر هیچ کس پشت سر نبود تا در هنگام عقب‌نشینی آنان را پوشش دهد، و تا حدی به این دلیل که آنها مجبور بودند در روز روشن مخفیانه فرار کنند. سرگرد تالمج سالها بعد این عقب‌نشینی را به خوبی به یاد آورد:

> با نزدیک شدن سحرگاه روز بعد، آنهایی از ما که در سنگر مانده بودیم برای امنیت خود بسیار نگران شدیم... در این زمان مه بسیار غلیظی شروع به برخاستن کرده بود و به نظر می‌رسید که به طرز عجیبی بر فراز هر دو اردوگاه قرار گرفته است. من این رخداد مساعد و عجیب را به خوبی به خاطر دارم. مه بقدری غلیظ بود که به سختی می‌توانستم مردی را در فاصلهٔ شش متری تشخیص دهم... خوش‌شانس‌تر از این در کل تاریخ عقب‌نشینی جنگ سراغ ندارم.[۳۶]

در حالی که نفرات تالمج در قایق پارو می‌زدند، او به پشت سر خود نگاه کرد و واشنگتن را دید که وارد آخرین قایق شد تا لانگ‌آیلند را ترک کند. حکایت این صحنه بعدها سینه به سینه نقل شد و به افسانه‌ها پیوست. در مجموع نزدیک به ۱۰,۰۰۰ نفر سالم به منهتن منتقل گشته و تنها از سه سرباز راه گم‌کرده خبری به دست نیامد. برنامه‌ریزی باید دقیق می‌بود، افسران و سربازان باید با شجاعتی غیرمعمول رفتار می‌کردند، بادها و جریان‌های رودخانه باید به درستی در یک راستا قرار می‌گرفتند، نیروی دریایی سلطنتی باید سهل انگاری می‌کرد، و در نهایت، مه غلیظی در انتها باید از فلک نازل می‌گشت. در

یک کلام ابر و باد و ماه و خورشید باید به ترتیبی مناسب کنار هم قرار می‌گرفتند. اگرچه عقب‌نشینی‌های موفقیت‌آمیز به ندرت پیروزی را در جنگ‌ها رقم می‌زنند، در این مورد تخلیهٔ لانگ‌آیلند به این معنی بود که ارتش قارّه‌ای برای جنگیدن یک روز دیگر بقا خواهد یافت. و در اینجا می‌شد انسان را به خاطر این باور بخشید که «آرمان» هرگز نمی‌میرد.

واکنش اولیهٔ طرف بریتانیایی ناباوری کامل از این بابت بود که واشنگتن به نحوی توانسته است همهٔ ارتش خود را بدون جلب توجه، از مخمصه بیرون بکشد. آمریکاییان، از نظر چندین افسر بریتانیایی، در میدان نبرد خود را کاملاً بی‌مهارت و نابسنده نشان داده بودند، اما در فرار استعداد درخشانی داشتند.

تصور غالب بریتانیایی‌ها، فراتر از شگفتی، این بود که روحیهٔ ارتش قارّه‌ای در لانگ‌آیلند درهم شکسته و بیهودگی کامل رویارویی با ارتش و نیروی دریایی بریتانیا به طور قانع‌کننده‌ای نشان داده شده بود، و این همه با تلفات نسبتاً کمی از بریتانیایی‌ها به دست آمد. مجمل این‌که همهٔ اهداف کارزار سرلشکر هاو محقق گشته بود. یکی از ژنرال‌های بریتانیایی به نام لرد هیو پرسی[1] گفت: «به جرأت می‌توانم ادعا کرد که آنها دیگر هرگز در میدان نبرد به مصاف ما نخواهند آمد. به نظر می‌رسد همه چیز برای آنها تمام شده باشد، و من به خود تبریک می‌گویم که این نبرد به طور کامل به جنگ پایان خواهد داد.»(۳۷)

با این حال، مخالف‌خوانی‌هایی نیز وجود داشت. ناخدا جرج کالیر،[2] فرماندهٔ کشتی جنگی رنگین‌کمان،[3] تصور می‌کرد برادران هاو، هر دو، فرصت خوبی را برای نابودی یا تصرف کلّ ارتش آمریکا در لانگ‌آیلند از دست داده‌اند. تصمیم سرلشکر هاو برای توقف حملهٔ بریتانیا به استحکامات بروکلین هایتس، اکنون که واشنگتن از دام جسته بود، کمتر متقاعدکننده به نظر می‌رسید. و قصور دریاسالار هاو در آوردن ناوگان بریتانیا به رودخانهٔ ایست، که کالیر ادعا می‌کرد «ما پیوسته در انتظار بودیم که دستورش به ما داده شود،» به نظر کالیر غیرقابل توجیه بود، زیرا تنها چند ناوچهٔ بریتانیایی به این معنی بود که «هیچ کسی از لانگ آیلند فرار نمی‌کرد.» هیچ کس نمی‌توانست بگوید که آیا چنین فرصت‌هایی باز هم دست خواهد داد یا خیر. کالیر با تأسف گفت: «اکنون، پیش‌بینی من این است که

1. Lord Hugh Percy
2. Captain George Collier
3. Rainbow

آنها [آمریکاییان] به قدر کافی برای ما دردسر ایجاد خواهند کرد و جنگ را خدا می‌داند تا کی به درازا خواهند کشید.»[۳۸]

~~~

خبر شکست آمریکاییان، تا اندازه‌ای به این دلیل که واشنگتن برای ارائهٔ گزارش بسیار خسته بود، جسته و گریخته به تدریج به کنگرهٔ قارّه‌ای رسید. او به هنکاک چنین توضیح داد: «من مدت چهل و هشت ساعت حتی وقت نکردم از روی اسبم پیاده شوم و اصلاً چشمانم را هم نگذاشتم، بنابراین برای نوشتن یا دیکته کردن حالم کاملاً نامناسب بود.» گزارش نهایی او بر موفقیت‌آمیز بودن عملیات تخلیه از لانگ‌آیلند تأکید داشت، شکست در گوآنِس هایتس را کمرنگ جلوه می‌داد، و بیش از حد در تخمینی که از تلفات بریتانیا ارائه داد اغراق‌آمیز بود. در نتیجه واشنگتن دامنهٔ کامل فاجعهٔ نظامی و وضعیت ناامید ارتش قارّه‌ای را به راحتی پنهان کرد. شایعه‌پردازان در مقر واشنگتن در منهتن شروع به انتشار این عقیده کردند که غیبت تأسف‌بار گرین دلیل اصلی شکست بود: که اگر گرین در لانگ‌آیلند فرماندهی را به دست داشت، کل نبرد به گونهٔ دیگری پیش می‌رفت.[۳۹]

دستورات عمومی برای ۳۱ اوت همان لفاظی‌های میهن‌پرستانهٔ پیش از نبرد را حفظ کرده و این‌گونه وامی‌نمود که هیچ چیزی واقعاً تغییر نکرده است: «آمریکا از عدالت آرمان ما فقط می‌تواند انتظار موفقیت داشته باشد. اکنون زمان آن است که هر کس تلاش کند و میهن‌مان را سربلند سازد وگرنه سزاوار سرزنش خواهیم بود.» واشنگتن با هدف سرمشق قرار دادن خود، عمداً تصمیم گرفت جان خود را از ساحل لانگ‌آیلند در معرض آتش توپخانهٔ بریتانیا قرار دهد. پس از دو بار شلیک که به هدف اصابت نکرد و گلوله‌های توپ از بالای سر واشنگتن رد شد، او با ثابت کردن حرف خود، گذاشت تا اطرافیانش او را از محل دور کنند.[۴۰]

از هر زاویهٔ بی‌غرضانه‌ای که دیده شود، ارتش قارّه‌ای شکست مفتضحانه‌ای متحمل شده بود. و با توجه به محاسبات استراتژیک سرلشکر هاو، پیامدهای سیاسی و روانی آن تجربهٔ خردکننده باید رهبری شورش آمریکا را شوکه می‌کرد و آنها را متوجه این می‌کرد که آرمان باشکوهشان در حقیقت، چیزی جز به هدر دادن ناامیدکنندهٔ جان و مال انسانها نیست. پس از نبرد، مدیریت اولیهٔ گزارش‌های واشنگتن، با پنهان کردن عمق فاجعه، زیرآب اعتبار استراتژی هاو را می‌زد، تحریفی که از دیدگاه او برای کاهش تأثیر ناگهانی شکست نظامی
~~~

موجه بود زیرا می‌توانست افکار عمومی را تضعیف کند. اگر او در کنترل حرکت نیروهایش در میدان نبرد شکست خورده بود، دست‌کم سعی داشت دریافت پیامدهای نبرد را در آن مبارزهٔ بزرگ‌تر برای افکار عمومی کنترل کند.

آدامز در فیلادلفیا افکار مشابهی را در سر می‌پروراند. او در ابتدا قصد داشت به نزد خانواده‌اش در ماساچوست بازگردد. اما با حدس این‌که اخبار نیویورک ممکن است ناگوار باشد، او را متقاعد کرد که در پُست خود بماند: «در واقع، اگر فرجام ناخوشایند باشد.... شاید بتوانم، مانند برخی دیگر، چنین شوکی را تحمل کنم.» او بیش از همه نگران تأثیر روانی پیروزی هاو بر افراد ضعیف‌النفس در کنگره و به اصطلاح نیمه محافظه‌کاران در روستاها بود. او به همسرش اَبی‌گِیل نوشت: «هول و هراس می‌تواند هر که را بخواهد گرفتار کند، ولی مرا نمی‌گیرد. من تا زمانی که وضعیت عمومی بهتر یا خیلی بدتر شود اینجا خواهم ماند. باید بهتر شود و می‌شود.»(۴۱)

آدامز به قصد این‌که آسیب را به حداقل برساند، ابتدا فکر کرد بهتر است ادعا کند که اوضاع می‌توانست بسیار بدتر باشد. او به طرز تا حدی مشکوک استدلال کرد که اگر برادران هاو در نیویورک شکست می‌خوردند، به بوستون حمله می‌کردند و از دست دادن آن شهر ویرانگرتر بود. سپس او دلیلی آورد و گفت که ثابت خواهد شد نفس عظمت پیروزی بریتانیا یک مسئولیت نظامی به دنبال خواهد داشت. وی گفت: «اگر آنها به نیویورک، لانگ‌آیلند و استاتن‌آیلند دست یابند، مساحت این مناطق بسا بیش از آن خواهد بود که کل ارتش آنها بتواند از آن دفاع کند.» بنا به این خط فکری که در بهترین حالت نامعمول و خارج از قاعده بود، هر پیروزی نظامی بریتانیا صرفاً بار اشغال را افزایش می‌داد، به این معنا که بهترین راه برای پیروزی در جنگ شکست در هر نبردی است. استدلال‌هایی از این دست نشان می‌دهد که آدامز نمی‌توانست هیچ احتمالی برای شکست نظامی آمریکا که منجر به پیروزی بریتانیا در جنگ شود را تصدیق کند.

حقیقت این بود که وضعیت آماتوری ارتش قارّه‌ای بدون هیچ شک و شبهه‌ای در لانگ‌آیلند در برابر دیدگان هر دو طرف آشکار گشته و همهٔ تبلیغات بی‌مزّه در مورد برتری اخلاقی آرمان آمریکایی در پای برتری نظامی یک ارتش حرفه‌ای قربانی شده بود. اینها حقایق ناراحت‌کننده‌ای بودند که آدامز، همچون واشنگتن، باید آنها را حتی نزد خودش کتمان می‌کرد.(۴۲)

فصل ۶: جنگ و مِه ۱۵۵

اگر همهٔ آمریکایی‌ها مانند همسر دلبندش اَبی‌گِیل بودند، آدامز با مشکل سیاسی مواجه نمی‌شد. اَبی‌گِیل همچون شوهرش مصمم بود و در نامه‌ای به وی نوشت: «به نظر می‌رسد که ما در نیویورک کاملاً در ناآگاهی از امور نگه داشته شده‌ایم،» و تأکید کرد که «اگر ارتش ما در چنین وضعیت بحرانی قرار دارد، من میل دارم آن را بدانم، و می‌خواهم حتی بدتر از این را هم بدانم». اَبی‌گِیل آماده بود تا حقیقت صاف و ساده را بداند، زیرا او فراتر از هر سازشی بود. او اصرار کرد: «اما با شکست خوردنمان فکر می‌کنم تسخیر نخواهیم شد.» آدامز در پاسخ به درخواست او برای ارائهٔ یک ارزیابی صریح از عملکرد آمریکاییان در لانگ‌آیلند، مختصر و زیبا گفت: «رویهمرفته ژنرال‌های ما گول ژنرال‌های آنها را خوردند.»(۴۳)

آدامز به ویژه نبض حال و هوای سیاسی مستعمرات را در دست داشت و با تغییرات ناگهانی آن خود را هماهنگ می‌کرد. در بهار قبل، او با ترکیبی از تحسین و شگفتی مشاهده کرده بود که افکار عمومی، در واکنش به تصمیم جرج سوم برای تحمیل یک راه حل نظامی بر شورش آمریکا، به طرز چشمگیری به سمت استقلال تغییر می‌کند. اکنون او تغییر جهت دیگری را در واکنش به فاجعه در لانگ‌آیلند احساس می‌کرد: به قول یکی دیگر از نمایندگان کنگره: «موفقیتهای هاو جهش عجیبی به محافظه‌کاران داده است. به نظر می‌رسد افرادی که تاکنون در کنج سکوت و بی‌طرفی نشسته بودند، اکنون میل به این پیدا کرده‌اند که در مخالفت با آزادی‌های کشورشان موضع بگیرند.» حتی شنیده شد واشنگتن پیش‌بینی کرده بود که داوطلبان آمریکایی در نیویورک و نیوجرسی احتمال بیشتری دارد به هاو بپیوندند تا این‌که در ارتش قارّه‌ای ثبت نام کنند.(۴۴)

مکاتبات سایر نمایندگان کنگرهٔ قارّه‌ای نشان می‌دهد که آدامز در تلاش برای مدیریت شتاب‌گیری سیاسی تنها نبود. اگرچه بنجامین راش به همسرش اعتراف کرد که عقب‌نشینی در نیویورک فضای سیاسی را متحول کرده و احتمالاً اوضاع بدتر می‌شد تا بهتر، اما در نامه‌هایی به دیگران بهترین صورت ممکن را از بحران اخیر نشان داد. او به یکی از دوستان فرانسوی خود نوشت: «بنابراین می‌توانم با اطمینان راسخ به شما بگویم که هنوز در آن نهاد [ارتش قارّه‌ای] عزم ثابتی برای برقراری آزادی‌های آمریکا یا نابودی در ویرانه‌های آن حاکم است. هیچ مشکلی ما را دلسرد و هیچ خسرانی ما را افسرده نمی‌کند.»(۴۵)

فرانکلین نیز وارد معرکه شد، گرچه از نظر او نیازی به کش دادن حقیقت نبود، زیرا وی

مطمئن بود که پیروزی هاو تنها یک شکست جزئی و فصلی کوتاه در داستان نهایی و اجتناب‌ناپذیر پیروزی آمریکا بوده است. وی اذعان کرد که سربازان بریتانیایی «به اندازه‌ای قوی بوده‌اند که مردم ما توان رویارویی با آنها را نداشتند، و در نتیجه در اقدامات خود موفق بوده‌اند؛ اقداماتی که احتمالاً از دید جهانیان اهمیتی نداشته است.» فرانکلین به اعتقاد اساسی خود مبنی بر غیرممکن بودن مأموریت نظامی بریتانیا در آمریکا سخت پایبند بود و هیچ جنبهٔ موفقیت‌آمیز کارزار اخیر بریتانیا نظر او را تغییر نداده بود. او با ژستی سخنورانه پرسید: «آنها مگر چه کرده‌اند؟ سه جزیرهٔ کوچک در سواحل آمریکا را در اختیار گرفته‌اند...، و با این حال، اگر هر هکتار از خاک آمریکا به همان نسبت مورد نزاع و رقابت قرار گیرد، فتح کاملْ باعث ویرانی اروپا خواهد شد.»[۴۶]

در طیف نظرات سیاسی درون کنگرهٔ قارّه‌ای، در مورد این باور که با عبور از مرز استقلال، صرف‌نظر از آنچه که برای ارتش واشنگتن در نیویورک رخ داد، دیگر راه بازگشتی وجود ندارد، آدامز و فرانکلین از مصمم‌ترین افراد بودند. سپس، در هفتهٔ اول سپتامبر، رویدادی چشمگیر نظر سایر نمایندگان کنگره را به یک استراتژی غیرقابل مذاکره جلب کرد.[۴۷]

این رویداد ورود ژنرال جان سالیوان به فیلادلفیا بود. به یاد بیاورید که سالیوان، همراه با استرلینگ، در شبی که ارتش واشنگتن از رودخانهٔ ایست فرار کرد، با لرد هاو در کشتی ایگل شام صرف کردند. در طول شام، لرد ریچارد موفق شد سالیوانِ مشتاق را متقاعد سازد که مأموریت صلح او به وی اجازه می‌دهد تا شروط سخاوتمندانه‌ای را ارائه دهد. هاو به واسطهٔ سالیوان این امکان را در برابر آمریکاییان گشود که با حفظ آبروی خود به این جنگ بی‌معنی و غیرضروری پایان دهند. سپس هاو پیشنهاد داد که سالیوان را با آزادی مشروط به کنگره بفرستد تا نمایندگان آمریکا را از این شرایط آگاه سازد. سالیوان در گزارش خود صداقت کامل لرد هاو را توصیف و سپس چنین استدلال کرد که هاو با فرستادن او به فیلادلفیا به طور ضمنی اقتدار و مشروعیت کنگرهٔ قارّه‌ای را به رسمیت شناخته است. هاو به صورتی اساسی‌تر، نظر شخصی خود را روشن کرده بود که «پارلمان حق ندارد از آمریکا مالیات بگیرد یا در سیاست داخلی آن مداخله کند،» و مطمئن بود که جرج سوم و وزرای او اکنون پس از پایان خصومت‌ها، آمادهٔ پذیرش چنین ترتیباتی هستند.[۴۸]

گزارش سالیوان بحث‌های شدیدی را برانگیخت. راش بعدها به یاد آورد که آدامز در

حین این بحث‌ها سرش را به سمت او خم کرده «و در گوشی به من گفت که ای کاش اولین توپی که در روز شکست ارتش ما در لانگ‌آیلند شلیک شد سر او [سالیوان] را با خود برده بود.» آدامز سپس در اعتراض به مذاکرات جلسه از جا برخاست و سالیوان را «اردکی فریبنده خواند که لرد هاو به میان ما فرستاده است تا ما را اغوا کند از استقلال خود دست برداریم.»(۴۹)

روز بعد، در ۵ سپتامبر، سخنران اصلی جان ویترسپون[1] از نیوجرسی در محکومیت پیشنهادات لرد هاو سخنانی ایراد کرد و هیچکس برای به چالش کشیدن نتیجه‌گیری او از جا برنخاست. استدلال ویترسپون این بود: «واضح است که آنها از ما می‌خواهند با تسلیم شدن مطلق موافقت کنیم»، تا به‌رغم ظاهر سخاوتمندانه‌اش، لرد هاو «از اساس با هر شرایطی که می‌تواند دلالت بر این کند که ما چیزی جز رعیت پادشاه بریتانیای کبیر هستیم که سر به شورش برداشته، اجتناب کرده باشد.» زمانی که پیشنهاد هاو به این شکل عرضه شد، تنها یک وفادار آشکار پادشاهی می‌توانست شرایط هاو را بپذیرد، و چنین موجودی در کنگرهٔ قارّه‌ای یافت نمی‌شد. آن نمایندگانی که از وقایع نیویورک تردید پیدا کرده و متزلزل شده بودند، حرف دیگری برای گفتن نداشتند.(۵۰)

تنها موضوع بحث‌برانگیز، اگر چنین چیزی وجود داشت، بر سر کانال ارتباطی و نحوهٔ پاسخ به لرد هاو مطرح شد. اعتماد به سالیوان برای منتقل کردن پاسخ نمایندگان غیرقابل قبول بود، زیرا شهرت او که قبلاً به دلیل رفتارش در گوآنِس هایتس خدشه‌دار شده بود، اکنون به دلیل فریب خوردن از دست هاو کاملاً پایمال گشته بود. اما میهن‌پرستان دو دل ممکن بود عدم پاسخ‌گویی را حمل بر سرپیچی بیش از حد تلقی کنند. بهتر آن بود که از خطر از دست دادن آنها پرهیز و دیپلماسی به کار گرفته می‌شد.

هاو پیشنهاد داده بود که هیأتی را از کنگره نزد خود بپذیرد، اما صرفاً در ظرفیت خود به عنوان شهروندان خصوصی، زیرا دستوراتی که از لندن داشت وی را از به رسمیت شناختن مشروعیت کنگرهٔ قارّه‌ای منع می‌کرد. نمایندگان توپ دیپلماتیک را با این تصمیم به زمین وی برگرداندند: «مقرر شد که این مجمع نمی‌تواند به درستی هیچ یک از اعضای خود را به گونه‌ای شخصی بفرستد تا با آن عالیجناب همچون شهروندان خصوصی گفتگو کنند.»

1. John Witherspoon

از سوی دیگر، «از آنجا که این مجمع همواره مایل به برقراری صلح با شرایطی معقول است، می‌تواند کمیته‌ای از میان خود اعزام دارد تا مشخص شود که عالیجناب برای ملاقات با افراد مجاز از جانب کنگره برای این منظور به نمایندگی از آمریکا اختیاری دارد یا خیر.» با توجه به دستورات لندن، هاو یا می‌توانست از ملاقات با هیأت آمریکایی امتناع ورزد و در نتیجه مسئولیت بن‌بست دیپلماتیک را بر عهده بگیرد، یا می‌توانست با آنان ملاقات کند، اما سپس تصدیق کند که هیچ اختیاری برای مذاکره با نمایندگان یک حکومت آمریکایی ندارد. در هر صورت، ابتکار صلح همچون سرابی دیپلماتیک افشا می‌شد.(۵۱)

~~~

روز بعد، ۶ سپتامبر، کنگره آدامز، فرانکلین و ادوارد راتلج[1] از کارولینای جنوبی را برای ملاقات با لرد هاو در استاتن‌آیلند انتخاب کرد. انتخاب آدامز و فرانکلین مکالمهٔ جالبی را تضمین کرد که به ناکامی ختم می‌شد، زیرا آدامز در صدر فهرست شورشیان برجستهٔ آمریکایی قرار داشت که در صورت پذیرش شرایط صلح هاو، به جرم خیانت به دار آویخته می‌شدند. و فرانکلین، دوست سابق هاو، اخیراً به او توصیه کرده بود که مأموریت نظامی وی راه به وضعیت مطلوبی نخواهد گشود و ادامهٔ خدمت در این مأموریت بدفرجام، شهرت او را برای همیشه لکه‌دار خواهد ساخت.

جلسهٔ دیدار و گفتگو، با وجودی که نتیجهٔ آن از پیش معلوم بود، در ۱۱ سپتامبر موقعیتی مهم و چشمگیر پدید آورد. واضح است که هاو امیدوار بود نتیجهٔ نبرد اخیر در لانگ‌آیلند که برای شورشیان فاجعه‌بار بود، شاید توانسته بذر تردید را در میان آمریکاییان در مورد چشم‌انداز خروجی آسان از امپراتوری بریتانیا ایجاد کند. هیأت آمریکایی نیز با همان وضوح به کنفرانس آمد تا با تصمیمی راسخ این امید را از میان بردارد. چیزی که چندان واضح نیست، ولی به احتمال زیاد صحت داشت، این بود که اگر از جمعیت آمریکا نظرسنجی می‌شد احتمالاً نتیجهٔ آن نشان می‌داد که از نظر سیاسی شکاف میان شهروندان عمیق‌تر شده و اکثریت عموم بیشتر پذیرای شرایط هاو بودند تا کنگرهٔ قاره‌ای یا نمایندگان دیپلماتیک آن. متأسفانه برای هاو، نظرسنجی در آن شرایط امکان‌پذیر نبود.

آداب دیپلماتیک در هر دو طرف تقریباً بیش از حد صحیح به اجرا در آمد. هاو ترتیب

1. Edward Rutledge
~~~

داده بود که یک افسر بریتانیایی به عنوان گروگان در پِرث اَمبوی[1] نگهداری شود، جایی که آمریکایی‌ها از کشتی پیاده شدند، تا تضمینی برای امنیت آنها در نزد بریتانیایی‌ها باشد. آدامز اصرار کرد که نیازی به گروگان‌گیری نیست، زیرا حرف لرد هاو تضمینی بیش از حد کافی بود. هاو در واکنش گفت: «شما از من تعریف بسیار بالایی می‌کنید و می‌توانید به آن مطمئن باشید زیرا من قول و قرارهایم را جزو مقدس‌ترین چیزها می‌دانم.» یک گارد افتخاری متشکل از نارنجک‌زنان فاخر بریتانیایی، آمریکایی‌ها را با تمام مقدمات و ابزار تشریفاتی وارد محل ملاقات کرد. در داخل، هاو دستور داده بود سفرهٔ مجللی از «شراب بوردوی ناب، نان خوب، گوشت ژامبون سرد، زبان و گوشت گوسفند» بچینند. آداب و تعارفات با دقت و در حد اکمل رعایت شده بود.(۵۲)

هاو با اعتراف به صداقت خود به عنوان دوست صمیمی آمریکا آغاز به صحبت کرد. او توضیح داد که چند هفته‌ای سفر خود را به تعویق انداخته بود تا همچون کمیسر صلح دستورات خود را دریافت کند، اما همین تأخیر باعث شده بود که او درست پس از تصویب بیانیهٔ استقلال به آنجا برسد. او پرسید: «آیا راهی برای عقب‌نشینی از این اقدام به استقلال و گشودن باب بحثی جامع وجود ندارد؟»(۵۳)

آدامز و فرانکلین پاسخ آمریکاییان را آغاز کردند که مؤدبانه اما کاملاً منفی بود. اگر دولت فخیمهٔ بریتانیا یک سال قبل حق حاکمیت آمریکا بر اخذ مالیات و کنترل امور داخلی‌اش را به رسمیت شناخته بود، تقریباً به طور قطع می‌توانست از این درگیری جلوگیری شود. اما آن فرصت دیگر از دست رفته است. آدامز تجاوزات بریتانیا را از زمان آغاز خصومت‌ها در لکزینگتن و کنکورد بیان کرد، که در نهایت به همان نیروی تهاجمی که لرد هاو اکنون فرماندهی آن را برعهده داشت، انجامید. در پاسخ به این رشتهٔ دراز از سوء استفاده‌ها، ایالت‌های آمریکا به اتفاق آرا به گزینهٔ استقلال رأی داده و کنگرهٔ قارّه‌ای آن رأی را تصویب کرده بود که قابل فسخ نیست. در واقع، هیأت آمریکایی به همان میزان ناتوان از لغو این حکم بود که هاو در به رسمیت شناختن آنها به عنوان شهروندان آمریکایی، به جای تبعهٔ بریتانیا، ناتوان بود. وقتی هاو توضیح داد که ترجیح می‌دهد مهمانانش را به دیدهٔ آقایان همکار خود بنگرد، آدامز پاسخ داد که آن عالیجناب آزاد است که با آنها تحت

1. Perth Amboy

هر عنوانی که مایل است، به جز رعایای بریتانیا، ملاقات کند.»(۵۴)

موضوع ناگفته در دستور کار، که هاو فکر می‌کرد پرداختن مستقیم به آن دشوار است، اقدام اخیر در لانگ‌آیلند بود که بر چشم‌انداز موفقیت آمریکا در برابر ارتش و نیروی دریایی بسیار برتر بریتانیا قطعاً سایه‌ای از تردید می‌انداخت. روش پیچیده و نامتداول هاو برای طرح این موضوع، با سخن راندن از علاقهٔ عمیق خود به آمریکا شروع شد و سپس اضافه کرد که «اگر آمریکا شکست بخورد، او آن را مانند از دست دادن یک برادر احساس کرده و افسوس خواهد خورد.» سال‌ها بعد، آدامز از یادآوری پاسخ ماهرانهٔ فرانکلین ذوق می‌کرد: «دکتر فرانکلین، با حال و هوایی آرام و چهره‌ای جمع و جور، تعظیمی کرد و لبخندی زد و در کمال ساده‌لوحی که گاهی در مکالماتش ظاهر می‌شد... پاسخ داد: "حضرت اشرف، ما نهایت مساعی خود را به کار خواهیم بست تا حضرتعالی را از چونان مصیبتی برهانیم."»(۵۵)

آنگاه راتلج پیشنهاد کرد از آنجایی که استقلال آمریکا واقعیتی غیرقابل بحث است، شاید هاو بتواند دوستان خود را در لندن متقاعد کند که از آن استقبال کنند و سپس با ایالات متحده یک اتحاد اقتصادی، با مزایای کامل تجاری همراه آن برای هر دو طرف، ایجاد کنند. هاو ابراز تردید کرد که هیچ یک از مافوق‌هایش در لندن این فکر را قابل قبول بداند و این‌که خود وی چنین چیزی را در ذهن نداشته است.(۵۶)

در اینجا واقعاً دیگر چیزی برای گفتن وجود نداشت. وضعیت بسیار مخاطره‌آمیز ارتش قارّه‌ای در منهتن به کنار، به‌رغم شکست نظامی در لانگ‌آیلند، هیچ چیز در موضع سیاسی آمریکاییان تغییر نکرده بود. امبروز سِرْل، منشی پرافادهٔ هاو، غضب کرد. خلاصهٔ یادداشت‌های او از آن شب که در دفتر خاطراتش ثبت شد، کوتاه و تند و تلخ بود: «آنها ملاقات کردند، صحبت کردند، از هم جدا شدند. و اکنون چیزی جز مبارزه با مشتی از مصمم‌ترین منافقان و عوام‌فریبانی که توسط آشغال‌های مستعمرات گردآوری شد نمانده است؛ آشغال‌هایی که سرنوشت چنین مقدر داشته تا بلای کشور باشند.(۵۷)

آدامز به همان اندازه عصبانی به فیلادلفیا بازگشت و به ساموئل آدامز[۱] گفت «به نظر من کل ماجرا... مثل همیشه، یک حباب، یک کمین، و یک مانور موذیانه است که فقط برای

[۱] فیلسوف و رجل سیاسی و پسر عموی جان آدامز. ساموئل از انقلابیون پرشور و از جمله بنیادگذاران ایالات متحده بود که بعدها تا مقام فرمانداری ایالت ماساچوست نیز پیش رفت.

فریب دادن و به دام انداختن طراحی شده است.» تنها توضیح او، که بیش از نطفه‌ای از حقیقت را در خود داشت، این بود که «آنها باید نظر بدی نسبت به فرماندهی ما داشته باشند که تصور کرده‌اند می‌توانند ما را به دام اندازند.»(۵۸)

خانهٔ بیلوپ در استاتن‌آیلند، همچنین به پاس نشستی که در ۱۱ سپتامبر ۱۷۷۶ در آنجا برگزار شد، هنگامی که هیأت آمریکایی درخواست لرد ریچارد هاو برای آشتی را رد کرد، خانهٔ کنفرانس نام گرفت.
ـ کتابخانهٔ کنگره

۷

جانها و روانها

من این را به عنوان نظر خود ابراز می‌کنم که یک عقب‌نشینی کلّی و سریع کاملاً ضروری است و آبرو و مصالح آمریکا آن را ایجاب می‌کند.

– ناتانیل گرین به جرج واشنگتن، ۵ سپتامبر ۱۷۷۶ [۱]

براساس استراتژی حساب شدهٔ برادران هاو، قرار بود تحقیر ارتش قارّه‌ای در لانگ‌آیلند چنان امواجی از شوک ایجاد کند که شورش آمریکا را از پایه و اساس بلرزاند. اما از آنجا که دریافت هیأت آمریکایی از شکست در لانگ‌آیلند چیزی فراتر از شکستی موقت و بی‌اهمیت نبود، این‌گونه به نظر می‌رسید که گفتگو با لرد هاو در استاتن‌آیلند نقص این استراتژی را افشا کرد. آدامز و فرانکلین حتی بر این اعتقاد بودند که نابودی یا تسلیم شدن کل ارتش قارّه‌ای، هیچ فرقی نداشت، مگر این‌که احتمالاً پیروزی اجتناب‌ناپذیر آمریکا را طولانی می‌کرد. برادران هاو سعی داشتند از ارتش و نیروی دریایی برتر خود همچون ابزارهایی برای اقناع نه چندان لطیف و ظریف استفاده کنند، اما رهبران کنگرهٔ قارّه‌ای، با تعهدی که به آرمان استقلال آمریکا داده بودند، در ورای هرگونه ترغیب و اقناعی بودند، آن هم در شرایطی که هرگونه چشم‌انداز آشتی با بریتانیایی‌های قوی‌تر و مجهزتر اکنون غیرقابل تصور می‌نمود.

از طرف دیگر، ارتش قارّه‌ای داشت دقیقاً همان احساس تشنجی را تجربه می‌کرد که برادران هاو می‌خواستند به آن وارد سازند. عوامل متعددی همچون جهتِ بادهای مطلوب، تغییر جریان‌های رودخانه، و سپس مِهی سرنوشت‌ساز به سربازان واشنگتن اجازه داده بود به طرزی معجزه‌آسا با پیمودن عرض رودخانهٔ ایست پا به فرار بگذارند، اما روح آنها در هم شکسته بود. واشنگتن به هنکاک گزارش داد: «وضعیت ما واقعاً ناراحت‌کننده است. شبه‌نظامیان، به جای این‌که حداکثر تلاش خود را بکنند... وحشت‌زده و مُتمرد شده‌اند و برای بازگشت به خانه و زندگیشان بی‌تابی می‌کنند. شمار بسیاری از ایشان گریخته‌اند، در برخی موارد یک هنگ کامل پا به فرار گذاشته است.» یکی از شاهدان ورود سربازان به

[۱] ۱۵ شهریور ۱۱۵۵ خورشیدی.

منهتن را این‌گونه توصیف کرد: «افسرده، مریض، تحلیل‌رفته با حالی نزار... به طور کلی، به نظر می‌رسد که همه چیز در سردرگمی است.»(۱)

آگاهی از شمار دقیق غیرممکن است، زیرا خود واشنگتن نتوانست از فراریان ردّی بیابد. اما بهترین تخمین این است که حدود ۱۰,۰۰۰ رزمندهٔ شبه‌نظامی طی دو هفتهٔ اول سپتامبر ترک خدمت کردند. واشنگتن دستور داد تا ترک خدمت‌کرده‌ها را در پُل کینگ[1] در انتهای شمالی منهتن متوقف کنند، اما به سرعت دستورش را به این دلیل لغو کرد که این شبه‌نظامیان با چنین روحیهٔ در هم شکسته‌ای کم ارزش‌تر از آنند که به درد او بخورند و صرف حضورشان به ترس، بدبینی و شکست‌گرایی در صفوف رزمندگان باقی مانده دامن می‌زند. عزیمت آنها به این معنی بود که واشنگتن فرماندهی ارتشی متشکل از ۱۸,۰۰۰ سرباز را بر عهده داشت که فقط حدود ۱۳,۰۰۰ نفر آن «مناسب انجام وظیفه» بودند. معنای این سخن آن است که نیروی زیر فرمان وی اکنون به نیم نیروهای بریتانیایی تقلیل پیدا کرده بود.(۲)

حتی آن دسته از سربازانی که زیر عنوان «مناسب انجام وظیفه» طبقه‌بندی می‌شدند، خسته و بی‌روحیه بودند، و بنا به توصیف واشنگتن «دائماً در فاصله‌ای از قرارگاه‌های خود بی‌هدف می‌پلکند به طوری که نمی‌توانند در هیچ برخورد ناگهانی با دشمن مقابله کنند.» خوشبختانه برای آنها و آرمان آمریکاییان، ویلیام هاو پیروزی خود را در لانگ‌آیلند با حمله به منهتن پیگیری نکرد. این تأخیر برای چندین افسر بریتانیایی غیرقابل توجیه به نظر می‌رسید، زیرا مشخص بود که ارتش قارّه‌ای کاملاً آسیب‌پذیر است، در حالی که ارتش بریتانیا آماده بود تا غائله را در یک نبرد نهایی به پایان برساند. ناخدا جرج کالیر آن ایام را چنین به یاد آورد: «جانبازان شجاع ما، طی روزهای متمادی بسیاری، در سواحل رودخانهٔ ایست مانند موسی در کوه نِبو،[2] به سرزمین موعودشان چشم دوخته بودند.»(۳)

عدم ابتکار ظاهری هاو، در واقع، کاملاً مطابق با اولویت‌های استراتژیک وی بود. وی در انتظار شنیدن نتایج ملاقات برادرش با شورشیان در استاتن‌آیلند بود. اگر به زودی راه‌حلی دیپلماتیک برای درگیری پیدا می‌شد، وی دلیلی برای انجام اقدامات نظامی اضافه نمی‌دید. علاوه بر این، ارتش شورشیان، اگر واقعاً هنوز هم کسی می‌توانست آن را همچون یک

1. King's Bridge
2. Mount Piszak

ارتش توصیف کند، پا به فرار از چالهٔ لانگ‌آیلند درآمده و به چاه منهتن افتاده بود. نیازی به عجله نبود، زیرا سربازان روحیه‌باختهٔ واشنگتن هیچ جای دیگری برای رفتن نداشتند.

جاسوسان بریتانیا گزارش دادند که سربازان آمریکایی مشغول غارت همهٔ خانه‌های شهر بودند، و ظاهراً دزدی خود را به این دلیل توجیه می‌کردند که در غیر این صورت غنیمت به دست ارتش بریتانیا می‌افتد، که می توانست هر زمان که تصمیم بگیرد، شهر را اشغال کند. تجربهٔ نزدیک به مرگ سربازان واشنگتن در لانگ‌آیلند آنها را، دقیقاً همان‌طور که هاو امیدوار بود، با این واقعیت روبرو کرد که دفاع از نیویورک کار غلطی بوده است.

در واقع، از دیدگاه بریتانیا، شورش آمریکاییان تا همین جا نیز سرکوب شده و صرفاً عملیات پاکسازی منطقه باقی مانده بود. در لندن، خبر پیروزی لانگ‌آیلند موجب شد لرد جرمین تشریفات اداری را برای ارتقای ویلیام هاو به مقام شوالیه، به عنوان پاداش خدمات وی در حفظ امپراتوری بریتانیای کبیر در آمریکای شمالی، آغاز کند. جرمین به دریاسالار هاو نوشت: «رهبران این شورش همانطور که می‌توانستم آرزو کنم عمل کرده‌اند.» منظور وی موضع گرفتن در نیویورک بود. «من اطمینان دارم که این مردم فریب‌خورده به زودی جهت دریافت رحمت و محافظت به سیادت حضرتعالی مراجعه کرده و رؤسای خود را ترک می‌کنند تا به مجازاتی که شایستهٔ آن هستند برسند.» این احتمالاً به معنای این بود که واشنگتن، آدامز و فرانکلین، در میآن عده‌ای دیگر، به پای چوبهٔ دار می‌رفتند.(۴)

~~~

واشنگتن در اوایل ماه سپتامبر در مقر خود ماند تا از فرسودگی التیام یابد. حقیقت ژرف‌تر این بود که او داشت به این درک می‌رسید که تصمیم به دفاع از نیویورک یک اشتباه اساسی بوده است، و اکنون که در عواقب آن اشتباه گرفتار آمده بود، نمی‌دانست چکار کند.

واضح‌ترین توصیه از ناتانیل گرین به دستش رسید که تازه پس از تجربهٔ نزدیک به مرگ خود از بیمارستان مرخص شده بود: «موضوع مورد نظر این است که آیا یک عقب‌نشینی کلی و سریع از این جزیره ضروری است یا خیر. من فکر می‌کنم که این تنها گزینهٔ واجد شرایط برای مقابلهٔ موفقیت‌آمیز با دشمن و نجات خود از ننگ بی‌آبرویی است. به نظر من ما هیچ کاری در این طرف پل کینگ نداریم... من بودم همهٔ شهر و حومه را به آتش می‌کشیدم.» بنا به محاسبات گرین، بقای ارتش قارّه‌ای بیش از دفاع از هر قطعه زمین ارزش داشت. وی گفت: «من این را به مانند نظر خود ابراز می‌کنم که یک عقب‌نشینی
~~~

کلّی و سریع کاملاً ضروری است و آبرو و مصالح آمریکا آن را ایجاب می‌کند.»(۵)

گرین از واشنگتن می‌خواست که دو واقعیت ناخوشایند و غیرقابل تحمل را بپذیرد: اول این‌که، تصمیم به دفاع از نیویورک اشتباه بود و اکنون زمان آن رسیده بود که آن واقعیت را به رسمیت بشناسد و جلوی ضررهای بیشتر را بگیرد. و دوم، این که ضرورت داشت واشنگتن غریزهٔ افتخار-محور خود برای ایستادن و جنگیدن را تابع ضرورت‌های سیاسی بزرگتری کند، که در این مورد به معنای بقای ارتش قارّه‌ای بود. واضح است که گرین، برخلاف آدامز و فرانکلین، معتقد بود که نابودی ارتش قارّه‌ای، جنبش استقلال آمریکا را در معرض خطر قرار می‌داد.

ناتانیل گرین تواناترین و قابل اعتمادترین افسر واشنگتن بود. این گرین بود که واشنگتن را متقاعد کرد دفاع از نیویورک را کنار گذارده و ارتش قارّه‌ای را از خطر نابودی کامل دور کند. – پارک (تاریخی) ملی استقلال

دریافت گرین از خلق و خوی واشنگتن به اندازهٔ ارزیابی وی از گزینه‌های استراتژیک پیش روی ارتش قارّه‌ای زیرکانه بود. وی تشخیص داد که واشنگتن احساس عمیقاً ریشه‌داری از افتخار شخصی دارد که در آن عدم موفقیت ارتش قارّه‌ای سایه‌ای بر شهرت

خود وی می‌افکند. او عقب‌نشینی را با شکست مساوی تلقی می‌کرد و شکست را با لکهٔ ننگی دائمی بر شخصیت خودش مترادف می‌دانست. در چنین دریافتی، عقب‌نشینی استراتژیک، مانند امتناع از دعوت به دوئل در مواقع ضروری، رفتاری ناشایست تلقی می‌شد. منظور گرین این بود که بالاترین اولویت واشنگتن باید اصول آرمانی باشد که داشتند برایش می‌جنگیدند، و از هیچ منظری سپردن ارتش قارّه‌ای به ورطهٔ نابودی امری اصولی یا شرافتمندانه نبود.

با این وجود، واکنش غریزی واشنگتن این بود که توصیه‌های گرین را رد کند. مکاتبات وی با هنکاک در این لحظه به طور غیر متداولی بدون تمرکز و غیر مستقیم بود، که شاید حاکی از خستگی باقیمانده در روانش یا ناشی از آسیب‌های فاجعهٔ لانگ‌آیلند باشد. (او هنکاک را همچون رئیس کنگرهٔ قارّه‌ای و به عنوان مقام برتر غیرنظامی خود در نظر می‌گرفت، و نه آدامز را، اگرچه آدامز به عنوان رئیس هیأت جنگ و مهمات با امور نظامی بیشتر آشنائی داشت.) واشنگتن به‌رغم وضعیت ناامیدکنندهٔ ارتش قارّه‌ای، از تصمیم برای تسلیم نیویورک، بدون جنگ، ناراحت بود و به هنکاک گفت که چنین کاری «سربازان را ناامید و آرمان را تضعیف می‌کند.» همچنین عقب‌نشینی در «جایی که آرمان مشترک ممکن است از وازدگی و یأسی تأثیر پذیرد که بر اذهان بسیاری... به خصوص پس از شکست‌مان در لانگ‌آیلند، سایه افکنده» ممکن است عواقب سیاسی جدی برای سراسر مستعمرات در بر داشته باشد. این که چنین ملاحظاتی حیاتی، از احساس افتخار شخصی واشنگتن سرچشمه می‌گرفت، یا از لزوم بازیابی اعتماد به نفس ارتش، یا از ترس این‌که مبادا رها کردن نیویورک در همه جا به ایجاد شک در ذهن میهن‌پرستان دو دل دامن بزند، وی احساس می‌کرد که به زدن «ضربه‌ای درخشان» علیه بریتانیا در منهتن نیاز دارد، حتی اگر این به معنای خطر از دست دادن همه چیز در این روند، از جمله زندگی، خودش باشد.(۶)

تلاشی جالب در راستای زدن «ضربه‌ای درخشان» شامل استقرار یک زیردریایی تک نفره بود. همانطور که پیش از این گفته شد، فرانکلین چند هفته قبل به واشنگتن در مورد چشم‌انداز یک کشتی زیرآبی توضیح داده بود که می‌تواند کشتی‌های جنگی بریتانیایی را با عبور از زیر آنها و اتصال یک بمب واکنش تأخیر به بدنه، آنها را غرق کند. در ۶ سپتامبر، واشنگتن بر نقشهٔ پیشگامانه‌ای در جنگ زیردریایی صحه گذاشت و به اجرا گذاشتن آن را

مورد تأیید قرار داد. زیردریایی آزمایشی، موسوم به لاک‌پشت، به‌رغم مشکلاتی که با جریان‌های رودخانه‌ای پیش آمد، موفق شد زیر کشتی سوگلی دریاسالار هاو، یعنی ایگل، با یک بمب ۷۰ کیلوگرمی قرار بگیرد اما نتوانست آن را به مازهٔ کشتی که لعابی از جنس مس داشت متصل کند. لاک‌پشت، در صورت موفقیت، می‌توانست مزیّت تاکتیکی نیروی دریایی بریتانیا را در رودخانه‌های اطراف منهتن به میزان قابل توجهی کاهش دهد. اما چندی نگذشت که لاک‌پشت در یکی از سفرهای آزمایشی در هادسن غرق شد. و به این ترتیب بیش از یک سده طول کشید تا جنگ زیردریایی به لحاظ پیشرفت فناوری عملی شود.(۷)

نسخه‌ای از زیردریایی بدوی «لاک‌پشت»، که پس از تلاشی بیهوده برای از میان بردن گل سرسبد دریاسالار هاو، ایگل، در اوایل سپتامبر ۱۷۷۶ در رودخانهٔ هادسن غرق شد. – ویکی‌مدیا

واشنگتن در ۷ سپتامبر دست به تشکیل یک شورای جنگی زد و این شورا به دنبال بحث طولانی و گیج‌کننده‌ای رأی به تأیید ترجیح او برای موضع‌گیری در منهتن داد که شاید آخرین موضع دفاعی در برابر بریتانیا می‌بود. علت گیج‌کننده بودن بحث این بود که واشنگتن دستوراتی را از کنگرهٔ قاره‌ای دریافت کرده بود مبنی بر این‌که شهر نیویورک را به

آتش نکشد و نسوزاند، که برخی از افسران آن را به عنوان دستور دفاع از شهر به هر قیمتی تعبیر می‌کردند. واشنگتن همیشه به افسران خود گوشزد می‌کرد که اصل کنترل ارتش توسط مرجع غیرنظامی باید حتماً رعایت شود. اکنون به نظر می‌رسید که با یادآوری اهمیت این اصل دارد تفسیر دفاع از شهر به هر قیمتی را تأیید می کند، اگرچه واضح بود که کنگرهٔ قارّه‌ای وضعیت واقعاً ناامیدکنندهٔ ارتش خود را درک نکرده بود.

هنگامی که این تصمیم بزرگ برای دفاع از منهتن گرفته شد، شورای جنگ رأی داد که نیروهای خود را تقسیم کند و ۵,۰۰۰ سرباز را در انتهای جنوبی جزیره برای دفاع از شهر قرار دهد؛ ۹,۰۰۰ سرباز دیگر را در انتهای شمالی، یعنی جایی که احتمال حملهٔ بریتانیا زیاد بود، مستقر کند؛ و ۴,۰۰۰ نفر از قوای تازه‌نفس را در وسط قرار دهد، جایی که کمترین احتمال حمله وجود داشت. از آنجا که بریتانیایی‌ها ابتکار عمل را حفظ کرده بودند، در هر کجا که تصمیم به شروع حمله خود می‌گرفتند، از مزیت عددی قابل‌توجهی برخوردار می‌شدند.(۸)

واشنگتن از هنکاک می‌خواست درک کند که منهتن تقریباً از دست رفته است. وی توضیح داد: «علاقه و آرزوی ما مبنی بر این است که تا حد امکان مقاومت را طولانی‌تر کنیم.» آنطور که جوزف رید به همسرش توضیح داد، هدف این بود که قبل از تسلیم تلفاتی سنگین به ارتش بریتانیا وارد شود، «و اگر قربانی شدن ما بتواند آرمان آمریکا را نجات دهد، وقت برای گردآوری ارتش دیگری قبل از بهار به اندازهٔ کافی خواهد بود و کشور حفظ خواهد شد.» این فرمول تقدیرگرایانه، در این لحظهٔ شلوغ و پرتنش، تقریباً بطور قطع منعکس‌کنندهٔ تفکر واشنگتن بود–یا هرآنچه که بتوان بر آن نام تفکر گذشت. واشنگتن داشت خود را برای شهادت آماده می‌کرد.(۹)

این نیز ممکن است که او اعتقاد داشت چارهٔ دیگری جز قربانی کردن خود و ارتش قارّه‌ای ندارد زیرا از آنجا که از نظر تعداد و منزوی بودن در وضعیت نامساعدی قرار داشت، هیچ چشم‌انداز واقع‌گرایانه‌ای برای فرار از منهتن نمی‌دید. اگر سرلشکر هاو تنها راه فرار را در پُلِ کینگ مسدود نکند، باید یک احمق به تمام معنی باشد و ویلیام هیث،[1] فرماندهٔ آمریکایی مستقر در آنجا، به اطلاع واشنگتن رساند که او به اندازهٔ کافی سرباز در اختیار ندارد تا

1. William Heath

بتواند پیشروی هاو را متوقف کند. یک افسر واحد مهندسی بنام روفوس پاتنم،[1] زمین‌های اطراف جاده را آزمود و ارزیابی هیث را تأیید کرد که هیچ راهی برای جلوگیری از قرار دادن ارتش قارّه‌ای توسط هاو در «یک مخمصهٔ بد» وجود ندارد.(۱۰)

نمایندگان دولت موقت نیویورک با ارسال نامه‌ای از شهر نسبتاً امن فیش‌کیل،[2] این تشخیص استراتژیک را تأیید کردند: «ما نسبت به طرح دشمن که در شمال نیویورک فرود خواهد آمد و از موذی‌گری‌های ناشی از این امر کاملاً مطمئن هستیم ... ما برای ترسیدن از عواقب آن دلیل داریم.» همه موافق بودند که برتری دریایی بریتانیا در رودخانه‌های هادسن و ایست، به علاوهٔ برتری بریتانیا در زمین در انتهای شمالی منهتن، به معنای این بود که واشنگتن به تله افتاده است. از آنجا که تسلیم گزینه‌ای نبود، تنها انتخاب می‌توانست جنگ باشد.(۱۱)

در خلال هفتهٔ دوم سپتامبر، سه تحول جدید رخ نمود که در ترکیب با هم نظر واشنگتن را تغییر داد. اول، کنگرهٔ قارّه‌ای دستور قبلی خود را در مورد سوزاندن شهر نیویورک روشن‌تر بیان کرد و مؤکداً گفت که آن را نسوزانند، منتهی تصمیم به دفاع از شهر را به اختیار واشنگتن واگذارد. قضاوت او دربارهٔ وقایع میدانی مبتنی بر آگاهی کاملتری از کنگرهٔ قارّه‌ای بود و از حمایت نمایندگان بهره می‌برد. دوم، سرلشکر هاو که هنوز منتظر خبری از برادرش در مورد ابتکارتلاش‌های صلح بود، هیچ تمایلی به متمرکز کردن ارتش خود در اطراف پل کینگ نشان نداد. او ترجیح داد خود را برای اشغال شهر و بندر نیویورک آماده کند. سوم، گرین برای تشکیل شورای جنگ دیگری نزد ژنرال‌های خود به رایزنی پرداخت تا پیرامون تصمیم به دفاع از منهتن تجدیدنظر شود. او چنین استدلال کرد که دفاع از منهتن پایدار نخواهد ماند و بقای ارتش قارّه‌ای مترادف با ادامهٔ استقلال آمریکا بود. گرین با اصرار به آنها گفت: «ابعاد حادثهٔ پیش رو به قدری عظیم است و چنان پیامدهایی برای همهٔ آمریکا در بر دارد که تجدیدنظر در تصمیم قبلی ضروری است.»(۱۲)

یک روز پس از کنفرانس ناکام صلح در استاتن‌آیلند، در ۱۲ سپتامبر، افسران تحت رهبری گرین ۱۰-۳ رأی دادند و تصمیم هفتهٔ قبل خود را معکوس کردند. آنها اکنون هرگونه دفاع از شهر نیویورک را رها می‌کردند و نیروی خود را در پل کینگ مستقر می‌ساختند تا به

1. Rufus Putnam

۲. فیش‌کیل (Fishkill) منطقهٔ مسکونی واقع در ۹۷ کیلومتری شمال شهر نیویورک. (منبع: ویکیپدیا)

فصل ۷: جانها و روانها ۱۷۱

جای این‌که ارتش قارّه‌ای را در طول منهتن پخش کنند، در آنجا در برابر حملهٔ پیش‌بینی شدهٔ بریتانیا دست به مقاومت زنند. در این لحظه، آنها ۲,۰۰۰ سرباز را در فورت واشنگتن،[۱] در نزدیکی پل جرج واشنگتن[۲] امروزی، می‌گماردند تا برتری نیروی دریایی بریتانیا را در هادسن به چالش بگیرند. هدف جدید مسدود کردن تهاجم احتمالی هاو در شمال منهتن، سپس تخلیهٔ جزیره از کل ارتش قارّه‌ای بود. اولویت جدید حفظ ارتش به هر قیمتی از جمله از دست دادن نیویورک تعیین شد.(۱۳)

واشنگتن با اکراه استراتژی جدید را پذیرفت. چنین راهکاری همهٔ غرایز اولیه، خلق و خوی شرافت-محور و فرضیهٔ نظامی‌ای را که وی در چهار ماه گذشته در مورد تبدیل نیویورک به بدلی مهلک‌تر از بانکرهیل در ذهن پرورانده بود، نقض می‌کرد. وی با لحنی تقریباً پوزش‌طلبانه نقشهٔ جدید را برای هنکاک توضیح داد. او می‌خواست هنکاک بداند که کاملاً قصد دفاع از نیویورک را داشت زیرا از اهمیت استراتژیک آن آگاه بود. وی گفت: «اما من کاملاً متقاعد شده‌ام که نمی توان این کار را انجام داد. و اگر تلاشی برای این منظور صورت گیرد، به احتمال قوی و مطمئناً با مهلک‌ترین و نگران‌کننده‌ترین عواقب همراه می‌شود.»(۱۴)

منظور واشنگتن از کاربرد واژهٔ «مهلک» مطمئناً به معنای نابودی ارتش قارّه‌ای بود. این که آیا او با گرین در این مورد همعقیده بود که پایان کار ارتش به معنای پایان استقلال آمریکا است، مشخص نیست. او مدتهای مدیدی آرمان آمریکایی را چنان شکست‌ناپذیر تلقی کرده بود که از نظر روانشناختی تسلیم برایش بسیار گران می‌آمد. ولی اگر نابودی ارتش قارّه‌ای استقلال آمریکا را در معرض خطر قرار می‌داد، این خطری نبود که ارزش تقبل را داشته باشد. او کاملاً آمادهٔ تسلیم جان خود برای چنین آرمانی بود و می‌خواست این واقعیت بر همهٔ افسرانش روشن باشد. اما موضوعاتی بزرگتر از آبرو و حیثیت خودش در معرض خطر بود و او نیاز به این داشت که غریزه‌های خود را به نفع آن هدف بزرگتر نادیده انگارد.

~~~

۱. فورت واشنگتن Fort Washington یک موقعیت مستحکم در نزدیکی انتهای شمالی جزیره منهتن، در بالاترین نقطهٔ جزیره، در محلهٔ امروزی «واشنگتن هایتس» در شهر نیویورک بود. محل فورت واشنگتن اکنون در فهرست ملی اماکن تاریخی ثبت شده است. منبع: www.RevolutionaryWar.us

2. George Washington Bridge
~~~

پس از بازگشت آدامز از استاتن‌آیلند گزارش‌های میدان جنگ روی میز کارش در فیلادلفیا شروع به تلنبار شدن کرد. قرار داشتن در ریاست هیأت جنگ و مهمات او را نسبت به شمار نگران‌کنندهٔ فراریان از خدمت، وضعیت روحیه باختگی سربازان باقیمانده و آنچه که هنری ناکس آن را همچون «حس وحشتی» توصیف کرد که در پی مصیبت لانگ‌آیلند سرتاپای ارتش قارّه‌ای را فراگرفته بود، آگاه می‌ساخت. او به ناکس اطلاع داد که «من از آن وحشت و کسانی که به آن آلوده شده اند، بیزارم،» و به شوخی خواستار برقراری آن «شیوهٔ خوب رُمی در دوران باستان موسوم به نابودی فلّه‌ای» شد، به این معنی که از هر سرباز هنگ یکی باید اعدام شود تا دیگران درس بگیرند. در عین حال، وظیفهٔ او جلوگیری از گسترش عفونت یأس به کنگرهٔ قارّه‌ای بود که حتی بیش از ارتش، کانونی بود که باید نگه داشته می‌شد. (۱۵)

ویلیام هوپر[1] از کارولینای شمالی گزارش داد که میانه‌روهای سابق اکنون در بیرون از سالن بحث و در راهروها پچ‌پچ‌هایی را در مورد مسألهٔ استقلال آغاز کرده و این طرف و آنطرف زمزمه می‌کنند «من به شما نگفتم؟» اما در بحث کامل نشست کنگره پیرامون ابتکار صلح لرد هاو، مشخص شده بود که هرگونه پشیمانی ناشی از پیروزی هاو در نیویورک غیرقابل پذیرش است؛ و به این ترتیب استقلال آمریکا غیرقابل مذاکره باقی ماند. هیأت رهبری در کنگره در مورد این واقعیت نگران‌کننده که آنها در حال باختن جنگ بودند به نحوی مؤثر سکوت را تحمیل کرده بود. (۱۶)

این به نوبه خود به این معنی بود که دستور کار سیاسی باید از اخبار ناخوشایند و ناخواستهٔ نیویورک گذر کرده و به کار کنگره بپردازد. به عنوان نمونه، در ۹ سپتامبر، نمایندگان سرانجام تجدید نظر در کتابچهٔ راهنمای سبک نگارش همهٔ مکاتبات رسمی را مد نظر قرار دادند، به گونه‌ای که «ایالات متحده» جایگزین «مستعمرات متحده» شد. در ۱۷ سپتامبر، آنها پیش‌نویس نهایی طرح آدامز برای معاهدات را تصویب کردند که برای ایجاد اتحاد دیپلماتیک با فرانسه طراحی شده بود، و متعاقباً جفرسن را برای پیوستن به سایلاس دین[2] در پاریس برای مذاکره در مورد پیمان انتخاب کردند. (جفرسن به دلایل شخصی، عمدتاً ضعف سلامت همسرش، نپذیرفت.) در ۲۰ سپتامبر، آنها پیش‌نویس دیگری از آدامز را، به نام اساسنامهٔ جنگ، مورد تصویب قرار دادند که مقررات مربوط به

---

1. William Hooper
2. Silas Deane

تبلیغات، رَوش‌ها و تنبیهات را در ارتش قاره‌ای استاندارد می‌کرد و آدامز آزادانه تصدیق کرد که آن را «از اساسنامهٔ جنگ بریتانیا، در همان تعداد واژگان،[۱] رونویسی» کرده است.[۱۷]

پیش‌فرض اساسی اینگونه باقی ماند که انقلاب آمریکا، صرف‌نظر از آنچه در نبرد نیویورک رخ داده بود، پیش می‌رفت. اگر آدامز نیاز به تقویت اعتماد به نفس انقلابی خود داشت—و او چنین نیازی نداشت—آن را از اَبی‌گِیل تسخیرناپذیر خود دریافت کرد. وی اظهار داشت که اگر همهٔ ارتش واشنگتن کشته شوند یا به اسارت درآیند، برادران هاو باید با «نسلی از آمازونی‌ها در آمریکا» مقابله کنند.[۱۸]

در حالی که بریتانیایی‌ها خود را متقاعد کرده بودند که جنگ تقریباً به پایان رسیده است، رهبران کنگره می‌خواستند اظهارات روشنی را بر این مبنا بیان کنند که خیر، اتفاقاً تازه آغاز شده است. واشنگتن ماه‌ها هشدار داده بود که یك ارتش آمریکایی متشکل از سربازان موقت و تکمیل شده با شبه‌نظامیان یارای برابری با سربازان حرفه‌ای بریتانیا ندارد. اکنون شکست مفتضحانه در لانگ‌آیلند و وضعیت روحیه‌باخته و رو به وخامت سربازان در منهتن نظر او را ثابت کرده بود. وی به هنکاک هشدار داد: «الآن انگار یکبار دیگر در آستانهٔ اضمحلال ارتش‌مان هستیم،» به این معنی که ترک خدمت‌کنندگان در حال افزایش بوده و موعد پایان خدمت داوطلبان نزدیک بود. «اگر کنگره تدابیر سریع و مؤثری نبیند، آرمان‌مان از دست خواهد رفت.»[۱۹]

گرین با لفاظی‌هایی در برابر قدرت خیالی رزمندگان میلیشیا، که اکنون گله گله صفوف مبارزاتی را ترک می‌کردند، داد سخن داد. او به برادرش نوشت: «سیاست کنگره، با سرازیر کردن شبه‌نظامیانی که هرماه می‌آیند و می‌روند، پوچ‌ترین و مسخره‌ترین سیاست قابل تصور بوده است. یک نیروی نظامی که بر اساس چنین اصولی تأسیس شده باشد، شکست را به صفوف خود دعوت می‌کند.» واشنگتن با استناد به این‌که اگر نبرد لانگ‌آیلند چیزی یاد داده باشد این است که «هرگونه وابستگی به شبه‌نظامیان، مطمئناً تکیه بر روی سربازانی روحیه‌باخته و در هم شکسته است،» این نظر را تأیید کرد.[۲۰]

کنگره قاره‌ای بدون آنکه واشنگتن و گرین بدانند، قبلاً رای داده بود تا همهٔ چیزهایی را که آنها درخواست کرده بودند و حتی بیش از آنرا به آنها بدهد. در ۱۶ سپتامبر، نمایندگان

[1] *totidem verbis*

دستور ایجاد ۸۸ گردان جدید، و ثبت نام ۶۰٬۰۰۰ سرباز دیگر را دادند. سربازگیری با پاداش ۲۰ دلار برای هر نام‌نویسی تشویق می‌شد، واگر کسی برای کل دوران مبارزه تا پایان جنگ نام‌نویسی می‌کرد، به او وعدۀ واگذاری ۴۰ هکتار از سرزمین‌های غرب مستعمره‌نشین‌ها داده می‌شد. (۲۱)

به منظور اجرای این دستور، سهمیۀ سرباز هر ایالت با توجه به جمعیت آن تعیین شد. (جالب اینجاست که نمایندگان با اینکه نمی‌توانستند در مورد تعیین سهم نمایندگی در حکومت جدید توافق کنند که باید بر اساس سهم مساوی هر ایالت باشد یا متناسب با جمعیت، اما به راحتی موافقت کردند که ایالت‌های بزرگی مانند ویرجینیا و ماساچوست باید بار نظامی بیشتری را متحمل شوند.) هنکاک به فرمانداران همۀ ایالت ها نوشت و از آنها خواست که «همۀ توجه خود را به تأمین سهمیۀ خود برای ارتش آمریکا معطوف کنند». (۲۲)

این ابتکار جدید نشان‌دهندۀ این واقعیت بود که رویدادهای نیویورک همۀ امیدها را برای یک جنگ کوتاه‌مدت به یأس تبدیل کرده بود. آنگونه که واشنگتن بیان کرد، به دست آوردن استقلال «به احتمال زیاد کار یک روز نیست.» علاوه بر این، در نوع مبارزۀ درازمدتی که اکنون در پیش رو داشتند، اتکا بر غیرت میهن‌دوستی، دقیقاً مانند اتکا به شبه‌نظامیان، دیگر کافی نبود. واشنگتن در واقع‌بینانه‌ترین نگاه خود گفت: «هنگامی که مردان به سر خشم می‌آیند و احساسات ملتهب می‌شود، با عجله و سرخوشی دست به اسلحه می‌برند.» اما آن روزهای هیجانی و لحظات سکرآور اکنون به پایان رسیده بود و جنگ در حال ورود به مرحلۀ جدیدی بود که در آن نظم و استقامت جای فضیلت میهن‌پرستانه را همچون موادی ضروری برای پیروزی می‌گرفت. واشنگتن هشدار داد، «در میان افرادی که بخش عمده‌ای از ارتش را تشکیل می‌دهند، انتظار این را داشتن که تحت تأثیر هرگونه اصولی غیر از منافع باشند، مانند این است که به دنبال چیزی بگردیم که هیچگاه اتفاق نیفتاده و می‌ترسم هرگز اتفاق نیافتد.» (۲۳)

تصمیم کنگرۀ قارّه‌ای بیانگر تعهد جمعی برای فراهم کردن چنان ارتش دائمی بود که به اعتقاد واشنگتن برای پیروزی در جنگ ضرورت داشت. این تصمیم همچنین بطور نمادین بیانگر عزم سیاسی کنگره بر این مبنا بود که، مهم نیست چه اتفاقی برای ارتش واشنگتن در منهتن افتاده، زیرا منابع نیروی انسانی که در دسترس آرمان آمریکاییان قرار دارد عملاً پایان‌ناپذیر است، و این پیام با هدف ایجاد لرزه بر راهروهای وایت‌هال محاسبه شده بود.

اما این تصمیم از جهتی دیگر نیز نمادین شد، زیرا اجرای آن به پذیرش و پیروی مجالس قانونگذاری همهٔ ایالت‌ها بستگی داشت؛ مجالسی که بیشتر مایل بودند بجای سربازگیری برای ارتش قارّه‌ای، میلیشیاهای موجود در داخل مرزهای خود را تأمین مالی کنند. و از آنجا که خدمت نظام اجباری در تضاد با اصول جمهوری‌خواهانه‌ای بود که همه ظاهراً برای آن می‌جنگیدند، این دستور در واقع یک درخواست بود، و تبعیت از آن کاملاً داوطلبانه، به این معنی که ایجاد یک ارتش ۶۰,۰۰۰ نفری تازه‌نفس هرگز اتفاق نمی‌افتاد. واشنگتن به خوبی می‌توانست استدلال کرده باشد که اگر آمریکا جنگ را می‌باخت، اصول جمهوری‌خواهی بی‌معنی بود و رهبری کنگرهٔ قارّه‌ای آشکارا با وی موافقت می‌کرد. اما واقعیت سیاسی این بود که نمایندگان کنگره در فیلادلفیا قولی می‌دادند که نمی‌توانستند آنرا نگاه دارند.

مطمئناً همهٔ حکومت‌های ایالتی در مورد مسألهٔ استقلال آمریکا قاطع مانده بودند. (برادران هاو پس از لانگ‌آیلند انتظار ریزش نیروها را داشتند.) اما وقتی نوبت به تأمین پول و داوطلب برای ارتش قارّه‌ای رسید، هر یک از حکومت‌های ایالتی حمایت از شهروندان خود را بالاترین اولویت خویش قرار داد. آنها بیش از آنکه بخواهند اقتدار حاکمیت پارلمان را بپذیرند تمایلی به واگذاری اقتدار حاکمیت خود به کنگرهٔ قارّه‌ای نداشتند. آنها در مورد مسألهٔ استقلال متحد بودند، اما صرفاً تا جایی که هر ایالت مجاز به پیگیری آن هدف طوری باشد که خود صلاح می‌داند.

~~~

دشوار می‌توان سخنی در مورد عمده شهروندان آمریکایی بطور کلی گفت. بدون شک، آنها از همهٔ جانها و روانها مهمتر بودند. بنابراین، طبیعی است که هاو نهایتاً مجاب کردن و همراه خود نمودن آنان را در مد نظر داشته باشد، و تحقیر ارتش قارّه‌ای در خدمت نشان دادن برتری نظامی بریتانیا به این منظور بود. چیزی شبیه به همه‌پرسی در مورد استقلال در ماه مه و ژوئن با نتایج تعیین‌کننده‌ای اتفاق افتاده بود. آیا اگر همه‌پرسی در ماه سپتامبر انجام می‌گرفت، نتایج به همان اندازه تعیین کننده یا خطرناک می‌بود؟

البته چنین همه‌پرسی رخ نداد، اما حتی اگر رخ می‌داد، به احتمال قوی هیچ تغییر عمده‌ای بوجود نمی‌آمد، زیرا بیشتر مردم از این که ارتش قارّه‌ای به گونه‌ای شکست خورده است، بی‌اطلاع بودند. و دلیل ساده برای چنین ناآگاهی گسترده‌ای این بود که روزنامه‌های آمریکایی آن را گزارش نکردند. اَبی‌گِیلْ آدامز روزنامه‌ها را با همان شوق و حدّتی دنبال
~~~

می‌کرد که سایرین، و از عدم پوشش خبری شکایت داشت: «به نظر می‌رسد که ما در مورد رویدادهای نیویورک کاملاً در بیخبری نگاه داشته شده‌ایم. چه کسی کشته یا زخمی شده و چه کسی به اسارت رفته است؟ آمار تلفات و اسرا به همان میزان نامعلوم است که در فردای نبرد بود. اگر ارتشِ ما در شرایط خطیری است، من مایلم بدانم و حتی بدتر از آن را هم می‌خواهم بدانم.»(۲۴)

در واقع یکی از روزنامه‌های بوستون را که اَبی‌گِیلْ می‌گرفت و می‌خواند، به نام نیوانگلند کرونیکل،[1] از پیروزی باشکوه آمریکاییان در لانگ‌آیلند خبر داده بود.

> ارتش دولت فخیمه با حداکثر نیروی خود در سه مکان مختلف در لانگ‌آیلند به خطوط ما حمله آورد؛ اما شهامت سربازان ایالات متحده، با نشاطی که از یک قوم آزاد سرچشمه می‌گیرد، پیوند خورد و آنها را دفع کرد. آنها پس از دریافت تلفات سنگینی، که از جزئیات آن هنوز نتوانسته‌ایم اطلاع دقیقی پیدا کنیم، سریعاً و به طرز فجیعی مجبور به عقب‌نشینی شدند.

کرونیکل همچنین به غلط ولی با تیتر درشت مرگ ژنرال جیمز گرانت را گزارش داد، افسر انگلیسی که پیش از این پیش‌بینی کرده بود می‌تواند شورش آمریکاییان را ظرف چند هفته با ۵,۰۰۰ سرباز پیاده‌نظام بریتانیایی مغلوب کند. چندین روزنامهٔ دیگر این گزارش را تکرار کردند که، با توجه به نفرت گرانت از قدرت مبارزاتی سربازان آمریکایی، برای میهن‌دوستان جذابیت زیادی داشت.(۲۵)

روزنامهٔ کانکتیکات کورانت[2] اندازهٔ نیروی تهاجمی بریتانیا و هسی‌ها و محاصرهٔ سربازان آمریکایی در گوآنِس هایتس را به طور دقیق توصیف کرد، اما سپس گزارش داد که آمریکایی‌های محاصره شده «شجاعانه جنگیدند و راه خود را از درون صفوف دشمن گشودند، تعداد زیادی از آنها را کشتند و بسیاری را به اسارت گرفته و به همراه خود آوردند.» روزنامهٔ پنسیلوانیا پاکت[3] این روایت از نبرد را تقریباً کلمه به کلمه تکرار کرد، اما سپس توضیحات کاملاً ساختگی دست اولی را از «مرگ باشکوه ژنرال استرلینگ به گفتهٔ شاهدی که هنگام گلوله خوردن نزدیک او بود» اضافه کرد.

1. New England Chronicle
2. The Connecticut Courant
3. The Pennsylvania Packet

نیوپورت مرکوری[1] مشاهداتی را از قول یک سرباز اهل رُدآیلند انتشار داد که ضایعات سنگین وارده بر آمریکاییان و شجاعت استرلینگ و همچنین دستگیری وی را به طور دقیق، با تأکید بر شجاعت پایدار و پیروزی نهایی نیروهای آمریکایی، به رغم نابرابری در تعداد توصیف می‌کرد. روزنامهٔ ویرجینیا گازت[2] بر «روحیهٔ عالی» ارتش قارّه‌ای در آستانهٔ نبرد تأکید کرد، اما خبری از چگونگی پیشرفت نبرد ارائه نداد. گزارش بعدی به غلط عنوان کرد که «پای سرلشکر هاو به طرز خطرناکی توسط توپ خرد شد» و بیماری همه‌گیری به جان سربازان هسی افتاده، که ظاهراً در آستانهٔ شورش بودند.(۲۶)

تقریباً همهٔ روزنامه‌ها مذاکرات با لُرد هاو در استاتن‌آیلند و متعاقباً تصمیم به رد ابتکارعمل صلح وی توسط کنگرهٔ قارّه‌ای را پوشش گسترده و دقیقی داده بودند، تصمیمی که تمجید سرمقاله‌ها را از اکناف کشور به‌عنوان سرپیچی مناسب آمریکایی به دنبال داشت. فقط چند روزنامه از فرار نیک‌بختانه و ناامید در دل شب از راه رودخانهٔ ایست به منهتن یاد کردند، احتمالاً به این دلیل که با گزارش‌های قبلی مبنی بر پیروزی آمریکاییان در لانگ‌آیلند نمی‌خواند.(۲۷)

خلاصه، مطبوعات روایتی بی‌طرفانه از نبرد لانگ‌آیلند یا مشکلات شدید در درون ارتش قارّه‌ای ارائه نکردند. در این لحظهٔ بسیار پربار و آسیب‌پذیر، وفاداری به «آرمان» همهٔ تعابیر متعارف از حقیقت را کاملاً کنار می‌زد بطوری که پایبندی به اخلاق روزنامه‌نگاری تقریباً در حکم خیانت بود. در نتیجه، تزلزل چندانی در تعهد به استقلال آمریکا در هیچ‌یک از ایالت‌ها، فراتر از صحنهٔ نیویورک، جایی که وفاداران به سلطنت داوطلبانه برای پیوستن به ارتش بریتانیا سرازیر می‌شدند، قابل مشاهده نبود. مطبوعات آمریکایی گستردگی کامل وضعیت تحقیرآمیز ارتش قارّه‌ای را پنهان کرده بودند. اندک بود شمار آمریکاییانی که می‌دانستند در حال باختن جنگ هستند.

~~~

در ۱۲ سپتامبر، سرلشکر هاو دریافت که تلاش‌های برادرش در مذاکره ناکام بوده است. این همان روزی بود که شورای جنگ تصمیم گرفت دفاع از منهتن را رها کند. از دیدگاه هاو، این بدان معنی بود که شهر و بندر نیویورک باید تسخیر می‌شد. کلینتنِ تندمزاج این تصمیم

1. The Newport Mercury
2. The Virginia Gazette
~~~

را زیر سوال برد و پیشنهاد رفتن به ضلع جنوبی منهتن را داد و به دنبال آن حمله‌ای عمده به پل کینگ، و از این راه تکمیل محاصرهٔ کل ارتش قارّه‌ای در جزیرهٔ منهتن. کلینتن بعدها در خاطرات خود ادعا کرد: «اگر این کار بدون فوت وقت انجام شده بود، در حالی که ارتش شورشیان در گروه‌های متفرق در هم شکسته شده بود... هر قسمت از آن قطعاً یکی پس از دیگری به چنگ ما می‌افتاد.»[۲۸]

برای شناختِ خردِ استراتژیکِ نهفته در پیشنهاد کلینتن نیازی به گذشت زمان نبود. همهٔ افسران رده بالای واشنگتن فهمیده بودند که برادران هاو توان این را داشتند که ارتش قارّه‌ای را در منهتن به تله بیندازند؛ همان منهتنی که رید آن را به مانند «تکه زمینی که هرگز نباید پایمان را در آن می‌گذاشتیم» توصیف کرده بود. در واقع، دقیقاً به همین دلیل رأی آنها بر مبنای این بود که کل ارتش را به انتهای شمالی منهتن منتقل سازند، جایی که آنها می‌خواستند با حداکثر تلاش راه خود را با جنگ و مبارزه از درون جزیره به بیرون باز کنند.[۲۹]

تنها مخالفان این نظر دو فرماندهٔ ارشد بودند. واشنگتن با اکراه پذیرفت همین که بریتانیایی‌ها بروکلین هایتس را اشغال کنند، دیگر نمی‌توان از شهر و بندر نیویورک دفاع کرد. اما او هنوز در جستجوی راهی بود تا پیش از فرار به آن سوی رودخانه ارتش بریتانیا را در منهتن درگیر کند. احساس حقارت ناشی از شکست لانگ‌آیلند باید زدوده می‌شد؛ افسران و سربازان ارتش قارّه‌ای باید اعتماد به نفس خود را بازمی‌یافتند؛ و «آرمان» به هر ترتیب که شده به نوعی پیروزی نیاز داشت، هرچند اسمی یا کوتاه‌مدت.

برادران هاو هر دو از کلینتن متنفر بودند و توصیه‌های استراتژیک او را حتی چنانچه با تأیید خدایان همراه می‌بود، رد می‌کردند. اما آنچه که بیشتر قابل‌توجه می‌نمود، اکنون کاملاً واضح بود که آنها نمی‌خواستند ارتش قارّه‌ای را در منهتن به دام انداخته و از میان ببرند. آنها به رغم نتایج ناامیدکنندهٔ مذاکرهٔ لرد هاو در استاتن‌آیلند، این اعتقاد را حفظ کردند که میزان حمایت مردمی از شورشیان ضعیف است، و به هر ترتیب نقش خود را همچون مأموران صلح مهمتر از نقش خود به عنوان فرماندهان نظامی می‌دانستند. آنها می‌خواستند دامنهٔ کشت و کشتار را از هر دو طرف محدود کنند تا آمریکاییان به سر عقل بیایند. هم واشنگتن و هم برادران هاو، به طرز جالب توجهی، استراتژی نظامی را در خدمت نبرد بزرگتری برای جان و روان قرار داده بودند.

~~~
~~~

برادران هاو، پس از کاوش و بررسی چندین گزینه برای حمله در ضلع شرقی منهتن ، خلیج کیپ[1] را، در حد فاصل آنچه که امروز خیابان‌های سی‌ودوم و سی‌وهشتم است، انتخاب کردند. بامداد روز ۱۵ سپتامبر، ۴,۰۰۰ سرباز بریتانیایی و هسی، به دنبال پنج کشتی جنگی که در شب قبل در خلیج لنگر انداخته بودند، از عرض رودخانهٔ ایست انتقال داده شده، آماده می‌شدند تا مواضع شورشیان را، قبل از حمله، به آتشبار توپخانه ببندند. از قضا، آمریکاییان در حال ترک منهتن بودند، بنابراین اگر بریتانیایی‌ها یک روز دیگر صبر می‌کردند، می‌توانستند بدون مقاومت همهٔ مواضع شورشیان را تسخیر کنند.[۳۰]

منتهی حدود ۸۰۰ سرباز میلیشیای کانکتیکات و افراد تازه به خدمت در آمده در ارتش قارّه‌ای، از جمله جوزف پلامب مارتین، از ساحل خلیج کیپ دفاع کردند. اینها بی‌تجربه‌ترین سربازان تحت فرمان واشنگتن بودند و موقعیت دفاعی‌شان شامل یک سنگر کم‌عمق با تپه‌های خاکی در جلوی آن بود. سلاح بسیاری فقط نیزه بود. تنها دستورداده شده به آنها این بود که موقعیت خود را به هر قیمتی حفظ کنند ولی در مورد نحوهٔ پاسخگویی به حمله دستوری نیامد. با روشن شدن هوا، مارتین به یاد آورد که به ناوهای جنگی بریتانیا و به بیش از هشتاد توپی که سنگر او را هدف گرفته بودند نگاه کند. او از خود پرسید چه کاری می‌تواند یا باید انجام دهد؟

پاسخ این سؤال به محض شروع آتشبار نیروی دریایی داده شد. هر پنج ناو به یکباره آغاز به شلیک کردند و توان آتشباری را به نمایش گذاردند که چندین افسر نیروی دریایی بریتانیا آن را شدیدتر از هر چیزی که تا به حال دیده بودند توصیف کردند. در عرض چند دقیقه خط دفاعی آمریکا نابود شد و مارتین بعدها گفت، «شروع کردم به فکر کردن دربارهٔ این که کدام قسمت از جسدم بهتر است اول متلاشی شود.» این بمباران یک ساعت کامل به طول انجامید. در این مدت کشتی بریتانیایی موسوم به اورفئوس[2] بیش از ۲,۵۰۰ کیلوگرم باروت مصرف کرد. در آن زمان مارتین و سربازان هم‌قطارش تصمیم کاملاً قابل درک خود را گرفته بودند که در اسرع وقت از منطقهٔ کشتار پا به فرار بگذارند. سربازان بریتانیایی و هِسی بدون برخورد با هیچ مقاومتی و بدون تلفات در ساحل پیاده شدند. معدود سربازان آمریکایی که در سنگر باقی مانده بودند، در حالی که سعی داشتند خود را

1. Kip's Bay
2. Orpheus

تسلیم کنند، در جا اعدام شدند. لانگ‌آیلند دوباره اتفاق افتاد.[۳۱]

کلینتن نیروی تهاجمی را هدایت کرده بود. به او دستور داده شده بود سرپل ساحلی را به تصرف درآورد، سپس منتظر ورود موج دوم نیروی بریتانیایی متشکل از ۹,۰۰۰ سرباز به رهبری هاو باشد. کلینتن از آنجا که با مقاومتی روبرو نشده بود، می‌توانست عرض منهتن را پیموده و به این ترتیب راه ۵,۰۰۰ سرباز آمریکایی را که زیر فرماندهی پاتنم در حال آمدن از جنوب بودند، قطع کند. اما کلینتن، بر خلاف قوهٔ تشخیص و داوری بهتر خود، از دستورات پیروی کرد، که به پاتنم اجازه می‌داد از کنار نیروهای بریتانیایی و هِسی از جاده‌ای که اکنون ریورساید درایو[۱] نام دارد، بگذرد. دستیار جوان و باهوش او، آرون بِر،[۲] مسیر فرار را شناسایی کرده بود.

اتفاقی که افتاد یکی از خفت‌بارترین لحظات طرف آمریکایی در جنگ بود. هراسی که در دل سربازان در حال فرار از آتشبار سنگین در خلیج کیپ افتاده بود، واکنشی قابل انتظار به قدرت بیش از حد نیروی دریایی بریتانیا بود. اما در همان حالی که آمریکاییان به سمتِ شمال می‌گریختند، ترس و بهتشان تسّری یافت و شوک همه‌گیری ایجاد کرد که باعث شد کل واحدهای شبه‌نظامی کانکتیکات و سربازان وظیفه، در مواجهه با چند واحد کوچک بریتانیایی، خود را ببازند و تفنگ و کوله‌پشتی‌های خود را رها کنند و تسلیم شوند. مارتین چنین به یاد آورد: «به نظر می‌رسید که شیاطین ترس و بی‌نظمی آن روز همه کس و همه چیز را کاملاً در اختیار گرفته بودند.» عقب نشینی به یک شکست تبدیل شد.[۳۲]

واشنگتن در حالی که از دفتر مرکزی خود به سمت صدای تیراندازی روانهٔ جنوب شده بود، با نیروهای وحشتزدهٔ در حال فرار خود روبرو شد. او با صدور فرمان به افسران برای موضع گرفتن در پشت دیوار سنگی، بیهوده تلاش کرد حداقل نظمی برقرار سازد، اما سربازان در حال فرار صرفاً از کنار او می‌گذشتند. یکی از شهود این صحنه گزارش داد که «او چندین افسر در حال فرار را [با شلاق سواری خود] زد، سه بار کلاه خود را به زمین افکند و آخر سر فریاد کشید: خدای من، این است سربازانی که من دارم؟» پیشروی پیاده‌نظام بریتانیا تا پنجاه متری او ادامه یافت، اما افسران و مشاورانش نتوانستند فرماندهٔ خود را ترغیب به ترک میدان کنند. سرانجام جوزف رید چنگ به افسار مرکب واشنگتن

1. Riverside Drive
2. Aaron Burr

انداخت و او را در حالی که مقاومت می‌کرد و در طول راه ناسزا نثار دستیارش می‌کرد به سمت پناهگاهی سوق داد. روز بعد، گرین این صحنه را به یاد آورد و ادعا کرد که واشنگتن «بقدری ناراحت است که برای خود مرگ می‌خواهد، نه زندگی.»[۳۳]

مردی که کنترل خارق‌العاده‌ای بر اعصاب خود داشت، همه را در آن لحظهٔ رعب‌آور از دست داده بود و بخت یارش شد که از مرگ یا اسارت جان سالم بدر برد. این نازل‌ترین نقطهٔ روحی برای واشنگتن بود، اثبات این‌که همهٔ امیدهای وی برای توان مبارزاتی ارتش قارّه‌ای توهمی بیش نبوده است. و از آنجا که او ارتش را همچون تجسم آمال و سرشت مبارزاتی خود می‌دانست، وقایع آن روز را لکّه‌ای بر آبروی خود می‌دید که برایش غیرقابل تحمل بود؛ لکّه‌ای که در عالم افتخار-محور او از خود مرگ هم بدتر تلقی می‌شد. هنگامی که خبر این افتضاح دو روز بعد به آدامز رسید، او نیز حیرت‌زده شد، گرچه تعبیر او از آن شکست یک تحقیر شخصی نبود و به خودش نگرفت. جان آدامز اظهار داشت: «من از بزدلی ننگ‌آور سربازان نیوانگلند بقدری عصبانی هستم که از کشورم شرم دارم.»[۳۴]

اما از آنجایی که فرار سراسیمه‌وار سربازان به این معنی بود که اکثر آنها به خطوط امن آمریکایی در هارلم هایتس رسیدند، پس حتی بزدلی نیز جنبهٔ مثبتی در بر داشت. اگر شرم و عذاب این شکست برای واشنگتن دردناک‌تر از شکست لانگ‌آیلند بود، در عوض شمار کشته شدگان، زخمی‌ها یا اسیر شده‌های خلیج کیپ تنها کسری از تلفات لانگ‌آیلند به حساب می‌آمد.

در عین حال، برادران هاو غرق در شعف ناشی از پیروزی و سرمست از خفتی که به شورشیان داده بودند، دلایلی که برای فخرفروشی داشتند کم نبود. آنها با تلفاتی بسیار ناچیز، به هدف اصلی خود که تصرف شهر و بندر نیویورک بود رسیده بودند و ضمناً در این راه ضربهٔ ویرانگر دیگری را به آمال نظامی ارتش قارّه‌ای زده بودند. برای آنها همه چیز داشت طبق برنامه پیش می‌رفت.

لرد هاو احساس کرد که این سیلی دوم، به همان اندازه که آتشبار ناوگان در خلیج کیپ روحیهٔ مدافعان درمانده را در سنگرهای رقت‌انگیزشان درهم شکسته بود، احتمالاً تزلزلی در ارادهٔ شورشیان ایجاد کرده است. در ۱۹ سپتامبر، وی با هدف دور زدن نمایندگان کنگرهٔ قارّه‌ای که نشان داده بودند دیگر امیدی به رستگاری ایشان نیست زیرا دیگر حتی توان شناخت منطقی از مخمصه‌ای که خود را در آن گرفتار ساخته بودند نداشتند، اعلامیه‌ای را

خطاب به «مردم آمریکا» صادر کرد و به این ترتیب به عموم مردم متوسل شد.

وی از آنها خواست «کلاه خود را قاضی کنند که آیا این امر با افتخار و خوشبختی آنها سازگار است که زندگی خود را چنین بیهوده فدای آرمان ناعادلانه و نامطلوبی سازند که در آن گرفتار آمده‌اند.» (پس از نبرد خلیج کیپ، این آرمان احتمالاً حتی شکننده‌تر هم شده بود.) اگر آنها صرفاً به تظاهر خود به استقلال پایان می‌دادند و «به بیعت قدیم خود بازمی‌گشتند،» این همه خونریزی غیرضروری نیز متوقف می‌شد، و آنها از «نعمت‌های صلح... و از آزادی و دارایی خود لذت کامل می بردند.» هرگز نمی‌توان این را دانست که آیا این پیام پس از فاجعهٔ خلیج کیپ معتبرتر بود یا خیر، زیرا فقط مطبوعات وفادار به سلطنت در نیویورک و نیوجرسی آن را مناسب انتشار یافتند. واشنگتن درخواست لرد هاو را که در اساس نیاز به تسلیم کامل داشت، تا پس از آن «اعلیحضرت در نظر گیرد که چه کسانی باید به دار آویخته شوند» را با گفتن این‌که این همان شراب قدیمی در بطری‌های قدیمی است، رد کرد.(۳۵)

~~~

هارلم هایتس فلاتی بود صخره‌ای که از یک سر منهتن تا سر دیگر درست در شمال آنچه که امروز خیابان ۱۲۵نام دارد امتداد داشت. مرز جنوبی آن توسط دیواری از پرتگاه‌های شیب‌دار، برخی تا عمق ۱۸ متر، محافظت می‌شد و خط‌الرأسی را ایجاد می‌کرد که یک قلعهٔ طبیعی را می‌مانست. اگر به دنبال معادل تقریبی بانکرهیل می‌گشتید، بهتر از این پیدا نمی‌کردید.(۳۶)

دقیقاً به این دلیل، در حالی که ارتش قارّه‌ای همهٔ نفرات و تجهیزات خود را به انتهای شمالی منهتن منتقل می‌کرد، هارلم هایتس به عنوان نقطهٔ تجمع نیروهای آمریکایی برای تخلیهٔ منطقه انتخاب شد. تا شب ۱۵ سپتامبر، بازماندگان مبهوت و آسیب‌دیدهٔ خلیج کیپ به پناهگاه امن هارلم هایتس رسیدند؛ همینطور سربازان فرسودهٔ تحت فرماندهی «پاتنام پیر»، که در راهپیمایی اجباری خود در ضلع غربی منهتن به هر ترتیبی بود از چنگ بریتانیا توانسته بودند بگریزند.

آن روز، برای آرمان آمریکا روز خوبی نبود. حدود ۶۰ سرباز کشته و زخمی و ۳۰۰ تن دیگر به اسارت گرفته شده بودند. تنها استعداد برجستهٔ ارتش قارّه‌ای، همانگونه که در لانگ‌آیلند نشان داده بود، مهارت چشمگیری بود که در پا به فرار گذاشتن داشت.
~~~

منهتن
سپتامبر ۱۷۷۶
نیروهای آمریکایی
نیروهای بریتانیایی/آلمانی
پُل کینگ
فورت‌واشنگتن
فوردهام‌هایتز
مقر آمریکاییان
فورت‌کانستیتوشن
۱۴ سپتامبر
رودخانهٔ هارلم
موریسانیا
هارلم‌هایتز
۱۵سپتامبر
دهکدهٔ هارلم
آبراه لانگ‌آیلند
۱۵سپتامبر
۱۵سپتامبر
لانگ‌آیلند
رودخانهٔ نورث (هادسن)
خلیج کیپ
۱۵سپتامبر
۱۵سپتامبر
رودخانهٔ ایست
نیوجرسی
بروکلین
خلیج فوقانی نیویورک

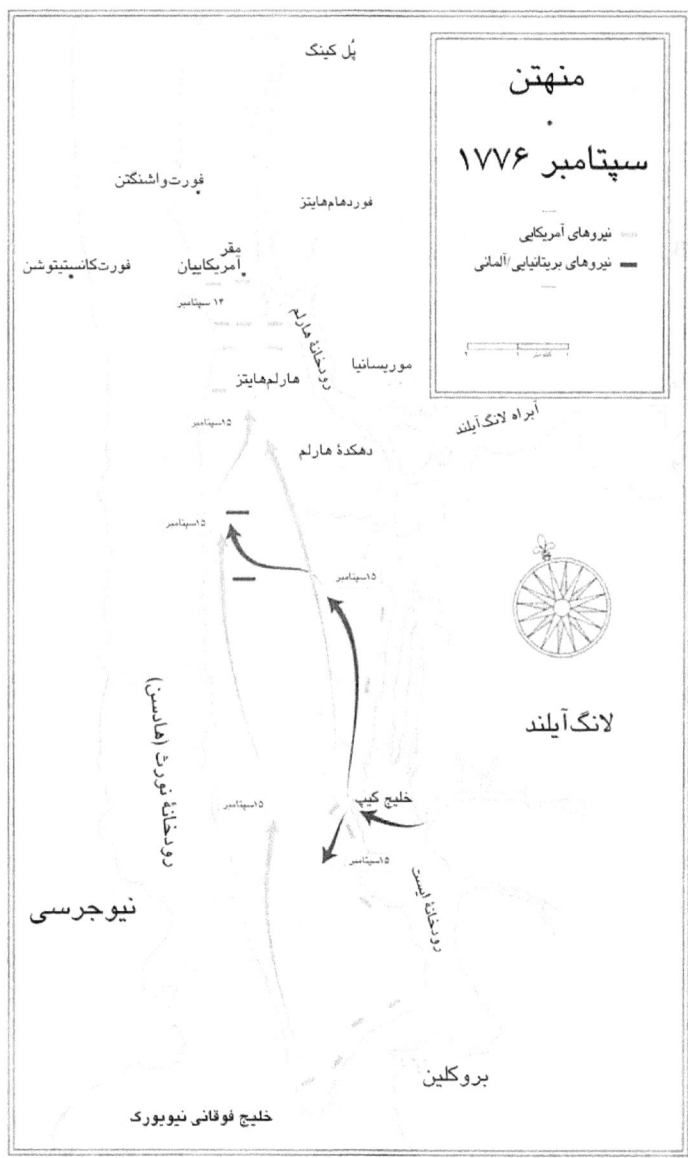

واشنگتن از دفتر مرکزی جدید خود (که اکنون عمارت جومل[1] خوانده می‌شود، در آستانهٔ پرتگاه کوگان[2] در خیابان ۱۶۱)، از منظرهٔ پانورامیکی از کل جزیره برخوردار بود. تمرکز او بر جنوب بود، جایی که تصور می‌کرد هاو در حال آماده شدن برای حمله به هارلم هایتس است. در حقیقت، هاو در حال تأسیس دفتر مرکزی خود در شهر نیویورک بود، جایی که بخش عمده‌ای از ساکنان از ارتش بریتانیا همچون قهرمان آزادکنندهٔ شهر استقبال می‌کردند. فکر حمله‌ای از روبرو به استحکامات قدرتمند دفاعی در هارلم هایتس، به همان دلیلی که وی از حمله به بروکلین هایتس خودداری کرده بود، هرگز به ذهن هاو خطور نکرد. او تمایلی به دادن تلفات نداشت.

هاله‌ای حزن‌انگیز بر افق دید واشنگتن که سرنوشت را با خود همراه نمی‌دید سایه افکنده بود. وی نامه‌ای به لاند واشنگتن،[3] پسر عمو و مدیر خانه و مزرعه‌اش در ماونت‌ورنُن[4] نوشت که بعدها به نامهٔ جانها و روانها معروف گشت و در آن از حس خود مبنی بر این‌که پایان نزدیک است پرده برداشت:

> داستان کوتاه، وضعیت من چنان است که اگر بخواهم تلخ‌ترین نفرین را نثار دشمنی در این عالم کنم، باید بخواهم در جای من با احساساتی که الآن دارم قرار گیرد... بطور خصوصی باید به شما بگویم که من از زمان تولد تاکنون هرگز در چنین وضعیت ناراضی و دودلی نبوده‌ام... اگر جانم را از دست بدهم، شاید بد نباشد که این شرایط آشکار گردد، و اعلامیه‌ای در خور شخصیت من صادر شود. و اگر سربازان در کنارم بایستند (با این‌که ناامیدشان کرده‌ام)، تصمیمم را گرفته‌ام که تا جان در بدن دارم از این خاک بیرون رانده نشوم.[۳۷]

واشنگتن در آماده‌سازی برای چیزی که به‌نظر می‌رسید آخرین موضع خود می‌دانست، به بخش عمده‌ای از سربازان دستور داد تا حفر سنگرها و ساختن استحکامات را آغاز کنند. وی اما برای کسب خبر از موقعیت سربازان بریتانیایی در جنوب همچنین به واحدی از

1. Jumel Mansion
2. Coogan's Bluff
3. Lund Washington

۴. منزل خانوادگی جرج واشنگتن که توسط پدرش ساخته شده بود، ماونت‌ورنُن Mount Vernon به همراه ۳۲۰۰ هکتار زمین‌های زراعی در کنار رودخانهٔ پوتوماک قرار داشت. دویست هکتار از آن زمین‌ها اکنون جزو میراث تاریخی آمریکا محسوب می‌گردد. (منبع: ویکیپدیا)

نیروهای نخبهٔ تکاوران کانکتیکات که اخیراً زیر رهبری سرهنگ تامس نولتُن[۱] سازمان یافته بود دستور داد عملیات شناسایی را آغاز کند.

نولتُن سرباز کهنه‌کار سی و شش ساله‌ای از جنگ بریتانیا با فرانسه و سرخپوستان بود که پیش از این بر اثر جانبازی‌هایش در بانکرهیل از او افسانه‌ای ساخته بود. (جان ترامبول[۲] در تصویر خود از نبرد، که در حال حاضر در موزهٔ هنرهای زیبا در بوستون آویزان است، اینطور مناسب تشخیص داد که نولتُن را همچون شخصیت اصلی پیکار نشان دهد. در بررسی‌های پس از افتضاح خلیج کیپ، این اجماع وجود داشت که عدم رهبری در میان افسران دلیل اصلی آن شکست بوده است، اما نولتُن تجسم بالاترین استاندارد رهبری رزمی در ارتش قارّه‌ای بود. آرون بر دربارهٔ او گفته بود که «هرچه سریع‌تر ارتقاء درجه یابد باز هم کُند است.»[(۳۸)]

در حدود ۸۰۰ متری جنوب هارلم هایتس (در نزدیکی چهارراه فعلی خیابان ۱۰۷ و خیابان ریورساید)، ۱۲۰ نفر تحت فرمان نولتُن با یک هنگ ۴۰۰ نفرهٔ پیاده نظام بریتانیا روبرو شدند. نزاع شدیدی درگرفت. آمریکایی‌ها از پشت یک دیوار سنگی با موفقیت بالایی به دشمن شلیک می‌کردند. اما سپس یک هنگ از کوه‌نشینان گارد سلطنتی اسکاتلند، معروف به گارد سیاه،[۳] ظاهر شد و نولتُن، که به لحاظ نفرات در وضعیت بسیار بدی قرار داشت، به سمت هارلم هایتس عقب نشینی کرد. بریتانیایی‌ها آن قدر عادت داشتند سربازان آمریکایی را در حال فرار ببینند که شیپورچی هنگ علامتی را به صدا درآورد که در شکار روباه، در پایان تعقیب و گریز هنگامی که حیوان به دام می‌افتاد، به صدا در آورده می‌شد.

این امر واشنگتن و مشاورانش را به خشم آورد. آنها همچنین تشخیص دادند که تقریباً ۱۰۰۰ سرباز انگلیسی و اسکاتلندی، مغرور و سرمست از پیروزی، خود را بیش از حد خسته و فرسوده کرده و اکنون در حال گام نهادن به دامی متشکل از یک نیروی آمریکایی ده برابر بزرگتر از خودشان بودند. واشنگتن جوزف رید را با فرمانی برای نولتُن به صحنه فرستاد که توسط گردان سربازان ویرجینیا به فرماندهی سرگرد اندرو لیچ[۴] تقویت شده بود

1. Colonel Thomas Knowlton

۲. جان ترامبُل John Trumbull (۱۸۴۳-۱۷۵۶م.) هنرمند آمریکایی جنگ استقلال آمریکا که خود از جانبازان آن بود، برای نقاشی‌های تاریخی که از جنگ انقلابی کشید «نقاش انقلاب» لقب گرفته است. (منبع: ویکیپدیا)

3. Black Watch

4. Andrew Leitch

تا بریتانیایی‌ها را دور زده، پشت سر آنها قرار بگیرد، تا چندین هنگ آمریکاییان که از هارلم هایتس سرازیر شده بودند از جلو با آنها درگیر شوند. این تاکتیک احاطه کردن هنگامی که سربازان ویرجینیا قبل از قرار گرفتن در پشت سر سربازان بریتانیایی به روی آنان آتش گشودند، شکست خورد. در زدوخوردی که در گرفت، هر دو طرف تلفات سنگینی دادند، از جمله لیچ و نولتُن به خاک افتادند. نولتُن در حالی که به سربازان خود اخطار می‌داد خود را از ناحیه‌ای بی‌حفاظ دور کنند، از پشت سر در ناحیهٔ کمر مورد اصابت قرار گرفت. آخرین سخنی که از وی شنیده شد و ظرف چند هفته اکثر روزنامه‌های آمریکایی گزارش کردند، از او یک قهرمان آمریکایی و شهید راه آزادی ساخت: «اگر نتیجهٔ امروز هرچیزی بجز پیروزی کامل باشد، حیات برایم پشیزی ارزش ندارد.»[۳۹]

سپس هر دو طرف مردان بیشتری را به میدان آورده، یک نزاع محدود را به نبرد هارلم هایتس مبدل ساختند. بریتانیایی‌ها در یک مزرعهٔ گندم درست در جنوب مقبرهٔ کنونی گرانت[۱] موضع گرفتند و پس از دو ساعت درگیری شدید، با ۲۷۰ تلفات در برابر ۶۰ کشته از آمریکاییان، مجبور به عقب‌نشینی شدند. فرماندهان آمریکایی مجبور شدند جلوی سربازان را بگیرند تا از تعقیب کت‌قرمزهای در حال فرار دست بردارند. در نبرد برای نیویورک این اولین باری بود که ارتش بریتانیا طعم شکست را می‌چشید. اگرچه درگیری در هارلم هایتس نبرد بزرگی نبود–در اوج درگیری‌ها، هر طرف حدود ۲,۰۰۰ سرباز را وارد مهلکه کرده بود–اما تأثیر روانی قابل‌توجهی در روحیهٔ ارتش قارّه‌ای گذارد که تا آن زمان حق داشت نسبت به توان خود در رویارویی با ارتش حرفه‌ای بریتانیا تردید کند.[۴۰]

واشنگتن در فرمان‌های عمومی خود برای روز بعد، مناسب دانست که این نکته را مورد تأکید قرار دهد: «رفتار دیروز بسیار مغایر با رفتاری بود که سربازان پیش از این از خود بروز داده بودند و باید تأکیدی بر این باشد که هرگاه افسران و سربازان از جان خود مایه می‌گذارند، چه کارهایی ممکن می‌شود.» واشنگتن، آن‌گونه که گفته بود، در جستجوی راهی «برای زدن ضربه‌ای» بود که نه تنها اعتماد به نفس سربازان خود را تقویت کند بلکه به کل جمعیت آمریکا نشان دهد که «آرمان» هنوز زنده و مطرح است. این هدف دوم با پوششی که بیشتر روزنامه‌های آمریکایی دادند تقویت شد. بویژه آنکه آنها از ذکر فاجعهٔ

[۱] اولیس سیمون گرانت Ulysses S. Grant (۱۸۸۵-۱۸۲۲م.) قهرمان جنگ داخلی و هجدهمین رئیس‌جمهوری ایالات متحده.

خلیج کیپ غفلت کرده اما از هارلم هایتس همچون پیروزی شکوهمند آمریکایی و تامس نولتُن همچون جدیدترین قهرمان شهید آمریکایی تجلیل به عمل آوردند. گرچه مخمصهٔ استراتژیک پیش روی ارتش قارّه‌ای در واقع تغییری نکرده بود، روحیهٔ شکست خورده و مستأصل شورشیان، دست‌کم در آن مقطع، برطرف شد. با این حال، هنوز معلوم نبود که آیا ارتش می‌توانست از جزیره خارج شود.[۴۱]

۸

جنگی درازمدت

به من اجازه بدهید که بگویم آقا، وضع شما نامساعدتر از آنست که خودتان دریافته‌اید.

– جرج واشنگتن به جان هنکاک، ۴ اکتبر ۱۷۷۶ [۱]

این امکان وجود داشت که انسان تصور کند پیروزی در هارلم هایتس، هرچند کوچک، می‌توانست همچون ضربه‌ای که واشنگتن امیدوار بود به دشمن بزند باشد. با وارد آوردن چنین ضربه‌ای و با بدست آوردن این امتیاز مهم، وی اکنون آزاد بود که بدون لکهٔ ننگی بر دامنْ ارتش قارّه‌ای را، پیش از آنکه سرلشکر هاو بتواند مسیر خروج شورشیان را مسدود کند، از منهتن خارج سازد.

اما واشنگتن که در انتظار حملهٔ بزرگی از ارتش بریتانیا از سمت جنوب بود، در عوض به سربازان خود دستور داد سنگرهای بیشتری حفر کنند. او سرانجام موقعیت دفاعی ایده‌آلی را پیدا کرده بود که کل طرح راهبردی‌اش را برای دفاع از نیویورک کاملاً تجسم می‌بخشید، و او قصد داشت که پیش از اقدام به عقب‌نشینی، از ارتفاعات صخره‌ای هارلم هایتس برای وارد کردن حداکثر تلفات به ارتش بریتانیا استفاده کند. این تصمیمی جسورانه اما خطرناک بود، زیرا او بقای ارتش قارّه‌ای را در معرض خطر قرار می‌داد تا بتواند ضربهٔ جانانهٔ دیگری را به نمایندگی از طرف «آرمان» به دشمن وارد آورد.(۱)

عصر روز ۲۰ سپتامبر، در حالی که واشنگتن آسمان جنوب را به دنبال ارتش نزدیک‌شوندهٔ هاو زیر نظر داشت، از آتش‌سوزی‌هایی که بیش از یک سوم شهر نیویورک را در نوردید، افق شعله ور شد. کنگرهٔ قارّه‌ای، با این استدلال که سرانجام روزی فراخواهد رسید که نیویورک بازپس گرفته خواهد شد–معیاری آشکار از اعتماد به نفسی که هنوز بر مشاجرات در فیلادلفیا حکمفرما بود–دستور اکید داد که شهر در هنگام تخلیه به آتش کشیده نشود.(۲)

[۱] ۱۳ مهر ۱۱۵۵ خورشیدی

تصویری از آتش‌سوزی بزرگی که یک سوم شهر نیویورک را در غروب ۲۰ سپتامبر ۱۷۷۶ نابود کرد.
ـ کتابخانهٔ عمومی نیویورک

آنچه که بعدها به نام «حریق بزرگ» خوانده شد، به احتمال زیاد کار عناصر آتش‌باز بود، یعنی میهن‌پرستان آمریکایی که اکنون اقلیتی تحت محاصره در شهر بودند. دو مظنون به طور عجولانه‌ای اعدام شدند، یکی به دست شعله‌های آتش سپرده، دیگری از تیر چراغ به دار آویخته شد. واشنگتن در نامه‌ای به هنکاک تأیید کرد که آتش‌سوزی به دستور او انجام نشده و احتمالاً تصادفی بوده است. اما به طور خصوصی به لاند گفت که «مشیت الهی یا یک شخص نیک‌سیرت و صادق، بیش از آنچه که ما می‌توانستیم برای خود انجام دهیم، برای‌مان انجام داده است.» سبب آتش‌سوزی هر چه بود، ارتش اشغالگر بریتانیا در طول باقیماندهٔ جنگ در میان خاکستر خانه‌ها، کلیساها و ساختمان‌های غرب برادوی سکنی گزید.[۳]

~~~

در همین هنگام، در حالی که واشنگتن در انتظار حملهٔ هاو از روبرو به هارلم هایتس بسر می‌برد، حمله‌ای که هرگز تحقق نیافت، کنگرهٔ قارّه‌ای در تلاش بود تا پیامدهای کامل فاجعهٔ خلیج کیپ را هضم کند. بر خلاف عامهٔ آمریکاییان به طور کلی، نمایندگان در فیلادلفیا کاملاً از این رویداد حقارت‌بار اطلاع یافته بودند.
~~~

به عنوان مثال، سزار رادنی،[1] ضمن ارائهٔ روایتی کامل از این دلهره به اعضای هیأت نمایندگان دلور، مواظب بود تا هرگونه شبههٔ مسئولیت را از واشنگتن دور کرده و سرزنش‌ها را به جانب «پسران بی‌ریش» تحت فرماندهی خود هدایت کند. رادنی نتیجه گرفت: «بقدری در این باره نوشته‌ام که اعصابم خرد شده است. تنها امیدم به این است که تا زمانی که به دست شما رسیده و آن را می‌خوانید به اندازهٔ من عصبانی خواهید شد.» ویلیام هوپر[2] از کارولینای شمالی معتقد بود زمان آن رسیده که باید عینک میهن‌پرستانه را از چشم برداشت. وی گفت: «این وظیفهٔ ماست که به دور از لاپوشانی همهٔ امور را آن طور که واقعاً هستند ببینیم و از آنجاکه سعادت نسل فعلی و میلیون‌ها نفر که هنوز متولد نشده‌اند به اصلاح آنها بستگی دارد، ما باید از هیچ زحمتی برای رسیدن به هدف مطلوب دریغ نورزیم.» واشنگتن در واقع چندین هفته سعی کرده بود به هنکاک بگوید که به نظر نمی‌رسد کنگرهٔ قارّه‌ای وضعیت ناگوار ارتش را درک می‌کند. پس از نبرد خلیج کیپ، سرانجام نمایندگان این پیام را دریافت کردند و رأی به اعزام یک کمیتهٔ سه نفره برای مشاوره با واشنگتن و کارمندانش به هارلم هایتس دادند. آنها به مدت پنج روز، از ۲۰ تا ۲۴ سپتامبر ملاقات کردند.(۴)

هیچ سابقه‌ای از بحث و گفتگوها برجا نمانده است، اما مشکلات مورد بررسی و راه حل‌های ارائه شده در گزارشی که دو هفته بعد کمیته به کنگرهٔ قارّه‌ای ارائه کرد به وضوح بیان شده است. نتیجه‌گیری نهائی مشورت‌ها این بود که ارتش قارّه‌ای به هیچ روی ارتشی نبود که بتوان رویش حساب کرد. تا آنجا که یک پیروزی سریع دیگر قابل دستیابی نبود و این‌که بنابراین موفقیت در جنگ برای استقلال آمریکا به یک نیروی جنگی بستگی داشت که می‌توانست با شرایط مساوی با ارتش بریتانیا رقابت کند، باید «الگویی نو» یا «سازوکاری جدید» تدبیر می‌شد. در واقع این کمیته همهٔ آن اصلاحاتی را که کنگره یک ماه قبل از آن امتحان کرده و در اجرا ناکام مانده بود، منتهی این بار با حس فوریت و درکی بیشتر، توصیه

[1] سزار رادنی Caesar Rodney (۱۷۸۴ - ۱۷۲۸م.) از پدران بنیادگذار، وکیل، و سیاستمداری از ایالت دلور بود. او افسر میلیشیای دلور در طول جنگ فرانسه و هند و جنگ انقلابی آمریکا، نمایندهٔ دلور در کنگرهٔ قاره‌ای، امضاکنندهٔ بیانیهٔ استقلال و اصول کنفدراسیون و اتحاد دائمی و رئیس‌جمهوری دلور در بیشتر دوران انقلاب آمریکا بود. (منبع ویکیپدیا)

[2] ویلیام هوپر William Hooper (۱۷۹۰ - ۱۷۴۲م.) از پدران بنیادگذار، وکیل، و سیاستمدار آمریکایی بود. هوپر به عنوان یکی از اعضای کنگرهٔ قاره‌ای به نمایندگی از ایالت کارولینای شمالی، بیانیهٔ استقلال و اصول کنفدراسیون و اتحاد دائمی را امضا کرد. (منبع ویکیپدیا)

می‌کرد.

اول، ارتش قارّه‌ای می‌بایست دستکم به ۶۰,۰۰۰ سرباز گسترش می‌یافت و اکثریت نفرات باید متعهد می‌شدند که «در سراسر دوران انقلاب تا پیروزی» به خدمت ادامه دهند. این امر نیاز به شبه‌نظامیان را از بین می‌برد، زیرا کارزار نیویورک ثابت کرد که تکیه بر نیروی نخبگان نظامی موسوم به «مردان دقیقه‌ای»[۱] یکی از آن پیش‌فرض‌های شکوهمندی بود که تنها عواقب ناسازگاری در پی داشت. و نشان داده شده بود که ثبت‌نام‌های یک ساله نیز به همان نسبت مشکل‌ساز است، زیرا نفرات درست هنگامی که شروع به درونی کردن نظم و انضباط خدمت سربازی می‌کردند و سربازان قابل اعتمادی می‌شدند، نوبت یکسال خدمتشان به سر می‌رسید و صفوف ارتش را ترک می‌گفتند.

دوم، زیرساخت‌های سازمانی یک ارتش مؤثر وجود نداشت. سپاه تدارکات و سررشته‌داری، آذوقه و واحدهای بیمارستان همه ابتکارات فی‌البداهه‌ای بودند. پوشاک سربازان ناچیز و در بسیاری موارد کهنه و نخ‌نما بود؛ از حداقل خوراک برخوردار بودند که از نظر کیفیت چنگی هم به دل نمی‌زد؛ و در صورت زخمی شدن در جنگ یا ناتوان شدن بر اثر بیماری مراقبت چندانی نمی‌دیدند. فرض غالب مبنی بر این‌که جنگ استقلال جنگی کوتاه خواهد بود، چنین اجازه‌ای را به ارتش قارّه‌ای داده بود که با نگاه و روشی موقت عمل کند. اکنون که این فرض تغییر یافته بود—به دست آوردن استقلال از بریتانیا به وضوح قرار بود یک درگیری طولانی مدت باشد—اصلاحات سازمانی باید در راستای سرمشق قرار دادن نظم و انضباط ارتش بریتانیا نهادینه می‌شد، یعنی دقیقاً همان چیزی که ماهها واشنگتن خواستار آن بود.

سوم، کادر فرماندهی هم در سطح ارشد و هم در ردهٔ جوانان به طرز اسفباری ناکافی بود. گزارش‌هایی که پس از اقدامات میدانی در مورد فروپاشی نظم و انضباط در گوآنِس هایتس و خلیج کیپ به فرماندهی می‌رسید، بار اصلی تقصیر را به گردن افسران بی‌تجربه می‌انداخت. ضعف رهبری سربازان را صرفاً تبدیل به باندهای اوباش می‌کرد. از طرف دیگر، هنگامی که رهبری مادرزاد مانند لرد استرلینگ یا تامس نولتُن زمام فرماندهی به دست می‌گرفت، سربازان خوب می‌جنگیدند. ناتانیل گرین حتی فکر می‌کرد که سربازان

[۱] نک: پانوشت ص ۵۶.

آمریکایی، اگر به درستی رهبری می‌شدند، تالی سربازان پیاده‌نظام بریتانیایی می‌توانستند بود. گرین ادعا کرد: «اگر افسران به خوبی سربازان بودند، آمریکا می‌تواند به مصاف همهٔ عالم برود.»[۵]

کمیتهٔ بازدیدکننده همهٔ اصلاحاتی را که واشنگتن و کارمندانش در پیش نهاده بودند تأیید کرد. کارزار نیویورک تجربهٔ آموزندهٔ دردناکی بوده، بنابراین تنها اقدام معقول برطرف کردن مشکلات برجسته بود تا ارتش قارّه‌ای را به یک نیروی جنگندهٔ مؤثری که شایستهٔ نام آن است تبدیل کند. این مشکلات واضح بود، بنابراین راه‌حل‌ها آشکار بود–در واقع، چند هفته‌ای بود که راه‌حل‌ها در کنگره در میان گذاشته شده و مورد بحث قرار داشت. اکنون، همهٔ کنگره کامل با عزمی بیشتر همهٔ توصیه‌ها برای «تأسیسات جدید» را در هفتهٔ اول اکتبر پذیرفت.[۶]

اما تأیید این توصیه‌ها یک چیز بود، اجرای آنها چیزی کاملاً متفاوت. باری دیگر مشخص شد که کنگرهٔ قارّه‌ای فاقد صلاحیت برای اجرای سهمیه‌بندی سرباز در ایالت‌هاست، بنابراین پیشنهاد تقویت کردن ارتش قارّه‌ای و رساندن شمار قشون به ۶۰,۰۰۰ سرباز امر سیاسی، اقتصادی و لجستیکی غیرممکنی بود که به نوبهٔ خود این معنی را می‌داد که واشنگتن برای آینده‌ای قابل پیش‌بینی به شبه‌نظامیان میلیشیا وابسته خواهد بود. حتی دادن مشوق‌های بیشتر به داوطلبانی که «برای طول جنگ» ثبت نام می‌کردند، تفاوت قابل ملاحظه‌ای ایجاد نکرده بود. ثبت‌نام‌های یک ساله همچنان متداول بود. صرفاً برقرار نمودن خدمت وظیفهٔ اجباری می‌توانست مشکل را حل کند، ولی صدور چنین دستوری اساساً امکان نداشت. نیروی انسانی برای یک ارتش قارّه‌ای بسیار بزرگتر بدون شک در دسترس و ارادهٔ سیاسی برای طرح در کنگرهٔ قارّه‌ای موجود بود، اما این امر به مجالس قانون‌گذاری ایالتی، که دیدگاه‌هایشان به جای در نظر گرفتن مصالح ملی هنوز در قید منافع محلی باقی مانده بود، گسترش نیافت.

علاوه بر این، اصلاحات سازمانی لازم صرفاً با تدوین و تهیهٔ دستورالعمل‌های جدیدی برای روش‌ها و عملکردهای شاخه‌های مختلف ارتش نمی‌توانست انجام گیرد. هرگونه دستورالعمل و آیین‌نامه‌ای باید توسط مردانی که تجربهٔ نظامی نداشتند یا از تجربهٔ اندکی برخوردار بودند، به بالا و پایین زنجیرهٔ فرماندهی ابلاغ می‌شد تا سپس جذب و تبدیل به روال عادی روزمره گردد. این برای نوع مردانی که در ارتش قارّه‌ای می‌جنگیدند روشی

طبیعی نبود. حقیقت این است که «تأسیسات جدید» به جز روی کاغذ نمی‌توانست یک شبه ایجاد شود. این واقعیت که جنگ می‌رفت تا سرشتی طولانی‌مدت به خود گیرد، به این معنی بود که ارتش وقت داشت تا جزئیات مهم را به صورت آزمون و خطا دریابد. این طور به نظر می‌رسید که سرنوشت ارتش قارّه‌ای این بود که همواره در حال پیشرفت باشد. و پیش‌بینی و طرح‌ریزی یک چنین ارتش ملی محدودتر دقیقاً همان چیزی بود که می‌توانست در یک چارچوب جمهوری توجیه شود.

در این ایام که جان آدامز در حال خواندن تاریخچهٔ ارتش روم به منظور آموزش خود به عنوان رئیس هیأت جنگ و تدارکات بود و تا حدودی به دلیل تأیید گزارش‌های نبرد از نیویورک، توصیه برای ایجاد یک سپاه افسران ورزیده‌تر توجه وی را به خود جلب کرد. وی فهمید که پلی‌بیوس به این نتیجه رسیده بود که تقصیر بیشتر شکست‌های رُم را نمی‌توانست به گردن سربازان بیاندازد بلکه « تقصیر همواره از آن افسران» بوده است. همین ناتوانی گریبان‌گیر رهبری ارتش قارّه‌ای شده بود، اما آدامز اعتقاد داشت که هیچ‌گونه درمان سریعی برای این مشکل وجود ندارد: «علت واقعی فقدان افسران خوب در ارتش به این دلیل است که... چنین افسرانی در تعداد کافی در آمریکا وجود ندارند. بدون مصالح ساختمانی بهترین کارگر هم نمی‌تواند کاری صورت دهد. برای پرورش و ساختن افسر ورزیده به تعداد کافی صرفاً به زمان، مطالعه و تجربه نیاز است.»[۷]

منظور او این بود که آمریکا فاقد آن نوع اشرافیت بریتانیایی بود که حرفهٔ نظام را تشویق می‌کرد و افسرانی به شیوه برادران هاو را در دامان خود می‌پروراند. و در نبود چنین سنتی، ارتش قارّه‌ای باید افسران را به روش مناسب جمهوری، یعنی با شناخت قابلیت‌ها و ارتقای شایستگی در میدان نبرد، بسازد. (هنری ناکس، ناتانیل گرین، و تامس نولتُن که جانش را در نبرد از دست داد، همه نمونه‌های عالی از این روند آهسته اما مطمئن بودند و یک سروان جوان توپخانه به نام الکساندر همیلتن تازه داشت نامی برای خود می‌ساخت.) در درازمدت، آمریکا برای پرورش افسران ذیصلاح نیاز به تأسیس آکادمی نظامی داشت و آدامز آمادهٔ توصیهٔ چنین مؤسسه‌ای، پس از پیروزی در جنگ، بود. با این حال، در این مقطع، تقاضا فراتر از عرضه می‌نمود، و از آنجا که هیچ راه حل فوری وجود نداشت، صرف صحبت کردن در مورد این مشکل صرفاً به تبلیغ یک ضعف ذاتی در ارتش قارّه‌ای می‌پرداخت. آدامز نتیجه گرفت: «پنهان کردن و نه انتشار آن، راهی برای درمان آن است،»

فصل ۸: جنگی درازمدت ۱۹۵

به این معنی که مشکل غیرقابل‌حل را باید به راحتی در ابهام گذارد.(۸)

با گذشت تابستان و نزدیک شدن پاییز، دو نتیجه‌گیری واضح بود: اول، در مورد همهٔ امور مربوط به تلاش جنگ، کنگرهٔ قارّه‌ای همچنان به مانند یک حکومت موقت ملی برای دادن هرآنچه که واشنگتن می‌خواست آماده می‌شد؛ و دوم، در حالی که اراده برای حمایت به حد وفور بود، ولی–تا حدودی به دلیل این‌که کنگره فاقد اقتدار در مجالس قانون‌گذاری ایالتی بود و تا حدودی نیز به دلیل فقدان هیچ درمان فوری برای بسیاری از ضعف‌های تأثیرگذار بر ارتش قارّه‌ای–هیچ راهی برای ترجمهٔ آن حمایت لفظی به واقعیت وجود نداشت.

واشنگتن این واقعیت ناخوشایند اما غیرقابل تحمل را کاملاً درک می‌کرد. وی در نامه‌ای طولانی به هنکاک، مورخ ۴ اکتبر، از مورد تأیید قرار گرفتن همهٔ توصیه‌های خود توسط کمیتهٔ بازدیدکننده ابراز قدردانی کرد، اما افزود: «میان رأی‌گیری برای تشکیل گردان‌ها و سربازگیری در عمل تفاوتی طبیعی وجود دارد.» او برای آینده‌ای قابل پیش‌بینی بر ارتشی متشکل از افسران فاقد صلاحیت، شبه‌نظامیان کاملاً غیرقابل اعتماد و سربازانی که برای مدتی کوتاه ثبت نام کرده بودند فرمان می‌راند. آن‌گونه که جدیدترین دستیار وی، تِنچ تیلمن،[1] گفت، در حالی که واشنگتن بر «بدترین ارتشی که جهان تاکنون به خود دیده است» فرمان می‌راند، متوقف کردن «مأموریت آقای هاو با بهترین ارتشی که تاکنون در آمریکا ظاهر شده است» تنها از معجزه‌ای بر می‌آمد.(۹)

در نهایت، واشنگتن نتیجه گرفت، آنچه که از نظر نظامی ضروری می‌نمود به لحاظ سیاسی غیرممکن بود. هیچ چیزی کمتر از یک ارتش دائمی به سبک و سیاق ارتش بریتانیا نمی‌توانست در جنگ پیروز شود، اما «چنان بی‌اعتمادی و سوءظنی به نیروی نظامی» وجود داشت، «که فرماندهٔ کل قوا... برای دادن کمترین اطمینان به موفقیت مجالی ندارد.» مطمئناً «آرمان» با شکوه بود، اما ارتش قارّه‌ای، در شکل و قوارهٔ کنونی‌اش، بداهه‌ای ذاتاً مشکل‌ساز بود.(۱۰)

در واقع، وضعیت ناگوار ارتش بقدری نزد سربازان خود وی حکایتی آشکار بود که برخی از فراریان از خدمت داشتند به ارتش بریتانیا می‌پیوستند. یک افسر بریتانیایی بنام فردریک مکنزی[2] ادعا کرد که روزانه هشتاد تن از راه می‌رسند. و همان‌گونه که واشنگتن

1. Tench Tilghman
2. Frederick MacKenzie

پیش‌بینی می‌کرد، وفاداران به سلطنت نیز رسته رسته از لانگ‌آیلند و پایین منهتن برای پیوستن به ارتش هاو داوطلب می‌شدند. در همین حال، به نظر می‌رسید که جنگی داخلی در نیوجرسی در شرف وقوع است، زیرا نزدیک به سه هزار شهروند، از جمله یکی از امضاکنندگان بیانیهٔ استقلال، پیشنهاد عفو لُرد هاو را پذیرفته و سوگند وفاداری را به جرج سوم امضا کرده بود.(۱۱)

این فرارها را احتمالاً می‌توان نخستین شکاف در بنای استقلال آمریکا به حساب آورد و از این رو همچون نشانه‌های اولیه مبنی بر این‌که استراتژی هاو داشت جواب می‌داد در نظر گرفت. چندین افسر بریتانیایی وقتی که سرلشکر هاو گذاشت هفته‌ها بدون هیچ‌گونه اقدامی علیه هارلم هایتس بگذرد، ابراز حیرت کردند. آنها تصور می‌کردند، آن‌گونه که سروان مکنزی اظهار داشت، «مطمئناً نکتهٔ مهم شکست ارتش اصلی شورشیان و پراکندن آن است، که اگر چنین شود دیگر کار زیادی برای انجام دادن باقی نمی‌ماند.» اما هاو در واقع این پیش‌فرض را نپذیرفت. وی پس از تحویل سلسله‌ای از ضربات ویرانگر به ارتش قارّه‌ای، منتظر تأثیر پس‌لرزه‌های شکست آمریکاییان بود. او نیازی به نابود کردن ارتش قارّه‌ای نداشت، زیرا معتقد بود که به خودی خود مضمحل خواهد شد. و شاهدی کمتر از خود واشنگتن، آن‌گونه که به هنکاک گفته بود، بیم از این نداشت که ارتش وی «در آستانهٔ انحلال سیاسی خود است.»(۱۲)

~~~

استراتژی هاو برای احراز موفقیت نیاز به این داشت که ترس و سرخوردگی به ورای نیویورک و نیوجرسی سرایت کرده و گسترش یابد. پوشش مطبوعاتی طرفدار استقلال آمریکا همه‌گیری را محدود کرده بود، اما واشنگتن نگران این بود که سربازان ترک خدمت کرده عامل عفونت‌زا را با خود به ایالت‌هایشان ببرند و واقعیت غیر جذاب از پرده بیرون افتد: این‌که این یک جنگ طولانی خواهد بود، و ارتش قارّه‌ای در شکل و شمایل کنونی‌اش توان و تجهیزات لازم را برای چنین مبارزه‌ای ندارد.

رهبری سیاسی در کنگرهٔ قارّه‌ای حمایت کامل و صمیمانهٔ خود را از واشنگتن نشان داده و جبهه متحدی را در مورد موضع غیرقابل بحث استقلال آمریکا فراهم کرده بود. گرچه آنها نمی‌توانستند به وعده‌های خود در مورد «تأسیسات جدید» جامهٔ عمل بپوشانند، اما این ژست سیاسی همچون بیانیهٔ تعهد در این لحظهٔ آسیب‌پذیر مهم بود. نمایندگان در
~~~

فیلادلفیا باید نشان می‌دادند که مصون از عفونت هستند.

به عنوان نمونه، جان آدامز از سمت خود به عنوان رئیس هیأت جنگ و تدارکات استفاده کرد و به افسرانی که در مورد وضعیت پراکندهٔ ارتش قارّه‌ای تردید به دل راه داده بودند، اطمینان خاطر بخشید. وی به افسری چنین نوشت: «بسیار متأسفم که می‌شنوم سربازان ناامید شده‌اند. اما این ناامیدی و افسردگی روح، تأثیر طبیعی عقب‌نشینی‌هایی است که یکی پس از دیگری انجام داده‌اید.» آدامز پس از شکست در لانگ‌آیلند و در خلیج کیپ، اظهار داشت: «بهترین ارتش جهان در شرایطی مشابه کم و بیش دچار وحشت فلج‌کننده‌ای می‌شد. اما مردان شما به زودی روحیهٔ خود را در بازهٔ زمانی کوتاهی باز خواهند یافت.»[۱۳]

بنجامین فرانکلین روش متفاوتی در پیش گرفت و ترجیح داد با زرنگی خاص خود از وضعیت اسفناک ارتش قارّه‌ای همچون اهرمی برای ستاندن پول و تدارکات از فرانسوی‌ها استفاده کند. وی در دستورالعمل خود به سایلاس دین سفیر جدید آمریکا در فرانسه خواستار صراحت کامل در مورد وضعیت غم‌انگیز ارتش شد: «بطور کلی ارتش ما در نزدیکی نیویورک به اندازهٔ کافی قوی نیست تا با سرلشکر هاو در میدان باز همآوردی کند... سربازان به تسلیحات بهتری نیاز دارند. چادرهای بهتر و البسهٔ بیشتری نسبت به آنچه در حال حاضر وجود دارد یا اکنون در توان ماست برایشان تأمین کنیم، می‌خواهند، و در نتیجه ما نمی‌توانیم مردان مورد نیاز ارتش را تحت این شرایط دلسردکننده جذب کنیم یا افزایش دهیم.» هیچ چیز کمتر از کمک فوری فرانسویان نمی‌توانست سرنوشت محتوم جنگ را تغییر دهد.[۱۴]

در سطحی دیگر و تا حدودی عمیق‌تر، نیاز به ایمن‌سازی خود از شک و تردیدْ انواع براهین مبتکرانه و غالباً خلاف‌آمد عقل را در میان چندین نماینده برانگیخت؛ براهینی که همچون شمع قوسی در خدمت معماری داخلی اعتماد به نفس انقلابی آنها طراحی شده بود. اینها مانند براهین پنج‌گانهٔ توماس آکویناس در اثبات وجود خداوند، تلاش‌های منطقی برای توجیه عقیده‌ای بود که در نهایت بر ایمان استوار است، که در این مورد اعتقاد بر این بود که شکست‌های ارتش در نیویورک بی‌معنی است زیرا آرمان آمریکایی زادهٔ سرنوشت است.

بنجامین راش، که بعدها به عنوان بنیادگذار روانپزشکی آمریکایی مورد تجلیل قرار

می‌گرفت، به همسرش گفت که پیروزی‌های اخیر بریتانیا، در حقیقت، امری خداداد است. وی نوشت: «من فکر می‌کنم ما به ترشروئی بهشت نیاز داشتیم. کشورها نیز همانند افراد با پشت سر گذاردن سختی‌ها و آزمون‌هاست که به سوی شکوه و سعادت تربیت می‌شوند. ایمان من اکنون از همیشه قوی‌تر است.» راش در واقع ادعا کرد که «درازمدتی بود که من نه تنها انتظار بلکه آرزو داشتم سرلشکر هاو نیویورک را تصرف کند.» در این زمان، همهٔ وفاداران سلطنت از ایالت‌های مجاور به نیویورک هجوم آورده بودند، و این «جایی است که آنها پخته خواهند شد و همان نقشی را برای تبعید و تخریب ایفا خواهند کرد که توری‌های بوستون انجام دادند.»[۱] سپس بقیهٔ کشور «از شر آن رذائلی که بطالت یا خیانتشان بیشتر بلاها را بر سر مان آورده، پاک می‌شود.» اکنون همهٔ تخم‌مرغ‌های گندیدهٔ آمریکا در یک سبد جمع می‌شدند.(۱۵)

نماینده‌ای از کانکتیکات به نام ویلیام ویلیامز[۲] برای رسیدن به نتیجهٔ مشابهی مسیری کلامی و دینی‌تر را برگزید. چارچوب تفسیری که او ترجیح می‌داد مرثیهٔ پاکدینان[۳] بود که پیروزی‌های بریتانیا را در لانگ‌آیلند و خلیج کیپ به عقوبت الهی برای مردمان گناهکار آمریکا تبدیل می‌کرد. ویلیامز با صدای رسا در صحن مجلس اعلام کرد «خداوند سلاح‌های جنگی ما را کند نموده، ما را مجبور به فرار از مقابل دشمنانمان کرد و دژهایمان را به تسخیر آنها در آورد.» در عالم اخلاقی ویلیامز، مسألهْ نه ضعف نسبی ارتش قارّه‌ای بلکه فرومایگی کل جمعیت آمریکا بود: «توبه‌ای کامل همراه با اصلاحات... برای دلجویی از خداوندْ از عصبانیت قادر مقدس و عادل کاسته، از این مصیبت‌های حیرت‌آور جلوگیری کرده، آزادی و خوشبختی را برای این عصر و همهٔ اعصار به ارمغان آورده و سعادت و شکوه ابدی را برای همهٔ بندگانش فراهم می‌کند.» راه حل آشکار نه در پرورش افسران کارآمدتر بود و نه در تهیهٔ تجهیزات بهتر یا گرفتن کمک از فرانسه. همهٔ این موارد به شرطی به دست می‌آمد که میهن‌پرستان آمریکایی روزه می‌گرفتند، توبه و طلب بخشش می‌کردند و برای رستگاری خجستهٔ خود نماز و دعا می‌خواندند.(۱۶)

[۱] این نکته به خوبی مستند شده است که در طول انقلاب آمریکا، بیش از بیست هزار وفادار به تاج و تخت تحت نام توری‌های بوستون Tories of Boston اسلحه به دست گرفتند و همراه با ارتش بریتانیا علیه میهن‌پرستان جنگیدند. آنها به دلیل وفادار ماندن به پادشاه و جنگیدن برای آنچه به آن اعتقاد داشتند، خائن شناخته شده‌اند. (منبع: ویکیپدیا)

[2] William Williams

[3] Puritan Jeremiad

جان آدامز دلگرمی مورد نیازش را با تفحص در تاریخ یونان و رم، عمدتاً درس‌های آموختنی از جنگهای پلوپونزی[۱] و پیونی،[۲] یافت. هنگامی که هنری ناکس از تأثیر شکست‌های پی‌درپی در روحیهٔ ارتش قارّه‌ای ابراز نگرانی کرد، آدامز به او گفت که از نگرانی دست بردارد: «این نکته بسیار روی در صواب دارد که وحشت پوچی در ارتش شما پخش شده و از آنجا به فیلادلفیا می‌آید.» هانیبال نیز وحشتی همتراز بر ارتش رُم وارد کرده بود، اما هرگز نتوانست از آن استفاده کند و سرانجام در جنگ شکست خورد. هاو به احتمال زیاد ثابت می‌کرد که هانیبال انقلاب آمریکاست.(۱۷)

زیرا هاو، مانند هانیبال، کشف خواهد کرد که نبردهای پیروزمند در جنگ نیست: «پیروزی به راحتی انجام می‌پذیرد، زیرا انسان همهٔ توان خود را به کار می‌بندد تا بدان دست یابد–اما به دشواری حفظ می‌شود زیرا فقط با بخشی از نیروهای خود از آن دفاع می‌کند.» در مورد هاو، اشغال لانگ‌آیلند و منهتن منابع و تدارکات وی را تا مرز شکست به هدر خواهد داد.» آدامز پیش‌بینی کرد: «من فکر می‌کنم که کفگیر هاو پس از این گونه تقسیم و توزیع نیروهایش، برای امسال تقریباً به ته دیگ رسیده است.» هر چه پیروزی هاو بیشتر باشد، مشکلات او بیشتر می‌شود. سرنوشت هاو این بود که با برنده شدن راه خود را به شکست هموار سازد.(۱۸)

علاوه بر این، آدامز توضیح داد که آمریکاییان نمونهٔ تِبس را در جنگ پلوپونزی در برابر خود داشتند تا از آن بیاموزند.[۳] پس از برخی از ناکامی‌های اولیه مشابه با شکست‌های آمریکاییان در نیویورک، تِبسی‌ها دریافتند که نمی‌توانند در جنگی متعارف با اسپارت پیروز شوند. بنابراین به اتخاذ یک استراتژی دفاعی مبادرت ورزیدند که جنگ با اسپارت را «بی‌احتیاطی در به خطر انداختن یک نبرد سرنوشت ساز علیه بهترین سربازان در یونان» جلوه می‌داد. در عوض، آنها «با درگیری‌های نامنظم، مکرر و بدون برنامه‌ریزی به آزار و

[۱]. جنگ پلوپونزی (پیلوپونیسه) The Peloponnesian War میان دو رقیب عمده در یونان باستان، یعنی آتن و اسپارت، از ۴۳۱ تا ۴۰۴ ق.م. درگرفت که سرانجام به پیروزی اسپارت منجر شد. (منبع: مقالات فدرالیست، ترجمهٔ مسعود عالمی.)

[۲]. رُم و کارتاژ از ۲۶۴ تا ۱۴۶ ق.م. سه بار با یکدیگر، بر سر غلبه بر حوزهٔ مدیترانه، جنگ‌های بزرگی کردند که در تاریخ جهان تا آن زمان بی‌سابقه بود. این سه جنگ مجموعاً به جنگ‌های پیونی Punic Wars شهرت دارند. (منبع: مقالات فدرالیست، ترجمهٔ مسعود عالمی.)

[۳]. تِبس Thebes یا تِبای شهر بزرگی در ۵۰ کیلومتری شمال غربی آتن است که از سال ۳۷۱ ق.م. تا مرگ فرماندهٔ نظامی اپامینونداس Epaminondas، در سال۳۶۲ ق.م. بر یونان تسلط پیدا کرد. تِبای رقابت تاریخی با آتن داشت به طوری‌که در زمان حملهٔ خشایارشا در سال ۴۸۰ ق.م. به طرفداری از ایران پرداخت. (منبع: مقالات فدرالیست، ترجمهٔ مسعود عالمی.)

اذیت اسپارت‌ها می‌پرداختند... تا سرانجام با برخوردهای روزانهٔ تجربه، اعتمادبه‌نفس و قوت قلب کسب کردند.» تحقیری که ارتش قارّه‌ای در نیویورک تجربه کرد واقعاً پندآموزی شگفت‌انگیزی بود که درسهایی را به آمریکاییان آموخت که تِبسی‌ها دو هزار سال قبل از آن فراگرفته بودند. زیرا بریتانیایی‌ها، مانند اسپارت‌ها، به پیروزی در جنگ اجبار داشتند؛ در حالی‌که آمریکاییان، مانند تِبسی‌ها، صرفاً به نباختن اجبار داشتند. این بینش غیرمتعارف و پیشگامانه به دشواری در نیویورک به دست آمده بود اما اکنون می‌رفت تا طرف آمریکایی را به پیروزی نهایی رهنمون شود.[۱۹] با به درازا کشیده شدن جنگْ ثابت شد که تحلیل آدامز پیامبرگونه بوده است، گرچه به تلاش هرکول‌واری از سوی واشنگتن نیاز داشت زیرا وی باید به یک استراتژی دفاعی یا تِبسی تن در می‌داد، آن هم تا حدّی به دلیل غرایز تهاجمی خودش و تا حدّی به دلیل نگرانی‌اش بابت منابع مالی برتر بریتانیا، که مبادا ارتش بریتانیا را در جنگی درازمدت پیروز گرداند. اما در بوتهٔ آزمون دشوار آن لحظه، آنچه امروز برجسته می‌نماید، براهین گوناگونی است که اعضای پیشروی کنگرهٔ قارّه‌ای برای ناچیز جلوه دادن فجایع نیویورک قادر بودند از خود صادر کنند. آنها سرنوشت استقلال آمریکا را، خواه از نظر جمعیتی، الهی یا تاریخی تضمین شده بود یا نه، از پیش تعیین‌شده می‌پنداشتند. حتی اگر برخی از براهین خاص اکنون سطحی به نظر می‌رسند، لیکن پایه‌های ایمانی که بر آن قرار داشتند تزلزل‌ناپذیر بود. برادران هاو عمق این ایمان را بد محاسبه کرده بودند.

~~~

واشنگتن در اوایل اکتبر دریافته بود که سرلشکر هاو قصد ندارد دعوت او را برای حمله به قلعهٔ هارلِم هایتس اجابت کند. تقریباً در همین زمان هاو داشت به این نتیجه می‌رسید که فصل کارزار جنگی به پایان رسیده و او نیاز به این دارد که یکبار دیگر برتری نظامی بریتانیا را به نمایش بگذارد، و به بیانی دیگر، شوک دیگری به ارتش قارّه‌ای خسته و رو به کاهش وارد کند.

تاکتیکی که هاو تقریباً همیشه انتخاب می‌کرد حمله به کرانه‌های قشون متخاصم بود. بنابراین، وی پس از مشورت با برادرش در مورد گزینه‌های ناوبری و موانع در رودخانهٔ
~~~

ایست، تصمیم گرفت تهاجمی را در تراگزنِک (که به آن فراگزنِک[۱] به معنی گردن قورباغه نیز گفته می‌شود) در پانزده کیلومتری شمال شرقی هارلم هایتس، نزدیک فورت اسکایلر[۲] امروزی در برانکس،[۳] سامان دهد.

ویلیام هاو، فرماندهٔ کل ارتش بریتانیا در مستعمرات، استراتژی سنجیده و محتاطانه‌ای را با این فرض اشتباه اتخاذ کرد که حمایت آمریکاییان از جنگ سطحی است.
– کتابخانهٔ دانشگاه براون

هدف هاو، با رعایت استراتژی محاسبه‌شده‌ای، جلوگیری از فرار واشنگتن از منهتن نبود، بلکه برعکس، هدفْ تهدیدِ محاصره برای مجبور کردن ارتش قارّه‌ای به تخلیهٔ جزیره، و سپس دامن زدن به مبارزه طی نبردی در دشت آزاد بود تا به این ترتیب یکبار دیگر ثابت شود که برتری ارتش بریتانیا تعیین‌کننده است. آن‌گونه که وی بعداً به جرمین گفت، هدفش

1. Throggs Neck/Throg's Neck/Frog's Neck
2. Fort Schuyler
3. Bronx

این نبود که واشنگتن را در منهتن به تله اندازد بلکه می‌خواست او را از قلعهٔ هارلم هایتس بیرون بکشد «و در صورت امکان او را به دست زدن به عمل وادارد.»[۲۰]

حرکت کشتی‌ها و سربازان بریتانیایی در رودخانهٔ ایست بلافاصله توجه واشنگتن را به خود جلب کرد. او در ۱۱ اکتبر نوشت: «من برای این باور خود دلیل دارم که دشمن در تعقیب نقشهٔ اصلی خود برای دور زدن و رسیدن به عقب قشون ما و قطع ارتباطات ما با کشور، بزرگترین بخش ارتش خود را به سمت بالا حرکت داده یا در حال حرکت دادن است.» واشنگتن به طرز موجهی تصور می‌کرد که هاو قصد دارد تله را ببندد، در حالی که او در واقع قصد داشت راه را باز کند.[۲۱]

واشنگتن شخصاً از ساحل در شمال‌شرقی منهتن بازدید به عمل آورد و از جمله نوع زمین در تراگزنِک را بررسی کرد. زمینه‌یابی وی نشان داد که این گلوگاه خاکی در هنگام مدّ واقعاً جزیره‌ای است که توسط یک میان‌گذر و پل به سرزمین اصلی متصل است. وی به یک هنگ کوچک از پنسیلوانیا دستور داد تا این مکان فرود مؤثّر در آینده را مسدود کند. به دستور سرهنگ ادوارد هَند[۱] راه خروج از جزیره ویران شد و هنگامی که پای ۴,۰۰۰ سرباز پیش‌قراول بریتانیایی تحت فرمان هنری کلینتن در ۱۲ اکتبر به زمین رسید، آنها خود را در باتلاقی آلوده به پشه یافتند. به این ترتیب معلوم شد که تراگزنِک بدترین مکان ممکن برای شروع یک حمله است.[۲۲]

سپس رویدادها در هر دو طرف با سرعت برق به وقوع پیوست. واشنگتن در ۱۶ اکتبر نشستی برای شورای جنگ تشکیل داد که تقریباً به اتفاق آرا\-تنها با یک مخالف\-رأی به تخلیهٔ منهتن و انتقال ارتش ۲۷ کیلومتر به ارتفاعات وایت‌پلینز[۲] داد، که پناهگاه دفاعی طبیعی مشابه هارلم هایتس را فراهم می‌کرد. هدف رسیدن به آنجا پیش از آن بود که هاو راه را مسدود کند.

شورای جنگ همچنین رأی به گماردن ۲,۰۰۰ سرباز در فورت واشنگتن داد. این امر از نظر استراتژیک منطقی به نظر نمی‌رسید، زیرا پشت سر گذاردن «قلعه‌ای در عقب» ناقض هرگونه اصل متعارف جنگ بود، و از آنجا که از پیش کاملاً مشخص شده بود که کشتی‌های جنگی بریتانیا می‌توانند با مصونیت کامل بر رودخانهٔ هادسن به سمت بالا عبور کرده و از فورت واشنگتن بگذرند، این تصمیم باعث تضعیف مأموریت اصلی پادگان

1. Colonel Edward Hand
2. White Plains

می‌شد. اما این تعهد به عنوان بیانیهٔ عزم آمریکاییان برای دفاع از نیویورک، از نظر روانشناختی، حتی در حالی که واشنگتن دستور تخلیه را می‌داد، کاملاً منطقی می‌نمود. این دستور همزمان یک تصمیم نظامی غیرقابل دفاع، یک اقدام قلباً افتخارآمیز و در ضمن بدترین اشتباه تاکتیکی واشنگتن در سراسر جنگ بود.(۲۳)

یکی از حاضران در نشست شورای جنگ چارلز لی به تازگی از مبارزات پیروزمندانهٔ خود در کارولینای جنوبی از راه رسیده بود. او به‌رغم رفتارهای نامتعارف و موهن، بینی قوزدار، ظاهر ژولیده و دسته‌های همه‌جا حاضر سگ‌هایش، دومین فرماندهٔ نظامی، تنها پس از واشنگتن، به شمار می‌رفت. حضور وی اعتمادبه‌نفس افسران، از جمله جوزف رید، را تقویت می‌کرد که از زمان فرار هوشمندانه از لانگ‌آیلند، زمزمه‌هایی را در مورد سردرگمی و بلاتکلیفی واشنگتن آغاز کرده بود.

می‌توان علائم اولیهٔ رقابت میان این دو فرمانده را تشخیص داد، آشکارترین آن زمانی بود که لی پیشنهاد کرد واشنگتن، برای شکست‌های اخیر در میدان نبرد، استعفای خود را تقدیم کنگرهٔ قارّه‌ای کند، پیشنهادی که گفته می‌شود ظاهراً برای دریافت رأی اعتماد از مافوق‌های غیرنظامی‌اش طراحی شده بود. واشنگتن نه تنها این پیشنهاد را نادیده گرفت، بلکه حتی توصیهٔ لی را هم به مانند عملی خصمانه تعبیر نکرد. علاوه بر آن، نام فورت کانستیتوشن[۱] در کنار رودخانهٔ هادسن را، در طرف نیوجرسی، برای بزرگداشت بازگشت لی به فورت لی[۲] تغییر داد. و تصمیم برای تخلیهٔ منهتن، تأیید ضمنی قضاوت لی بود، زیرا او همیشه تصور می‌کرد که نیویورک غیرقابل دفاع است.(۲۴)

در ۱۸ اکتبر، یعنی همان روزی که ارتش قارّه‌ای شروع به تخلیه کرد، برادران هاو سربازان کلینتن را از فراگزنِک انتقال دادند، دو هنگ از هسی‌های تازه وارد را به نیروی تهاجمی اضافه کردند و در پلزپوینت،[۳] چند کیلومتر بالاتر از دریاراه لانگ‌آیلند در جایی که امروز پلام[۴] خوانده می‌شود، فرود آمدند. مانورهای پیچیدهٔ آبی-زمینی به دقت ساعت پیش رفت، نقطهٔ فرود در زمین اصلی بود نه در یک جزیره مانند، و پیاده شدن سربازان در ابتدا بدون درگیری پیش رفت.

1. Fort Constitution
2. Fort Lee
3. Pell's Point
4. Pelham

اما شوربختانه برای برادران هاو، آنها مکانی را انتخاب کرده بودند که توسط جان گلاور و هنگ ماربل‌هد او محافظت می‌شد که شاید از جمله منظم‌ترین سربازان ارتش قارّه‌ای بودند. گلاور بعدها به یاد آورد که وقتی با دوربین خود نگاه کرد، دویست کشتی بریتانیایی را دید که به موقعیت وی نزدیک می‌شدند: «اوه! ذهنم برای فرجام آن روز بقدری در اضطراب بود که... حاضر بودم هزار بار جهان را بدهم تا در عوض ژنرال لی... رهبری عملیات دفاعی را بر عهده می‌گرفت یا دستکم آنچه را که من انجام داده بودم مورد تأیید قرار می‌داد.[۲۵]

گلاور با به دست گرفتن ابتکار عمل، ۷۵۰ سرباز خود را به پشت رشته‌ای از دیوارهای سنگی منتقل کرد و گرچه قوای متخاصم بیش از پنج به یک بر او برتری داشت، اما دشمن را دعوت به حمله کرد. با پیش‌روی بریتانیا، یک ردیف از سربازان گلاور از جا برخاسته و آتش گشودند، سپس عقب‌نشینی کردند و هنگامی‌که بریتانیایی‌ها با سرنیزه حمله کردند، ردیف بعدی بلند شد تا رگبار گزندهٔ دیگری را به سمت دشمن خالی کند و همینطور از دیواری به دیوار دیگر این عملیات تکرار شد. در اندکی بیش از یک ساعت، بریتانیایی‌ها نفرات بیشتری را در پِلزپوینت از دست دادند، بیش از آنچه که در کل درگیری‌های لانگ‌آیلند کشته داده بودند. (گلاور بعداً ادعا کرد که مردان وی در طول درگیری آرامش خود را حفظ کرده بودند، «انگار که دارند اردک شکار می‌کنند.») با یك برآورد، بریتانیا بیش از ۳۰۰ نفر کشته و زخمی را متحمل شد، آمریکایی‌ها تنها ۲۰ نفر از دست دادند.[۲۶]

هاو از نمایش غیرمنتظرهٔ قدرت مبارزاتی سربازان آمریکایی به اندازه‌ای حیرت کرده بود که نتوانست به موقع دستور توقف پیش‌روی سربازانش را صادر کند. روز بعد او با احتیاط در زمین به سمت نیو راشِل[1] حرکت کرد، و تصمیم گرفت در آنجا منتظر رسیدن ۸,۰۰۰ قوای تازه‌نفس هِسی بماند تا از لانگ‌آیلند سربرسند. از طرف دیگر، سربازان گلاور برای پیوستن به ارتش واشنگتن عقب‌نشینی کردند، بنابراین فقط شمار اندکی از شبه‌نظامیان برای مقابله با راهپیمایی هاو به سمت وایت‌پلینز وجود داشت. اما هاو حرکت نکرد.

ارتش قاره ای به حرکت افتاد، هرچند بسیار آهسته، یعنی کمتر از پنج کیلومتر در روز پیش می‌رفت. یک چهارم ارتش ۱۳,۰۰۰ نفره بیمار یا زخمی شده بود. شمار کافی اسب برای

1. New Rochelle

کشیدن واگن‌ها و توپ‌ها وجود نداشت، بنابراین اینها را سربازان باید به هر زحمتی بود هُل می‌دادند یا با خود می‌کشیدند؛ و فقدان تداراکات غذایی سربازان را وادار می‌کرد تا با هر آنچه را که در طول مسیر یافتند، رفع جوع کنند. جوزف پلامب مارتین با طعنه به یاد آورد که وی ملزم به حمل یک دیگ آشپزی آهنی شده بود که هرگز مورد استفاده قرار نمی‌گرفت زیرا چیزی برای پخت و پز وجود نداشت. سربازان در شرایطی نبودند که بتوانند بجنگند، چنین آمادگی‌ای هم لازم نبود، زیرا هاو هیچ تلاشی برای مسدود کردن مسیر آنها نکرد. تقریباً انگار آرزو داشت که آنها فرار کنند.[۲۷]

انگیزه هاو هر چه که بود، آخرین بازمانده‌های ارتش قارّه‌ای در ۲۴ اکتبر از تله جستند و سرانجام به ارتفاعات وایت‌پلینز رسیدند. تصمیم استراتژیک برای دفاع از نیویورک همواره اشتباهی اساسی بود که بالقوه می‌توانست به یک فاجعهٔ آمریکایی بیانجامد. اکنون، به لطف اولویت‌های دیپلماتیک برادران هاو، از آن فاجعه جلوگیری شده بود. ویلیام هاو برای حمله به وایت‌پلینز چهار روز دیگر صبر، که مدت زمانی کافی بود تا واشنگتن استحکامات دفاعی خود را آماده سازد.

~~~

این پایان آغاز برای طرف آمریکایی بود، به این معنی که ارتش قارّه‌ای توانست از آسیب‌پذیرترین لحظهٔ جنگْ جان سالم به در ببرد. واشنگتن، از درس‌هایی که در نیویورک آموخته بود، دیگر هرگز اجازه نمی‌داد که بقای ارتش قارّه‌ای به خطر افتد. اگرچه این با همهٔ غرایز او مغایرت داشت، اما اکنون متوجه شد که هدفش برنده شدن در جنگ نیست، بلکه شکست نخوردن در آن است.

این آغاز پایان برای طرف انگلیسی بود، به این معنی که برادران هاو، به رغم ذکاوت تاکتیکی خود، نتوانستند ضربهٔ قاطعی را وارد کنند و شورش را در لحظهٔ تولد از میان بردارند. آنها در واقع عمداً تصمیم گرفته بودند که این کار را نکنند. این‌که اگر آنها در غیر این صورت عمل می‌کردند چه اتفاقی می‌افتاد برای همیشه یکی از جذاب‌ترین پرسش‌های بی‌پاسخ تاریخ آمریکا باقی می‌ماند.

اما به چندین پرسش جذاب دیگر در واقع در طول تابستان انقلابی آمریکا پاسخ داده شده بود و این پاسخ‌ها تا حد زیادی پارامترهای جنگی را که در پی می‌آمد مشخص می‌کرد. تأکید پاسخ‌ها در دو جهت مختلف محسوس بود، یکی دورنمای پیروزی بریتانیا
~~~

فرار
آمریکاییان
اکتبر ۱۷۷۶
نیروهای آمریکایی
نیروهای بریتانیایی/آلمانی
صفر کیلومتر ۳
وایت‌پلینز
۲۸ اکتبر
۲۱ اکتبر
رودخانهٔ برانکس
جادهٔ بوستون پست
ماماروِنک
نیوراشل
ایست‌چستر
آبراه لانگ‌آیلند
پلزپوینت
۱۸ اکتبر
وست‌چستر
پُل کینگ
۱۶ اکتبر
رودخانهٔ نورث (هادسن)
نیوجرسی
رودخانهٔ هارلم
موریسانیا
دهکدهٔ هارلم
تراگز نک
۱۲ اکتبر
منهتن
لانگ‌آیلند

را به شدت دور می‌کرد، و دیگری هر گونه پیروزی نظامی آشکار آمریکا را به همان اندازه بعید می‌ساخت. روی هم رفته، آنها شرایط درگیری طولانی‌ای را تعریف کردند که طی پنج سال آینده شکل می‌گرفت و با تصمیم بریتانیا پس از یورک‌تاون[1] مبنی بر غیرقابل پیروزی بودن جنگ به پایان می‌رسید.

از یک سو، اکنون روشن بود که کنگرهٔ قارّه‌ای دربرابر هرگونه پیشنهاد بریتانیا برای آشتی مصون است. تعهد به «آرمان» سرشتی اعتقادی داشت و از مصیبت‌های لانگ‌آیلند و منهتن که همچون شکست‌هایی موقت نادیده گرفته شده و می‌رفتند تا در حس مشیت‌آمیز استقلال آمریکا جای گیرند، تأثیر نمی‌پذیرفت. این ذهنیتی کاملاً عقلانی نبود، زیرا هر مدرکی که این اعتقاد اصلی را به چالش می‌کشید، غیرقابل قبول می‌دانست. معلوم شد که تعبیر غزلوار جفرسن از تعهد و التزام انقلابی–«جان و مال و شرافت مقدسمان»–بسا بیش از یک ژست لفاظی بود.[2] این عبارت به درستی لایتناهی بودن تعهد کنگرهٔ قارّه‌ای را نشان می‌داد که اکنون تا انتهای نهایت آزمایش شده و هرگز تزلزل نکرده بود. فرض اصلی که برادران هاو استراتژی نظامی خود را بر آن اساس قرار داده بودند، یعنی این‌که حمایت از شورش نیم‌دلانه و کم عمق بود، به مانند فرضی نادرست آشکار شد. هر ناامیدی و بلای بعدی که ممکن بود برای «آرمان» در پهنهٔ وسیع آمریکا پیش آید، عزم مرکزیت همواره محفوظ می‌ماند.

از سوی دیگر، به همان اندازه روشن بود که اجماع بر سر استقلال ترجمان خود را در اجماع بر سر اتحادیهٔ آمریکا نمی‌یافت. و از آنجا که وفاداری‌های محلی، ایالتی و منطقه‌ای تعیین‌کننده باقی می‌ماندند، وجود هرگونه دورنمایی برای یک ارتش قارّه‌ای کاملاً قدرتمند غیرممکن بود. آمریکایی‌ها هم یک دولت ملی و هم یک ارتش قارّه‌ای قدرتمند را مظهر قدرت سیاسی و نظامی یکپارچه‌ای می‌دانستند که در تضاد با ارزش‌هایی بود که انقلاب آمریکا ادعا می‌کرد از آن‌ها دفاع می‌کند.

این به نوبهٔ خود به این معنی بود که ارتش قارّه‌ای برای همیشه نوعی یتیم بی‌دست و پا، ضروری اما مشکوک، همیشه در آستانهٔ انحلال باقی می‌ماند. تداوم آن آشکارا ضروری

1. Yorktown

۲. عبارت کامل چنین است: «ما برای پشتیبانی از این اعلامیه، با توکل راسخ به عنایت پروردگار، مشترکاً جان و مال و شرافت مقدسمان را به وثیقه می‌گذاریم.» نک: پیوست ۳.

می‌نمود، اما وضعیت حاشیه‌ای آن بیانیهٔ اساسی‌تری در مورد خصومت با ارتش‌های دائمی در جمهوری نوپای آمریکا بود. هیچ راهی وجود نداشت که چنین ارتشی بتواند در جنگ پیروز شود. در مجموع، این دو محصول تابستان انقلابی عملاً یک درگیری طولانی را تضمین کردند که بریتانیایی‌ها به دلایل سیاسی و آمریکایی‌ها به دلایل نظامی نمی‌توانستند در جنگ پیروز شوند. چالش‌ها و تصمیم‌های سرنوشت‌ساز بسیاری پیش رو باقی ماند– شجاعت الهام‌بخش واشنگتن در ترنتون،[1] تصمیم عجیب هاو برای تصرف فیلادلفیا به جای بستن راهروی هادسن، آزمون استقامت در وَلی‌فورج،[2] ورود حیاتی فرانسه به جنگ- -اما همهٔ آنها در چارچوبی استراتژیک که در تابستان ۱۷۷۶ایجاد شده بود نطفه بست و انجام گرفت.

1. Trenton
2. Valley Forge

۹

پس‌نوشت: افسانه‌های ضروری

جوهر پیمان پاریس[۱] هنوز خشک نشده بود که واشنگتن پیش‌بینی کرد داستان واقعی پیروزی غیرمحتمل آمریکا هرگز در کتاب‌های تاریخ ثبت نخواهد شد:

> اگر تاریخ‌نگاران می‌بایست به اندازهٔ کافی تلاش کنند تا صفحات تاریخ را با بازگویی مزایایی پُر سازند که از تعداد نابرابر (در طرف آمریکا) در جریان این مبارزه به دست آمده است و سعی کنند شرایط اضطراب‌آلودی را باز گویند که این مزایا تحت آن به دست آمده است، به احتمال قوی آیندگان اجر زحمات آنان را با تخیلی قلمداد نمودن گزارش‌های تاریخی‌شان خواهند داد؛ زیرا نمی‌توان باور کرد که نیرویی مانند آنچه که بریتانیای کبیر به مدت هشت سال در این کشور به کار گرفته بود... دربرابر شماری بی‌نهایت کمتر، متشکل از مردانی غالباً نیمه گرسنه و همواره ژنده‌پوش، بدون دستمزد، که هرگونه پریشانی که طبیعت انسانی قادر به تحمل آن است را بارها تجربه کرده بودند، می‌توانست به چالش گرفته شود.(۱)

واشنگتن توجه را به تداوم ارتش قارّه‌ای فرا می‌خواند که، همچون عنصر اساسی در پیروزی نهایی آمریکا، تجسم «آرمان» برای هشت سال درازمدت بود. همان‌گونه که هِنری کلینتن از ابتدا دریافته بود، اما برادران هاو متوجه نشده بودند، کانون استراتژیک شورش نه مکان خاصی –نیویورک، فیلادلفیا، رهگذر هادسن–بلکه خود ارتش قارّه‌ای بود.

در چنین چارچوبی برای روایت داستان انقلاب آمریکاست که کارزار نیویورک در سال ۱۷۷۶ بزرگ و با عظمت جلوه می‌نماید زیرا این آسیب‌پذیرترین لحظهٔ مبارزه برای استقلال می‌نمود، یعنی زمانی که ارتش قارّه‌ای تقریباً از میان رفت. در واقع، تاریخ جنگ از این

[۱] معاهده‌ای که در نشست صلح پاریس میان کنفدراسیون ایالات متحده و بریتانیای کبیر در ۱۷۸۳میلادی به امضا رسید. مفاد این پیمان به طور یک‌جانبه‌ای به نفع کشور جدیدالتأسیس ایالات متحده بود که کنترل سرزمین‌های واقع در غرب رودخانهٔ می‌سی‌سی‌پی و جنوب دریاچه‌های پنج‌گانه را به دست آورد. مستعمرهٔ فلوریدا به مانند پاداشی به اسپانیا واگذار شد. بازندهٔ اصلی قبایل سرخ‌پوست هم‌پیمان بریتانیا بودند. بریتانیا به آنها اعتنایی نکرد و در نتیجه عمدتاً تحت کنترل ایالات متحده درآمدند مگر آن‌که قبول می‌کردند به کانادا یا سرزمین‌های متعلق به اسپانیا مهاجرت کنند. بریتانیا موفق شد حضور نظامی خود را در غرب‌میانه بویژه در ایالت‌های میشیگان و ویسکانسین حفظ کند. بریتانیا از این پادگانها بعداً در مسلح کردن و تحریک سرخ‌پوستان به حمله به شهرهای ایالات متحده سود جست. ایالت‌های تازه استقلال‌یافته و همچنین شهروندان آمریکایی موظف به محترم شمردن قروض خود به اتباع بریتانیا و بازگرداندن دارائی‌های مصادره شده به وفاداران سلطنت شدند. این بندهای پیمان مذکور عموماً نادیده گرفته شد. (منبع: مقالات فدرالیست، ترجمهٔ مسعود عالمی.)

منظر که بقا کلید موفقیت بود، شامل فرار تقریباً معجزه‌آسایی از رودخانهٔ ایست در اوت ۱۷۷۶ و استقامت ارتش قارّه‌ای در وَلی‌فورج در زمستان ۱۷۷۷ می‌شد. این دو رویداد حتی بیش از پیروزی‌های چشمگیر در ساراتوگا[1] و یورک تاون، به مانند رویدادهایی تعیین کننده به ثبت رسیدند.

نظر خود واشنگتن در مورد روند مبارزه، بر اساس خاطرات تابستان ۷۶، خصلت مشیتی به خود گرفت. زیرا او بیش از همه متوجه شد که تصمیم برای دفاع از نیویورک اشتباهی بزرگ بوده است و هم خودش و هم ارتش قارّه‌ای تنها با ترکیبی از اقبال محض و خویشتن‌داری غیرقابل توضیح برادران هاو توانسته بودند از فاجعه نجات یابند. این همان چیزی بود که او در توصیف پیروزی آمریکاییان آن را مدیون «معجزه‌ای درونی» دانست که با «ترکیبی از علل، که به احتمال زیاد در هیچ زمان، یا تحت هیچ شرایطی، دوباره با هم ترکیب نمی‌شوند،» رخ داد. اگرچه واشنگتن مردی عمیقاً مذهبی نبود، ولی رویدادهای ماه‌های اولیهٔ جنگ باعث شد که او به قضا و قدر ایمان آورد و قضا و قدر از دید او بدان معنا بود که در برخی مواقع خدایان امور را خود به دست می‌گرفتند.[۲]

جرج واشنگتن در طول بقیهٔ جنگ متقاعد شده بود که نیویورک آن مکانی است که از سوی پروردگار مقدر شده که وی بدانجا بازگردد تا اشتباهات قبلی خود را جبران کند و چنان ضربهٔ قاطعی به دشمن وارد کند که نقطهٔ پایانی بر همهٔ ادعاهای امپراتوری بریتانیا در آمریکای شمالی بنهد. او به نیویورک چنان وسواسی پیدا کرده بود و آن را مانند مکانی در ذهن خود پرورانده بود که نبرد فرجامین در آن رخ می‌دهد، زیرا نیویورک جایی بود که «آرمان» در آن تقریباً ساقط شد، بنابراین منطقی بود که باید جایی باشد که آمریکا در نهایت پیروز شود. بنابراین، زمانی که سرنوشت و ناوگان فرانسه به جای نیویورک مکانی گمنام در شبه‌جزیرهٔ تایدواتر را انتخاب کردند، واشنگتن کاملا شگفت زده شد.

نیت او از توصیف ارتش قارّه‌ای همچون لشکری «نیمه گرسنه، همواره ژنده‌پوش، بدون دستمزد» ادای احترام به سربازان رنج‌کشیده‌ای بود که در این مسیر ثابت‌قدم مانده بودند. اما ضمناً سخن نیشداری نیز در مورد الگویی سیاسی بود که ابتدا در تابستان ۷۶ تثبیت گشته و سپس در طول سال‌های متعاقب در جنگ عمیق‌تر و تیره‌تر شد: یعنی ارتش قارّه‌ای

1. Saratoga

زیر سامانهٔ پشتیبان حیات قرار داده شده بود اما هیچ‌گاه پول و مردانی که واشنگتن درخواست کرده بود، ارائه نشد، گرچه منابع برای ارتشی بزرگتر و مجهزتر به آسانی در دسترس بود.(۳)

همان‌طور که دیدیم، ایالت‌های مربوطه از همان ابتدا ترجیح می‌دادند از نیازهای نیروی انسانی شبه‌نظامیان خود حمایت کنند تا سهمیه‌هایی که کنگره برای ارتش قارّه‌ای توصیه می‌کرد، عمدتاً به این دلیل که وفاداری‌های محلی و ایالتی بر هر نوع اخلاق جمعی یا ملی برتری داشت. با به درازا کشیده شدن جنگ، این نیروهای گریز از مرکز شتاب می‌گرفتند و هر درخواست برای پول و سرباز با نارضایتی شدید مجالس ایالتی روبرو می‌گشت. این موضوع صرفاً به وفاداری محلی در برابر وفاداری ملی محدود نمی‌شد. فکر یک ارتش قوی قارّه‌ای عموماً همچون نسخهٔ آمریکایی ارتش بریتانیا تلقی می‌شد که ظاهری تهدیدآمیز مانند یک غول داخلی داشت؛ غولی که اصول جمهوری‌خواهی را تهدید می‌کرد و جنگ استقلال ظاهراً برای دفاع در برابر آن سامان یافته بود. به این معنا، تفسیر واشنگتن از پیروزی آمریکا توجه را بر تداوم سخت و سرسختانهٔ نهادی متمرکز می‌کرد که اکثر آمریکاییان آن را تا حدودی شرم‌آور می‌یافتند.

اصرار بر حذف ارتش قارّه‌ای از چارچوب تشکیلات اداری میهن جدید زمانی حس شد که موضوع حقوق بازنشستگی در پی پیمان پاریس پیش آمد. در طول جنگ، عمدتاً برای اهداف استخدامی، وعده‌ای داده شده بود که شامل پرداخت مستمری برابر نصف دستمزد بطور مادام‌العمر برای افسران می‌شد. از آنجایی که به طور فزاینده‌ای داشت مشخص می‌شد که این وعده احتمالاً عملی نخواهد گشت، زیرا ایالت‌ها از افزایش مالیات برای تأمین مالی آن خودداری می‌کردند، پیشنهاد جایگزینی به نام «تخفیف» ارائه شد که به موجب آن افسران بازنشسته به مدت پنج سال حقوق کامل دریافت می‌کردند.(۴)

واکنش مردمی به طرح تخفیف، به ویژه در نامه‌ها و سرمقاله‌های مطبوعات نیوانگلند، به شدت منفی بود که حتی تا مرز ناسزاگویی نیز پیش رفت. افسران کهنه‌کار همچون افراد بی‌عار و تنبلی توصیف می‌شدند که از احساس اهمیت خود باد به غبغب انداخته و مانند «لاشخوران گرسنه با منقارهای درنده و چشمانی حریص» انتظار دارند از سفرهٔ مردم زحمتکش شکم خود را سیر کنند. اگر آن‌طور که آنها ادعا دارند واقعاً مردانی با فضیلت‌اند، پس فضیلت تنها برای پاداشْ ایشان را بس خواهد بود. یکی از افسران بازنشسته کانکتیکات

شکایت کرد که گزارش‌های مربوط به حقوق بازنشستگی باعث گشته که همسایگانش به چشم بدی به او بنگرند: «در نظر تودهٔ مردم من موجودی نفرت‌انگیز شده‌ام... وقتی بیماری شدیدی داشتم، آنها امیدوار بودند که بمیرم. مرد زیاده‌گویی با صدایی بلند گفت که امیدوار است من می‌مردم و آنها پوستم را بر طبل می‌کشیدند تا با آن طبل افسران دیگر را از شهر بیرون کنند.»[۵]

سپس پیکان کینه‌ورزی علیه کهنه‌سربازان متوجهٔ یک سازمان اخوت متشکل از افسران بازنشسته به نام انجمن سین‌سیناتی[۱] شد که تازه شکل گرفته بود و به نظر می‌رسید همهٔ ارزش‌هایی را که آمریکاییان عادی از آن نفرت داشتند در بر می‌گرفت. هنری ناکس حامی اصلی «گروه برادران» بود که برای به دست آوردن استقلال آمریکا رنج کشیده و با هم فداکاری کرده بودند. اما هنگامی که معلوم شد عضویت در انجمن ارثی است و پسران خانوادهٔ افسران را شامل می‌شود، همچون نهادی اشرافی که ارزش های جمهوری را تهدید می‌کند، به آن انگ و برچسب زده شد. خصومت گسترده با انجمن سین‌سیناتی، واشنگتن را متحیر کرد، زیرا وی آن انجمن را یادآور فداکاری‌های شخصی بی‌شماری می‌دانست که استقلال آمریکا را ممکن ساخته بود. اما آنگونه که بر وی معلوم شد، نقش حیاتی ارتش قارّه‌ای تقریباً آخرین چیزی بود که اکثر آمریکاییان آرزو داشتند به خاطر بسپارند.[۶]

~~~

زمانی که جوزف پلامب مارتین در سال ۱۸۳۰ اقدام به انتشار خاطرات خود کرد، خاطرات دست اولی از دیگر بازیگران اصلی تقریباً موجود نبود. در این هنگام که مارتین در مزرعهٔ خود در ایالت مِین خاطراتش را به روی کاغذ می‌آورد و نخستین تجربهٔ خود را در پانزده سالگی-پر از اعتماد به نفس ناشی از غرایز میهن‌پرستانه، کاملاً عاری از تجربهٔ نظامی، نماد سربازان آماتور ارتش قارّه‌ای-از نبرد در لانگ‌آیلند و منهتن به یاد می‌آوردْ هفتاد سال از عمرش می‌گذشت. موضوع و مضمون اصلی خاطرات مارتین تأکید محض واشنگتن بر مقاومت، و اتکای وی بر ظرفیت خود و ارتش قارّه‌ای برای بقا به‌رغم سختی‌هایی بود که نسل‌های بعدی احتمالاً قادر به درک آن نبوده و ظاهراً ترجیح می‌دادند فراموش کنند.[۷]

رخداده‌های روایت مارتین اغلب بر چالش‌های پیش‌پا افتاده و روزمرهٔ زنده ماندن

1. Society of the Cincinnati
~~~

متمرکز بود که اغلب به صورت یافتن غذا برای خوردن تجلی می‌یافت و هیچ چیز باشکوهی در آنها وجود نداشت. او هیچ تلاشی برای ارزیابی پیامدهای استراتژیک بزرگتر نبردهای لانگ‌آیلند و منهتن انجام نداد، زیرا نقطه نظر او، مانند خندق کم عمقی در خلیج کیپ، به ندرت چشم‌اندازی وسیع در پیش رو ارائه می‌کرد. اما مارتین بنا به روال محجوب و بی‌ادعای خود چیزی را ارائه داد که می‌توان آن را دیدگاهی تولستوی‌مآبانه از جنگ، به معنای بازیابی تجربهٔ عاطفی واقعی یک سرباز عادی، نامید. در پایان، پیام او ساده اما عمیق بود: هم او و هم ارتش قارّه‌ای جان سالم به در برده بودند، و اینگونه بود که آمریکا در جنگ پیروز شد یا شاید شکست نخورد.

پیش از آنکه مارتین دست به قلم ببرد، نسیان اجباری در مورد نقش اساسی ارتش قارّه‌ای به مانند حکمت دریافت شده تثبیت شده بود، و آنچه مارتین آن را «افسانهٔ میلیشیا» می‌نامید در فولکلور برای توضیح پیروزی غیرمحتمل آمریکا ظاهر شده بود که ظاهراً توسط سربازان حاضر به یراق میلیشیای نیوانگلند، به جای پیاده‌نظام عادی، مانند مارتین، بدست آمد. او به عنوان یکی از معدود کهنه‌سربازان ارتش قارّه‌ای که هنوز در قید حیات بودند احساس وظیفه می‌کرد که این روایت اشتباه تاریخ را به چالش بگیرد:

> برخی گفته‌اند... که نیازی به ارتش انقلابی نبود؛ که شبه‌نظامیان صلاحیت فراهم نمودن همهٔ ملزومات بحران را داشتند... اما من همچنان اصرار دارم که آنها پایانی به خوبی سربازان پیاده‌نظام عادی که آنجا بودند و به حضور در آنجا اجبار داشتند نمی‌یافتند... ما نمی‌توانستیم هرگاه خواستیم، بدون قرار دادن خود در معرض تنبیه نظامی، مواضع خود را ترک کنیم.[۸]

آمریکاییان به این باور نیاز داشتند که لحظهٔ تولد کشور لحظه‌ای پاک و معصومانه بود، و این‌که جمهوری مستقل آمریکا را بدون توسل به ارتشی دائمی متشکل از سربازان عادی به وجود آورده‌اند. خاطرات مارتین استدعایی است دردناک به نمایندگی از جانب افراد پیاده نظام عادی مانند خود وی که از روایت وطن‌پرستی جاری به بیرون افکنده شده بودند، زیرا با کلیشهٔ جمهوری‌خواهانهٔ شهروند-سرباز همخوانی نداشتند. واشنگتن از همان ابتدا هشدار داده بود که حکایت جنگ موفقیت‌آمیز آمریکا برای استقلال ممکن است ظاهری تخیلی داشته باشد، اما او هیچ نمی‌توانست بداند که روایت داستانی انقلابْ میلیشیا را

همچون ستاره‌های اسطوره‌ای این حکایت به تصویر خواهد کشید.

~~~

توجیه یک شکست همواره کاری دشوارتر از توضیح علل یک پیروزی است. اما انتشار پیمان پاریس معضل غیرممکنی برای بریتانیای کبیر ایجاد کرد، زیرا شرایط معاهده نشان می‌داد که امپراتوری بریتانیا برای همیشه در آمریکای شمالی رخت از میان بربسته است. همهٔ آن خون و سرمایه-۴۰٬۰۰۰ تلفات و ۵۰ میلیون پوند- به هدر رفته بود. با تفهیم شدن استعباد و جامعیت شکست، سکوتی جمعی مانند ابری بر موضوع سایه افکنده بود، گویی میهمانی ناخواسته در یک ضیافت شام بود که اگر نادیده گرفته می‌شد، سرانجام مهمانی را ترک خواهد کرد. جان آدامز که شوربختی این را داشت که در ۱۷۸۵ به عنوان اولین سفیر آمریکا در دربار سلطنتی بریتانیا انجام وظیفه کند، گزارش داد که هر زمان وارد اتاق می‌شد اعضای دربار بریتانیا برای او پشت چشم نازک می‌کردند، زیرا وی یادآور واقعیتی غیرجذاب بود که ترجیح می‌دادند انکار کنند. ابی‌گیل ادعا کرد که بخش‌های وسیعی از مطبوعات لندن، تحت‌تأثیر داستان‌های توهم‌آمیز سلطنت‌طلبان تبعیدی، گزارش می‌دهند که اکثریت آمریکاییان از انقلاب و استقلال پشیمان شده‌اند یا صنعتگران فیلادلفیا که از بنجامین فرانکلین، به دلیل گمراه کردنشان، عصبانی بودند، او را در بازگشت از پاریس سنگسار کردند.(۹)

انکار بر ارزیابی صریح افتضاح سقوط نگهانی بسیار ارجحیت داشت، زیرا این امر مستلزم رودررویی حکومت بریتانیا با برخی حقایق بسیار ناخوشایند بود که، در مجموع، پیش‌فرض اصلی را که، کل برنامهٔ امپراتوری بریتانیا بر آن استوار بود، تضعیف می‌کرد. زیرا حقیقت غیرجذاب این بود که چندین کابینهٔ بریتانیا، از سال ۱۷۶۳ به بعد، شدیداً عمق و دامنهٔ مخالفت آمریکا با گسترش اختیارات پارلمان بر مستعمرات را غلط محاسبه کرده بودند. این کابینه‌ها متکبرانه فرض می‌کردند که تحمیل قدرت نظامی بریتانیا در سال ۱۷۷۴ ساکنان مستعمرات را به تسلیم در خواهند آورد. آنها همواره سطح مقاومت در میان جمعیت آمریکا را اشتباه خوانده و به غلط تصور کرده بودند که برتری تسلیحاتی بریتانیا به شورش ۱۷۷۶ پایان خواهد داد.

تاریخ اشتباه آنان را از هر نظر ثابت کرده است. مستعمره نشینان آمریکایی فرصت‌های پرشماری را به بریتانیا داده بودند تا مسیر خود را تغییر دهد و در چندین بزنگاه اجمالاً

نمایی از امپراتوری بریتانیای بازسازی شده‌ای بر اساس اصل حاکمیت مشترک و رضایت متقابل را پیش نهاده بودند. بریتانیا بر اساس این اصل حقوق اساسی که حاکمیت غیرقابل تقسیم است و باید در یک مکان، یعنی پارلمان، جمع باشد، اما همچنین به دلایل روانشناختی عمیق‌تری که ریشه در نیاز به تضمین کنترل بر رعایای استعماری خود داشت، همهٔ این پیشنهادها را رد کرده بود. رهبری بریتانیا همواره بر این باور بود که این اعتقاد متکبرانه اصل غیرقابل مذاکره‌ای است که امپراتوری را تعریف می‌کند. این امر از ظرافت‌های سیاسی و حقوقی فراتر می‌رفت و به حس برتری تثبیت شده‌ای می‌رسید که دختر عموها و پسرعموهای آمریکایی آنان را موجوداتی پست جلوه می‌داد. اما جنگ حاصل کاملاً قاطعانه نشان داده بود که بریتانیایی‌ها نمی‌توانستند نتیجه را کنترل کنند؛ احساس برتری آنها توهمی بیش نبود. این حکایت احتمالاً ساختگی است، اما از منظر تاریخی به نظر می‌رسید که ارتش شکست‌خوردهٔ بریتانیا، یورک‌تاون را با اجرای ترانه و مارش «جهان وارونه شد» ترک می‌گفت.

روایت جایگزینی شروع به تسکین درد شکست حتی قبل از این‌که پیامدهای کامل آن شکست احساس شود، کرده بود. در بهار سال ۱۷۷۹، از اواخر مارس تا اواخر ژوئن، مجلس عوام خود را در کل مجلس در قالب کمیسیون[۱] قرار داد تا در مورد آنچه که آن را «هدایت جنگ آمریکا» نامید، بحث کند. ویلیام هاو، که اخیراً از آمریکا فراخوانده شده بود و اکنون نشان شوالیه را به پاس خدماتی که به عنوان فرماندهٔ نیروهای سلطنتی در صحنهٔ آمریکا عرضه داشته بود دریافت می‌کرد و از این پس به عنوان سِر ویلیام خطاب می‌شد، این تحقیق بسیار غیرمعمول را درخواست کرده بود. اما به‌رغم این عنوان افتخاری، هاو پس از بازگشت با انتقادات گسترده‌ای از جانب مطبوعات لندن پیرامون رفتارش در جنگ مواجه شد که اساساً او را متهم به اتخاذ تصمیم‌های نظامی‌ای می‌کردند که تقریباً از روی عمد برای طولانی کردن و نه پایان دادن به شورش بود. هاو از کرسی خود به مانند یک عضو پارلمان استفاده کرد تا به جای محاکمه یا دادگاه نظامی، جلسهٔ ویژهٔ مجلس عوام را برای پاسخ به منتقدان و پاک کردن نام خود درخواست کند.[۱۰]

[۱] کل مجلس در قالب کمیسیون (committee-of-the-whole) به رویهٔ پارلمانی گفته می‌شود که طی آن کمیسیونی از کل مجلس عوام گاهی به جای کمیسیون لایحهٔ عمومی برای برخی یا همهٔ مراحل کمیسیون لایحه تشکیل می‌شود. این جلسه در سالن اصلی برگزار می‌شود و همهٔ نمایندگان اجازه دارند در بحث‌ها شرکت کرده، در مورد محتوای لایحه رای دهند. (منبع: وبسایت پارلمان انگلستان https://www.parliament.uk)

هاو در پاسخ به آن دسته از منتقدانی که او را به احتیاط بیش از حد در طول نبرد نیویورک متهم کردند، توضیحی کلی و فراگیر ارائه داد: «مهم‌ترین وظیفه‌ای که باید رعایت می‌کردم این بود که نمی‌خواستم سربازان اعلیحضرت را برای هدفی ناچیز درگیر کنم. من به خوبی می‌دانستم که هر گونه خسارت قابل‌توجهی را که ارتش متحمل گردد نمی‌توان به سرعت یا به راحتی ترمیم کرد.» هاو اذعان نکرد که او و برادرش آرزوهایی برای دیپلمات شدن در سر می‌پروراندند و به مذاکره برای پایان مسالمت‌آمیز درگیری امید بسته بودند. او در عوض به قضاوت خود به عنوان افسر ارتش بریتانیا پناه برد که در واقع به هدف اعلام شدهٔ خود یعنی تصرف شهر و بندر نیویورک با حداقل تلفات بریتانیا دست یافته بود.[۱۱]

سرسخت‌ترین منتقدان او آتش خود را بر عدم موفقیت او در پیگیری پیروزی در لانگ‌آیلند با حمله به نیروهای آمریکایی فراری در بروکلین هایتس متمرکز کرده بودند، که بسیار محتمل بود به تسلیم کل ارتش قارّه‌ای منجر شود. هاو تصدیق کرد که سربازانش بسیار خشمگین بودند و اگر وی اجازه می‌داد، می‌توانستند قلعه‌های بروکلین هایتس را تصرف کنند. اما او اصرار داشت که چنین پیروزی به قیمت تلفات عظیمی برای بریتانیا تمام می‌شد که به نظر او غیرضروری بود. او ابداً امکان این را نداشت که بداند واشنگتن راهی برای تخلیهٔ ارتش شکست‌خورده‌اش از رودخانهٔ ایست پیدا خواهد کرد، عملی کاملاً معجزه‌آسا که همهٔ تاکتیک‌های مرسوم جنگ مدرن را به چالش کشیده بود. او به طور ضمنی اشاره کرد که منتقدانش در نگاهی پسینی از منظر کنونی دربارهٔ تصمیمی قضاوت می‌کنند، که به دلایل تاکتیکی درستْ در لحظه گرفته شده بود، یعنی بدون بهره‌مندی از خرد آینده‌نگر آنها.[۱۲]

تا اینجای کار، دفاع هاو که مبتنی بر تعریف محدود او از اتهاماتی بود که علیه وی مطرح شده بود، احتیاط تاکتیکی او را در چندین اقدام در لانگ‌آیلند و منهتن به دلایل کاملاً نظامی توجیه می‌کرد؛ احتیاطی که غیرنظامیان و سیاستمدارانْ فاقدِ صلاحیتِ انتقاد از آن بودند. اما هنگامی که چندین افسر بریتانیایی برای شهادت از طرف هاو فراخوانده شدند، بحث به سرعت گسترش یافت. آنها ادعای او را تأیید کردند که تصمیم وی برای به تعویق افکندن حملهٔ از روبرو به استحکامات بروکلین هایتس از نظر تاکتیکی درست بوده و گفتند که در واقع چنین حمله‌ای «عملی از روی تعجیل ناشی از استیصال» می‌بود. اما سپس آنها به تشریح معضل استراتژیک بزرگتری که هاو با آن مواجه بود پرداختند:

> در هیچ زمانی نیروی اعزامی به آمریکا را نمی‌رسید که این کشور را تحت انقیاد درآورد، امری برخاسته از کینه و عداوت آحاد مردم که تقریباً در بیزاری از حکومت بریتانیای کبیر اتفاق‌نظر داشتند؛ و همچنین از طبیعت کشور، که از نظر عملیات نظامی سخت‌ترین و غیرممکن‌ترین پدیده‌ای بود که تصور می‌شد...، که انجام عملیات ارتش را در هر فاصله‌ای از ناوگان غیرممکن می‌ساخت.(۱۳)

این شهادت بلافاصله مورد توجه دو منتقد برجستهٔ جنگ قرار گرفت. چارلز فاکس[1] و ادموند برک ویگ‌های خوب و معتقدی بودند و از همان ابتدا با سیاست زور و اجبار جرج سوم و کابینهٔ وزرای او که با تصمیم جرمین برای حمله به نیویورک در تابستان سال ۱۷۷۶به اوج خود رسید، مخالفت می‌کردند. فاکس به ویژه در دفاع از هاو صریح بود و ادعا کرد که وی دارد به بهای منحرف کردن سمت و سوی پیکان انتقادات از مقصران واقعی حکومت بریتانیا قربانی می‌شود: «ما ۲۵,۰۰۰ مرد جنگی را از دست داده‌ایم. ما بیش از ۳۰ میلیون [پوند] را بر سر این جنگ ملعون در آمریکا تاکنون هزینه کرده‌ایم. چه کسی عامل این بی‌نتیجگی و از پا افتادگی بوده است؟ آیا پرسش اصلی این نیست؟ چه کسی ما را وارد این جنگ کرد؟» از آنجا که مقصر قلمداد کردن پادشاه به خیانت و نقض قوانین رفتاری ناگفته برای مناظره در پارلمان منجر می‌شد، فاکس دیدگان خود را به هدفی ایمن‌تر معطوف کرد. این هاو نبود که باید محاکمه می‌شد بلکه جرمین بود. برک نیز به صدا درآمد و با ابراز سپاس فراوان از هاو، او را افسری شریف خواند که این بداقبالی را آورد که به فرماندهی کل در جنگی منصوب گشت که هم غیرضروری و هم غیرقابل پیروزی بود.(۱۴)

هیچ کس، از جمله هاو، این چرخش وقایع را پیش‌بینی نکرده بود، و حتی آن دسته از اعضای مجلس که به شایستگی او در مدیریت نیروهای اعلیحضرت به طور جدی شک داشتند، اکنون خواستار پایان دادن به مذاکرات شدند؛ مذاکراتی که به انتقادی آزادانه از حکومت بریتانیا تبدیل شده بود. اما هاو بر ادامهٔ دادرسی اصرار داشت و استدلال می‌کرد که چیزی کمتر از شهرت او در خطر نیست و او هنوز به طور کامل احساس نمی‌کند که کاملاً از اتهامات وارده تبرئه شده است. فاکس که داشت از این اوضاع به هزینهٔ شهرت جرمین لذت می‌برد، صمیمانه پذیرفت که بحث به هر نحوی شده باید ادامه پیدا کند، زیرا

1. Charles Fox

پس از سال‌ها ابهام و انکار، سِر ویلیام عامل ظهور حقیقت در مجلس عوام شده بود.

جرمین تا این لحظه چیزی نگفته بود، اما اکنون خود را موظف می‌دانست به کسانی که از رفتار او در جنگ انتقاد می‌کردند پاسخ دهد. او زحمت زیادی کشید تا احترام همیشگی خود را برای هاو ابراز کند و با روشی که شهرتِ سِر ویلیام بازیچهٔ دست «پادوها و شایعه‌پردازان و سیاستمداران قهوه‌خانه‌ای» می‌شود، عمیقاً مخالفت ورزد. اما او همچنین در اعتقاد خود مصمم بود که برتری نظامی فوق‌العاده‌ای را برای برادران هاو تهیه دیده بود. او در این مورد هیچ‌گونه شک و تردیدی نداشت: «نیروی اعزامی این کشور برای دستیابی به هدفی که برایش تعیین شده بود، یعنی نابودی کامل شورش و در نتیجه بازیابی مستعمرات، کاملاً صلاحیت داشت.» گرچه جرمین به طور صریح نگفت، اما مفهوم واضح اظهارات وی این بود که برادران هاو، به هر دلیلی، نتوانستند مأموریت خود را انجام دهند.[۱۵]

او به ویژه از شنیدن این‌که هاو و دیگر افسران بریتانیایی، به زعم وی به غلط، سطح حمایت مردمی از شورش را «تقریباً متفق‌القول» معرفی می‌کردند، بسیار ناراحت شد. منابع خود او، عمدتاً وفاداران به سلطنت در تبعید، به او اطمینان داده بودند که تنها بین یک چهارم تا یک سوم مستعمره‌نشینان به حمایت از شورش متعهد بودند؛ بقیه یا وفادار به سلطنت بودند یا بی‌طرف. جرمین برای مستند کردن نقطه‌نظر خود، شواهدی ارائه کرد مبنی بر این‌که «نیروهای آمریکایی بیشتری در خدمت ارتش ما بودند تا تحت فرماندهی کل شورشیان.» او همچنین به مشکلات ارتش قارّه‌ای در استخدام نیرو اشاره کرد «که هدفش جمع‌آوری ۶۰ هزار سرباز در یک فوج بود اما هر بار نمی‌توانست بیش از ۲۰ هزار نفر را بسیج کند.»[۱۶]

هاو درخواست کرد برای جواب دادن به اظهارات جرمین فرصتی به او داده شود، اما در ۲۹ ژوئن مجلس رأی به پایان روند رسیدگی داد و به این ترتیب جلوی درخواست وی گرفته شد. با عطف به گذشته روشن است که در برآورد جرمین از هواداران سلطنت به شدت غلو شده بود. اکنون می‌دانیم که تقریباً ۲۰ درصد از مردم آمریکا به سلطنت وفادار بودند، اما ادعای حامیان هاو مبنی بر این‌که تقریباً کل جمعیت آمریکا از شورش استقبال کردند نیز اغراق‌آمیز بود.

از دیدگاه هاو، نتایج بازرسی مبهم بود. از یک طرف به منتقدان او پاسخ داده شده بود

و هیچ کس نمی‌خواست او را از افتخاراتی که کسب کرده بود یا از مقام شوالیه محروم کند یا به‌طور رسمی مورد توبیخ واقع شود. از سوی دیگر، رفتار او تبدیل شده بود به توپ سیاسی در بحثی بزرگ‌تر در مورد درایتی که در مورد جنگ و امکان پیروزی آن بکار رفت. و مدافعان او به این دلیل پشت سر او جمع گشته بودند که مأموریتی غیرممکن به او محول شده به طوری که هیچ نمایشی از کاردانی نظامی نمی‌توانست در آن قرین موفقیت گردد. در نظر مخالفان دیرینهٔ جنگ در پارلمان، او یک قربانی بود. از نظر حامیان اهداف امپریالیستی در قبال مستعمرات آمریکا، او پاسخ یک کلمه‌ای راحتی به این سوال ناخوشایند بود: چگونه ممکن شد که ما در جنگ شکست بخوریم؟

~~~

آنچه که می‌توان تفسیر هاو از شکست بریتانیا نامید، هرگز مورد توجه مقامات رسمی قرار نگرفت. حکومت بریتانیا هرگز مناسب تشخیص نداد که تحقیقی رسمی در مورد دلایل این فاجعه نسبتاً بزرگ تاریخی انجام دهد. در عوض ترجیح داد پرده‌ای از سکوت در اطراف آن کشیده و آن را به مانند زخمی درنظر گیرد که به مرور زمان خود را التیام خواهد بخشید.

یکی از استثناهای این سیاست فراموشی اجباری، هنری کلینتن بود، که بلافاصله پس از بازگشت از آمریکا در ۱۷۸۲ تصمیم گرفت نگارش خاطرات خود را آغاز کند. کلینتن فرماندهی ارتش بریتانیا را از هاو در ۱۷۷۸ تحویل گرفته بود، بنابراین انگیزهٔ اصلی او توجیه تصمیم‌هایی بود که خودش در مراحل پایانی جنگ اتخاذ می‌کرد، با این استدلال که وقتی فرانسوی ها وارد درگیری شدند، با موانع غیرقابل عبوری روبرو شده بود و این‌که تسلیم شدن ارتش کورن‌والیس در یورک‌تاون تقصیر او نبود. اما کلینتن در همان صفحات اولیهٔ خاطرات خود، به کارزار نیویورک بازگشت و پس از کرنش در برابر موقعیت هاو به عنوان فرماندهٔ کل قوا، به بیان داستانی پرداخت که نشان می‌داد هاو فرصتی طلایی را برای پیروزی در جنگ از دست داده بود.(۱۷)

کلینتن به شرح سه مورد پرداخت که هاو توصیهٔ او را رد کرده بود. او با این ادعا که انگیزهٔ او «هیچ اصل دیگری جز کمک به انقراض سریع شورش» نبود، در ابتدا پیشنهاد حمله به منتهی‌الیه شمالی منهتن را داده بود، که کار ارتش قارّه‌ای را در مجمع‌الجزایر نیویورک بدون هیچ‌گونه امیدی به فرار یکسره می‌کرد. او همچنین به نفع این موضع
~~~

استدلال کرده بود که باید ارتش قارّه‌ای در حالی که هنوز به دلیل شکست در گوآنِس هایتس به خود می‌پیچید و در حال فروپاشی بود، به سمت بروکلین هایتس تعقیب می‌شد. و او حمله به پُل کینگ را به جای خلیج کیپ توصیه کرده بود که اگر به توصیهٔ وی عمل می‌شد، ارتش‌قارّه‌ای را در منهتن به دام می‌انداخت. در هر یک از این موارد، هاو توصیهٔ او را رد کرده بود، و اگرچه کلینتن همهٔ تلاش خود را برای دفاع از اقتدار هاو به عنوان فرماندهٔ کل قوا انجام داد، با این وجود این تصور مشخص را ایجاد کرد که مجال نابودی ارتش‌قارّه‌ای چندین بار در زدوخوردهای نیویورک پیش آمده بود و چنانچه این اتفاق می‌افتاد، چه بسا که جنگ در آن زمان و همانجا به پایان می‌رسید.(۱۸)

هنری کلینتن با این باور به گور رفت که اگر فرماندهٔ نیروهای بریتانیا در نبرد نیویورک بود، بساط انقلاب آمریکا در همان تابستان ۱۷۷۶ برچیده می‌شد.
– شورای موزهٔ ارتش ملی، لندن

خاطرات کلینتن احتمالاً ارزیابی انتقادی از تصمیمات هاو را در بخش‌های خاصی از افسران ارتش بریتانیا بازتاب می‌داد، اما هیچ تأثیری بر بحث‌های جاری در نهان در مورد این‌که چه کسی مقصر شکست ارتش بریتانیاست، نداشت، زیرا کلینتن قبل از تکمیل خاطراتش از دنیا رفت، و آن دفترچه تا اواسط سدهٔ بیستم منتشر نشد. با این حال، به نظر واضح می‌رسد که کلینتن با این اعتقاد از جهان رخت بر بست که اگر او، به جای هاو،

فرماندهی ارتش بریتانیا را در نیویورک در دست داشت، جنگ آمریکا برای استقلال ممکن بود به شکل دیگری پایان یابد.

گزارش کلینتن آشکارا با نیات خودخواهانه‌ای به نگارش درآمده بود، اما روایت وی با نخستین تاریخ جامع جنگ در بریتانیا، که در دو جلد در سال ۱۷۹۴ انتشار یافت، تقویت شد. نویسندهٔ آن تاریخ چارلز استدمن[۱] افسر ستاد بریتانیایی در طول جنگ بود که در نظر داشت به رغم شکست کشورش لحنی سبک و خوشبینانه به آن بدهد. استدمن توضیح داد: «هرچند خود جنگ تأسف‌بار بود، ولی در میان هموطنان ما نه شور و شوق رزمی کم آورد و نه غیرت میهن‌پرستانه». برهان اصلی استدمن این بود که ارتش بریتانیا وظیفه خود را انجام داده، شجاعانه جنگیده و نباید برای نتیجهٔ نهایی جنگ مورد انتقاد یا سرزنش قرار گیرد.[۱۹]

تنها استثنا ویلیام هاو بود. شرح استدمن از کارزار نیویورک همان نگرش انتقادی کلینتن را دنبال و تصمیم‌های هاو در لانگ‌آیلند و منهتن را «غیرقابل توضیح» توصیف می‌کرد. از آنجایی که استدمن در دفتر ریچارد هاو خدمت کرده بود، وی مطمئناً می‌دانست که تدابیر نظامی هر دو برادر به طور قابل‌توجهی تحت تأثیر امید آنها برای آشتی مسالمت‌آمیز بوده است، اما او به این واقعیت اشاره نکرد و در عوض ترجیح داد در وصف تدابیر هاو آنها را «اشتباهات تاکتیکی» بخواند. او به ویژه از عدم تعقیب نیروهای مستهلک شدهٔ واشنگتن که در نوامبر ۱۷۷۶ از نیوجرسی عقب‌نشینی می‌کردند توسط هاو انتقاد و آن را به مانند آخرین و مناسب‌ترین فرصت برای نابودی ارتش قارّه‌ای ذکر کرد.[۲۰]

بر اساس گزارش استدمن، زمانی که آن لحظهٔ آسیب‌پذیری سپری شد، احتمال پیروزی بریتانیا به سه دلیل کاهش یافت: اول، واشنگتن استراتژی تدافعی‌تری را اتخاذ کرد و آنچه که جنگ فرسایشی[۲] نامیده می‌شد درگیری قاطع را بسیار غیرمحتمل می‌ساخت؛ دوم، ارتش قارّه‌ای با کسب تجربه، به ویژه در زمینهٔ پرورش طبقه‌ای از افسران حرفه‌ای‌تر، تبحر

[1] Charles Stedman

[۲] در طول سده‌ها، مورخان جنگ همچون پلوتارخ به جنگ فرسایشی نام‌های گوناگونی داده‌اند. راهبرد فابیانی (به انگلیسی: Fabian Strategy) یکی از این نام‌هاست که به راهبردی گفته می‌شود که در آن از رودررویی مقابل دشمن قویتر اجتناب می‌شود تا در عوض، با کاربست جنگ و گریز غیرمستقیم دشمن را فرسوده کنند. طرفی که این راهبرد را به کار می‌بَرد، ضمن اجتناب از نبردهای قاطع به زد و خورد جزئی با دشمن می‌پردازد، تا در روحیه اش خلل ایجاد کند. کاربست این راهبرد نشانگر اینست که زمان به سود طرفی است که آن را اجرا می‌کند، امّا در عین حال ممکن است زمانی اتخاذ شود که هیچ گزینهٔ ممکن دیگری پیش رو نباشد. (منبع: ویکیپدیا)

یافت؛ و سوم، پیمان فرانسه و آمریکا در سال ۱۷۷۸ پول و نفرات بسا بیشتری را به سمت آمریکاییان سرازیر نمود. این تحولات در مجموع باعث شد که جنگ برای بریتانیا به رغم تلاش‌های قهرمانانه ارتش و نیروی دریایی آن غیرقابل پیروزی باشد.[21]

روایت استدمن از تاریخ، برداشت جذابی را به نفع حکومت و ارتش بریتانیا شکل بخشید، زیرا با ادعای رهبران اپوزیسیون همچون برک، فاکس و پیت که جنگ را از همان ابتدا، یک سرمایه‌گذاری نادرست معرفی می‌کردند، در تضاد بود. منتهی باید به سرعت و با یک ضربهٔ کوبنده پیروز می‌شد، که دقیقاً همان چیزی بود که جرمین در تابستان ۱۷۷۶ پیشنهاد و سازماندهی کرده بود. هنگامی که آن تلاش به شکست انجامید، ارتش بریتانیا قهرمانانه در پشتیبانی از چیزی عمل می‌کرد که به آرمانی از دست رفته تبدیل شده بود.

زیبایی چنین تعبیری آن بود که از کنار این سوال می‌گذشت که آیا سیاست‌های حکومت بریتانیا که باعث جنگ شده بود معقول بود یا نه؟ که آشکارا چنین نبود. این تفسیر باعث و بانی شکست بریتانیا را در یک لحظهٔ احتیاط‌آمیز خلاصه می‌کرد، یعنی تابستان ۱۷۷۶، و تقصیر را به گردن یک افسر بریتانیایی، ویلیام هاو، می‌انداخت که فرصت نابودی ارتش قارّه‌ای را از دست داد. این بدان معنی بود که دیگر نیازی به این نبود که پرسش‌های اساسی در مورد مفروضات اصلی زیربنای پی‌رنگِ امپراتوری بریتانیا مطرح گردد. فرض مسلم بر این قرار گرفت که چنانچه برادران هاو تهاجمی‌تر عمل می‌کردند، ارتش قارّه‌ای از میان می‌رفت، که تقریباً به طور قطع روی در صواب دارد، اما این فرض را هم در خود داشت که نابودی ارتش قارّه‌ای به جنگ پایان می‌داد. در حالی که ما هرگز نمی‌توانیم به طور قطع بدانیم، زیرا توازن مطالعات تاریخی در طول چهل سال گذشته این نظریه را به فرضیه‌ای بسیار مشکل‌ساز تبدیل کرده است.[12]

سپاس‌گزاری

خط سیر زمانی که این داستان در آن حرکت می‌کند، ناحیه‌ای پُر مناقشه و مملو از اجساد مورخانی است که پیش از من آمده‌اند. تلاش من برای ارائهٔ تفسیری تازه که جنبه‌های سیاسی و نظامی داستان را گرد هم می‌آورد، از یاری چندین مورخ برجسته که همان ناحیه را زیر و رو کرده‌اند و نشانه‌های خود را در مسیر قرار داده‌اند، سود جسته است.

پنج مورخ تمام یا بیشتر کتاب را در شکل دست‌نویس خواندند و مرا از اشتباهات متعددی نجات دادند، اما آنها به هیچ‌وجه مسئول موارد باقی‌مانده نیستند: ادموند اس. مورگان،[1] استاد مورد احترام تاریخ‌نگاران دوران اولیهٔ آمریکا، مربی و دوست من برای نزدیک به پنجاه سال؛ گوردون وود،[2] سلطان کارشناسان علمی انقلاب آمریکا و دوران صدر جمهوری؛ پائولین مایر،[3] محقق برجسته درمورد پیش‌نویس بیانیهٔ استقلال، که نمی‌توان از نظرات حاشیه‌ای او چشم‌پوشی کرد. (مثلاً به من هشدار می‌داد، «جو، تو نمی‌توانی چنین چیزی بگویی!»)؛ ادوارد لنگل،[4] ویراستار ارشد اسناد واشنگتن و کارشناس و صاحب‌نظر عالی‌رتبه در مطالعات مربوط به نقش واشنگتن به عنوان فرماندهٔ کل؛ و رابرت دالزل،[5] آن مرد خردمندِ کالج ویلیامز، که در بخش‌های بزرگی از گذشتهٔ آمریکا با چنین دانشی ژرف حرکت می‌کند.

استفان اسمیت، سردبیر واشنگتن اگز مینر،[6] چشم نقاد دیرینهٔ من در نقطهٔ تلاقی حیاتی محتوی با سبک است، نابغه‌ای به تمام معنی در توجه به جایی که یک عبارت، جمله یا بند دقیقاً آنچه را که می‌خواهد بگوید نمی‌گوید.

دن فرانک از راندوم هاوس در مقام ویراستار به پروژهٔ این کتاب ملحق شد و آن را با ترکیبی چشم‌گیر از خرد و ظرافت از راهروهای قدرت عبور داد. دستیار توانای او، جیل وریلو، هرگز مرا پای تلفن منتظر نگذاشت.

پُل استائیتی، همکارم در کالج ماونت‌هولیوک[7] و یکی از مورخان برجستهٔ هنر و معماری آمریکای انقلابی، در انتخاب تصاویر کمک کرد. جفری وارد در درست کردن نقشه‌ها بطوری که هم جنگ‌ها را به تصویر درآورد و هم با متن تناسب داشته باشد کار

[1] Edmund S. Morgan
[2] Gordon Wood
[3] Pauline Maier
[4] Edward Lengel
[5] Robert Dalzell
[6] Washington Examiner
[7] Mount Holyoke College

استادانه‌ای انجام داد. نمایندهٔ من، آیک ویلیامز، همهٔ تشریفات قرارداد را انجام داد و از بذل توجه شایستهٔ اشخاص در انتشارات ناپف اطمینان حاصل کرد، و پیوسته با بازگویی شایعات دربارهٔ فوتبال و بسکتبال و بیس‌بال مرا از سدهٔ هجدهم به زمان حال بازمی‌گرداند.

دستیارم لیندا چسکی فرناندز، هیچ‌کدام از تحقیقات را انجام نداد، اما تقریباً همهٔ کارهای دیگر بر عهدهٔ او بود، از جمله رمزگشایی از دستخط خرچنگ‌قورباغه‌ای من، و بی‌کفایتی فنی مرا جبران و نوسانات خلقی‌ام را با بوسیدن گونه‌ام متعادل می‌کرد.

همسرم، الن ویلکینز الیس، نوشته‌هایم را ویرایش نکرد، اما روانم را ویرایش کرد. به ظن قوی همین کار او تفاوت بزرگی ایجاد کرد.

بیشتر نوشته‌هایم را در دفتر کارم در آمهرست در کنار سگ جدی و گربهٔ بسیار شجاعم با دست نوشتم.

این کتاب به اشبل گرین، سردبیر شش کتابم طی بیست سال در ناپف تقدیم شده است. او درست زمانی که در حال اتمام نسخهٔ خطی بودم از دنیا رفت. ما همیشه بر سر قیدها، ویرگول‌ها و زیرنویس‌ها بحث می‌کردیم، مکالمه‌هایی که همیشه به بررسی حالت رقت‌انگیز تیم فوتبال محبوب او ختم می‌شد. گرین در زمان خودش در ناپف افسانه‌ای بود، جوهر درستی در ویرایش یک پروتستان سرسخت با حسی از شرافت اشرافی. دیگر امثال او را نخواهیم دید.

جوزف الیس
آمهرست، ماساچوست

پی‌نوشت‌ها

پیش‌گفتار

۱. برای این برهان که به تعویق انداختن وعدهٔ کامل اصول جمهوری در دستیابی به استقلال ضروری بود، به کتابی از همین نویسنده رجوع کنید:
American Creation: Triumphs and Tragedies at the Founding of the Republic (New York, 2007), 38-44.

۲. برای تأثیر جنگ ویتنام بر درک ما از معضل پیش روی ارتش بریتانیا در سال ۱۷۷۶، نک:
Don Higginbotham, War and Society in Revolutionary America: The Wider Dimensions of the Conflict (Columbia, 1988), 153-73.

۱. احتیاط حُکم می‌کند

۱. این ترکیبی است از تحلیل‌ها دربارهٔ ماه‌های اولیهٔ جنگ که از چندین روایت گرفته شده، به ویژه از موارد زیر:
Ron Chernow, Washington: A Life (New York, 2010), 181-205; Joseph J. Ellis, His Excellency: George Washington (New York, 2004), 73-92; David McCullough, 1776 (New York, 2005), 3-92; and Michael Stephenson, Patriot Battles: How the War of Independence Was Fought (New York, 2007), 211-29.

نقل قول از اینجاست:
Abigail Adams to John Adams, 16 March 1776, Lyman H. Butterfield et al., eds., Adams Family Correspondence, 9 vols. to date (Cambridge, Mass., 1963-) 1:358.

2. Jack N. Rakove, The Beginnings of National Politics: An Interpretive History of the Continental Congress (New York, 1979), 91-92.

3. Merrill D. Peterson, ed., The Portable Jefferson (New York, 1977), 235-36.

4. George Washington to John Augustine Washington, 31 May 1776, W. W. Abbott, Dorothy Twohig, and Philander Chase, eds., The Papers of George Washington: Revolutionary War Series, 12 vols. to date (Charlottesville, 1985-) 4:412-13.

5. William Blackstone, Commentaries on the Laws of England (Oxford, 1765), 1:49.

برای جمع‌بندی تحلیلی از این بحث حقوقی نک:
Gordon S. Wood, "The Problem of Sovereignty," Lyman H. Butterfield et al., eds., Adams Family Correspondence, 9 vols. to date (Cambridge, Mass., 1963-) 68 (October 2011), 572-77.

۶. برای متن کامل سخنرانی پیت در ۲۰ ژانویه ۱۷۷۵، نک:
T. C. Hammond, ed., The Parliamemary History of England, 30 vols. (London, 1806-20) 18:149-59.

۷. همان‌جا، صفحات ۲۳۳، ۲۶۳، ۳۰۴ و ۳۳۵.

۸. برای بهترین تحلیل از ذهنیت میانه‌روها در مستعمرات میانی، نک:
Jack Rakove, Revolutionaries: A New History of the Invention of America (Boston and New York, 2010), 71-111.

۲۲۶ تابستان انقلابی / جوزف جِی. اِلیس

۹. برای شرح حال دیکنسن و اندیشه‌هایش، نک:

Jane Calvert, *Quaker Constitutionalism and the Political Thought of John Dickinson* (New York, 2009).

10. John Dickinson, Notes for a Speech in Congress, 23-25 May 1775, Paul H. Smith et al., eds., *Letters of Delegates to Congress, 1774-1789*, 26 vols. (Washington, D.C., 1976-2000) 1:378.

۱۱. شفاف‌ترین بیان راه حل دیکنسُنی در خطابه‌ای بود که دیکنسن در همکاری با تامس جفرسن در تابستان ۱۷۷۵ با عنوان اعلامیه علل و ضرورت به دست گرفتن سلاح (*Declaration of the Causes and Necessity for Taking Up Arms*) نوشت. این بیانیه در اثر زیر آمده است:

Julian Boyd et al., eds., *The Papers of Thomas Jefferson,* 28 vols. to date (Princeton, 1950-) 1:213-19.

۱۲. برای نمونه، نک:

Robert G. Parkinson, "War and the Imperative of Union," Lyman H. Butterfield et al., eds., *Adams Family Correspondence*, 9 vols. to date (Cambridge, Mass., 1963-) 68 (October 2011), 631-34.

13. John Adams to James Warren, 24 July 1775, Robert J. Taylor et al., eds., *The Papers of John Adams*, 11 vols. to date (Cambridge, Mass., 1983-) 3:89-93.

۱۴. برای خاطرات متأخر آدامز در مورد این‌که چه کسی شایستهٔ اعتبار استقلال از امپراتوری بریتانیا بود، نک:

Joseph J. Ellis, *Passionate Sage: The Character and Legacy of John Adams* (New York, 1993), 53-83.

15. McCullough, 1776, 3-12; John Adams to John Trumbull, 13 February 1776, Robert J. Taylor et al., eds., *The Papers of John Adams*, 11 vols. to date (Cambridge, Mass., 1983-) 4:22.

برای نقش حیاتی جرج سوم پادشاه بریتانیا در وادار کردن پاسخ نظامی به اعتراضات آمریکا، نک:

Alexander Jackson O'Shaughnessy, "'If Others Will Not Be Active, I Must Drive': George [III and the American Revolution," *Early American Studies 3* (Spring 2004), 1-46.

16. Eric Foner, *Tom Paine and Revolutionary America* (New York, 1976).

همچنین نک:

Harvey J. Kaye, *Thomas Paine and the Promise of America* (New York, 2005).

۱۷. کتاب زیر زندگی‌نامهٔ معتبر پین است:

John Keane, *Tom Paine: A Political Life* (Boston, 1995).

نقل قول آدامز از اینجاست:

John Adams to William Tudor, 12 April 1776, Robert J. Taylor et al., eds., *The Papers of John Adams*, 11 vols. to date (Cambridge, Mass., 1983-) 4:118.

18. John Adams to Abigail Adams, 19 March 1776, Lyman H. Butterfield et al., eds., *Adams Family Correspondence*, 9 vols. to date (Cambridge, Mass., 1963-) 1:363.

۱۹. برای مرجع «گاوهای خشمگین»، نک:
Lyman H. Butterfield et al., eds., *The Diary and Autobiography of John Adams*, 4 vols. (Cambridge, Mass., 1961) 1:33.

من در اینجا و پایین‌تر عمدتاً از کتاب خودم در مورد آدامز استفاده کرده‌ام:
Passionate Sage: The Character and Legacy of John Adams (New York, 1993) and *First Family: Abigail and John Adams* (New York, 2010).

در این زمینه همچنین چهار زندگی‌نامهٔ متمایز وجود دارد:
Page Smith, *John Adams*, 2 vols. (New York, 1962); Peter Shaw, *The Character of John Adams: A Life* (Chapel Hill, 1976); John Ferling, *John Adams: A Life* (Knoxville, 1995); and David McCullough, *John Adams* (New York, 2001).

۲۰. نک: پیش‌گفتار این اثر:
Lyman H. Butterfield et al., eds., *Adams Family Correspondence*, 9 vols. to date (Cambridge, Mass., 1963–) 1:136-37.

۲۱. برای حالات سیسرون، نک:
Lyman H. Butterfield et al., eds., *The Diary and Autobiography of John Adams*, 4 vols. (Cambridge, Mass., 1961) 1:63, 95.

22. John Adams to James Warren, 18 May 1776, Robert J. Taylor et al., eds., *The Papers of John Adams*, 11 vols. to date (Cambridge, Mass., 1983–) 4:192; John Adams to Moses Gill, 10 June 1775, Robert J. Taylor et al., eds., *The Papers of John Adams*, 11 vols. to date (Cambridge, Mass., 1983–) 3:21; John Adams to Abigail Adams, 17 June 1775, Lyman H. Butterfield et al., eds., *Adams Family Correspondence*, 9 vols. to date (Cambridge, Mass., 1963–) 1:216.

23. John Adams to James Warren, 22 April 1776, Robert J. Taylor et al., eds., *The Papers of John Adams*, 11 vols. to date (Cambridge, Mass., 1983–) 4:135.

24. John Adams to Mercy Otis Warren, 16 April 1776, Robert J. Taylor et al., eds., *The Papers of John Adams,* 11 vols. to date (Cambridge, Mass., 1983–) 4:124.

25. Abigail Adams to John Adams, 27 November 1775, Lyman H. Butterfield et al., eds., *Adams Family Correspondence*, 9 vols. to date (Cambridge, Mass., 1963–) 1:310.

26. John Adams to John Winthrop, 12 May 1776, Robert J. Taylor et al., eds., *The Papers of John Adams,* 11 vols. to date (Cambridge, Mass., 1983–) 4:183-84.

۲۷. نک به مقدمهٔ آثار ۱۱ جلدی جان آدامز:
Robert J. Taylor et al., eds., *The Papers of John Adams,* 11 vols. to date (Cambridge, Mass., 1983–) 4:65-73.

۲۸. تفسیر من از اندیشه‌ها... متأثر از ادموند مورگان است:
Edmund S. Morgan, *Inventing the People: The Rise of Popular Sovereignty in England and America* (New York, 1988).

29. John Adams to James Warren, 15 May 1776, Robert J. Taylor et al., eds., *The Papers of John Adams,* 11 vols. to date (Cambridge, Mass., 1983-) 4:186.

۳۰. همانجا، 4:185

31. John Adams to Abigail Adams, 17 May 1776, Lyman H. Butterfield et al., eds., *Adams Family Correspondence*, 9 vols. to date (Cambridge, Mass., 1963-) 1:410.

همچنین نک:

Robert J. Taylor et al., eds., *The Papers of John Adams,* 11 vols. to date (Cambridge, Mass., 1983-) 4:93,

بویژه در پیش‌گفتار اندیشه‌ها... که آدامز اهمیت نقش تاریخی خود را نیز به نمایش می‌گذارد.

۳۲. برای اعتقاد آدامز مبنی بر این‌که جرج سوم در واقع به مستعمرات آمریکا اعلام جنگ کرده، نک:

John Adams to Horaitio Gates, 23 March 1776, Robert J. Taylor et al., eds., *The Papers of John Adams,* 11 vols. to date (Cambridge, Mass., 1983-) 4:58-60.

۳۳. آدامز معتقد بود، و بعداً معلوم شد که نگرانی‌اش در این مورد درست بوده، که قطعنامه ۱۵ مه یک فراخوان ضمنی برای رفراندوم استقلال است. چیزی که او از آن می‌ترسید این بود که بحث‌ها در مجالس مستعمره‌نشینان به آن مسألهٔ کلیدی محدود نگشته و از کنترل خارج شود و در این فرآیند اجماع بر سر استقلال را که او حیاتی می‌دانست تضعیف کند.

34. Unknown to John Adams, 9 June 1775, Robert J. Taylor et al., eds., *The Papers of John Adams,* 11 vols. to date (Cambridge, Mass., 1983-) 3:18-19; "Humanity" to John Adams, 23 January 1776, Robert J. Taylor et al., eds., *The Papers of John Adams,* 11 vols. to date (Cambridge, Mass., 1983-) 3:411.

35. Abigail Adams to John Adams, 31 March 1776, Lyman H. Butterfield et al., eds., *Adams Family Correspondence*, 9 vols. to date (Cambridge, Mass., 1963-) 1:370.

36. John Adams to Abigail Adams, 14 April 1776, Lyman H. Butterfield et al., eds., *Adams Family Correspondence*, 9 vols. to date (Cambridge, Mass., 1963-) 1:382; Abigail Adams to John Adams, 7 May 1776, Lyman H. Butterfield et al., eds., *Adams Family Correspondence*, 9 vols. to date (Cambridge, Mass., 1963-) 1:402.

آنها در تلاش برای یافتن نوعی زمینهٔ مشترک، در نهایت توافق کردند که زنان باید در جمهوری جدید آمریکا بهتر تحصیل کنند تا بتوانند به نسل بعدی رهبران آمریکایی آموزش دهند. نک:

Abigail Adams to John Adams, 14 August 1776; John Adams to Abigail Adams, 25 August 1776, Lyman H. Butterfield et al., eds., *Adams Family Correspondence*, 9 vols. to date (Cambridge, Mass., 1963-) 2:94, 108.

37. Pennsylvania Evening Post, 14 March 1776.

در مورد نقش صنعت‌گران و مکانیک‌های فیلادلفیا در سیاست پنسیلوانیا در این برههٔ مساعد، نک:

Richard Alan Ryerson, *The Revolution Is Now Begun: The Radical Committees of Philadelphia, 1765-1776* (Philadelphia, 1778).

38. James Sullivan to John Adams, 12 April 1776, Robert J. Taylor et al., eds., *The Papers of John Adams,* 11 vols. to date (Cambridge, Mass., 1983-) 4:212-13.

39. John Adams to James Sullivan, 26 May 1776, Robert J. Taylor et al., eds., *The Papers of John Adams,* 11 vols. to date (Cambridge, Mass., 1983-) 4:208-12.

۲. سربازان و تسلیحات

۱. برای شرح مختصر اما تکان‌دهندهٔ نبرد، از جمله کشته شدن وارن، نک:
Michael Stephenson, *Patriot Battles: How the War of independence Was Fought* (New York, 2007), 211-21. برای جدیدترین و جامع‌ترین مطالعه در مورد بانکرهیل، نک:
Paul Lockhart, *The Whites of Their Eyes: Bunker Hill, the First American Army, and the Emergence of George Washington* (New York, 2011).

برای شرح هتک حرمتی که به بدن بی‌جان وارن شد، نک:
Benjamin Hichborn to John Adams, 25 November 1775, Robert J. Taylor et al., eds., *The Papers of John Adams,* 11 vols. to date (Cambridge, Mass., 1983-) 3:323.

۲. برای شرح مفصل‌تر ماجرای انتخاب واشنگتن به عنوان فرماندهٔ کل ارتش قاره‌ای، نک:
Joseph J. Ellis, *His Excellency: George Washington* (New York, 2004), 68-72.
آدامز دربارهٔ ارتباط قد واشنگتن شوخی می‌کرد، اما این جوک نطفه‌ای از حقیقت را در برداشت. اولین برداشتی که هر کسی از واشنگتن پیدا می‌کرد تقریباً همیشه در واکنش به هیبت فیزیکی او بود.

3. John Hancock to George Washington, 2 April 1776, W. W. Abbott, Dorothy Twohig, and Philander Chase, eds., *The Papers of George Washington: Revolutionary War Series,* 12 vols. to date (Charlottesville, 1985-) 4:16-17;

برای مدرک افتخاری هاروارد، نک:
W. W. Abbott, Dorothy Twohig, and Philander Chase, eds., *The Papers of George Washington: Revolutionary War Series,* 12 vols. to date (Charlottesville, 1985-) 4:23;

برای شرحی دربارهٔ مدال، نک:
Worthington C. Ford, ed., *The Journals of the Continental Congress,* 1774- 1789, 34 vols. (Washington, D.C. 1904-37) 4:248- 49;

برای همین نوع بزرگداشت‌های پرطمطراق از دادگاه عمومی ماساچوست، نک:
W. W. Abbott, Dorothy Twohig, and Philander Chase, eds., *The Papers of George Washington: Revolutionary War Series,* 12 vols. to date (Charlottesville, 1985-) 3:555-57.

۴. برای بهترین مطالعه در مورد ظرفیت واشنگتن برای تجسم روایت‌هایی متعدد از انقلاب آمریکا، نک:
Barry Schwartz, *George Washington: The Making of an American Symbol* (New York, 1987).
درک من از واشنگتن متأثر از خوانشی است که از اسناد بجامانده از جرج واشنگتن انجام دادم و پژوهشی که برای نگارش کتاب اعلیحضرت (*His Excellency*) کردم. زندگی‌نامه‌های متعددی دربارهٔ واشنگتن به چاپ رسیده که سه مورد زیر برجسته می‌نماید:
Marcus Cunliffe, *George Washington: Man and Monument* (Boston, 1958); Peter R. Henriques, *Realistic Visionary: A Portrait of George Washington* (Charlottesville, 2006); and Ron Chernow, *Washington: A Life* (New York, 2010).

5. George Washington to John Hancock, 9 February 1776, W. W. Abbott, Dorothy Twohig, and Philander Chase, eds., *The Papers of George Washington: Revolutionary War Series*, 12 vols. to date (Charlottesville, 1985-) 3:275.

۶. برای اثری بنیادین در مورد ارتش قارّه‌ای، نک:

Charles Royster, *A Revolutionary People at War: The Continental Army and the American Character* (Chapel Hill, 1979).

همچنین نک: Robert K. Wright, *The Continental Army* (Washington, D.C., 1983).

7. T. H. Breen, *American Insurgents, American Patriots: The Revolution of the People* (New York, 2010).

8. George Washington to Joseph Reed, 14 January 1776, W. W. Abbott, Dorothy Twohig, and Philander Chase, eds., *The Papers of George Washington: Revolutionary War Series*, 12 vols. to date (Charlottesville, 1985-) 3:89.

9. George Washington to Joseph Reed, 1 February 1776, W. W. Abbott, Dorothy Twohig, and Philander Chase, eds., *The Papers of George Washington: Revolutionary War Series*, 12 vols. to date (Charlottesville, 1985-) 3:237-38.

10. General Orders, 12 November 1775, W. W. Abbott, Dorothy Twohig, and Philander Chase, eds., *The Papers of George Washington: Revolutionary War Series*, 12 vols. to date (Charlottesville, 1985-) 2:353.

۱۱. در مورد فروکشیدن «روح ۷۶» نک:

Joseph J. Ellis, *American Creation* (New York, 2007), 20-57.

برای «لحظات نورمن راک‌ولی» نک:

Stephenson, *Patriot Battles*, 15.

۱۲. زندگی‌نامه‌ای که جان آلدمن دربارهٔ او نوشت معیاری است که همه به آن رجوع می‌کنند. نک:

John R. Alden, *General Charles Lee: Traitor or Patriot?* (Baton Rouge, 1951).

همچنین نک:

W. W. Abbott, Dorothy Twohig, and Philander Chase, eds., *The Papers of George Washington: Revolutionary War Series*, 12 vols. to date (Charlottesville, 1985-) 3.

در سرتاسر این کتاب از نامه‌های لی به واشنگتن در طول محاصر بوستون یاد می‌شود، که حاوی نمونه‌های متعددی از عبارات عجیب‌وغریب و جالب و همچنین برخورد کمتر رسمی او نسبت به واشنگتن است، و بطور معمول او را با عنوان «سردار عزیز من» خطاب می‌کند.

13. Terry Golway, *Washington's General: Nathanael Greene and the Triumph of the American Revolution* (New York, 2005).

14. Mark Puls, *Henry Knox: Visionary General of the American Revolution* (New York, 2008).

15. John Adams to George Washington, January 1776, W. W. Abbott, Dorothy Twohig, and Philander Chase, eds., *The Papers of George Washington: Revolutionary War Series*,

12 vols. to date (Charlottesville, 1985-) 3:36-37; Charles Lee to George Washington, 5 January 1776, W. W. Abbott, Dorothy Twohig, and Philander Chase, eds., *The Papers of George Washington: Revolutionary War Series*, 12 vols. to date (Charlottesville, 1985-) 3:30; Charles Lee to George Washington, 16 February 1776, W. W. Abbott, Dorothy Twohig, and Philander Chase, eds., *The Papers of George Washington: Revolutionary War Series*, 12 vols. to date (Charlottesville, 1985-) 4:339-41.

۱۶. برای مشکلات تاکتیکی ناشی از نیویورک، نک:

16. Barnet Schecter, *The Battle for New York: The City at the Heart of the American Revolution* (New York, 2002), 82-87.

همچنین نک به این اثر کلاسیک:

Bruce Bliven, *Battle for Manhattan* (New York, 1955), 9-12.

۱۷. برای آخرین برآورد نیروی مهاجم بریتانیا، نک:

Stephenson, *Patriotic Battles*, 231-32;

همچنین برای توضیحی دقیق‌تر در مورد نحوهٔ جمع‌آوری سرباز و کشتی، نک:

Schecter, *Battle for New York*, chap. 5.

۱۸. به نقل از:

Piers Mackesy, *The War for America*, 1775-1783 (Cambridge, Mass., 1964), 55.

۱۹. همانجا ص ۵۵-۵۰؛ همچنین نک:

Gerald S. Brown, *The American Secretary: The Colonial Policy of Lord George Germain, 1775- 1778* (Ann Arbor, 1963) و

Stanley Weintraub, *Iron Tears: America's Battle for Freedom, Britain's Quagmire, 1775-1783* (New York, 2005), 26- 44.

20. Mackesy, *War for America*, 56-70.

همچنین نک: David Hackett Fischer, *Washington's Crossing* (New York, 2004), 73-78

این اثر استراتژی راهروی هادسن جرمین را بطور مختصر مرور می‌کند. این استراتژی یک سال بعد به طرز شگفت‌انگیزی خنثی شد زیرا هاو، به دلایلی که برای همیشه مرموز باقی خواهد ماند، به جای حرکت به سمت بالادست هادسن، حمله به فیلادلفا را برگزید و ارتش بورگوین که از تیکاندروگا پایین می‌آمد مجبور شد در ساراتوگا تسلیم شود.

۲۱. کتاب گروبر همچنان منبع معتبری است. نک:

Ira D. Gruber, *The Howe Brothers and the American Revolution* (New York, 1972).

همچنین نک: Troyer S. Anderson, *The Command of the Howe Brothers During the American Revolution* (New York, 1936).

و اثر فیلیپس که بر همدردی برادران هاو با آمریکاییان تأکید می‌ورزد. نک:

Kevin Phillips, *The Cousins' War* (New York, 1999).

۲۲. مقدار زیادی از جزئیات این ماجرا برگرفته از کتابهای گروبر و اندرسن است که در بالا ذکر شد. همچنین نک به رسالهٔ تفکربرانگیز جونز:

Maldwyn Jones in George A. Billias, ed., *George Washington's Opponents: British Generals and Admirals in the American Revolution* (New York, 1969), 39-72.
On the seductive charms of Elizabeth Loring, see the long note in

در مورد جذابیت‌های اغواکنندهٔ الیزابت لورینگ نک به: Schecter, *Battle for New York*, 403-4

و به بازگویی هوشمندانهٔ فیشر: Fischer, *Washington's Crossing*, 72-73

برای تأثیر ماندگار بانکرهیل بر ذهن هاو، نک:

Henry Lee, *Memoirs of the War in the Southern Department*, 2 vols. (Philadelphia, 1812), 1:55,

در اینجا چارلز لی یادآور می‌شود که «تجربهٔ غم‌انگیز و تأثیرگذار این روز مرگبار [بانکرهیل] در اعماق ذهن سر ویلیام هاو فرو رفته است؛ و به نظر می‌رسد که نفوذ خود را بر تمامی عملیات بعدی او با کنترل قاطع اعمال خواهد کرد.»

23. William Howe to Lord George Germain, 26 April 1776, quoted in Anderson, *Command of the Howe Brothers*, 120.

برای نگرانی هاو از این که بزرگترین چالش او ممکن است کشاندن واشنگتن به جنگ باشد، نک:

William Howe to Lord George Germain, 23 April 1776, ibid., 118-20.

۲۴. برای خلاصهٔ من از گزینه‌های استراتژیک مورد بحث توسط افسران ارشد در بیرون از بوستون در طول محاصره، نک:

Ellis, *His Excellency*, 89-93.

25. George Washington to John Hancock, 5 May 1776, W. W. Abbott, Dorothy Twohig, and Philander Chase, eds., *The Papers of George Washington: Revolutionary War Series*, 12 vols. to date (Charlottesville, 1985-) 4:210.

۲۶. برای توصیف رسمی استحکامات نک:

General Orders, 22 May 1776, W. W. Abbott, Dorothy Twohig, and Philander Chase, eds., *The Papers of George Washington: Revolutionary War Series*, 12 vols. to date (Charlottesville, 1985-) 4:396.

در نقشهٔ اولیهٔ لی هیچ اشاره‌ای به بانکرهیل نشده بود، اما منظور من در اینجا این است که طرح دفاعی او به طور ضمنی تصدیق می‌کرد که در واقع جلوگیری از تسخیر نیویورک از نظر تاکتیکی غیرممکن بود.

۲۷. در مورد الکساندر یا لرد استرلینگ، نک:

Richard K. Showman et al., eds., *The Papers of General Nathanael Greene*, 7 vols. to date (Chapel Hill, 1976-) 1:216;

در مورد تلاش‌های بی‌وقفهٔ گرین برای تقویت بروکلین هایتس، اثر زیر نقشهٔ خوبی به دست می‌دهد:

Richard K. Showman et al., eds., *The Papers of General Nathanael Greene*, 7 vols. to date (Chapel Hill, 1976-) 1:231.

28. *Nathanael Greene to Christopher Green*, 7 June 1776, Richard K. Showman et al., eds., *The Papers of General Nathanael Greene*, 7 vols. to date (Chapel Hill, 1976-) 1:232-33.

29. General Orders, 14 April 1776, W. W. Abbott, Dorothy Twohig, and Philander Chase, eds., *The Papers of George Washington: Revolutionary War Series*, 12 vols. to date (Charlottesville, 1985-) 4:59.

۳۰. برای توصیف چندین روسپی، نک:
Edward Bangs, ed., *Journal of Lt. Isaac Bangs* (New York, 1890; reprint, 1968).
همچنین برای وصف مجازات در انظار عمومی هنگی که خانه‌ها را خراب کرد، نک:
General Orders, 27 April 1776, W. W. Abbott, Dorothy Twohig, and Philander Chase, eds., *The Papers of George Washington: Revolutionary War Series*, 12 vols. to date (Charlottesville, 1985-) 4:140-42.
31. George Washington to John Hancock, 25-26 April 1776, W. W. Abbott, Dorothy Twohig, and Philander Chase, eds., *The Papers of George Washington: Revolutionary War Series*, 12 vols. to date (Charlottesville, 1985-) 4: 128.
اعزام نیرو به کانادا برای واشنگتن ۱۰,۱۹۲ سرباز پیاده، ۵۹۶ افسر وظیفه، ۷۸ کارمند دفتری و ۸۸۱ افسر درجه‌دار باقی گذاشته بود که از این میان ۲۰ درصد عمدتاً در نتیجهٔ اسهال به دلیل مصرف آب آلوده برای انجام وظیفه مناسب نبودند. او تخمین زد که این تقریباً نیمی از تعدادی است که برای مقابله با هاو به آن نیاز دارد. و متعاقباً معلوم شد که تخمین او از نیروی تهاجمی هاو بیش از ۱۰,۰۰۰ سرباز کمتر از تعداد واقعی بود.
32. George Washington to John Augustine Washington, 31 May-4 June 1776, W. W. Abbott, Dorothy Twohig, and Philander Chase, eds., *The Papers of George Washington: Revolutionary War Series*, 12 vols. to date (Charlottesville, 1985-) 6:4 13.
۳۳. برای تلقیح مارتا که در اقامتگاه تامس جفرسن در خیابان چستنات انجام گرفت، نک:
John Hancock to George Washington, 21 May 1776, W. W. Abbott, Dorothy Twohig, and Philander Chase, eds., *The Papers of George Washington: Revolutionary War Series*, 12 vols. to date (Charlottesville, 1985-) 4:352-53.

برای اخبار شکست کِبِک، نک:
Philip Schuyler to George Washington, 13 May 1776, W. W. Abbott, Dorothy Twohig, and Philander Chase, eds., *The Papers of George Washington: Revolutionary War Series*, 12 vols. to date (Charlottesville, 1985-) 4:291-92.

برای درخواست «یک پیک لیکور هر صبح و هر شب»، نک:
Message from the Six Nations, 16 May 1776, W. W. Abbott, Dorothy Twohig, and Philander Chase, eds., *The Papers of George Washington: Revolutionary War Series*, 12 vols. to date (Charlottesville, 1985-) 4:319-20.
۳۴. برای بهترین گزارش از روندی که منتهی به تدوین سند شد، نک:
Pauline Maier, *American Scripture: Making the Declaration of Independence* (New York, 1997), 37-41.
35. George Washington to John Augustine Washington, 31 May-4 June 1776, W. W. Abbott, Dorothy Twohig, and Philander Chase, eds., *The Papers of George Washington: Revolutionary War Series*, 12 vols. to date (Charlottesville, 1985-) 4:412.
۳۶. برای تشکیل هیأت جنگ و مهمات، نک:
John Hancock to George Washington, q June 1776, W. W. Abbott, Dorothy Twohig, and

Philander Chase, eds., *The Papers of George Washington: Revolutionary War Series*, 12 vols. to date (Charlottesville, 1985-) 4:525-26.

برای نظر آدامز پیرامون بی‌کفایتی، نک:

John Adams to Nathanael Greene, 22 June 1776, Richard K. Showman et al., eds., *The Papers of General Nathanael Greene,* 7 vols. to date (Chapel Hill, 1976-) 238-40.

37. Nathanael Greene to John Adams, 2 June 1776, Richard K. Showman et al., eds., *The Papers of General Nathanael Greene,* 7 vols. to date (Chapel Hill, 1976-) 226.

38. George Washington to John Hancock, 10 July 1776, W. W. Abbott, Dorothy Twohig, and Philander Chase, eds., *The Papers of George Washington: Revolutionary War Series*, 12 vols. to date (Charlottesville, 1985-) 5:260.

۳۹. برای استقرار نفرات اضافی شبه‌نظامیان، نک:

John Hancock to George Washington, 11 June 1776, W. W. Abbott, Dorothy Twohig, and Philander Chase, eds., *The Papers of George Washington: Revolutionary War Series*, 12 vols. to date (Charlottesville, 1985-) 4:499.

برای شرح کامل واحدی ویژه متشکل از ۲۰۰ افسر و سرباز برای جمع‌آوری سلطنت‌طلبان در لانگ‌آیلند، نک:

General Order, 3 June 1776, Richard K. Showman et al., eds., *The Papers of General Nathanael Greene,* 7 vols. to date (Chapel Hill, 1976-) 1:227-28.

برای موانع جدید در رودخانه‌های هادسن و ایست، نک:

Worthington C. Ford, ed., The Journals of the Continental Congress, 1774- 1789, 34 vols. (Washington, D.C. 1904-37) 4:406-7.

40. General Orders, 6 June 1776, W. W. Abbott, Dorothy Twohig, and Philander Chase, eds., *The Papers of George Washington: Revolutionary War Series*, 12 vols. to date (Charlottesville, 1985-) 4:445.

۳. سگ‌هایی که پارس نکردند

۱. تعداد کشتی‌ها و نفرات را از منبع زیر گرفته‌ام:

Bruce Bliven, Under the Guns: New York, 1775-1776 (New York, 1972), 328; Ira D. Gruber, *The Howe Brothers and the American Revolution* (New York, 1972), 72-88; and Barnet Schecter, *The Battle for New York: The City at the Heart of the American Revolution* (New York, 2002), 95- 111.

۲. نقل قول از:

Pauline Maier, *American Scripture: Making the Declaration of Independence* (New York, 1997), 59.

مائر اولین مورخ متأخری است که توجهات را به «بیانیه‌های دیگر» جلب کرد، که منظور او قطعنامه‌ها و دادخواست‌هایی است که در سرتاسر مستعمرات در پاسخ به قطعنامهٔ ۱۵ مه کنگرهٔ قاره‌ای صادر شد. به صفحات ۹۶-۴۷ همین منبع نیز توجه کنید.

پی‌نوشت‌ها   ۲۳۵

۳. برای یک تحلیل عالی از سنت عریضه‌نویسی در تاریخ انگلستان، که با ماگنا کارتا آغاز شد، نک به همانجا در صفحات ۵۵-۵۰.

4. Ashby, Middlesex County, 1 July 1776, Peter Force, ed., American Archives, 9 vols. (Washington, D.C., 1833-53) 6:706

5. Town of Boston, 23 May 1776, Peter Force, ed., American Archives, 9 vols. (Washington, D.C., 1833-53) 6:556-57.

6. Topsfield, Essex County, 21 June 1776, Peter Force, ed., American Archives, 9 vols. (Washington, D.C., 1833-53) 6:703-4.

7. Town of Malden, 27 May 1776, Peter Force, ed., American Archives, 9 vols. (Washington, D.C., 1833-53) 6:602-3.

تنها شهر ماساچوست که استقلال را رد کرد، بارنزتابل بود، اگرچه مخالفان به سختی به حداقل آرای مورد نیاز دست یافتند و نظر مکتوب اقلیت بسیار طولانی‌تر و پرشورتر بود. نک:

Peter Force, ed., American Archives, 9 vols. (Washington, D.C., 1833-53) 6:706.

8. Virginia in Convention, 15 May 1776, Peter Force, ed., American Archives, 9 vols. (Washington, D.C., 1833-53) 6:461-62.

۹. به عنوان نمونه، نک به قطعنامهٔ شهرستان باکینگهام در:

Buckingham County, 21 May 1776, Peter Force, ed., American Archives, 9 vols. (Washington, D.C., 1833-53)5: 1206-8.

۱۰. برای شرح روشنی از زمینه‌های سیاسی در پنسیلوانیا و نیویورک نک:

Maier, *American Scripture,* 64-68

11. Memorial, City of Philadelphia, 25 May 1776, Peter Force, ed., American Archives, 9 vols. (Washington, D.C., 1833-53) 6:560-61; Proceedings of the Provincial Conference ... of Philadelphia, 18- 25 June 1776, Peter Force, ed., American Archives, 9 vols. (Washington, D.C., 1833-53) 6:951-57.

برای نقش مکانیک‌های رادیکال در سیاست فیلادلفیا، نک:

Richard A. Ryerson, *The Revolution Is Now Begun: The Radical Committees of Philadelphia* (Philadelphia, 1978).

۱۲. به منبع زیر نک که در ضمن حاوی پاسخ کنگرهٔ ایالت نیز هست:

"The Humble Address of the General Committee of Mechanics," 29 May 1776, Peter Force, ed., American Archives, 9 vols. (Washington, D.C., 1833-53) 6:614-15.

برای رأی‌گیری دیرتر از معمول نیویورک، نک:

John Hazelton, *The Declaration of Independence: Its History* (New York, 1906), 181-86.

13. Topsfield, Essex County, 21 June 1776, Peter Force, ed., American Archives, 9 vols. (Washington, D.C., 1833-53) 6:704.

14. John Adams to John Hughes, 4 June 1776, Robert J. Taylor et al., eds., *The Papers of John Adams,* 11 vols. to date (Cambridge, Mass., 1983-) 4:238-39.

15. John Adams to Patrick Henry, 3 June 1776, Robert J. Taylor et al., eds., *The Papers of John Adams,* 11 vols. to date (Cambridge, Mass., 1983-) 4:234-35.

16. John Adams to Abigail Adams, 2 June 1776, Lyman H. Butterfield et al., eds., *Adams Family Correspondence,* 9 vols. to date (Cambridge, Mass., 1963-) 2:3.

17. John Adams to William Cushing, 9 June 1776, Robert J. Taylor et al., eds., *The Papers of John Adams,* 11 vols. to date (Cambridge, Mass., 1983-) 4:245.

18. See, for example, Adams's work on the Board of War and Ordnance, Robert J. Taylor et al., eds., *The Papers of John Adams,* 11 vols. to date (Cambridge, Mass., 1983-) 4:253-59, and the Plan of Treaties, Robert J. Taylor et al., eds., *The Papers of John Adams,* 11 vols. to date (Cambridge, Mass., 1983-) 4:260-78. در فصل پنجم بیشتر در این مورد خواهد آمد.

۱۹. برای به تأخیر افکندن رأی تا اول ژوئیه، نک:

Worthington C. Ford, ed., *The Journals of the Continental Congress,* 1774-1789, 34 vols. (Washington, D.C. 1904-37) 5:428-29.

در مورد تشکیل کمیسیون تهیهٔ پیش‌نویس، نک به یادداشت مقدمه در:

Robert J. Taylor et al., eds., *The Papers of John Adams,* 11 vols. to date (Cambridge, Mass., 1983-) 4:341-44.

۲۰. اثر مائر جامع‌ترین و جدیدترین روایت است. نک: Maier, *American Scripture,* 41-46.
اما این فضای مقدسی است، و چندین نسل از مورخان داستان بیانیه را با تمایز قابل توجهی بیان کرده‌اند و گزارش من در اینجا و پایین‌تر از آنها تأثیر پذیرفته است. نک:

Carl Becker, *The Declaration of Independence: A Study in the History of Political Ideas* (New York, 1922); Julian Boyd, *The Declaration of Independence: The Evolution of the Text* (Princeton, 1945); and Gary Wills, *Inventing America: Jefferson's Declaration of Independence* (New York, 1968). برای روایت من، نک:

American Sphinx: The Character of Thomas Jefferson New York, 1998), 46-59.

من همچنین مجموعه‌ای از تفاسیر مختلف را ویراسته‌ام، نک:

What Did the Declaration Declare? (Boston and New York, 1999).

21. Thomas Jefferson to Thomas Nelson, 16 May 1776, Julian Boyd et al., eds., *The Papers of Thomas Jefferson,* 28 vols. to date (Princeton, 1950-) 1:292.

22. Ellis, *American Sphinx,* 24-26.

۲۳. همانجا، صفحات ۳۶-۲۹.

24. Thomas Jefferson to James Madison, 30 August 1823, Thomas Jefferson to Henry Lee, 8 May 1825, quoted in editorial note, Julian Boyd et al., eds., *The Papers of Thomas Jefferson,* 28 vols. to date (Princeton, 1950-) 1:415.

برای یادداشت طولانی جولیان بوید دربارهٔ پیش‌نویس‌های متعدد سند، نک:

Julian Boyd et al., eds., *The Papers of Thomas Jefferson,* 28 vols. to date (Princeton, 1950-) 1:413-33.

منبع بسیار خوب دیگری در این باره Maier, *American Scripture,* 99-105 است.

25. Edmund Pendleton to Thomas Jefferson, 22 July 1776, Julian Boyd et al., eds., *The Papers of Thomas Jefferson,* 28 vols. to date (Princeton, 1950-) 1:471.

۲۶. برای خاطرات آدامز در این مورد، نک:

Lyman H. Butterfield et al., eds., *The Diary and Autobiography of John Adams,* 4 vols. (Cambridge, Mass., 1961) 3:336.

۲۷. برای شرح سخنرانی‌های روز اول ژوئیه ۱۷۷۶، از زبان آدامز، نک:

Lyman H. Butterfield et al., eds., *The Diary and Autobiography of John Adams,* 4 vols. (Cambridge, Mass., 1961) 3:396-97.

۲۸. این منبع طولانی‌ترین و قوی‌ترین استدلال را برای در نظر گرفتن نمایندگان به‌عنوان هم‌نویسان بیانیه بر اساس بازنگری‌های گستردهٔ آنها به دست می‌دهد. نک: Maier, *American Scripture.*

۲۹. همانجا، صفحات ۴۱-۲۳۶ پیش‌نویس اصلاح شده جفرسن را نشان می‌دهد که در آن همهٔ ویرایش‌ها و حذف‌ها نشان داده شده است. همهٔ نقل قول‌ها از این نسخه قابل دسترس متن گرفته شده است. نسخهٔ کمی متفاوت که بخش‌های حذف شدهٔ پیش‌نویس جفرسن را نیز ایتالیک کرده، به راحتی در اینجا در دسترس است. نک:

Merrill Peterson, ed., *The Portable Jefferson* (New York, 1977), 235-41.

۳۰. برای ملاحظات جفرسن دربارهٔ «خارج‌نشینی» و افسانهٔ نژاد ساکسون، نک:

H. Trevor Colbourn, *The Lamp of Experience: Whig History and the Intellectual Origins of the American Revolution* (Chapel Hill, 1965), 158-84.

۳۱. برای برخورد من با این متن احساسی، که علیرغم حذف آن به دقت حال و هوای بسیاری از آمریکاییان عادی را به تصویر کشید، نک:

Ellis, *American Sphinx,* 52-53

جفرسن در این مورد شدیداً احساساتی بود، و مورخی که به بهترین نحو آن را ثبت کرده، اندرو برنستین است. نک:

Andrew Burstein, *The Inner Jefferson: Portrait of a Grieving Optimist* (Charlottesville, 2000).

32. Maier, *American Scripture,* 236.

۳۳. برای نقل قول لینکلن، نک:

Ellis, *American Sphinx,* 54

۳۴. جفرسن تا پایان عمر طولانی خود وسواس زیادی به حفظ پیش‌نویس اصلی بیانیه داشت که خودش آن را نوشته بود و متقاعد شده بود که آن نسخه بسیار برتر از نسخهٔ رسمی ویرایش شده توسط کنگره است. برای تلاش لی در همدردی با جفرسن، با گفتن این‌که «ایکاش دست‌نوشته آنطور که هست خراب نمی‌شد.» نک:

Richard Henry Lee to Thomas Jefferson, 21 July 1776, Julian Boyd et al., eds., *The Papers of Thomas Jefferson,* 28 vols. to date (Princeton, 1950-) 1:471.

35. Bliven, *Under the Guns,* 318-19.

36. General Orders, 2 July 1776, W. W. Abbott, Dorothy Twohig, and Philander Chase, eds., *The Papers of George Washington: Revolutionary War Series,* 12 vols. to date (Charlottesville, 1985-) 5: 180.

۲۳۸   تابستان انقلابی / جوزف جِی. اِلیس

۴. و غیره و غیره و غیره...

۱. برای آمار تلفات در طول سفر نک:

Sylvia R. Frey, *The British Soldier in America: A Social History of Military Life in the Revolutionary Period* (Austin, 1981), 37-38; and Elizabeth A. Fenn, *Pox Americana: The Great Smallpox Epidemic of 1775-1782* (New York, 2001).

2. Journal of Ambrose Serle, 12-23 July 1776, Library of America, *The American Revolution: Writings from the War of Independence* (New York, 2001), selections and notes by John Rhodehamel 147-48.

۳. برای نقل قول، نک:

Stanley Weintraub, *Iron Tears: America's Battle for Freedom, Britain's Quagmire, 1775-1783* (New York, 2005), 65.

۴. برای نقل قول، نک:

David McCullough, *1776* (New York, 2005), 142.

5. Frey, *British Soldier in America*, 20-26.

6. Nathanael Greene to Jacob Greene, 28 September 1776, Richard K. Showman et al., eds., *The Papers of General Nathanael Greene,* 7 vols. to date (Chapel Hill, 1976-) 1:303-4.

برای این استدلال که ارتش هاو تجربهٔ نظامی کمی داشت، همچنین نک:

Matthew H. Spring, *With Zeal and with Bayonets Only: The British Army on Campaign in North America* (Norman, 2008).

7. John Hancock to George Washington, 6 July 1776, W. W. Abbott, Dorothy Twohig, and Philander Chase, eds., *The Papers of George Washington: Revolutionary War Series*, 12 vols. to date (Charlottesville, 1985-) 5:219.

۸. نک به پیش‌گفتار در:

W. W. Abbott, Dorothy Twohig, and Philander Chase, eds., *The Papers of George Washington: Revolutionary War Series*, 12 vols. to date (Charlottesville, 1985-) 5:247;

برای قرائتی از بیانیه، نک:

Journal of Isaac Bangs, 10 July 1776, Library of America, *The American Revolution: Writings from the War of Independence* (New York, 2001), selections and notes by John Rhodehamel 132-33.

برای نقل قول «اعلیحضرت ذوب شده» نک: Weintraub, *Iron Tears,* 70-71

برای توبیخ واشنگتن، نک:

General Orders, 10 July 1776, W. W. Abbott, Dorothy Twohig, and Philander Chase, eds., *The Papers of George Washington: Revolutionary War Series*, 12 vols. to date (Charlottesville, 1985-) 5:256.

9. Nathanael Greene to George Washington, 5 July 1776, W. W. Abbott, Dorothy Twohig, and Philander Chase, eds., *The Papers of George Washington: Revolutionary War Series*,

12 vols. to date (Charlottesville, 1985-) 5:212.
10. George Washington to John Hancock, 4 July 1776, W. W. Abbott, Dorothy Twohig, and Philander Chase, eds., *The Papers of George Washington: Revolutionary War Series*, 12 vols. to date (Charlottesville, 1985-) 5:200.

۱۱. برای نامه‌های چندی دربارهٔ کارزار شمالی، نک:
W. W. Abbott, Dorothy Twohig, and Philander Chase, eds., *The Papers of George Washington: Revolutionary War Series*, 12 vols. to date (Charlottesville, 1985-) 5350-62.
12. Council of War, 12 July 1776, W. W. Abbott, Dorothy Twohig, and Philander Chase, eds., *The Papers of George Washington: Revolutionary War Series*, 12 vols. to date (Charlottesville, 1985-) 5:280.
13. George Washington to John Hancock, 12 July 1776, W. W. Abbott, Dorothy Twohig, and Philander Chase, eds., *The Papers of George Washington: Revolutionary War Series*, 12 vols. to date (Charlottesville, 1985-) 5:283-85; Nathanael Greene to George Washington, 14 July 1776, Richard K. Showman et al., eds., *The Papers of General Nathanael Greene*, 7 vols. to date (Chapel Hill, 1976-) 1:253-56.
14. Joseph Plumb Martin, *A Narrative of a Revolutionary Soldier* (New York, 2001), 17-18.
15. General Orders, 13 July 1776, W. W. Abbott, Dorothy Twohig, and Philander Chase, eds., *The Papers of George Washington: Revolutionary War Series*, 12 vols. to date (Charlottesville, 1985-) 5:290.
16. Pennsylvania Committee of Safety to George Washington, 11 July 1776, W. W. Abbott, Dorothy Twohig, and Philander Chase, eds., *The Papers of George Washington: Revolutionary War Series*, 12 vols. to date (Charlottesville, 1985-) 5:271-73; editorial note, W. W. Abbott, Dorothy Twohig, and Philander Chase, eds., *The Papers of George Washington: Revolutionary War Series*, 12 vols. to date (Charlottesville, 1985-) 5:569.

برای کشتی‌های غرق شده، نک:
Thomas Mifflin to George Washington, 6 August 1776, W. W. Abbott, Dorothy Twohig, and Philander Chase, eds., *The Papers of George Washington: Revolutionary War Series*, 12 vols. to date (Charlottesville, 1985-) 5:580-81;

و برای پیشنهاد در مورد یک زیردریایی، نک:
Benjamin Franklin to George Washington, 22 July 1776, W. W. Abbott, Dorothy Twohig, and Philander Chase, eds., *The Papers of George Washington: Revolutionary War Series*, 12 vols. to date (Charlottesville, 1985-) 5:421-22.

۱۷. متعاقباً شش نامه در مورد موضوع دام‌ها رد و بدل و بالاخره در ۱۲ اوت ۱۷۷۶ منتفی شد. نک:
Nathanael Greene to George Washington, 27 June 1776, Richard K. Showman et al., eds., *The Papers of General Nathanael Greene*, 7 vols. to date (Chapel Hill, 1976-) 1:243.

۱۸. برای نامه‌های متبادله پیرامون هواداران سلطنت، نک:

۲۴۰   تابستان انقلابی / جوزف جِی. اِلیس

Richard K. Showman et al., eds., *The Papers of General Nathanael Greene*, 7 vols. to date (Chapel Hill, 1976-) 1:241, 276-78, and W. W. Abbott, Dorothy Twohig, and Philander Chase, eds., *The Papers of George Washington: Revolutionary War Series*, 12 vols. to date (Charlottesville, 1985-) 5:252, 327-28.

19. John F. Roche, *Joseph Reed: A Moderate in the American Revolution* (New York, 1957), 84-85.

۲۰. برای نامه‌ها، نک:

W. W. Abbott, Dorothy Twohig, and Philander Chase, eds., *The Papers of George Washington: Revolutionary War Series*, 12 vols. to date (Charlottesville, 1985-) 5:232, 235, 439, 490-93, and Richard K. Showman et al., eds., *The Papers of General Nathanael Greene*, 7 vols. to date (Chapel Hill, 1976-) I :284-86.

21. George Washington to John Augustine Washington, 28 July 1776, W. W. Abbott, Dorothy Twohig, and Philander Chase, eds., *The Papers of George Washington: Revolutionary War Series*, 12 vols. to date (Charlottesville, 1985-) 5:428-30.

22. Lord Richard Howe to George Washington, 13 July 1776, W. W. Abbott, Dorothy Twohig, and Philander Chase, eds., *The Papers of George Washington: Revolutionary War Series*, 12 vols. to date (Charlottesville, 1985-) 5:296-97.

23. George Washington to John Hancock, 14 July 1776, W. W. Abbott, Dorothy Twohig, and Philander Chase, eds., *The Papers of George Washington: Revolutionary War Series*, 12 vols. to date (Charlottesville, 1985-) 5:306.

24. Journal of Ambrose Serle, 14 July 1776, Library of America, *The American Revolution: Writings from the War of Independence* (New York, 2001), selections and notes by John Rhodehamel 145; George Washington to John Hancock, 14 July 1776, W. W. Abbott, Dorothy Twohig, and Philander Chase, eds., *The Papers of George Washington: Revolutionary War Series*, 12 vols. to date (Charlottesville, 1985-) 5:306.

25. George Washington to General Horatio Gates, 19 July 1776, W. W. Abbott, Dorothy Twohig, and Philander Chase, eds., *The Papers of George Washington: Revolutionary War Series*, 12 vols. to date (Charlottesville, 1985-) 5:380-81.

26. Joseph Reed, *Memorandum of Meeting Between George Washington and James Patterson*, 20 July 1776. Library of America, *The American Revolution: Writings from the War of Independence* (New York, 2001), selections and notes by John Rhodehamel 152-55.

برای همان سند، همچنین نک:

W. W. Abbott, Dorothy Twohig, and Philander Chase, eds., *The Papers of George Washington: Revolutionary War Series*, 12 vols. to date (Charlottesville, 1985-) 5:398-403.

۲۷. از میان بسیاری از زندگی‌نامه‌های فرانکلین، به نظر من چهارتای زیر بسیار ارزشمندند:

Carl Van Doren, *Benjamin Franklin* (New York, 1938); Edmund S. Morgan, *Benjamin Franklin*

(New Haven, 2002); Walter Isaacson, *Benjamin Franklin: All American Life* (New York, 2003); and Gordon Wood, *The Americanization of Benjamin Franklin* (New York, 2004).

برای سال‌هایی که فرانکلین در لندن بود، نک:

David Morgan, *The Devious Dr. Franklin: Benjamin Franklin's Years in London* (Macon, 1996).

برای دیدگاه انتقادی‌تری نسبت به شخصیت فرانکلین، نک:

Robert Middlekauf, *Benjamin Franklin and His Enemies* (Berkeley, 1996).

28. Benjamin Franklin to Lord Howe, 20 July 1776, William B. Willcox et al., eds., *The Papers of Benjamin Franklin,* 28 vols. to date (New Haven, 1959-) 22:51 8-21.

29. Lord Howe to Lord George Germain, 6 August 1776, W. W. Abbott, Dorothy Twohig, and Philander Chase, eds., *The Papers of George Washington: Revolutionary War Series,* 12 vols. to date (Charlottesville, 1985-) 5:402, editorial note.

30. George Washington to John Hancock, 22 July 1776, W. W. Abbott, Dorothy Twohig, and Philander Chase, eds., *The Papers of George Washington: Revolutionary War Series,* 12 vols. to date (Charlottesville, 1985-) 5:424-25.

۳۱. بیشتر گزارش‌های تاریخی تعداد نیروهای تهاجمی بریتانیا را ۳۲،۰۰۰ نفر برآورده‌اند، اما من نیروی مکمل قوای دریایی را در برآوردم لحاظ می‌کنم زیرا آنها بخشی جدایی‌ناپذیر از نبرد بعدی بودند.

32. John Adams to Abigail Adams, 20 July 1776, Lyman H. Butterfield et al., eds., *Adams Family Correspondence,* 9 vols. to date (Cambridge, Mass., 1963-) 2:53.

33. George Washington to Colonel Adam Stephen, 20 July 1776, W. W. Abbott, Dorothy Twohig, and Philander Chase, eds., *The Papers of George Washington: Revolutionary War Series,* 12 vols. to date (Charlottesville, 1985-) 5:408-9; George Washington to Brigadier General Willliam Livingston, 8 August 1776, W. W. Abbott, Dorothy Twohig, and Philander Chase, eds., *The Papers of George Washington: Revolutionary War Series,* 12 vols. to date (Charlottesville, 1985-) 5:632.

34. George Washington to Militia Colonels in Western Connecticut, 7 August 1776, W. W. Abbott, Dorothy Twohig, and Philander Chase, eds., *The Papers of George Washington: Revolutionary War Series,* 12 vols. to date (Charlottesville, 1985-) 5:593-94; George Washington to Jonathan Trumbull, 7 August 1776, W. W. Abbott, Dorothy Twohig, and Philander Chase, eds., *The Papers of George Washington: Revolutionary War Series,* 12 vols. to date (Charlottesville, 1985-) 5:615-16.

35. John Adams to Abigail Adams, 27 July 1776, Lyman H. Butterfield et al., eds., *Adams Family Correspondence,* 9 vols. to date (Cambridge, Mass., 1963-) 2:63; John Adams to Abigail Adams, 3-4 August 1776, Lyman H. Butterfield et al., eds., *Adams Family Correspondence,* 9 vols. to date (Cambridge, Mass., 1963-) 2:75-76.

36. General Orders, 13 August 1776, W. W. Abbott, Dorothy Twohig, and Philander Chase, eds., *The Papers of George Washington: Revolutionary War Series,* 12 vols. to date

(Charlottesville, 1985-) 6:1.

37. George Washington to John Hancock, 8-9 August 1776, W. W. Abbott, Dorothy Twohig, and Philander Chase, eds., *The Papers of George Washington: Revolutionary War Series*, 12 vols. to date (Charlottesville, 1985-) 5:627.

38. John Adams to Abigail Adams, Lyman H. Butterfield et al., eds., *Adams Family Correspondence*, 9 vols. to date (Cambridge, Mass., 1963-) 2:81.

۵. در پی فضیلت

۱. نک به دو منبع قدیمی اما هنوز باارزش در این مورد:

Merrill Jensen, *The Articles of Confederation: An interpretation of the Social-Constitutional History of the American Revolution, 1774-1781* (Madison, 1940), and Edmund C. Burnett, *The Continental Congress* (New York, 1941).

برای انشعابات منطقه‌ای و مقطعی که در تابستان ۱۷۷۶ پس از رأی‌گیری در مورد استقلال ظاهر شد، نک:

Herbert James Henderson, *Party Politics in the Continental Congress* (New York, 1974), and Jack N. Rakove, *The Beginnings of National Politics: An interpretive History of the Continental Congress* (New York, 1979).

روایت راکوو حاوی بهترین نظر در مورد شروع فصل جدید سیاسی پس از بیش از یک سال وحدت فی‌البداهه است.

2. Thomas Jefferson to Francis Eppes, 15 July 1776, Julian Boyd et al., eds., *The Papers of Thomas Jefferson,* 28 vols. to date (Princeton, 1950-) 1:458-60; Thomas Jefferson to John Page, 30 July 1776, Julian Boyd et al., eds., *The Papers of Thomas Jefferson,* 28 vols. to date (Princeton, 1950-) 1:482- 83.

۳. برای شایعهٔ ۶۰,۰۰۰ سرباز، نک:

Anthony Wayne to BF, 31 July 1776, William B. Willcox et al., eds., *The Papers of Benjamin Franklin,* 28 vols. to date (New Haven, 1959-) 22:539-40.

4. Elbridge Gerry to John Adams, 3 August 1776, Robert J. Taylor et al., eds., *The Papers of John Adams,* 11 vols. to date (Cambridge, Mass., 1983-) 4:431-34.

5. Benjamin Franklin to Anthony Wayne, 28 August 1776, William B. Willcox et al., eds., *The Papers of Benjamin Franklin,* 28 vols. to date (New Haven, 1959-) 22:584.

۶. برای پیش‌نویس دیکنسن، نک:

Paul H. Smith et al., eds., *Letters of Delegates to Congress, 1774- 1789,* 26 vols. (Washington, D.C., 1976-2000) 4:233-50.

۷. برای نقل‌قول‌های بارتلت و راتلج، نک: Paul H. Smith et al., eds., *Letters of Delegates to Congress, 1774- 1789,* 26 vols. (Washington, D.C., 1976-2000) 4:251, note 1.

8. Paul H. Smith et al., eds., *Letters of Delegates to Congress, 1774- 1789,* 26 vols. (Washington, D.C., 1976-2000) 4:233-34.

9. Paul H. Smith et al., eds., *Letters of Delegates to Congress, 1774- 1789,* 26 vols.

(Washington, D.C., 1976-2000) 4:239, 242-43.
10. Paul H. Smith et al., eds., *Letters of Delegates to Congress, 1774- 1789,* 26 vols. (Washington, D.C., 1976-2000) 4:338-39.
11. Lyman H. Butterfield et al., eds., *The Diary and Autobiography of John Adams,* 4 vols. (Cambridge, Mass., 1961) 2:245-46; Julian Boyd et al., eds., *The Papers of Thomas Jefferson,* 28 vols. to date (Princeton, 1950-) I:320-23.
12. Paul H. Smith et al., eds., *Letters of Delegates to Congress, 1774- 1789,* 26 vols. (Washington, D.C., 1976-2000) 4:242.
13. William B. Willcox et al., eds., *The Papers of Benjamin Franklin,* 28 vols. to date (New Haven, 1959-) 22, 536-38, editorial note; Lyman H. Butterfield et al., eds., *The Diary and Autobiography of John Adams,* 4 vols. (Cambridge, Mass., 1961) 2:245.
14. Lyman H. Butterfield et al., eds., *The Diary and Autobiography of John Adams,* 4 vols. (Cambridge, Mass., 1961) 2:247.
15. Lyman H. Butterfield et al., eds., *The Diary and Autobiography of John Adams,* 4 vols. (Cambridge, Mass., 1961) 2:245-6; Julian Boyd et al., eds., *The Papers of Thomas Jefferson,* 28 vols. to date (Princeton, 1950-)1:323-27.
16. Lyman H. Butterfield et al., eds., *The Diary and Autobiography of John Adams,* 4 vols. (Cambridge, Mass., 1961) 2:241-43, 249-50.
17. Edward Pendleton to Thomas Jefferson, 15 July and 3 August 1776, Julian Boyd et al., eds., *The Papers of Thomas Jefferson,* 28 vols. to date (Princeton, 1950-) 1:462-65, 484-85.
18. John Adams to Joseph Hawley, 25 August 1776, Paul H. Smith et al., eds., *Letters of Delegates to Congress,* 1774- 1789, 26 vols. (Washington, D.C., 1976-2000) 5:60-62.

۱۹. برای متن کامل «طرح معاهدات،» با یادداشتی دربارهٔ زمینهٔ سیاسی و میراث دیپلماتیک، نک:

Robert J. Taylor et al., eds., *The Papers of John Adams,* 11 vols. to date (Cambridge, Mass., 1983-) 4:260-78.
20. Robert J. Taylor et al., eds., *The Papers of John Adams,* 11 vols. to date (Cambridge, Mass., 1983-) 4:265.
21. Robert J. Taylor et al., eds., *The Papers of John Adams,* 11 vols. to date (Cambridge, Mass., 1983-) 4:266.

برای اولین ابراز نظر جان آدامز پیرامون محدود کردن پیمان تجاری با فرانسه، نک:

Lyman H. Butterfield et al., eds., *The Diary and Autobiography of John Adams,* 4 vols. (Cambridge, Mass., 1961) 2:236, 3:337.
22. Robert J. Taylor et al., eds., *The Papers of John Adams,* 11 vols. to date (Cambridge, Mass., 1983-) 4:268.

۲۳. برای طرح معاهداتی که به تصویب رسید، نک: Robert J. Taylor et al., eds., *The Papers of John Adams,* 11 vols. to date (Cambridge, Mass., 1983-) 4:290- 92.

24. Thomas Jefferson to Richard Henry Lee, 8 July 1776; Richard Henry Lee to Thomas Jefferson, 21 July 1776, Julian Boyd et al., eds., *The Papers of Thomas Jefferson*, 28 vols. to date (Princeton, 1950-) 1:455-56, 471.

25. Julian Boyd et al., eds., *The Papers of Thomas Jefferson*, 28 vols. to date (Princeton, 1950-) 1:21-28.

26. Thomas Jefferson to Edmund Pendleton, 30 June 1776, Thomas Jefferson to Richard Henry Lee, 29 July 1776, Julian Boyd et al., eds., *The Papers of Thomas Jefferson*, 28 vols. to date (Princeton, 1950-) 1:408, 477.

27. Thomas Jefferson to Edmund Pendleton, 13 and 26 August 1776, Julian Boyd et al., eds., *The Papers of Thomas Jefferson*, 28 vols. to date (Princeton, 1950-) 1:491-94, 503-6.

28. Thomas Jefferson to John Page, 5 August 1776, Julian Boyd et al., eds., *The Papers of Thomas Jefferson*, 28 vols. to date (Princeton, 1950-) 1:485-86.

29. Thomas Jefferson to Edmund Pendleton, 26 August 1776, Julian Boyd et al., eds., *The Papers of Thomas Jefferson*, 28 vols. to date (Princeton, 1950-) 1:505-6.

۳۰. برای وظایف کامل جان آدامز در مقام رئیس هیأت جنگ و مهمات، از ۱۲ ژوئن تا ۲۷ اوت ۱۷۷۶، نک:
Robert J. Taylor et al., eds., *The Papers of John Adams*, 11 vols. to date (Cambridge, Mass., 1983-) 4:253-59.

31. Joseph Reed to John Adams, 4 July 1776, Robert J. Taylor et al., eds., *The Papers of John Adams*, 11 vols. to date (Cambridge, Mass., 1983-) 4:358-60; Nathanael Greene to John Adams, 14 July 1776, Robert J. Taylor et al., eds., *The Papers of John Adams*, 11 vols. to date (Cambridge, Mass., 1983-) 4:380-82.

32. John Adams to William Heath, 3 August 1776, Robert J. Taylor et al., eds., *The Papers of John Adams*, 11 vols. to date (Cambridge, Mass., 1983-) 4:426-27.

33. Horatio Gates to John Adams, 17 July 1776, Robert J. Taylor et al., eds., *The Papers of John Adams*, 11 vols. to date (Cambridge, Mass., 1983-) 4:388-89.

34. John Adams to Horatio Gates, 13 August 1776, Robert J. Taylor et al., eds., *The Papers of John Adams*, 11 vols. to date (Cambridge, Mass., 1983-) 4:426-27.

35. Abigail Adams to John Adams, 17 and 19 August 1776, Lyman H. Butterfield et al., eds., *Adams Family Correspondence*, 9 vols. to date (Cambridge, Mass., 1963-) 2:98, 101.

36. John Adams to Abigail Adams, 16 July and 28 August 1776, Lyman H. Butterfield et al., eds., *Adams Family Correspondence*, 9 vols. to date (Cambridge, Mass., 1963-) 2:50-51, 111.

37. James Bowdoin to Benjamin Franklin, 19 August 1776, William B. Willcox et al., eds., *The Papers of Benjamin Franklin*, 28 vols. to date (New Haven, 1959-) 22:569-71.

38. Lord Howe to Benjamin Franklin, 16 August 1776, William B. Willcox et al., eds., *The Papers of Benjamin Franklin*, 28 vols. to date (New Haven, 1959-) 22:565-66; Benjamin Franklin to Lord Howe, 20 August 1776, William B. Willcox et al., eds., *The Papers of*

Benjamin Franklin, 28 vols. to date (New Haven, 1959-) 22:575 (این یادداشت ارسال نشد).
39. Editorial note, William B. Willcox et al., eds., *The Papers of Benjamin Franklin,* 28 vols. to date (New Haven, 1959-) 22:551-52.
40. Editorial note, William B. Willcox et al., eds., *The Papers of Benjamin Franklin,* 28 vols. to date (New Haven, 1959-) 22:537-38.
در ۲۰ اوت فرانکلین نامه‌ای در اعتراض به نمایندگی بر اساس ایالت تهیه کرد اما تصمیم گرفت آن را ارسال نکند. نک:
William B. Willcox et al., eds., *The Papers of Benjamin Franklin,* 28 vols. to date (New Haven, 1959-) 22:571-75.
۴۱. برای نقش فرانکلین در کنوانسیون پنسیلوانیا، نک به یادداشت سردبیر:
William B. Willcox et al., eds., *The Papers of Benjamin Franklin,* 28 vols. to date (New Haven, 1959-) 22:529-33.
42. George Ross to Benjamin Franklin, 18 August 1776, William B. Willcox et al., eds., *The Papers of Benjamin Franklin,* 28 vols. to date (New Haven, 1959-) 22:568; Benjamin Franklin to Horatio Gates, 28 August 1776, William B. Willcox et al., eds., *The Papers of Benjamin Franklin,* 28 vols. to date (New Haven, 1959-) 22:583-84.

۶. جنگ و مه

1. Ira D. Gruber, *The Howe Brothers and the American Revolution* (New York, 1972), 100-2.
2. George Washington to Lund Washington, 19 August 1776, W. W. Abbott, Dorothy Twohig, and Philander Chase, eds., *The Papers of George Washington: Revolutionary War Series*, 12 vols. to date (Charlottesville, 1985-) 6:82-86.
اندازهٔ نهایی نیروی طرف آمریکایی یک حدس علمی بر اساس محاسبات تقریبی اندازهٔ واحدهای شبه‌نظامی ایالت‌هاست که دیر وارد شدند. هنگامی که نبرد آغاز شد، خود واشنگتن نمی‌دانست چه تعداد نیرو را فرماندهی می‌کند.
3. Nathanael Greene to George Washington, 15 August 1776, Richard K. Showman et al., eds., *The Papers of General Nathanael Greene,* 7 vols. to date (Chapel Hill, 1976-) 1:287; Stirling quoted in Michael Stephenson, *Patriot Battles: How the War of Independence Was Fought* (New York, 2007), 231.
4. William Howe to George Washington, 1 August 1776, W. W. Abbott, Dorothy Twohig, and Philander Chase, eds., *The Papers of George Washington: Revolutionary War Series,* 12 vols. to date (Charlottesville, 1985-) 5:537.
5. George Washington to William Howe, 17 August 1776, W. W. Abbott, Dorothy Twohig, and Philander Chase, eds., *The Papers of George Washington: Revolutionary War Series,* 12 vols. to date (Charlottesville, 1985-) 5:537-38.
6. Editorial note, W. W. Abbott, Dorothy Twohig, and Philander Chase, eds., *The Papers of George Washington: Revolutionary War Series,* 12 vols. to date (Charlottesville, 1985-) 6:23-24; Hugh Mercer to George Washington, 19 August 1776, W. W. Abbott, Dorothy

Twohig, and Philander Chase, eds., *The Papers of George Washington: Revolutionary War Series,* 12 vols. to date (Charlottesville, 1985-) 6:79; General Orders, 7 August 1776, Richard K. Showman et al., eds., *The Papers of General Nathanael Greene,* 7 vols. to date (Chapel Hill, 1976-) 1:277; Barnet Schecter, *The Battle for New York: The City at the Heart of the American Revolution* (New York, 2002), 129.

۷. از میان افسران انگلیسی در جنگ، ویلکاکس عمیق‌ترین تحلیل‌ها و همچنین پیچیده‌ترین تحلیل روان‌شناختی را از هر شخصیت برجسته در هر دو طرف ارائه می‌دهد. نک:

William B. Willcox, *Portrait of a General: Sir Henry Clinton in the War for Independence* (New York, 1964), preface, 492-524.

همچنین نک:

William Willcox and Frederick Wyatt, " *Sir Henry Clinton: A Psychological Exploration in History,*" Lyman H. Butterfield et al., eds., *Adams Family Correspondence,* 9 vols. to date (Cambridge, Mass., 1963-) 14 (January 1959), 3-26.

8. William B. Willcox, ed., *The American Rebellion: Sir Henry Clinton's Narrative of His Campaigns, 1775-1782* (New Haven, 1954), 40-41; Schecter, *Battle for New York,* 60-61.

9. Gruber, *Howe Brothers,* 106-7.

10. Nathanael Greene to George Washington, 15 August 1776, W. W. Abbott, Dorothy Twohig, and Philander Chase, eds., *The Papers of George Washington: Revolutionary War Series,* 12 vols. to date (Charlottesville, 1985-) 6:29-31;

برای انتصاب سالیوان، نک:

George Washington to John Hancock, 23 August 1776, W. W. Abbott, Dorothy Twohig, and Philander Chase, eds., *The Papers of George Washington: Revolutionary War Series,* 12 vols. to date (Charlottesville, 1985-) 6: 111, for the appointment of Sullivan.

۱۱. برای تخصیص نیرو توسط واشنگتن، نک: Ambrose Serle, *The American Journal of Ambrose Serle* (San Marino, 1940), 72-74; Stephenson, *Patriot Battles,* 232-33.

12. General Orders, 23 August 1776, W. W. Abbott, Dorothy Twohig, and Philander Chase, eds., *The Papers of George Washington: Revolutionary War Series,* 12 vols. to date (Charlottesville, 1985-) 6: 109-10.

چندین اثر ثانویه در مورد نبرد بعدی، علاوه بر مواردی که قبلا ذکر شد، به شکل‌گیری درک من از داستان کمک کردند. در طرف بریتانیا: Piers Mackesy, *The War for America, 1775-1783* (Cambridge, Mass., 1964).

در طرف آمریکا:

Bruce Bliven, *Under the Guns: New York, 1775-76* (New York, 1972); Thomas Fleming, *1776: Year of Illusions* (New York, 1975), 308-38; James Thomas Flexner, *George Washington: In the American Revolution* (Boston, 1967), 87-156; David Hackett Fischer, *Washington's Crossing* (New York, 2004), 81-114; and David McCullough, *1776* (New York, 2005), 115-200.

13. Editorial note, Richard K. Showman et al., eds., *The Papers of General Nathanael Greene,* 7 vols. to date (Chapel Hill, 1976-) 1:291-93.

14. John Sullivan to George Washington, 23 August 1776; George Washington to John Hancock, 26 August 1776, W. W. Abbott, Dorothy Twohig, and Philander Chase, eds., *The Papers of George Washington: Revolutionary War Series,* 12 vols. to date (Charlottesville, 1985-) 6:115-16, 129-30; Schecter, *Battle for New York,* 131-32.

برای سوابق پاتنام، که زندگی‌نامه‌نویس جدیدی ندارد، نک:

Ron Chernow, *Washington: A Life* (New York, 2010), 246.

15. Willcox, *Sir Henry Clinton's Narrative,* 40-42; Schecter, *Battle for New York,* 135-37.

16. Willcox, *Sir Henry Clinton's Narrative,* 35.

۱۷. برای نقل‌قول‌ها نک: Schecter, *Battle for New York,* 132-34.

۱۸. همانجا، صفحات ۴۳-۱۴۱.

19. Stephenson, *Patriotic Battles,* 237-38.

20. Joseph Plumb Martin, *A Narrative of a Revolutionary Soldier* (New York, 2001), 22-23.

21. E. J. Lowell, *The Hessians and the Other German Auxiliaries of Great Britain in the Revolutionary War* (New York, 1884), 65-67.

22. Schecter, *Battle for New York,* 149-54; Paul David Nelson, *William Alexander; Lord Stirling* (Tuscaloosa, 1987), 44; Lord Stirling to George Washington, 29 August 1776, W. W. Abbott, Dorothy Twohig, and Philander Chase, eds., *The Papers of George Washington: Revolutionary War Series,* 12 vols. to date (Charlottesville, 1985-) 6:159-62.

23. William Howe to Lord George Germain, 3 September 1776, in K. G. Davies, ed., *Documents of the American Revolution, 1770-1783* (Dublin, 1976), 12:217; Howard H. Peckham, ed., *The Toll of Independence: Engagements and Battle Casualties of the American Revolution* (Chicago, 1974), 22; editorial note, W. W. Abbott, Dorothy Twohig, and Philander Chase, eds., *The Papers of George Washington: Revolutionary War Series,* 12 vols. to date (Charlottesville, 1985-) 6:143.

24. William Howe to Lord George Germain, 3 September 1776, in Davies, *Documents of the American Revolution,* 12:218; Schecter, *Battle for New York,* 166-67; Willcox, *Sir Henry Clinton's Narrative,* 44.

۲۵. این بحث عمده‌ایست که گروبر آن را مطرح کرده است. نک: Gruber, *Howe Brothers*

۲۶. هاو بلافاصله پس از بازگشت به انگلستان در پارلمان از کردار خود طی جنگ دفاع کرد. نک:

William Howe, *The Narrative of Lieutenant General William Howe...* (London, 1780).

اولین موردی که گفته شد حس همدردی هاو برای آمریکاییان موجب شکست بریتانیا در جنگ شد، مربوط به یکی از کارکنان خود او بود. نک:

Charles Stedman, *The History of the Origin, Progress, and Termination of the American War* (Dublin, 1794).

به نظر من، انگیزه‌های هاو از نظر روانی پیچیده بود، اما اشتباه اصلی او این بود که پیروزی بریتانیا را تضمین شده

فرض کرده بود، بنابراین فکر می‌کرد می‌تواند با احتیاط بیشتری به جنگ بپردازد. او مانند اکثر افسران بریتانیایی وفاداری سلطنت‌طلبان را دست بالا گرفته و قدرت ماندگاری ارتش قاره‌ای را دست کم می‌گرفت. نگرانی او در مورد تلفات بریتانیا، اگرچه از منظر امروز در نگاهی به گذشته اشتباه بود، اما در زمان خودش کاملاً قابل قبول می‌نمود.

27. Davies, *Documents of the American Revolution*, 218.

۲۸. منبع زیر گزارش اولیه و تا حدودی نامنسجم واشنگتن را در مورد نبرد برای گوآنس هایتس ارائه می‌کند، که تنها مدرک مستقیمی است که ما در مورد وضعیت ذهنی تا حدودی مبهوت واشنگتن داریم. نک:

Robert Hanson Harrison to John Hancock, 28 August 1776, W. W. Abbott, Dorothy Twohig, and Philander Chase, eds., *The Papers of George Washington: Revolutionary War Series*, 12 vols. to date (Charlottesville, 1985-) 6:142-43.

در میان زندگی‌نامه‌نویسان واشنگتن، در این مورد Chernow, *Washington*, 247-49 زیرک‌تر از بقیه است.

29. William Bradford Reed, *Life and Correspondence of Joseph Reed* (Philadelphia, 1847), 1:226-27.

۳۰. این تفسیر از روند فکری واشنگتن در این لحظهٔ پرتنش بر اساس ارزیابی من از شخصیت اوست که قبلاً در کتاب دیگری نوشته بودم. نک: *His Excellency: George Washington* (New York, 2004)

۳۱. این تأکید بر تأثیر میفلین برای اولین بار در Fleming, *Year of Illusions*, 322-23 مورد بحث قرار گرفت.

32. Council of War, 29 August 1776, W. W. Abbott, Dorothy Twohig, and Philander Chase, eds., *The Papers of George Washington: Revolutionary War Series*, 12 vols. to date (Charlottesville, 1985-) 6:153-55; Tallmadge quoted in Henry P. Johnston, *The Campaign of 1776 Around New York and Brooklyn* (Brooklyn, 1878), 2:11; Schecter, *Battle for New York*, 155-67.

۳۳. برای نقل‌قول نک:

Alexander Graydon, *A Memoir of His Own Time* (Philadelphia, 1846), 164.

برای اثر استاندارد در مورد گلاور نک:

George Billias, *General John Glover and His Marblehead Mariners* (New York, 1960).

۳۴. برای وصیت‌نامه‌ها نک: Graydon, *Memoir*, 166 و

Martin, *Narrative of a Revolutionary Soldier*, 26-27.

برای نقل‌قول تیلمِن نک: Johnston, *Campaign of 1776*, 2:85

35. Graydon, *Memoir*, 168; George F. Scheer and Hugh Rankin, eds., *Rebels and Redcoats* (New York, 1957), 171.

این واقعه آغاز کدورتها میان واشنگتن و میفلین بود.

36. Benjamin Tallmadge, *Memoir of Colonel Benjamin Tallmadge* (New York, 1858), 11.

37. Charles K. Bolton, ed., *Letters of Hugh Earl Percy from Boston and New York* (Boston, 1972), 69.

38. Sir George Collier, "Admiral Sir George Collier's Observations on the Battle of Long Island," *New-York Historical Society Quarterly* (October 1964), 304.

39. George Washington to John Hancock, 31 August 1776, W. W. Abbott, Dorothy Twohig, and Philander Chase, eds., *The Papers of George Washington: Revolutionary War*

پی‌نوشت‌ها   ۲۴۹

Series, 12 vols. to date (Charlottesville, 1985-) 6:177-78;

برای این استدلال که غیبت ژنرال ناتانیل گرین باعث شکست شد، نک به یادداشت ویراستار در:
Richard K. Showman et al., eds., *The Papers of General Nathanael Greene,* 7 vols. to date (Chapel Hill, 1976-) 1:293.

40. General Orders, 31 August 1776, W. W. Abbott, Dorothy Twohig, and Philander Chase, eds., *The Papers of George Washington: Revolutionary War Series,* 12 vols. to date (Charlottesville, 1985-) 6:173.

41. John Adams to James Warren, 17 August 1776, John Adams to Abigail Adams, 5 September 1776, Paul H. Smith et al., eds., *Letters of Delegates to Congress,* 1774-1789, 26 vols. (Washington, D.C., 1976-2000) 5:12, 107.

42. John Adams to Abigail Adams, 4 September 1776, John Adams to Samuel Cooper, 4 September 1776, Paul H. Smith et al., eds., *Letters of Delegates to Congress,* 1774- 1789, 26 vols. (Washington, D.C., 1976-2000) 5:101-2.

43. Abigail Adams to John Adams, 7 September, 20 September, 29 September 1776, Lyman H. Butterfield et al., eds., *Adams Family Correspondence,* 9 vols. to date (Cambridge, Mass., 1963-) 2:122, 129, 134-36; John Adams to Abigail Adams, 8 October 1776, Lyman H. Butterfield et al., eds., *Adams Family Correspondence,* 9 vols. to date (Cambridge, Mass., 1963-) 2:140.

44. William Hooper to Samuel Johnston, 26 September 1776, LCD 5: 182-83.

45. Benjamin Rush to Julia Rush, 18-25 September 1776, Benjamin Rush to Jacques Barbeu-Dubourg, 16 September 1776, Paul H. Smith et al., eds., *Letters of Delegates to Congress, 1774- 1789,* 26 vols. (Washington, D.C., 1976-2000) 5:198-99.

46. Benjamin Franklin to William Bingham, 21 September 1776, William B. Willcox et al., eds., *The Papers of Benjamin Franklin,* 28 vols. to date (New Haven, 1959-) 22:617.

47. John F. Roche, *Joseph Reed: A Moderate in the American Revolution* (New York, 1957), 92.

48. Editorial note, William B. Willcox et al., eds., *The Papers of Benjamin Franklin,* 28 vols. to date (New Haven, 1959-) 2:591-92.

49. Editorial note, Lyman H. Butterfield et al., eds., *The Diary and Autobiography of John Adams,* 4 vols. (Cambridge, Mass., 1961) 3:415.

50. John Witherspoon's Speech in Congress, 5 September 1776, Paul H. Smith et al., eds., *Letters of Delegates to Congress,* 1774-1789, 26 vols. (Washington, D.C., 1976-2000) 5:108-13.

51. Lyman H. Butterfield et al., eds., *The Diary and Autobiography of John Adams,* 4 vols. (Cambridge, Mass., 1961) 3:416.

52. Lyman H. Butterfield et al., eds., *The Diary and Autobiography of John Adams,* 4 vols. (Cambridge, Mass., 1961) 3:419-20.

۲۵۰ تابستان انقلابی / جوزف جی. اِلیس

53. Report to Congress, 13 September 1776, William B. Willcox et al., eds., *The Papers of Benjamin Franklin*, 28 vols. to date (New Haven, 1959-) 22:606-8.
54. Henry Strachey, Memorandum of Meeting Between Lord Howe and the American Commissioners, 11 September 1776, Library of America, *The American Revolution: Writings from the War of Independence* (New York, 2001), selections and notes by John Rhodehamel 186-91.
55. Lyman H. Butterfield et al., eds., *The Diary and Autobiography of John Adams*, 4 vols. (Cambridge, Mass., 1961) 3:422.
56. Lyman H. Butterfield et al., eds., *The Diary and Autobiography of John Adams*, 4 vols. (Cambridge, Mass., 1961) 3:422-23.
57. Journal of Ambrose Serle, 13 September 1776, Library of America, *The American Revolution: Writings from the War of Independence* (New York, 2001), selections and notes by John Rhodehamel 215.
58. John Adams to Samuel Adams, 14 September 1776, Lyman H. Butterfield et al., eds., *The Diary and Autobiography of John Adams*, 4 vols. (Cambridge, Mass., 1961) 3:428.

۷. جانها و روانها

1. George Washington to John Hancock, 2 September 1776, W. W. Abbott, Dorothy Twohig, and Philander Chase, eds., *The Papers of George Washington: Revolutionary War Series*, 12 vols. to date (Charlottesville, 1985-) 6:199-201; W. W. Abbott, Dorothy Twohig, and Philander Chase, eds., *The Papers of George Washington: Revolutionary War Series*, 12 vols. to date (Charlottesville, 1985-) 6: 163, editorial note.
2. George Washington to John Hancock, 4 September 1776, W. W. Abbott, Dorothy Twohig, and Philander Chase, eds., *The Papers of George Washington: Revolutionary War Series*, 12 vols. to date (Charlottesville, 1985-) 6:215-16; Barnet Scheerer, *The Battle for New York: The City at the Heart of the American Revolution* (New York, 2002), 168.
3. General Orders, 4 September 1776, W. W. Abbott, Dorothy Twohig, and Philander Chase, eds., *The Papers of George Washington: Revolutionary War Series*, 12 vols. to date (Charlottesville, 1985-) 6:212-13; Collier quoted in Schecter, *Battle for New York*, 175.
4. George Germain to William Howe, October 1776, quoted in Stanley Weintraub, *Iron Tears: America's Battle for Freedom, Britain's Quagmire*, 1775- 1783 (New York, 2005), 75.
5. Nathanael Greene to George Washington, 5 September 1776, Richard K. Showman et al., eds., *The Papers of General Nathanael Greene*, 7 vols. to date (Chapel Hill, 1976-) 1:294-96.
6. George Washington to John Hancock, 8 September 1776, W. W. Abbott, Dorothy Twohig, and Philander Chase, eds., *The Papers of George Washington: Revolutionary War Series*, 12 vols. to date (Charlottesville, 1985-) 6:248-54.

پی‌نوشت‌ها | ۲۵۱

7. Henry P. Johnston, "Sergeant Lee's Experience with Bushnell's Submarine Torpedo in 1776," *Magazine of History* 29 (1893), 262-66.

فلمینگ این ماجرا را به خوبی پوشش داده است. نک:
Thomas Fleming, *1776: Year of Illusions* (New York, 1975), 338-41.

همچنین نگاه کنید به لاک‌پشت (Turtle) در:
W. W. Abbott, Dorothy Twohig, and Philander Chase, eds., *The Papers of George Washington: Revolutionary War Series*, 12 vols. to date (Charlottesville, 1985-) 6:528.

8. George Washington to John Hancock, 8 September 1776, W. W. Abbott, Dorothy Twohig, and Philander Chase, eds., *The Papers of George Washington: Revolutionary War Series*, 12 vols. to date (Charlottesville, 1985-) 6:248-52.

9. Joseph Reed to Esther Reed, 2 September 1776, quoted in John F. Roche, *Joseph Reed: A Moderate in the American Revolution* (New York, 1957), 92.

10. William Heath to George Washington, 31 August 1776, Rufus Putnam to George Washington, 3 September 1776, W. W. Abbott, Dorothy Twohig, and Philander Chase, eds., *The Papers of George Washington: Revolutionary War Series*, 12 vols. to date (Charlottesville, 1985-) 6:179-81, 210-11.

11. New York Committee of Safety to George Washington, 31 August 1776, W. W. Abbott, Dorothy Twohig, and Philander Chase, eds., *The Papers of George Washington: Revolutionary War Series*, 12 vols. to date (Charlottesville, 1985-) 6:185-86.

12. John Hancock to George Washington, 10 September 1776, W. W. Abbott, Dorothy Twohig, and Philander Chase, eds., *The Papers of George Washington: Revolutionary War Series*, 12 vols. to date (Charlottesville, 1985-) 6:273; Worthington C. Ford, ed., The Journals of the Continental Congress, 1774-1789, 34 vols. (Washington, D.C. 1904-37) 5:749; Petition of Nathanael Greene and Others to General Washington, 11 September 1776, Richard K. Showman et al., eds., *The Papers of General Nathanael Greene*, 7 vols. to date (Chapel Hill, 1976-) 1:297-98.

13. Council of War, 12 September 1776, Richard K. Showman et al., eds., *The Papers of General Nathanael Greene*, 7 vols. to date (Chapel Hill, 1976-) 1:299-300; W. W. Abbott, Dorothy Twohig, and Philander Chase, eds., *The Papers of George Washington: Revolutionary War Series*, 12 vols. to date (Charlottesville, 1985-) 6:288-89.

14. George Washington to John Hancock, 14 September 1776, W. W. Abbott, Dorothy Twohig, and Philander Chase, eds., *The Papers of George Washington: Revolutionary War Series*, 12 vols. to date (Charlottesville, 1985-) 6:308-9.

15. John Adams to Henry Knox, 29 September 1776, Paul H. Smith et al., eds., *Letters of Delegates to Congress*, 1774- 1789, 26 vols. (Washington, D.C., 1976-2000) 5:260-61.

16. William Hooper to Samuel Johnston, 26 September 1776, Paul H. Smith et al., eds.,

۲۵۲   تابستان انقلابی / جوزف جِی. اِلیس

Letters of Delegates to Congress, 1774-1789, 26 vols. (Washington, D.C., 1976-2000) 5:245-49; Worthington C. Ford, ed., The Journals of the Continental Congress, 1774-1789, 34 vols. (Washington, D.C. 1904-37) 5:762-63.

17. Paul H. Smith et al., eds., *Letters of Delegates to Congress*, 1774-1789, 26 vols. (Washington, D.C., 1976-2000) 5:xiii; John Hancock to Thomas Jefferson, 30 September 1776, Paul H. Smith et al., eds., *Letters of Delegates to Congress*, 1774-1789, 26 vols. (Washington, D.C., 1976-2000) 5:264-65; Lyman H. Butterfield et al., eds., *The Diary and Autobiography of John Adams*, 4 vols. (Cambridge, Mass., 1961) 3:409-10.

18. Abigail Adams to John Adams, 20 September 1776, Lyman H. Butterfield et al., eds., *Adams Family Correspondence*, 9 vols. to date (Cambridge, Mass., 1963-) 2:129.

19. George Washington to John Hancock, 25 September 1776, W. W. Abbott, Dorothy Twohig, and Philander Chase, eds., *The Papers of George Washington: Revolutionary War Series*, 12 vols. to date (Charlottesville, 1985-) 6:393-94.

20. George Washington to Jacob Greene, 28 September 1776, Richard K. Showman et al., eds., *The Papers of General Nathanael Greene*, 7 vols. to date (Chapel Hill, 1976-) 1:303-4; George Washington to John Hancock, 25 September 1776, W. W. Abbott, Dorothy Twohig, and Philander Chase, eds., *The Papers of George Washington: Revolutionary War Series*, 12 vols. to date (Charlottesville, 1985-) 6:394-98.

21. Worthington C. Ford, ed., The Journals of the Continental Congress, 1774-1789, 34 vols. (Washington, D.C. 1904-37) 5:762-63.

22. John Hancock to the States, 24 September 1776, Paul H. Smith et al., eds., *Letters of Delegates to Congress*, 1774-1789, 26 vols. (Washington, D.C., 1976-2000) 5:228-30.

23. George Washington to John Hancock, 25 September 1776, W. W. Abbott, Dorothy Twohig, and Philander Chase, eds., *The Papers of George Washington: Revolutionary War Series*, 12 vols. to date (Charlottesville, 1985-) 6:304.

24. Abigail Adams to John Adams, 29 September 1776, Lyman H. Butterfield et al., eds., *Adams Family Correspondence*, 9 vols. to date (Cambridge, Mass., 1963-) 2:134-36.

25. *New England Chronicle*, 5 September 1776.

26. *Connecticut Courant*, 6 September 1776; *Pennsylvania Packet*, 10 September 1776; *Newport Mercury*, 16 September 1776; *Virginia Gazette*, 6 September and 8 November 1776. من متوجه هستم که این فقط یک نمونه از منطقهٔ جغرافیایی گسترده‌ای است و روزنامه‌های دیگر احتمالاً گزارش‌های دقیق‌تری از فاجعهٔ لانگ‌آیلند ارائه کرده‌اند. اما اگر چنین باشد، آنها استثنا بوده‌اند نه قاعده.

۲۷. به عنوان نمونه نک: *Virginia Gazette*, 4 October 1776; *Independent Chronicle*, 3 October 1776; *Newport Mercury*, 30 September 1776.

28. William B. Willcox, ed., *The American Rebellion: Sir Henry Clinton's Narrative of His Campaigns, 1775-1782* (New Haven, 1954), 44-45; Schecter, *Battle for New York,* 179-80.

29. Joseph Reed to Esther Reed, 2 September 1776, *New- York Historical Society*.

۳۰. گزارش من از درگیری خلیج کیپ برگرفته از گزارش شاهدان عینی فیلیپ ویکرز فیتیان و بنجامین ترامبول است، برای هر دو نک: Library of America, *The American Revolution*: *Writings from the War of Independence* (New York, 2001), selections and notes by John Rhodehamel, 219-24.

و همچنین خاطرات مارتین، نک:

Joseph Plumb Martin, *A Narrative of a Revolutionary Soldier* (New York, 2001), 30-32.

علاوه بر این سه روایت دیگر هم ضروری بوده‌اند: David McCullough, *1776* (New York, 2007), 209-12; Schecter, *Battle for New York,* 184-87; and Michael Stephenson, *Patriotic Battles*: *How the War of Independence Was Fought* (New York, 2005), 244-46.

31. Martin, *Narrative of a Revolutionary Soldier*; 31.

۳۲. همانجا، ص ۳۲. برای گزارش رسمی واشنگتن در مورد نبرد، به علاوه یادداشت‌های سرمقالات روزنامه‌ها در مورد قدرت نیروهای دو طرف، تدارکات، و بمباران دریایی، نک:

George Washington to John Hancock, 16 September 1776, W. W. Abbott, Dorothy Twohig, and Philander Chase, eds., *The Papers of George Washington*: *Revolutionary War Series,* 12 vols. to date (Charlottesville, 1985-) 6:313-17.

33. W. W. Abbott, Dorothy Twohig, and Philander Chase, eds., *The Papers of George Washington*: *Revolutionary War Series,* 12 vols. to date (Charlottesville, 1985-) 6:316-17; Nathanael Greene to Nicholas Cooke, 17 September 1776, Richard K. Showman et al., eds., *The Papers of General Nathanael Greene,* 7 vols. to date (Chapel Hill, 1976-) 1:380.

34. John Adams to William Tudor, 20 September 1776, Paul H. Smith et al., eds., *Letters of Delegates to Congress*, 1774- 1789, 26 vols. (Washington, D.C., 1976-2000) 5:200.

35. Trevor Steele Anderson, *The Command of the Howe Brothers* (New York, 1936), 160; George Washington to Lund Washington, 6 October 1776, W. W. Abbott, Dorothy Twohig, and Philander Chase, eds., *The Papers of George Washington*: *Revolutionary War Series,* 12 vols. to date (Charlottesville, 1985-) 6:495.

۳۶. برداشت خودم از درگیری در هارلم هایتس را مدیون مک‌کالا و استیونسن هستم:

McCullough, *1776*, 217-20; Stephenson, *Patriotic Battles*, 246-47;

و بویژه: Bruce Bliven, *Battle for Manhattan* (New York, 1955), 65-107

گزارش قدیمی اما هنوز قابل اعتماد هنری پی. جانستن حاوی اطلاعاتی است که در جایی دیگر نیست:

Henry P. Johnston, *The Battle of Harlem Heights* (New York, 1897).

37. George Washington to Lund Washington, 30 September 1776, W. W. Abbott, Dorothy Twohig, and Philander Chase, eds., *The Papers of George Washington*: *Revolutionary War Series,* 12 vols. to date (Charlottesville, 1985-) 6:440-43.

۳۸. برای نقل‌قول بِر، نک:

Bliven, *Battle for Manhattan,* 84; Ashbel Woodward, *Memoir of Colonel Thomas Knowlton* (Boston, 1861).

۳۹. برای گزارش رسمی واشنگتن از نبرد، نک:

George Washington to John Hancock, 18 September 1776, W. W. Abbott, Dorothy Twohig, and Philander Chase, eds., *The Papers of George Washington: Revolutionary War Series,* 12 vols. to date (Charlottesville, 1985-) 6:331-37.

همچنین نک: Johnston, *Battle for Harlem Heights,* 44-91.

برای نقل‌قول نولتُن، نک: Bliven, *Battle for Manhattan,* 94

40. Richard K. Showman et al., eds., *The Papers of General Nathanael Greene,* 7 vols. to date (Chapel Hill, 1976-) 1:301-2.

یادداشت سردبیر منابع دست دوم را به خوبی ترکیب می‌کند.

41. General Orders, 17 September 1776, W. W. Abbott, Dorothy Twohig, and Philander Chase, eds., *The Papers of George Washington: Revolutionary War Series,* 12 vols. to date (Charlottesville, 1985-) 6:320-21.

همچنین نک به منبع زیر با اشاره به اینکه پیروزی در هارلم هایتس «به طرز شگفت‌انگیزی الهام‌بخش نیروهای ما شده است.»

George Washington to Philip Schuyler, 20 September 1776, W. W. Abbott, Dorothy Twohig, and Philander Chase, eds., *The Papers of George Washington: Revolutionary War Series,* 12 vols. to date (Charlottesville, 1985-) 6:356-58.

برای گزارش روزنامه‌ها، نک:

Virginia Gazette, 4 October 1776; *Newport Mercury,* 7 October 1776; *Independent Chronicle,* 26 September 1776.

۸. جنگی درازمدت

1. General Orders, 21 September 1776, W. W. Abbott, Dorothy Twohig, and Philander Chase, eds., *The Papers of George Washington: Revolutionary War Series,* 12 vols. to date (Charlottesville, 1985-) 6:359-60.

۲. در مورد دستور به آتش نکشیدن شهر، نک:

John Hancock to George Washington, 3 September 1776, W. W. Abbott, Dorothy Twohig, and Philander Chase, eds., *The Papers of George Washington: Revolutionary War Series,* 12 vols. to date (Charlottesville, 1985-) 6:207.

برای گزارش یک شاهد عینی، نک:

Frederick MacKenzie, Diary of Frederick MacKenzie, 2 vols. (Cambridge, 1930), 1:59-60.

برای منبع ثانوی فوق‌العاده خوبی، نک: David McCullough, 1776 (New York, 2007), 221-23.

3. George Washington to Lund Washington, 6 October 1776, W. W. Abbott, Dorothy Twohig, and Philander Chase, eds., *The Papers of George Washington: Revolutionary War Series,* 12 vols. to date (Charlottesville, 1985-) 6:495. John Shy, "The American Revolution: The Military Conflict Considered as a Revolutionary War," in Stephen G. Kurtz and James H. Hutson, eds., *Essays on the American Revolution* (Chapel Hill, 1973), 121-56.

استدلال منبع ذکر شده این است که کنترل آمریکاییان بر حومهٔ شهر، که در آن شبه‌نظامیان به عنوان گشتی‌های انتظامی خدمت می‌کردند، در تأمین نتیجهٔ جنگ تعیین‌کننده بود.

4. Caesar Rodney to Thomas McKean and George Read, 18 September 1776, Paul H. Smith et al., eds., *Letters of Delegates to Congress*, 1774- 1789, 26 vols. (Washington, D.C., 1976-2000) 5: 197-98; William Hooper to Samuel Johnston, 26 September 1776, Paul H. Smith et al., eds., *Letters of Delegates to Congress*, 1774- 1789, 26 vols. (Washington, D.C., 1976-2000) 5:245- 49.

5. Nathanael Greene to William Ellery, 4 October 1776, Richard K. Showman et al., eds., *The Papers of General Nathanael Greene,* 7 vols. to date (Chapel Hill, 1976-) 1:307.

۶. برای توصیه‌های کمیتهٔ بازدیدکننده، نک به یادداشت ویراستار:

Richard K. Showman et al., eds., *The Papers of General Nathanael Greene,* 7 vols. to date (Chapel Hill, 1976-) 1:144-45.

برای رأی‌گیری در کنگره در مورد توصیه‌ها، نک:

Worthington C. Ford, ed., *The Journals of the Continental Congress*, 1774- 1789, 34 vols. (Washington, D.C. 1904-37) 5:808, 810-11, 842- 44.

برای اطمینان‌بخشی هنکاک مبنی بر این‌که کنگرهٔ قاره‌ای هرآنچه را که او نیاز دارد فراهم خواهد کرد، نک:

John Hancock to George Washington, 21 September 1776, Worthington C. Ford, ed., *The Journals of the Continental Congress*, 1774- 1789, 34 vols. (Washington, D.C. 1904-37) 5:230-31.

برای رأی نهایی در مورد همهٔ قطعنامه‌ها، نک:

John Hancock to George Washington, 9 October 1776, W. W. Abbott, Dorothy Twohig, and Philander Chase, eds., *The Papers of George Washington: Revolutionary War Series,* 12 vols. to date (Charlottesville, 1985-) 6:515-16 and Worthington C. Ford, ed., *The Journals of the Continental Congress, 1774- 1789,* 34 vols. (Washington, D.C. 1904-37) 5:853-56.

7. John Adams to Henry Knox, 29 September 1776, Paul H. Smith et al., eds., *Letters of Delegates to Congress*, 1774- 1789, 26 vols. (Washington, D.C., 1976-2000) 5:260-61.

8. John Adams to William Tudor, 26 September 1776, Paul H. Smith et al., eds., *Letters of Delegates to Congress*, 1774- 1789, 26 vols. (Washington, D.C., 1976-2000) 5:241-43.

9. George Washington to Hancock, 4 October 1776, W. W. Abbott, Dorothy Twohig, and Philander Chase, eds., *The Papers of George Washington: Revolutionary War Series*, 12 vols. to date (Charlottesville, 1985-) 6:463; Tilghman quoted in editorial note, W. W. Abbott, Dorothy Twohig, and Philander Chase, eds., *The Papers of George Washington: Revolutionary War Series*, 12 vols. to date (Charlottesville, 1985-) 7:105.

10. George Washington to Patrick Henry, 5 October 1776, W. W. Abbott, Dorothy Twohig, and Philander Chase, eds., *The Papers of George Washington: Revolutionary War Series,* 12 vols. to date (Charlottesville, 1985-) 6:479-82.

11. MacKenzie, Diary, 1 :64; Leonard Lundin, *Cockpit of the Revolution: The War for Independence in New Jersey* (Princeton, 1940), 157.

۲۵۶   تابستان انقلابی / جوزف جی. اِلیس

12. Committee of Correspondence to Silas Deane, 1 October 1776, Paul H. Smith et al., eds., *Letters of Delegates to Congress*, 1774-1789, 26 vols. (Washington, D.C., 1976-2000) 5:198-99.

13. John Adams to Daniel Hitchcock, 1 October 1776, Paul H. Smith et al., eds., *Letters of Delegates to Congress*, 1774-1789, 26 vols. (Washington, D.C., 1976-2000) 5:271-72.

14. Committee of Correspondence to Silas Deane, 1 October 1776, Paul H. Smith et al., eds., *Letters of Delegates to Congress*, 1774-1789, 26 vols. (Washington, D.C., 1976-2000) 5:277-81.

15. Benjamin Rush to Julia Rush, 18-25 September 1776, Paul H. Smith et al., eds., *Letters of Delegates to Congress*, 1774-1789, 26 vols. (Washington, D.C., 1976-2000) 5:198-99.

16. William Williams to Jonathan Trumbull, Sr., 20 September 1776, Paul H. Smith et al., eds., *Letters of Delegates to Congress*, 1774-1789, 26 vols. (Washington, D.C., 1976-2000) 5:208-11.

17. John Adams to Henry Knox, 29 September 1776, Paul H. Smith et al., eds., *Letters of Delegates to Congress*, 1774-1789, 26 vols. (Washington, D.C., 1976-2000) 5:260-61.

18. John Adams to General Parsons, 2 October 1776, Lyman H. Butterfield et al., eds., *The Diary and Autobiography of John Adams*, 4 vols. (Cambridge, Mass., 1961) 2:444-46.

19. John Adams to William Tudor, 26 September 1776, Paul H. Smith et al., eds., *Letters of Delegates to Congress*, 1774-1789, 26 vols. (Washington, D.C., 1976-2000) 5:242-43.

20. William Howe to George Germain, 30 November 1776, quoted in editorial note, W. W. Abbott, Dorothy Twohig, and Philander Chase, eds., *The Papers of George Washington: Revolutionary War Series*, 12 vols. to date (Charlottesville, 1985-) 6:535.

21. George Washington to John Hancock, 11-13 October 1776, W. W. Abbott, Dorothy Twohig, and Philander Chase, eds., *The Papers of George Washington: Revolutionary War Series*, 12 vols. to date (Charlottesville, 1985-) 6:534-36.

22. Robert Hanson Harrison to John Hancock, 14-17 October 1776, W. W. Abbott, Dorothy Twohig, and Philander Chase, eds., *The Papers of George Washington: Revolutionary War Series*, 12 vols. to date (Charlottesville, 1985-) 6:564-66.

23. Council of War, 16 October 1776, W. W. Abbott, Dorothy Twohig, and Philander Chase, eds., *The Papers of George Washington: Revolutionary War Series*, 12 vols. to date (Charlottesville, 1985-) 6:576-77.

یک ماه بعد، در ۱۶ نوامبر، فورت واشنگتن پس از مقاومت جانانه‌ای تسلیم شد. گرین پادگان را با اضافه کردن ۲۹۰۰ سرباز تقویت کرده بود که ۱۵۰ نفر از آنها در نبرد کشته یا زخمی و بقیه اسیر شدند. بیش از دو سوم این عده در داخل زندان‌های کشتی‌ها در بندر نیویورک که به طرز کاملاً مفتضحانه‌ای تحت نظارت شوهر بتسی لورینگ بود جان باختند. همچنین نک:

George Washington to John Hancock, 16 November 1776, W. W. Abbott, Dorothy Twohig, and Philander Chase, eds., *The Papers of George Washington: Revolutionary War Series*,

12 vols. to date (Charlottesville, 1985-) 7:162-69; Nathanael Greene to Henry Knox, 17 November 1776, Richard K. Showman et al., eds., *The Papers of General Nathanael Greene,* 7 vols. to date (Chapel Hill, 1976-) 1:351- 52; and editorial note, Richard K. Showman et al., eds., *The Papers of General Nathanael Greene,* 7 vols. to date (Chapel Hill, 1976-) 1:354-59.

۲۴. برای تفسیری عالی از ورود لی به پادگان نک:

Charles Lee, The Lee Papers, 2 vols. (New York, 1871), 2:255-59; Thomas Fleming, *1776: Year of Illusions* (New York, 1975), 369.

25. Henry Steele Commager and Richard Morris, eds., The Spirit of '76 (Indianapolis, 1958), 487; George Billias, *General John Glover and His Marblehead Mariners* (New York, 1960), 121.

این نکته که گلاور برای گرفتن راهنمایی نظامی به جای واشنگتن به لی فکر کرده بود، بسیار گویاست.

۲۶. برای دیدن گزارش‌هایی مختلف از پلزپوینت، نک:

McCullough, *1776,* 231-32; David Hackett Fischer, *Washington's Crossing* (New York, 2004), 110- 12; Michael Stephenson, *Patriot Battles: How the War of Independence Was Fought* (New York, 2007), 247.

27. Joseph Plumb Martin, *A Narrative of a Revolutionary Soldier* (New York, 2001), 44- 46.

۹. پس‌نوشت: افسانه‌های ضروری

1. George Washington to Nathanael Greene, 8 July 1783, in John C. Fitzpatrick et al., eds., *Writings of George Washington,* 39 vols. (Washington, D.C., 1931-39), 26: 104.

2. George Washington to William Gordon, ibid., 27:51-52.

3. E. Wayne Carp, *To Starve the Army at Pleasure: Continental Army Administration and American Political Culture* (Chapel Hill, 1984).

4. Charles Royster, *A Revolutionary People at War: The Continental Army and American Character, 1775- 1783* (Chapel Hill, 1979), chap. 8.

5. *Connecticut Courant,* 13 May, 24 June, 29 July 1783; *Boston Gazette,* 29 December 1783; James Morris, "Memoirs of a Connecticut Patriot," *Connecticut Magazine* 11 (1907), 454.

6. Royster, *Revolutionary People at War,* 353-58.

7. Joseph Plumb Martin, *A Narrative of a Revolutionary Soldier* (New York, 2001).

۸. همانجا، ص ۲۴۹.

9. Lyman H. Butterfield et al., eds., *The Diary and Autobiography of John Adams,* 4 vols. (Cambridge, Mass., 1961) 3:184; Abigail Adams to Thomas Jefferson, 6 June 1785, Lyman H. Butterfield et al., eds., *Adams Family Correspondence,* 9 vols. to date (Cambridge, Mass., 1963-) 6:1 69-73.

۱۰. هاو اولین سخنرانی‌اش را با عنوان زیر منتشر ساخت:

The Narrative of Lieutenant General Sir William Howe in a Committee of the House of

Commons (London, 1780). Ira D. Gruber, *The Howe Brothers and the American Revolution* (New York, 1972), 336-39.
11. T. C. Hammond, ed., *The Parliamentary History of England,* 30 vols. (London, 1806-20) 20:679.

۱۲. همانجا، 20:705, 723-24
۱۳. همانجا، 20:748-49
۱۴. همانجا، 20:753, 758-59
۱۵. همانجا، 20:803-4
۱۶. همانجا، 20:805

17. William B. Willcox, ed., *The American Rebellion: Sir Henry Clinton's Narrative of His Campaigns, 1775- 1782* (New Haven, 1954).

۱۸. همانجا، ص ۳۰ و ۴۹-۴۰.

19. Charles Stedman, *The History of the Origin, Progress, and Termination of the American War,* 2 vols. (Dublin, 1794), 1: iii.

۲۰. همانجا، 1:212-26

۲۱. همانجا، 1:230-49. برای کسانی که به قیاس‌های مدرن علاقمند هستند، مقصر دانستن ویلیام هاو برای شکست بریتانیا به طرز وهم‌آوری شبیه به مقصر دانستن ویلیام وستمورلند در شکست آمریکا در ویتنام است. در هر دو مورد، انتساب مسئولیت به فرماندهٔ نظامی، دلایل عمیق‌تر شکست و ارزیابی استراتژیک ناقص را از ابتدا پنهان می‌کند.

۲۲. من نظرات چهار مورخ برجستهٔ انقلاب آمریکا را در پاسخ به این سوال جویا شدم: آیا شکست ارتش قارّه‌ای و دستگیری جرج واشنگتن در سال ۱۷۷۶ در نتیجهٔ انقلاب آمریکا تغییر حاصل می‌کرد؟ ادموند مورگان، گوردون وود و دیوید هکت فیشر هر سه پاسخ منفی دادند، اگرچه همگی موافق بودند که نحوهٔ ادارهٔ جنگ حتماً متفاوت می‌بود. اد لنگل، سردبیر اسناد واشنگتن، با این استدلال که واشنگتن ضروری و غیرقابل جایگزین بود، با این نظر مخالفت کرد.

پیوست ۲

گاه‌شمار انقلاب و استقلال ایالات متحدهٔ آمریکا

۱۷۶۳

۱۰ فوریه (۲۱ بهمن ۱۱۴۱ خورشیدی): **معاهدهٔ پاریس** به **جنگ هفت‌ساله** میان فرانسه و بریتانیا پایان می‌بخشد. به موجب این عهدنامه، فرانسه تقریباً تمامی مستعمرات خود را در آمریکای شمالی و هند از دست می‌دهد.

۷ اکتبر (۱ مهر ۱۱۴۲ خورشیدی): جُرج سوم به دنبال پیروزی بر فرانسه در جنگ هفت ساله، با انتشار اعلامیهٔ سلطنتی در این روز، گسترش شهرک‌های مستعمرات را به سمت غرب ممنوع اعلام می‌کند. خطی به نام **خط اعلامیه**[1] از مستعمره‌نشین کِبِک در کانادای امروز تا جنوب مستعمرهٔ آمریکایی جُرجیا در نظر گرفته می‌شود. سرزمین‌های واقع در غرب خط اعلامیه به روی مستعمره‌نشینان ممنوع است.

۱۷۶۴

۵ آوریل (۱۷ فروردین ۱۱۴۳ خورشیدی): **قانون شکر** یا **قانون درآمدها** بر واردات مستعمرات آمریکایی مالیات سنگینی وضع می‌کند. این قانون همچنین گردش پول کاغذی را در مستعمرات کاهش می‌دهد.

۱۷۶۵

۱۵ مه (۲۶ اردیبهشت ۱۱۴۴ خورشیدی): **قانون اِسکان** که در این روز به تصویب پارلمان بریتانیا می‌رسد، مستعمره‌نشینان را وادار می‌سازد تا به سربازان بریتانیایی اسکان دهند. گرچه این قانون در ابتدا فقط برای زمان جنگ تدبیر شده بود، ولی به زودی به زمان صلح نیز تعمیم داده می‌شود که به خشم مستعمره‌نشینان علیه پارلمان دامن می‌زند.

1. Proclamation Line

۱۹ اکتبر (۲۸ مهر ۱۱۴۴ خورشیدی): در واکنش به تصویب **قانون تمبر**[1] که موجب ناآرامی‌ها و اعتراضات برخی از مردم مستعمرات شده بود، مستعمره‌نشین ماساچوست از ۱۸ مستعمرۀ بریتانیایی در آمریکای شمالی دعوت به عمل می‌آورد تا برای ایجاد هماهنگی جهت دادن پاسخی شایسته به پارلمان بریتانیا گرد هم آیند. **کنگرۀ قانون تمبر** با حضور نمایندگان ۱۳ مستعمرۀ آمریکایی در این تاریخ در شهر نیویورک تشکیل جلسه می‌دهد.

۱۷۶۶

۱۸ مارس (۱۸ اسفند ۱۱۴۴ خورشیدی): قانون تمبر لغو و همراه با لغو آن **قانون مستعمرات آمریکایی** به تصویب می‌رسد. این قانون بر اقتدار قانون‌گذاری پارلمان بریتانیا برای مستعمرات تأکید می‌گذارد.

۱۷۶۷

۵ ژوئن (۱۵ خرداد ۱۱۴۶ خورشیدی): پارلمان بر کالاهای وارداتی مستعمرات عوارض جدیدی وضع می‌کند که به نام **عوارض تاونزند**[2] خوانده می‌شود. نهاد جدیدی به نام هیأت نمایندگان گمرک مسئول جمع‌آوری این عوارض می‌شود.

۱۷۶۸

۱۱ فوریه (۲۲ بهمن ۱۱۴۶ خورشیدی): **نامۀ سرگشادۀ ماساچوست**[3] خواستار حمایت مستعمرات از اتحاد عمل در برابر سیاست بریتانیا می‌شود.

۱۷۷۰

۵ مارس (۱۵ اسفند ۱۱۴۸ خورشیدی): زدوخوردهای مسلحانه میان مستعمره‌نشینان و سربازان پنج قربانی می‌گیرد و رسانه‌های آمریکایی از این واقعه با عنوان **قتل‌عام بوستون**[4] یاد می‌کنند.

۱۲ آوریل (۲۳ فروردین ۱۱۴۹ خورشیدی): عوارض تاونزند در همۀ موردها بجز چای لغو می‌شوند.

---

1. Stamp Act
2. Townshend Duties
3. Massachusetts Circular Letter
4. Boston Massacre

۱۷۷۳

۱۰ مه (۲۱ اردیبهشت ۱۱۵۲ خورشیدی): پس از تصویب **قانون چای**[۱] در پارلمان، مستعمرات در برابر انحصار کمپانی هندشرقی بر تجارت چای و همچنین در اعراض به مالیات چای به پا می‌خیزند.

۱۶ دسامبر (۲۶ آذر ۱۱۵۲ خورشیدی): **میهمانی چای بوستون**[۲] به مانند اعتراضی سیاسی و بازرگانی در بوستون (ماساچوست) اعتراضی است علنی به تصویب قانون چای.

۱۷۷۴

۳۱ مارس الی ۲۰ مه (۱۱ فروردین تا ۳۰ اردیبهشت ۱۱۵۳ خورشیدی): چهار لایحه در پارلمان بریتانیای کبیر تحت عنوان کلی **مصوبه‌های تحمل‌ناپذیر**[۳] یا **لوایح سرکوب‌گرانه**[۴] در واکنش به مهمانی چای بوستون و به منظور انتقام‌گیری از انقلابیون علیه مستعمرات سیزده‌گانه تصویب می‌گردد.

۵ سپتامبر (۱۴ شهریور ۱۱۵۳ خورشیدی): **نخستین کنگرهٔ قاره‌ای** در سالن نَجّارانِ شهر فیلادلفیا، محل فعالیت‌های نخستین سندیکای حرفه‌ای در آمریکا، با هدف درخواست لغو قوانین تحمل ناپذیر از سوی پارلمان بریتانیا، تشکیل جلسه می‌دهد. ۵۶ نماینده از ۱۲ مستعمره‌نشین در این جلسه حضور دارند.

۱۴ اکتبر (۲۲ مهر ۱۱۵۳ خورشیدی): بیانیه و تدابیر نخستین کنگرهٔ قاره‌ای به تصویب نهایی می‌رسد.

۲۵ اکتبر (۳ آبان ۱۱۵۳ خورشیدی): نخستین دادخواست به پادشاه بریتانیا امضا می‌شود.

۲۶ اکتبر (۴ آبان ۱۱۵۳ خورشیدی): نشست کنگره با این قرار به‌پایان می‌رسد که اگر پاسخی به دادخواست نمایندگان داده نشود، کنگره در ماه مه سال آینده دوباره تشکیل جلسه خواهد داد.

۱۷۷۵

۱۹ آوریل (۳۰ فروردین۱۱۵۴ خورشیدی): جنگ مستعمره‌نشینان با بریتانیا و در پی آن انقلاب

1. Tea Act
2. Boston Tea Party
3. Intolerable Acts
4. Coercive Acts

۲۶۲ تابستان انقلابی / جوزف جِی اِلیس

آمریکا با نبردهایی در **لکزینگتُن**[۱] و **کنکورد**[۲] در شمال بوستون (ماساچوست) آغاز می‌گردد. آغاز محاصرهٔ بوستون.[۳]

۱۰ مه (۲۰ اردیبهشت ۱۱۵۴ خورشیدی): دومین کنگرهٔ قاره‌ای در مقر دولتی فیلادلفیا تشکیل جلسه می‌دهد.

۱۴ ژوئن (۲۴ خرداد ۱۱۵۴ خورشیدی): کنگره ایجاد ارتش قاره‌ای را تصویب می‌کند.

۱۵ ژوئن (۲۵ خرداد ۱۱۵۴ خورشیدی): به پیشنهاد **جان آدامز** نمایندهٔ ماساچوست، کنگره یکی از اعضا را به‌نام، **جُرج واشنگتن**، به عنوان فرماندهٔ ارتش قاره‌ای منصوب می‌کند.

۱۷ ژوئن (۲۷ خرداد ۱۱۵۴ خورشیدی): **نبرد بانکرهیل**[۴] در چالزتاون (ماساچوست).

۱ ژوئیه (۱۰ تیر ۱۱۵۴ خورشیدی): **جُرج سوم**، پادشاه بریتانیا، پارلمان آن کشور را مورد خطاب قرار داده، امر می‌کند که «در اسرع وقت» به شورش مستعمرات آمریکایی پایان داده شود.

۶ ژوئیه (۱۵ تیر ۱۱۵۴ خورشیدی): کنگره بیانیهٔ علل و ضرورت مبارزهٔ مسلحانه را تأیید می‌کند.

۸ ژوئیه (۱۷ تیر ۱۱۵۴ خورشیدی): درخواست دومی از پادشاه با عنوان درخواست شاخهٔ زیتون[5] امضا و به لندن ارسال می‌گردد. نویسندهٔ این درخواست **جان دیکنسن**[۶] است.

۲۳ اوت (۱ شهریور ۱۱۵۴ خورشیدی): جُرج سوم در بیانیهٔ شورش خود، که رسماً آن را با عنوان بیانیهٔ سرکوبی شورش و اغتشاش می‌خواند، اعلام می‌کند که عناصر قسم خورده‌ای در مستعمرات آمریکا علناً عَلَمِ قیام و شورش برداشته‌اند. وی به مقامات امپراتوری بریتانیا دستور می‌دهد «از نهایت قدرت خود در تلاش و مقاومت در برابر شورش استفاده کنند.»

۱۳ اکتبر (۲۱ مهر ۱۱۵۴ خورشیدی): کنگره ایجاد نیروی دریایی قاره‌ای را تصویب می‌کند.

۱۰ نوامبر (۱۹ آبان ۱۱۵۴ خورشیدی): کنگره ایجاد تفنگداران دریایی را تصویب می‌کند.

۱۷۷۶

۱۰ ژانویه (۲۰ دی ۱۱۵۴ خورشیدی): انتشار جزوهٔ عقل سلیم توسط تامِس پِین، خیاط انگلیسی مهاجر، فراخوانی است برای استقلال.

1. Lexington
2. Concord
3. The Boston Siege
4. Battle of Bunker Hill
5. Olive Branch Petition
6. John Dickinson

۱۷ مارس (۲۷ اسفند ۱۱۵۴ خورشیدی): میلیشیاهایی که سربازان بریتانیایی را در بوستون به مدت ۱۱ ماه در محاصره داشتند، به محاصره پایان می‌دهند.
۱۵ مه (۲۶ اردیبهشت ۱۱۵۵ خورشیدی) : براثر اصرار جان آدامز، از ماساچوست، کنگرۀ قاره‌ای با تصویب قطع‌نامه‌ای از همۀ مستعمرات می‌خواهد تا هر یک قانون اساسی خود را تدوین کنند.
۷ ژوئن (۱۸ خرداد ۱۱۵۵ خورشیدی): یکی از نمایندگان ویرجینیا به‌نام **ریچارد هنری لی**،[۱] لایحه‌ای را در سه بخش در صحن کنگره مطرح می‌کند که به موجب آن از سیزده مستعمره خواسته شده خود را از هرگونه پیوندی با خارج مستقل اعلان نموده، برای ایجاد کنفدراسیون مستقلی از دولت‌ها آماده گردند.
۱۰ ژوئن (۲۱ خرداد ۱۱۵۵خورشیدی): کنگره بحث بیشتر در مورد لایحۀ ریچارد هنری لی را به مدت سه هفته به تأخیر می‌اندازد تا نمایندگان وقت داشته باشند با مجالس ایالتی خود مشورت و نظر آنان را جویا شوند.
۱۱ ژوئن (۲۲ خرداد ۱۱۵۵ خورشیدی): کنگره پنج نفر را از پنج ایالت برای تهیۀ پیش‌نویس بیانیۀ استقلال برمی‌گزیند. این افراد عبارتند از **تامِس جفرسن**[۲] از ویرجینیا، جان آدامز از ماساچوست، **بنجامین فرانکلین**[۳] از پنسیلوانیا، **راجر شرمن**[۴] از کانکتیکات و **رابرت لیوینگستن**[۵] از نیویورک. به پیشنهاد جان آدامز، نگارش پیش‌نویس بیانیۀ استقلال به جفرسن محول می‌شود.
۱۲ ژوئن (۲۳ خرداد ۱۱۵۵ خورشیدی): کنگره کمیته‌ای سیزده نفره را برای تهیۀ پیش‌نویس اصول کنفدراسیون و اتحاد دائمی[۶] برای یک ائتلاف یا کنفدراسیونی از دولت‌ها تعیین می‌کند. برای متن کامل این اصول، نک: پیوست ۴.
۲ ژوئیه (۱۲ تیر ۱۱۵۵ خورشیدی): لایحۀ ریچارد هنری لی به تصویب می‌رسد و مستعمرات استقلال خود را از بریتانیا اعلام می‌دارند.
۴ ژوئیه (۱۴ تیر ۱۱۵۵ خورشیدی): متن نهایی بیانیۀ استقلال ایالات متحدۀ آمریکا تصویب و به چاپخانه ارسال می‌شود. برای متن کامل بیانیۀ استقلال، نک: پیوست ۳.
۱۲ ژوئیه (۲۲ تیر ۱۱۵۵ خورشیدی): جان دیکنسن اصول کنفدراسیون و اتحاد دائمی را به کنگره

1. Richard Henry Lee
2. Thomas Jefferson
3. Benjamin Franklin
4. Roger Sherman
5. Robert R. Livingston
6. Articles of Confederation and Perpetual Union

ارائه می‌کند.

۲۷ اوت (۶ شهریور ۱۱۵۵ خورشیدی): **نبرد لانگ آیلند**.[1]

۱۷۷۷

۴ مارس (۱۴ اسفند ۱۱۵۵ خورشیدی): کنگره مجدداً در فیلادلفیا تشکیل جلسه می‌دهد.

۱۴ ژوئن (۲۵ خرداد ۱۱۵۶ خورشیدی): کنگره طرح نهایی پرچم ایالات متحدهٔ آمریکا را به تصویب می‌رساند.

۱۵ نوامبر (۲۵ آبان ۱۱۵۶ خورشیدی): اصول کنفدراسیون و اتحاد دائمی در کنگره تصویب و نسخه‌های آن به تک تک دولت‌ها برای تصویب نهایی ارسال می‌گردد. برای متن کامل این اصول، نک: پیوست ۴.

۱۷۷۸

۶ فوریه (۱۸ بهمن ۱۱۵۶ خورشیدی): **پیمان اتحاد با فرانسه**[2] منعقد می‌گردد.

۲۹ دسامبر (۸ دی ۱۱۵۷ خورشیدی): شهر **ساوانا**[3] (جُرجیا) سقوط می‌کند و به تسخیر سربازان بریتانیا در می‌آید.

۱۷۸۰

۱۵ ژانویه (۲۵ دی ۱۱۵۸ خورشیدی): کنگره ایجاد دادگاه استیناف برای موارد بازداشت را تصویب می‌کند.

۱۲ مه (۲۳ اردیبهشت ۱۱۵۹): نیروهای بریتانیا شهر **چارلزتن**[4] (کارولینای جنوبی) را تسخیر می‌کنند.

۱۶ اوت (۲۶ مرداد ۱۱۵۹ خورشیدی): نبرد **کَمدِن**[5] در کارولینای جنوبی.

---

[1] Battle of Long Island
[2] American Treaty with France
[3] Savannah
[4] Charleston
[5] Camden

۱۷۸۱

۲۰ فوریه (۲ اسفند ۱۱۵۹ خورشیدی): انتصاب **رابرت موریس**[1] به عنوان سرپرست امور مالی.
۱ مارس (۱۱ اسفند ۱۱۵۹ خورشیدی): پس از حل اختلاف نظراتی در مورد **سرزمین‌های غربی**،[2] مریلند اصول کنفدراسیون و اتحاد دائمی را امضا می‌کند و از این پس این سند به طور رسمی به اجرا در می‌آید (هرچند اصول آن از سال ۱۷۷۷ به صورت غیررسمی اجرا می‌شد. از این به بعد، کنگره با عنوان «کنگرهٔ کنفدراسیون» شناخته می‌شود.)
۳۰ اوت تا ۱۹ اکتبر (۹ شهریور الی ۲۸ مهر ۱۱۶۰ خورشیدی): نبردهای جرج واشنگتن و دریاسالار فرانسوی **دِ گراس**[3] با نیروهای بریتانیایی در **یورک‌تاون**[4] (ویرجینیا.)
۱۹ اکتبر (۲۸ مهر ۱۱۶۰ خورشیدی): ژنرال انگلیسی **چارلز کورن‌والیس**[5] همراه با ۸۰۰۰ سرباز بریتانیایی خود را به ارتش آمریکا تسلیم می‌کند.

۱۷۸۲

۱۲ آوریل (۲۳ فروردین ۱۱۶۱ خورشیدی): آغاز مذاکرات صلح پاریس.
۲۷ ژوئیه (۵ مرداد ۱۱۶۱ خورشیدی): کنگره گزارش رابرت موریس دربارهٔ اعتبار عمومی را رد می‌کند. در صورت تأیید، ایالات متحده می‌توانست بازپرداخت قروض دولت‌های عضو کنفدراسیون را برعهده گیرد.

۱۷۸۳

۳۰ ژوئن (۹ تیر ۱۱۶۲ خورشیدی): نشست کنگرهٔ کنفدراسیون در شهر پرینستون (نیوجرسی).
۳ سپتامبر (۱۲ شهریور ۱۱۶۲ خورشیدی) : مذاکرات صلح پاریس با امضای معاهدهٔ پاریس به پایان می‌رسد.
۲۵ نوامبر (۴ آذر ۱۱۶۲ خورشیدی): بریتانیا نیویورک را تخلیه می‌کند.

1. Robert Morris

۲. بریتانیای کبیر به واسطهٔ کانادا و سرزمین‌های غربی (زمین‌های محصور میان کوه‌های آپالاچی و رودخانهٔ می‌سی‌سی‌پی) مستعمره‌نشینان آمریکا و، اسپانیا در جنوب (تکزاس، فلوریدا)، همسایگان ایالات متحده را تشکیل می‌دادند. این امر همواره موجب نگرانی رهبران انقلاب و جمهوری نوپای ایالات متحده بود.

3. Admiral De Grasse
4. Yorktown
5. General Cornwallis

۲۶ نوامبر (۵ آذر ۱۱۶۲ خورشیدی): جلسات کنگرهٔ کنفدراسیون به آناپولیس در ایالت مریلند انتقال می‌یابد.
۲۳ دسامبر (۲ دی ۱۱۶۲ خورشیدی): جُرج واشنگتن در کنگره حضور به هم رسانیده و از مأموریت خود در ارتش استعفا می‌دهد.

۱۷۸۴

۷ مه (۱۸ اردیبهشت ۱۱۶۳ خورشیدی): تامِس جفرسن به عنوان سفیر فرانسه منصوب می‌گردد.

۱۷۸۵

۲۸ مارس (۹ فروردین ۱۱۶۴): برگزاری گردهمآئی نمایندگانی از سوی ویرجینیا و مریلند برای مذاکره پیرامون کشتی‌رانی در **خلیج چِسِه‌پیک**[1] و رودخانهٔ **پوتوماک**[2] در **ماونت ورنُن**.[3]

۱۷۸۶

۲۱ ژانویه (۲ بهمن ۱۱۶۴ خورشیدی): قانون‌گذاران ویرجینیا از سایر دولت‌های عضو کنفدراسیون دعوت می‌کنند تا برای رسیدگی به مسائل بازرگانیْ نمایندگانی را به همآیش آناپولیس که در سپتامبر برگزار خواهد شد اعزام نمایند.
۹ اوت (۱۸ مرداد ۱۱۶۵ خورشیدی): آغاز فتنهٔ **دانیل شایس**. این غائله تا ماه دسامبر ادامه می‌یابد.
۱۱-۱۴ سپتامبر (۲۰-۲۳ شهریور ۱۱۶۵ خورشیدی): گردهم‌آیی آناپولیس با انتشار گزارشی خواستار تشکیل جلسهٔ دیگری در بهار سال آینده می‌شود که نمایندگان همهٔ ایالت ها در آن شرکت داشته باشند.

۱۷۸۷

۴ فوریه (۱۵ بهمن ۱۱۶۵ خورشیدی): غائلهٔ شایس سرانجام برچیده می‌شود.
۲۵ مه (۴ خرداد ۱۱۶۶ خورشیدی): مجلس مؤسسان قانون اساسی در فیلادلفیا گشایش می‌یابد.

1. Chesapeake Bay
2. Potomac River
3. Mount Vernon Conference

۵۵ نماینده از ۱۲ دولت عضو کنفدراسیون در این نشست شرکت می‌کنند.
۱۷ سپتامبر (۲۶ شهریور ۱۱۶۶ خورشیدی): مجلس مؤسسان قانون اساسی، پس از تدوین قانون اساسی جدیدی برای ایالات متحده، در فیلادلفیا به کار خود پایان می‌دهد.
۱۳ ژوئیه (۲۲ تیر ۱۱۶۶ خورشیدی): کنگره **احکام شمال‌غربی**[1] را تصویب می‌کند. این بزرگترین دستآورد کنفدراسیون به شمار می‌رود زیرا بنیانی را برای ساماندهی سرزمین‌های غربی و پیشرفت آن‌ها به سمت تشکیل دولت‌های آتی به دست می‌دهد.
۱۵ سپتامبر (۲۴ شهریور ۱۱۶۶ خورشیدی): موافقت مجلس مؤسسان ملی با متن قانون اساسی.
۱۷ سپتامبر (۲۶ شهریور ۱۱۶۶ خورشیدی): مجلس مؤسسان قانون اساسی را تصویب می‌کند.
۲۸ سپتامبر (۶ مهر ۱۱۶۶ خورشیدی): کنگره رأی به ارسال قانون اساسی به مجالس قانون‌گذاری ایالت‌ها برای تصویب نهایی می‌دهد.
۲۷ اکتبر (۵ آبان ۱۱۶۶ خورشیدی): نخستین مقاله [فدرالیست ۱] از سلسله مقالات فدرالیست در ایندیپندنت ژورنال در نیویورک منتشر می‌شود.
۷ دسامبر (۱۶ آذر ۱۱۶۶ خورشیدی): دِلُوِر اولین دولتی است که قانون اساسی فدرال را به تصویب می‌رساند.
۱۲ دسامبر (۲۱ آذر ۱۱۶۶ خورشیدی): پنسیلوانیا قانون اساسی جدید را تصویب می‌کند.
۱۸ دسامبر (۲۷ آذر ۱۱۶۶ خورشیدی): نیوجرسی قانون اساسی جدید را تصویب می‌کند.

۱۷۸۸

۲ ژانویه - ۲۳ مه (۱۲ دی ۱۱۶۶ تا ۳ خرداد ۱۱۶۷خورشیدی): ایالت‌های جُرجیا، کانکتیکات، ماساچوست، مریلند، و کارولینای جنوبی قانون اساسی جدید را تصویب می‌کنند.
۲۱ ژوئن (۱ تیر ۱۱۶۷ خورشیدی): نیوهمشایر نهمین ایالتی است که قانون اساسی ایالات متحده را به تصویب می‌رساند و به این ترتیب راه برای ایجاد حکومت جدید باز می‌شود.
۲۵ ژوئن (۵ تیر ۱۱۶۷ خورشیدی): ویرجینیا قانون اساسی جدید را تصویب می‌کند.
۸ ژوئیه (۱۸ تیر ۱۱۶۷ خورشیدی): کنگرهٔ قاره‌ای قانون اساسی جدید را، با اعلام تاریخ انتخابات و تشکیل جلسهٔ کنگرهٔ جدید، به اجرا می‌گذارد.
۲۶ ژوئیه (۵ تیر ۱۱۶۷ خورشیدی): نیویورک قانون اساسی جدید را تصویب می‌کند.

1. The Northwest Ordinances

۱۰ اکتبر (۱۹ مهر ۱۱۶۷ خورشیدی): جلسهٔ کنگرهٔ قاره‌ای به اتفاق آرا آخرین اقدام خود را به تصویب می‌رساند.

۱۷۸۹

۲ مارس (۱۲ اسفند ۱۱۶۷ خورشیدی): آخرین جلسهٔ کنگرهٔ قاره‌ای با شرکت تنها نماینده حاضر، فیلیپ پِل، برگزار می‌شود.

۴ مارس (۱۴ اسفند ۱۱۶۷ خورشیدی): نخستین نشست نخستین کنگرهٔ ایالات متحدهٔ آمریکا در تالار فدرال آغاز به‌کار می‌کند.

۳۰ آوریل (۱۱ اردیبهشت ۱۱۶۸ خورشیدی): مراسم توشیح جُرج واشنگتن به عنوان نخستین رئیس‌جمهوری ایالات متحدهٔ آمریکا برگزار می‌شود.

۲۴ سپتامبر (۳ مهر ۱۱۶۸ خورشیدی): با تصویب **قانون دادگستری**[1] نظام قضائی ایالت متحده تشکیل و جان جِی به عنوان نخستین قاضی‌القضات دیوان‌عالی کشور ایالات متحده منصوب می‌شود.

۲۰ نوامبر (۳۰ آبان ۱۱۶۸ خورشیدی) نیوجرسی نخستین ایالتی است که **منشور حقوقی**[2] را به تصویب می‌رساند. این منشور ده متمم اصلاحی اول را تشکیل می‌دهد.

۲۱ نوامبر (۱ آذر ۱۱۶۸ خورشیدی): کارولینای شمالی قانون اساسی جدید را تصویب می‌کند.

۱۷۹۰

۲۹ مه (۸ خرداد ۱۱۶۹ خورشیدی): رُدآیلند قانون اساسی جدید را تصویب می‌کند.

۱۷۹۱

۱۵ دسامبر (۲۴ آذر ۱۱۷۰ خورشیدی): با تصویب منشور حقوقی توسط ویرجینیا، ده متمم اصلاحی قانون اساسی به عنوان منشور حقوقی ضمیمهٔ قانون اساسی ایالات متحده می‌شود.

1. Judiciary Act
2. The Bill of Rights

پیوست ۳

بیانیهٔ استقلال آمریکا

هرگاه که در گذار رخدادهای انسانی، مردمی ناگزیر می‌شوند رشته‌های سیاسی‌ای که آن‌ها را با مردمانی دیگر پیوند داده از هم بگسلند تا آن‌گونه که قوانین طبیعت و خدای طبیعت آن‌ها را سزاوار دانسته برای خود جای‌گاهی جداگانه و برابر در میان قدرت‌های روی زمین بیابند، احترامی شایستهٔ افکار عمومی بشریت ایجاب می‌کند عللی‌که آن‌ها را به جدایی واداشته اعلام کنند.

ما این حقایق را بدیهی می‌انگاریم که همهٔ انسان‌ها برابر آفریده شده‌اند و آفریدگارشان حقوق سلب‌ناشدنی معینی به آن‌ها اعطا کرده که حق زندگی، آزادی و نیل به سعادت از جملهٔ آن‌هاست. برای تضمین این حقوق، حکومت‌هایی در میان انسان‌ها برپا می‌شوند که اختیارات به حق خود را با رضایت حکومت‌شوندگان کسب می‌کنند. هرگاه هر شکلی از حکومت این اهداف را پایمال کند، مردم حق دارند آن را تغییر داده یا براندازند و حکومت تازه‌ای بر پا دارند و بنیان آن را بر چنان اصولی بگذارند، و قوای آن را به چنان صورتی سامان دهند، که به نظر خود بیش از همه به امنیت و سعادتشان می‌انجامد.

دوراندیشی حکم می‌کند حکومت‌هایی که مدت‌هاست استقرار یافته‌اند به دلایل جزئی و زودگذر تغییر داده نشوند؛ ایضاً همهٔ تجربیات نشان داده تا زمانی‌که بدی‌ها تحمل‌پذیرند، انسان‌ها بیشتر راغب‌اند آن‌ها را تحمل کنند تا این‌که وضع خود را با برانداختن اَشکال حکومتی‌ای اصلاح کنند که به آن‌ها خو گرفته‌اند. اما هرگاه رشتهٔ دراز سوءرفتارها و زورستانی‌ها با همان اهداف از قصدِ کشاندن مردم به زیر یوغ استبداد مطلقه حکایت داشت، حق و بلکه وظیفهٔ مردم است چنین حکومتی را کنار گذارده، برای امنیت آیندهٔ خود پاسداران تازه‌ای بگمارند.

این مستعمره‌نشین‌ها تاکنون چنین صبورانه تاب آورده‌اند؛ و چنین است ضرورتی که اکنون آن‌ها را ناگزیر می‌سازد نظام حکومتی پیشین خود را تغییر دهند. تاریخ پادشاه کنونی بریتانیای کبیر تاریخ آسیب‌ها و زورستانی‌های مکرر با این هدف آشکار است که استبداد مطلق را بر این ایالت‌ها تحمیل کند. برای اثبات این امر، بگذار حقایق به گوش مردم منصف جهان برسد.

پادشاه از توشیح قوانینی که برای خیر عموم بسیار سودمند و ضروری بوده خودداری کرده است.

او فرمان‌دارانش را از تصویب قوانین دارای اهمیت فوری منع کرده، مگر آن‌که اجرای آن‌ها تا کسب موافقت او به تأخیر بیفتد؛ و حتی پس از تأخیر، پرداختن به آن‌ها را به کلی نادیده گرفته است.

او از تصویب قوانین دیگری برای مساعدت به بخش‌های بزرگی از مردم خودداری کرده، مگر جاهائی‌که مردم از حق نمایندگی خود در مجلس قانون‌گذاری چشم‌پوشیده‌اند، حقی که برای آن‌ها بسیار ارزش‌مند و تنها در نظر مستبدان سخت و ترسناک بوده است.

او مجالس قانون‌گذاری را در مکان‌هایی نامعمول، ناراحت، و دور از خزانهٔ اسناد عمومی تنها به این قصد تشکیل داده است که مردم را با این کارها خسته کند و به تسلیم وادارد.

او مجالس نمایندگی را، به خاطر پایداری استوارشان در مخالفت با دست‌اندازی‌های او به حقوق مردم، مکرراً منحل کرده است.

او به مدتی طولانی پس از انحلال مجالس، از صدور فرمان انتخاب مجالسی دیگر خودداری ورزیده است. در نتیجه، اجرای اختیارات قانون‌گذاری، که از میان برداشتنی نیست، تا حد زیادی به مردم بازگشته؛ و در این میان، کشور در معرض همهٔ خطرات تهاجم از خارج و آشوب در داخل رها شده است.

او کوشیده جلوی اسکان یافتن مردم را در این ایالت‌ها بگیرد؛ و به این منظور جلوی تصویب قوانین مربوط به پذیرش تابعیت خارجیان را گرفته و از تصویب قوانین دیگری در جهت تشویق مهاجرت به این‌جا خودداری نموده و شرایط اختصاص زمین‌های جدید را دشوارتر کرده است.

او با خودداری از توشیح قوانین مربوط به تأسیس قوهٔ قضائیه جلوی اجرای عدالت را گرفته است.

او مدت تصدی مقام قضاوت و میزان حقوق قضات را تنها به ارادهٔ خود وابسته کرده است.

او تعداد بسیاری پُست‌های جدید ایجاد کرده و خیل مقامات را به این‌جا روانه داشته تا مردم ما را به ستوه آورند و ثروتشان را بالا بکشند.

او ارتش منظمی را، در زمان صلح، بدون رضایت مجالس قانون‌گذاری محلی در میان ما مستقر ساخته است.

او ارتش را مستقل و برتر از حاکمیت و اقتدار غیرنظامی قرار داده است.

او با دیگران دست به یکی کرده تا ما را تابع حوزهٔ قضایی بیگانه با ساختار حکومتی‌مان و تأیید نشده توسط قوانین‌مان قرار دهد؛ و برای این منظور مصوبات به ظاهر قانونی آن‌ها رابرای اهداف زیر توشیح کرده است:

برای اسکان واحدهای بزرگی از سربازان مسلح در میان ما.

برپاکردن محاکمات نمایشی برای مصون نگاه داشتن آن‌ها از مجازات به خاطر هر جنایتی که در حق ساکنان این ایالت‌ها مرتکب شوند.

برای قطع رابطهٔ تجاری ما با سایر بخش‌های جهان.

برای تحمیل مالیات بدون رضایت ما.

برای محروم ساختن ما در بسیاری موارد از مزایای محاکمه توسط هیأت منصفه.

برای تبعید ما به آن سوی دریاها برای محاکمه به دلیل جرایم ساختگی.

برای استقرار حکومتی خودسرانه در یک ایالت همسایه و لغو نظام آزاد قوانین انگلیسی در آن و سپس گسترش مرزهای آن تا در آن واحد هم درسی باشد و هم ابزاری مناسب برای برقراری همان حکومت مطلقه در این ایالت‌ها.

برای از میان بردن منشورهای ما، لغو ارزش‌مندترین قوانین ما، و تغییر بنیادی در اَشکالِ حکومتی ما.

برای تعلیق مجالس قانون‌گذاری ما و تفویض اختیار قانون‌گذاری برای ما به خود در همهٔ موارد.

او با خارج اعلام کردن ما از حوزهٔ حفاظت خویش و اعلان جنگ بر ضد ما، از حکومت در این قلمرو استعفا داده است.

او دریاهای ما را چپاول و سواحل ما را تخریب کرده، شهرهای ما را به آتش کشیده و زندگی مردم ما را نابود کرده است.

او در حال حاضر مشغول اعزام واحدهای بزرگ مزدوران خارجی برای تکمیل عملیات کشتار، بی‌دادگری و انهدامی است که به هیچ‌وجه برازندهٔ ریاست یک ملت متمدن نبوده، پیش از آن، با ستم و عهدشکنی بی‌نظیری حتی در وحشیانه‌ترین اعصار سابقه نداشت.

او هم‌شهریان ما را در آب‌های آزاد به اسارت گرفته و وادارشان کرده بر ضد کشور خود اسلحه به دست گیرند و قاتل دوستان و برادران خود شوند یا خود به دست آن‌ها از پای درآیند.

او در میان ما شورش‌های داخلی به راه انداخته و کوشیده وحشیان بی‌رحم بومی را ــ که رسم جنگی‌شان نابودی بدون تمایز همگان با هر سن و جنسیت و شرایطی است ــ به حمله به ساکنان مرزهای ما ترغیب کند.

در هر مرحله از این ستم‌گری‌ها، ما در نهایت فروتنی تقاضای جبران و چاره‌جویی کرده‌ایم. اما تقاضاهای مکرر ما تنها با آسیب‌های مکرر پاسخ داده شده‌است. بدین ترتیب، شاهزاده‌ای که منش و روشش با همان اَعمالی شناخته می‌شود که مشخصهٔ یک مستبد ستمگر است، شایستهٔ فرمان‌روایی بر مردمی آزاد نیست.

ما در توجه دادن به برادران بریتانیایی خود قصور نکرده‌ایم. هرازگاهی دربارهٔ تلاش‌های قانون‌گذاران آن‌ها برای گسترش اختیارات قضایی ناموجهی بر خودمان هشدار داده‌ایم. شرایط مهاجرت و اقامت‌مان در این‌جا را به آن‌ها یادآور شده‌ایم. عدالت‌خواهی ذاتی و بلندنظری آن‌ها را به داوری خواسته‌ایم و براساس پیوندهای خویشاوندی مشترک‌مان از آن‌ها تمنا کرده‌ایم تا زورگیری‌هایی را ردّ کنند که به ناگزیر پیوندها و ارتباطات ما را خواهد گسست. آن‌ها نیز به ندای عدالت و خویشاوندی بی‌اعتنا بوده‌اند. بنابراین ما باید ضرورت اعلام جدایی‌مان را پذیرا شویم، و به آن‌ها همچون بقیهٔ بشریت بنگریم: دشمنانِ در جنگ، دوستانِ در صلح.

بنابراین، ما نمایندگان ایالات متحدهٔ آمریکا که در کنگرهٔ عمومی گرد هم آمده‌ایم، با رجوع به داوری عالی جهانیان برای تأیید منویات خود، به نام و با اجازهٔ مردم خوب این مستعمرات رسماً اعلام می‌داریم که این مستعمره‌های متحد، دولت‌هایی آزاد و مستقل‌اند و حق دارند که باشند: و این‌که از قید همهٔ تعهدات به پادشاهی بریتانیا آزادند و همهٔ پیوندهای سیاسی میان آن‌ها و دولت بریتانیای کبیر گسسته شده و می‌بایست بشود؛ و این‌که آن‌ها به عنوان دولت‌های آزاد و مستقل اختیار کامل اعلام جنگ، برقراری صلح، بستن پیمان، برقراری روابط تجاری، و انجام همهٔ اقدامات و کارهایی را خواهند داشت که دولت‌های مستقل حق انجام آن‌ها را دارند. ما برای پشتیبانی از این اعلامیه، با توکل راسخ به عنایت پروردگار، مشترکاً جان و مال و شرافت مقدسمان را به وثیقه می‌گذاریم.

پنسیلوانیا: بنجامین فرانکلین، رابرت موریس، جُرج کلایمر، جیمز ویلسن، بنجامین راش، جان مورتُن ، جیمز اسمیت، جُرج تایلور، جُرج راس
جُرجیا: باتُن گوئینِت، لیمن هال، جُرج والتُن
دِلُور: جُرج رید، سزار رادنی، تامِس مک‌کین
رُدآیلند: اِستِفان هاپکینز، ویلیام اِلِه‌ری
کارولینای جنوبی: ادوارد روتلِج، تامِس هی‌وارد، تامِس لینچ، آرتور میدلتُن
کارولینای شمالی: ویلیام هوپِر، جوزف هیوز، جان پِن
کانکتیکات: ویلیام ویلیامز، راجر شِرمن، ساموئل هانتینگتُن ، اولیور وولکات
ماساچوست: ساموئل آدامز، جان آدامز، جان هن‌کاک، رابرت تریت پِین، البریج جری
مریلند: ساموئل چِیس، ویلیام پکا، تامِس استُن، چارلز کارول

پیوست ۳: بیانیهٔ استقلال آمریکا   ۲۷۳

نیوجرسی: ریچارد استاکتُن، جان ویتراسپون، فرانسیس هاپکینسُن، جان هارت، آبراهام کلارک

نیوهمشایر: یوشیا بارتلت، ویلیام ویپل، ماتیو تورنتُن

نیویورک: ویلیام فلوید، فیلیپ لیوینگستُن، فرانسیس لوئیس، لوئیس موریس

ویرجینیا: جُرج وایات، ریچارد هنری لی، تامِس جفرسن، بنجامین هریسن، تامِس نلسن، فرانسیس لایت‌فود لی، کارتر برکستن

پیوست ۴

اصول کنفدراسیون و اتحاد دائمی

توضیح:

نیاز به تدوین اصولی برای ادارهٔ امور مستعمرات، در سال ۱۷۵۴ میلادی، احساس شد. بنجامین فرانکلین، مخترع ، ناشر، روزنامه‌نگار و سیاست‌مدار معروف پنسیلوانیایی، پیشنهاد همکاری میان مستعمرات را به عنوان نخستین گام برای تشکیل اتحادیه‌ای داد که دربرگیرندهٔ ساختارهای حکومت و الزامات ارتباطات باشد. اما استقبال از این پیشنهاد به کندی صورت گرفت. تا این‌که در ۱۷۷۴ نخستین کنگرهٔ قاره‌ای میان مستعمرات تشکیل شد. یک‌سال بعد که جنگ انقلابی آمریکا[1] شروع شده بود، دومین کنگره به موقع از آن اطلاع پیدا نکرد و این خود نیاز به ساختارهای متشکل‌تر حکومتی و ارتباطات را برجسته‌تر ساخت.

تامِس پین، فیلسوف، تئوریسین و فعال انقلابی در ۱۷۷۶ جزوه‌ای را با عنوان عقل سلیم انتشار داد که نیاز به اعلام استقلال مستعمرات را پررنگ‌تر نمود. وی در این جزوه از جمله ادعا کرد مادامی‌که کشورهای دیگر، ایالت‌های مستعمرهٔ بریتانیا را به چشم متحد بریتانیا می‌نگرند، تجارت خارجی قوام نخواهد یافت. به این دلیل و دلایل دیگر از جمله افزایش مالیات از سوی بریتانیا، ایالت‌ها به درک ضرورت تشکیل کشوری مستقل رسیدند.

کنگرهٔ قاره‌ای در ژوئن ۱۷۷۶ میلادی دست به ایجاد کمیته‌هایی برای نگارش سه سند بسیار مهم در تاریخ آمریکا زد. اول، بیانیهٔ استقلال برای اعلام ورود دولت‌های آمریکایی به درون نظام بین‌المللی بود. دوم، پیمان الگو[2] یا طرح ۱۷۷۶، برای عرضه به کشورهای خارجی به عنوان الگوی پیمان‌هایی بود که دولت‌های سابقاً مستعمرهٔ بریتانیا در آمریکا (از این پس ایالت‌ها) از آن پس آمادهٔ امضا با طرفین علاقه‌مند هستند. سوم، اصول کنفدراسیون و اتحاد دائمی[3] که در زیر می‌آید.

قرار بر این شد که اصول کنفدراسیون را هیأت‌های نمایندگی ایالت‌ها به گونه‌ای تدوین کنند که آزادی، حاکمیت ملی و استقلال ایالات متحده تضمین شود. اصول اولیه بر روی پنج برگ تهیه و میان همهٔ نمایندگان توزیع و برای تصویب به سیزده ایالت ارسال شد. تصویب این سند سال‌ها طول کشید زیرا ایالت‌ها نمی‌توانستند در مورد سرزمین‌های غیرمسکونی در غرب کشور به نظر واحدی برسند.

اصولی که سیزده مستعمره‌نشین آمریکا تحت عنوان اصول کنفدراسیون و اتحاد دائمی تدوین کردند، درواقع بیانیهٔ به هم پیوستگی آنان در یک کنفدراسیون بود. این اصول به عنوان توافق‌نامه‌ای مکتوب میان

1. American Revolutionary War
2. The Model Treaty
3. Articles of Confederation and Perpetual Union

سیزده دولتِ مستقل بالاخره در سال ۱۷۷۷ به تصویب دومین کنگرۀ قاره‌ای رسید و به عنوان اصول راهبردی در ادارۀ امور مشترک به اجرا درآمد. این توافقنامه حاوی اصول بنیادینی است که سیزده دولت مستقل، در جهت ایجاد کشوری واحد، بر سر آن به توافق رسیده، برای نظارت بر امور داخلی و خارجی حکومت در جریان جنگ انقلابی و رتق و فتق دیپلماسی در ارتباط با اروپا و بومیان آمریکا و مسائل ارضی راهنمای خود قرار دادند.

پس از یک دهه اجرا و تبعیت از اصول کنفدراسیون و اتحاد دائمی، رفته رفته کمبودهای آن به ویژه در رابطه با نبود یک رئیس اجرایی، تعیین راه و روش کسب درآمد و پرداخت هزینه‌های عمومی نمایان شد. در ۱۷۸۹ میلادی قانون اساسی جدیدی به تصویب رسید و جای اصول کنفدراسیون را گرفت (نک: پیوست ۵).

تفاوت‌های عمدۀ اصول کنفدراسیون و قانون اساسی ایالات متحده

حکومتی که اصول کنفدراسیون و اتحاد دائمی آنرا پایه‌ریزی کرد، تنها از یک مجلس تشکیل شده بود که همۀ اختیارات قوۀ مقننه، قضائیه و مجریه را در دست گرفته، جایی برای استقلال سه قوه نگذاشته بود. اصل تفکیک قوا، بعداً در قانون اساسی برای نخستین بار پیشنهاد شد. می‌توان گفت که قانون اساسی‌ای که امروز در ایالات متحده برقرار است، در واقع ضعف‌های اصول کنفدراسیون را اصلاح کرد. با این همه، برخی از اصول قانون اساسی موبه مو از اصول کنفدراسیون برگرفته شده است.

اصول کنفدراسیون، همان‌گونه که در زیر می‌آید، اختیارات کمی به حکومت مرکزی می‌داد. حکومت اختیار جمع‌آوری مالیات و کسب درآمد برای هزینه‌های عمومی مانند دفاع و تنظیم تجارت را نداشت. یکی دیگر از تفاوت‌های این سند با قانون اساسی‌ای که جای آن را گرفت، در ارتباط با رأی‌گیری است. اصول کنفدراسیون می‌گوید برای اصلاح و ترمیم این اصول به آرای مثبت همۀ ایالت‌ها نیاز است تا از تصویب بگذرد. این امر نه تنها دشوار بلکه تقریباً غیرممکن بود. در قانون اساسی جدید رأی تنها نُه ایالت از ۱۳ ایالت برای تصویب قوانین جدید الزامی است.

اگرچه بنیان‌های اصولی که در اصول کنفدراسیون آمده بر مسیر درستی قرار گرفته بود، اما پس از چندی همگان پذیرفتند که جای سه مقولۀ لازم و ضروری برای ادارۀ یک حکومت سالم در آن خالی است: راه‌کارهایی برای کسب درآمد و پرداخت دیون عمومی، تنظیم تناسب آرای ایالت‌ها و قوۀ مقننۀ قوی‌تری متشکل از دو مجلس و سرانجام ایجاد مقام ریاست جمهوری. این‌گونه بود که بالاخره قانون اساسی ایالات متحده بر اساس اصول کنفدراسیون تدوین و به تصویب رسید. متن کامل قانون اساسی در پیوست ۵ آمده است.

اصول کنفدراسیون و اتحاد دائمی - ۱۷۷۷

ما امضا کنندگان زیر، نمایندگان دولت‌هائی که نام خود را به آن اضافه کرده‌ایم، به همهٔ کسانی که آنچه در زیر می‌آید را مرور خواهند کرد، درود می‌فرستیم.

نمایندگان این دولت‌های متحدهٔ آمریکا، نیوهمشایر، خلیج ماساچوست، مزارع رُدآیلند و پراویدنس، کانکتیکات، نیویورک، نیوجرسی، پنسیلوانیا، دِلُور، مریلند، ویرجینیا، کارولینای شمالی، کارولینای جنوبی و جُرجیا، در مجمع کنگره، در روز ۱۵ نوامبر سال ۱۷۷۷ میلادی با این اصول مشخص کنفدراسیون و اتحادیهٔ دائمی موافقت کرده‌اند:

اصل اول

عنوان این کنفدراسیون «ایالات متحدهٔ آمریکا» خواهد بود.

اصل دوم

هر دولت حق حاکمیت، آزادی و استقلال خود را حفظ می‌کند و هرگونه اختیار، صلاحیت و حقی را که به صراحت به مجمع کنگرهٔ ایالات متحده اعطا نکرده، برای خود محفوظ می‌دارد.

اصل سوم

دولت‌های نام‌بُرده به این‌وسیله در مجموع برای دفاع مشترک، تضمین آزادی‌ها و رفاه متقابل با یکدیگر وارد اتحاد دوستی می‌گردند و در برابر همهٔ نیروهایی که علیهٔ آن‌ها یا هریک از آن‌ها – به هر بهانه‌ای از جمله مذهب، سلطه‌گری یا تجارت – موضع گرفته یا حمله‌ور شود، متعهد به دادن مساعدت به یکدیگر می‌شوند.

اصل چهارم

برای تضمین بهتر و ادامهٔ دوستی و تعامل متقابل میان مردم ایالت‌های مختلف در این اتحادیه، ساکنان آزاد هر یک از این دولت‌ها به استثنای بی‌نوایان، ولگردان و فراریان از چنگال عدالت، دارای همهٔ امتیازات و مصونیت‌های شهروندان آزاد سایر دولت‌ها هستند.

مردم همهٔ این ایالت‌ها همه‌گونه حق رفت‌وآمد آزادانه به یکدیگر را داشته و به این‌ترتیب از همهٔ تکالیف و مزایای تجارت و بازرگانی بهره‌مند خواهند بود، ازجمله همهٔ قیود و تکالیفی که بر سایر شهروندان آن کشور جاری است – به شرطی که چنین محدودیتی به جلوگیری از انتقال دارایی‌هایی نشود که از راه کشوری

به کشور محل سکونت صاحب آن عبور داده شده است و همین‌طور به شرطی که هیچ محدودیت یا عوارضی از سوی دولتی بر دارایی ایالات متحده یا هر یک از آنان وضع نگردد.

هرگاه شخصی در هر یک از ۱۳کشور عضو متهم به ارتکاب خیانت، جنایت، یا جرایم دیگر گردد یا محکوم شود و از چنگال عدالت بگریزد و در کشوری دیگر یافت شود، با درخواست فرمان‌دار یا مقامات اجرایی دولتی که وی از آن‌جا گریخته به ایشان تحویل و به دولتی منتقل می‌شود که صلاحیت قضایی رسیدگی به جرم او را دارد.

در هر یک از این کشورها ایمان و اعتبار کامل به سوابق، تدابیر و روند قضایی دادگاه‌ها و ریاست دادگاه‌های بخش از هر دولت دیگر داده می‌شود.

اصل پنجم

به منظور ادارهٔ راحت‌تر مصالح عمومی ایالات متحده، نمایندگان می‌بایست سالانه به شیوه‌ای‌که قانون‌گذاران هر دولت مقرر می‌دارند منصوب شده، در نخستین دوشنبهٔ ماه نوامبر هر سال برای تشکیل جلسه در کنگره حضور به هم رسانند. این حق برای همهٔ دولت‌ها محفوظ است که هر زمان صلاح دانستند در طول سال همه یا هر یک از نمایندگان خود را فراخوانده و برای باقی‌ماندهٔ سال افراد دیگری را به جای آن‌ها به کنگره اعزام کنند.

هیچ دولتی در کنگره نباید کمتر از دو و بیش از هفت نماینده داشته؛ و هیچ فردی نباید بتواند در هر دورهٔ شش ساله بیش از سه سال نماینده باشد؛ و هیچ کسی هم نمی‌تواند علاوه بر سِمَتِ نمایندگی در ایالات متحده متصدی مقامی دولتی بوده و از بابت آن، یا برای خدماتی که از راه آن ارائه می‌دهد، هیچ‌گونه حقوق و مستمری، هزینه یا مواجب دریافت کند.

در تعیین سیاست برای ایالات متحده در مجمع کنگره، هر دولت دارای یک رأی است. هر ایالتی در جلسهٔ دولت‌ها و به عنوان عضوی از کمیتهٔ دولت‌ها، می‌بایست از خود نمایندگانی داشته باشد.

آزادی بیان و بحث در کنگره نباید در هیچ دادگاه یا محلی خارج از کنگره مورد استیضاح یا سوال واقع شود و اعضای کنگره، در طول حضور خود در نشست‌ها، به علاوهٔ زمان رفت‌وآمد میان حوزهٔ نمایندگی و نشست‌های کنگره، شخصاً، به جز در موراد خیانت، جنایت یا نقض صلح، مصون از دستگیری یا حبس هستند.

اصل ششم

هیچ دولتی بدون جَلب موافقت مجمع کنگره ایالات متحده، نمی‌تواند سفیر اعزام کند، سفرای خارجی را بپذیرد یا وارد هرگونه مذاکره، توافق، اتحاد یا پیمان با هیچ شاه، شاهزاده یا دولتی گردد. هیچ مسئول مورد اعتماد یا دارای مقامی انتفاعی در ایالات متحده یا هر یک از دولت‌های عضو حق دریافت هیچ نوع هدیه، مواجب، القاب و عناوین اشرافی دیگری از هیچ پادشاه، شاهزاده یا کشور خارجی ندارد. مجمع کنگره ایالات متحده نیز اختیار دادن این‌گونه عناوین اشرافی را ندارد.

هیچ دو یا چند دولتی، بدون موافقت مجمع کنگرهٔ ایالات متحده و بدون مشخص کردن دقیق اهداف آن، وارد معاهده، کنفدراسیون یا اتحادی میان خود نخواهند شد.

ایالات متحده با پیشنهاداتی به دربارهای فرانسه و اسپانیا، پیمان‌هایی با پادشاه، شاهزاده یا کشورهای دیگر به امضا رسانیده است. هیچ‌یک از دولت‌های عضو ایالات متحدهٔ آمریکا تعرفه یا عوارض گمرکی در تناقض یا تخالف با مقررات این معاهدات وضع نخواهد کرد.

هیچ‌یک از دولت‌های عضو ایالات متحدهٔ آمریکا در زمان صلح دارای کشتی جنگی نخواهد بود، مگر آن‌که مجمع کنگرهٔ ایالات متحده آن را برای دفاع یا تجارت میان ایالت‌ها ضروری تشخیص داده و تعدادش را هم معین کرده باشد. هم‌چنین، هیچ‌یک از دولت‌های عضو ایالات متحدهٔ آمریکا در زمان صلح نیروی انتظامی نگاه‌داری نخواهد کرد، مگر آن‌که مجمع کنگرهٔ ایالات متحده آن را برای دفاع از قلاع آن کشور ضروری تشخیص داده و تعدادش را هم معین کرده باشد. اما هر دولتی باید دارای یک میلیشیای به خوبی منتظم و منظم و به اندازهٔ مکفی مجهز و مسلح بوده و همواره از میزان مناسبی سلاح، مهمات و ادوات و وسایل نجاتی در منابع عمومی ذخیره برخوردار باشد. هیچ‌یک از دولت‌های عضو ایالات متحدهٔ آمریکا نمی‌تواند بدون رضایت مجمع کنگرهٔ ایالات متحده وارد جنگ شود، مگر آن‌که یکی از آن‌ها توسط دشمنانش مورد تهاجم واقع شده یا گزارش خاصی از عزم برخی از ملت‌های سرخ‌پوست دایر بر حمله به خود دریافت کرده و خطر آن به اندازه‌ای قریب‌الوقوع باشد که نتواند دفاع از خود را تا تشکیل نشست بعدی کنگره به تعویق اندازد. هیچ دولتی حق ندارد به ناوگان یا هر کشتی جنگی دیگری مأموریت انتقام‌جویی یا حکم ضبط اموال بیگانگان را بدهد مگر پس از آن‌که مجمع کنگره اعلان جنگ داده باشد و در آن‌صورت تنها علیه پادشاهی یا کشور یا توابع آن‌هایی که اعلان جنگ با آن، تحت مقرراتی داده شده که مجمع کنگره تعیین کرده است؛ و اگر آن دولت به عفونت سارقان دریایی آلوده گشته، در آن‌صورت شایستهٔ پاسخ درخوری از ناوگان‌های دریایی است، ناوگان‌هایی که تا خطر ادامه دارد یا تازمانی که مجمع کنگرهٔ ایالات متحده لازم بداند باید نگاه‌داشته شوند.

اصل هفتم

هنگامی‌که دولت‌ها در فراخوان خود برای دفاع مشترک به منظور تشکیل نیروی زمینی به بسیج سرباز می‌پردازند، همهٔ افسران درجهٔ سرهنگ به پائین می‌بایست توسط قوهٔ مقننهٔ حکومتی منصوب گردند که آن سربازان را بسیج کرده یا به ترتیبی باشد که آن دولت تعیین می‌کند و همهٔ پُست‌های خالی مانده توسط دولتی منصوب می‌شود که آن انتصاب را ابتدا انجام داده است.

اصل هشتم

همهٔ هزینه‌های جنگی و مخارج دیگری که با مجوز مجمع کنگره ایالات متحده صرف دفاع مشترک یا رفاه عمومی می‌گردد، می‌بایست از خزانهٔ مشترکی پرداخت شود که دولت‌ها آن‌را به نسبت ارزش مجموعهٔ زمین‌های قلمرو خود، چه اعطایی و چه واگذارشده به افراد، فراهم می‌کنند. ارزش زمین‌های کشورها از جمله دربرگیرندهٔ ساختمان‌ها و رونقی است‌که به آن بخشیده که این خود بر مبنای شیوه‌ای تخمین زده خواهد شد که مجمع کنگره متناوباً دستور آن را خواهد داد. قانون‌گذاران هر کشوری در چارچوب زمانی مورد توافق مجمع کنگره ایالات متحده اختیار تعیین و وضع مالیاتی را خواهند داشت که بر سهمیهٔ پرداخت شده می‌بایست تعلق گیرد.

اصل نهم

مجمع کنگرهٔ ایالات متحده حق و اختیار انحصاری و منحصربه فرد تصمیم‌گیری در مورد جنگ و صلح را داراست، به جز در موارد ذکر شده در اصل ششم – اعزام سفیر و پذیرش سفرای خارجی – حق ورود به هرگونه اتحاد یا پیمان را نیز دارد، به شرطی‌که هیچ پیمان تجاری منعقد نشود که به موجب آن قوهٔ مقننهٔ ایالت‌های ذیربط از وضع تعرفه و عوارضی بر خارجیان منع گردند که بر مردم خود می‌بندند، یا از ممنوعیت صادرات و واردات هرگونه کالا و اجناس یا ایجاد مقررات ناظر بر همهٔ موارد مربوط به قانونی شمردن صید در دریاها و بر روی زمین به نفع ایالات متحده یا چگونگی تقسیم غنائم زمینی یا دریایی یا روش اختصاص آن‌ها، منع شوند. مجمع کنگرهٔ ایالات متحده اختیار اعطای حکم ضبط اموال بیگانگان، درخواست غرامت در زمان صلح، انتصاب دادگاه برای محاکمهٔ سرقت‌های دریایی وجنایات واقع شده در دریاهای آزاد و تشکیل دادگاه برای رسیدگی و تعیین مجازات در همهٔ موارد دستگیری را داراست، به شرطی که هیچ‌یک از اعضای کنگره به سِمَتِ قاضی این دادگاه‌ها منصوب نشود.

مجمع کنگرهٔ ایالات متحدهٔ آمریکا هم‌چنین آخرین مرجع استیناف در همهٔ دعواها و اختلافات مرزی، حوزهٔ قضایی و اختلافات دیگری است که هم‌اکنون میان دو یا چند دولت موجود بوده یا درآینده پیدا خواهد شد. اختیار کنگره همواره به روشی که جلوتر می‌آید اجرا خواهد شد. قوهٔ مقننه یا مجریه یا نمایندهٔ قانونی هر ایالتی که یک طرف دعوا با ایالت دیگری است دادخواستی تنظیم و به کنگره تقدیم می‌کند که در آن، پس از شرح موضوع مورد اختلاف، خواستار رسیدگی می‌شود. کنگره به قوهٔ مقننه یا مجریهٔ ایالتی که طرف دیگر دعواست خبر می‌دهد که علیه آن دولت چنین دادخواستی ارائه شده و روزی هم تعیین می‌شود تا نمایندگان قانونی طرفین حضور به هم رسانند و بالاتفاق مقامات یا قضاتی را برای تشکیل دادگاه رسیدگی به مورد اختلاف منصوب کنند. اما اگر آن‌ها نتوانستند در این مورد به توافق برسند، در آن‌صورت، کنگره از هر ایالتی سه نفر را به طرفین معرفی می‌کند و از آن‌ها می‌خواهد به نوبت نام یکی را حذف کنند. نخست شاکی شروع می‌کند تا نام سیزده نفر در فهرست باقی می‌ماند. آن‌گاه در حضور کنگره، از فهرست نام‌های باقی‌مانده، نام هفت تا نُه نفر، بسته به میل و نظر کنگره، با قرعه انتخاب می‌شود تا داوران یا قضات دادگاه رسیدگی به مورد اختلاف باشند. حکم نهایی با رأی اکثریت قضات تعیین می‌شود. چنان‌چه هر یک از طرفین در روز موعد بدون ارایهٔ عذری موجه، به تشخیص کنگره، غفلت ورزیده و حضور پیدا نکند، یا حاضر شود اما با ترتیبات ذکر شده در تعیین قضات برای داوری نهایی همکاری نکند، کنگره رأساً سه نفر را از هر ایالت نامزده کرده و دبیر کنگره به جای طرف غایب یا ممتنع در تعیین قضات شرکت می‌کند. قضاوت و رأی نهایی دادگاهی که با چنین راه‌کاری تعیین شده نهایی و قطعی خواهد بود. اگر هر یک از طرفین به صلاحیت دادگاه تن ندهد یا حاضر نشود در برابر دادگاه از موضع یا ادعای خود دفاع کند، دادگاه، بدون اعتنا به آن، حکم یا قضاوت خود را صادر خواهدکرد، که به همین سیاقْ نهایی و قطعی خواهد بود. در هر حال حکم یا قضاوت یا رأی نهایی به کنگره ارسال شده و در نامهٔ اعمال کنگره، برای حفظ امنیت طرفین مورد اختلاف، به ثبت خواهد رسید. هر یک از داوران یا قضات پیش از نشستن بر مسند داوری می‌بایست توسط یکی از قضات دیوان‌عالی ایالتی که پرونده در آن مورد رسیدگی قرار خواهد گرفت، سوگندداده شود که «واقعاً به مسألهٔ مورد دعوا رسیدگی کرده و بنا به بهترین قوهٔ تشخیص و قضاوت خود، با رعایت بی‌طرفی و بدون امید به دریافت پاداش، حکم خود را صادر کند.» واجب‌ست این نیز در نظر گرفته شود که هیچ ایالتی از زمین خود به نفع ایالات متحده محروم نخواهد شد.

مجمع کنگرهٔ ایالات متحدهٔ آمریکا با تعیین معیارهای وزن و اندازه‌گیری در سراسر ایالات متحده، حق انحصاری و اختیار تنظیم آلیاژ و ارزش ضرب سکه‌هایی را که خود یا ایالت‌ها انجام می‌دهند، تنظیم تجارت و ادارهٔ کلیهٔ مراودات با سرخ‌پوستان را داراست، مشروط به این‌که متعرض حق قانون‌گذاری هیچ ایالتی در محدودهٔ ارضی‌اش نشده و آن را نقض نکند. مجمع کنگرهٔ ایالات متحدهٔ آمریکا همچنین اختیار تأسیس ادارات پُستی را در سراسر ایالات متحده دارد و می‌تواند به منظور تأمین مخارج این ادارات برای

تردد بسته‌ها ومراسلات، تمبر پُستی به فروش رساند و استفاده از آن را الزامی کند. هم‌چنین اختیار نصب افسران نیروهای زمینی در خدمت ایالات متحده را، به استثنای افسران هنگ، نصب کلیهٔ افسران نیروی دریایی، و تعیین مأموریت همهٔ مقاماتی داشته که در خدمت ایالات متحده‌اند و برای تنظیم و ادارهٔ نیروهای زمینی ودریایی ذکر شده مقرراتی وضع و عملیات آن‌ها را هدایت می‌کند.

مجمع کنگرهٔ ایالات متحدهٔ آمریکا اختیار آن را دارد که در هنگام تنفس، کمیته‌ای را متشکل از یک نماینده از هر ایالت، تحت عنوان کمیتهٔ دولت‌ها، بر جای خود بگمارد. همچنین می‌تواند مقامات و کمیته‌های دیگری را برای ادارهٔ امور ایالات متحده منصوب نماید و یک نفر را از میان آنان به عنوان رئیس انتخاب کند، به شرطی که هیچ‌یک نتواند به مدتی بیش از یک سال در هر دورهٔ سه ساله به مقام ریاست برگزیده شود. مجمع کنگرهٔ ایالات متحدهٔ آمریکا اختیار تهیهٔ هر مبلغ پولی را در خدمت ایالات متحده و اختصاص هرگونه اعتبار و مصرف آن جهت تأمین هزینه‌های عمومی یا انتشار پول با تکیه بر اعتبار ایالات متحده را داراست و باید در هر شش ماه یک بار فهرستی از هزینه‌ها و وام‌هایش را به ایالت‌ها گزارش کند. کنگره اختیار تشکیل و تجهیز نیروی دریایی را داراست و می‌تواند پس از حصول توافق دربارهٔ شمار نیروهای زمینی، برای جمع‌آوری سرباز از هر ایالت، به نسبت ساکنان سفیدپوست آن ایالت، سهمیه‌ای درخواست کند که الزامی باشد. آن‌گاه قانون‌گذاران هر ایالت افسران آن رسته را منصوب نموده، طبق سهمیهٔ خود بسیج سرباز کرده و آنان را چنان‌که شایستهٔ سربازی است به هزینهٔ ایالات متحده مسلح و مجهز می‌کنند و اونیفورم مناسب می‌پوشانند. آن‌گاه در موعد مقرر آنان را در محل از پیش تعیین شده توسط کنگره تحویل می‌دهند. اما اگر مجمع کنگره، با در نظر گرفتن شرایط، تشخیص دهد که ایالتی نیاز به اعزام سرباز ندارد، یا باید شمار کمتری از آن‌چه که سهمیهٔ اوست بسیج کند، و سایر ایالت‌ها می‌بایست بیش از سهمیهٔ خود سرباز اعزام کنند و تعداد اضافی می‌بایست با لباس مناسب و تجهیزات و سلاح مطابق سهمیهٔ آن ایالت فراهم شود، مگر آن‌که قوهٔ مقننهٔ آن ایالت رأی دهد که چنین بسیج و تجهیزاتی برایش مقدور نیست که در آن‌صورت می‌بایست به تعدادی که برایش امکان دارد بسیج سرباز کرده، مُلبّس به اونیفورم با تجهیزات و تسلیحات مکفی و فرمانده اعزام شود. و افسران و سربازانی که به این ترتیب با اونیفورم و تجهیزات و سلاح به محل مقرر اعزام می‌شوند، می‌بایست در موعد از پیش تعیین شده توسط کنگره حاضر شوند.

مجمع کنگرهٔ ایالات متحدهٔ آمریکا در مورد هر امری تنها با احراز رأی اکثریت می‌تواند تصمیم‌گیری کند، مگر تشکیل جلسه برای رتق و فتق امور روزانه، و اختیار امور ذیل را ندارد مگر با احراز موافقت نُه ایالت از مجموع سیزده ایالت: شرکت در جنگ، صدور حکم ضبط اموال بیگانگان یا درخواست غرامت در زمان صلح، ورود به پیمان‌ها یا اتحادهای بین‌المللی، ضرب سکه یا تعیین ارزش سکه‌های خود، برآورد

هزینه‌های دفاعی و رفاهی ایالات متحده یا هر یک از ایالت‌ها، انتشار اسکناس، استقراض وام با اعتبار ایالات متحده یا اختصاص پول برای مصارف عمومی، توافق برای ساخت یا خرید تعداد ناوگان دریایی، بسیج نیرو برای نیروهای دریایی یا زمینی، انتصاب فرمانده برای ارتش یا نیروی دریایی.

کنگرهٔ ایالات متحده تشکیل جلسات خود را می‌تواند در هر موقع سال و به هر مکانی در ایالات متحده به ترتیبی موکول کند که هیچ دورهٔ تعطیلی طولانی‌تر از شش ماه نباشد. کنگره باید شرح وقایع روزانهٔ خود را، به استثنای جزئیات مربوط به معاهدات، اتحادها و عملیات نظامی، که محرمانه بودنش را ضروری بداند، به طور ماهیانه منتشر سازد. آرای مثبت و منفی نمایندگان هر ایالت در زمینهٔ مسائل مختلف می‌بایست در صورت تقاضای هر یک از نمایندگان، در گزارش روزانه درج گردد. نسخه‌ای از گزارش نام‌برده، به جز بخش‌های حاوی استثنائاتی که از آن یاد شد، در صورت تقاضا می‌بایست پیش از تشکیل جلسهٔ قانون‌گذاران ایالت‌ها در اختیار نمایندگان هر ایالت، یا هر یک از آن‌ها، قرار داده شود.

اصل دهم

در زمان تنفس یا تعطیلی کنگره، کمیتهٔ دولت‌ها، یا هر نُه دولتی، در صورت احراز توافق نُه دولت، هر زمان که مصلحت بدانند، به عنوان مجمع کنگرهٔ ایالات متحده، مجاز به اجرای اختیارات کنگره هستند، مشروط بر آن‌که قدرتی به کمیتهٔ مزبور واگذار نشود که برای اجرای آن، طبق اصول کنفدراسیون، رأی نُه دولت در مجمع کنگره ایالات متحده لازم باشد.

اصل یازدهم

در صورت تمایل به این کنفدراسیون و با پیوستن به مصوبات ایالات متحده، کانادا را می‌بایست به این اتحاد پذیرفت و باید حق استفاده از همهٔ مزایای این اتحادیه را دارا باشد. اما هیچ مستعمرهٔ دیگری پذیرفته نیست مگر آن‌که نُه دولت عضو با آن توافق کنند.

اصل دوازدهم

همهٔ اسناد اعتباری منتشر شده، وام‌های به قرض گرفته شده و بدهی‌های قراردادی، یا آن‌چه که پیش از مجمع کنگرهٔ ایالات متحده، تحت اقتدار کنگره و در راه تشکیل کنفدراسیون کنونی وام گرفته شد، همچون بدهی‌های ایالات متحده تلقی گردیده و برای بازپرداخت آن و جلب رضایت طلب‌کاران، ایالات متحده و ایمان عمومی، آن‌ها بدینوسیله رسماً متعهد می‌شوند.

اصل سیزدهم

دولت‌های‌عضو ایالات متحده می‌بایست از تصمیمات مجمع کنگرۀ ایالات متحده، در همۀ مواردی پیروی کنند که از سوی این کنفدراسیون به آن‌ها ارسال می‌شود. اصول این کنفدراسیون می‌بایست بدون استثنا توسط همۀ ایالت‌ها مراعات گشته و اتحادیه دائمی خواهد بود. در هیچ زمانی هیچ‌گونه تغییری در هیچ‌یک از این اصول داده نخواهد شد مگر آن‌که مجمع کنگرۀ ایالات متحده با چنان تغییری به توافق برسد و پس از آن مورد تأیید قانون‌گذاران همۀ دولت‌ها [ایالت‌ها] قرار گیرد.

پیوست ۵

نمایه

-آ-
آبراهام (دشت)؛ ۴۸، ۴۹
آتن؛ ۱۹۹
آدامز، ابی‌گیل (همچنین نک: اسمیت، ابی‌گیل)؛ ۷، ۲۰، ۲۱، ۲۳، ۲۶، ۲۹، ۳۰، ۳۲، ۶۹، ۷۰، ۱۰۶، ۱۲۶، ۱۳۱، ۱۵۴، ۱۵۵، ۱۵۹، ۱۷۵، ۱۷۶، ۲۱۴
آدامز، جان؛ ۱، ۲، ۵، ۷، ۱۳، ۱۴، ۱۶، ۱۷، ۱۹، ۲۰، ۲۱، ۲۲، ۲۳، ۲۴، ۲۵، ۲۶، ۲۷، ۲۸، ۲۹، ۳۰، ۳۱، ۳۲، ۳۳، ۳۴، ۴۳، ۴۷، ۵۸، ۵۹، ۶۱، ۶۴، ۶۶، ۶۸، ۶۹، ۷۰، ۷۲، ۷۳، ۷۵، ۷۶، ۷۷، ۸۱، ۱۰۱، ۱۰۴، ۱۰۵، ۱۰۶، ۱۰۷، ۱۰۸، ۱۰۹، ۱۱۳، ۱۱۴، ۱۱۶، ۱۱۷، ۱۱۸، ۱۱۹، ۱۲۰، ۱۲۳، ۱۲۴، ۱۲۵، ۱۲۶، ۱۲۹، ۱۳۱، ۱۳۵، ۱۵۴، ۱۵۵، ۱۵۶، ۱۵۷، ۱۵۸، ۱۵۹، ۱۶۰، ۱۶۳، ۱۶۵، ۱۶۶، ۱۶۷، ۱۷۲، ۱۷۳، ۱۸۱، ۱۹۴، ۱۹۷، ۱۹۹، ۲۰۰، ۲۱۴، ۲۲۶، ۲۲۷، ۲۲۸، ۲۲۹، ۲۳۴، ۲۳۷، ۲۴۳، ۲۴۴، ۲۷۲
آدامز، چارلز؛ ۱۲۶
آدامز، ساموئل؛ ۱۶۰، ۲۷۲
آرنولد، بندیکت؛ ۸
آکسفورد؛ ۱۰
آلبانی (مرکز نیویورک)؛ ۱۳۵
آلمان؛ ۸۸
آلمانی(ها)؛ ۱۲، ۱۷، ۴۵، ۴۶، ۶۴، ۸۸، ۱۰۳
-الف-
اپامینونداس (فرماندهٔ نظامی تِبِس)؛ ۱۹۹
اساسنامهٔ جنگ؛ ۱۷۲، ۱۷۳
اسپارت؛ ۱۹۹
اسپانیا؛ ۴۹، ۲۰۹، ۲۶۵، ۲۷۹
استاتن‌آیلند (جزیره)؛ ۴۴، ۶۱، ۷۷، ۸۲، ۸۳، ۸۵، ۸۶، ۸۷، ۹۱، ۹۲، ۹۷، ۱۰۰، ۱۰۹، ۱۳۱، ۱۳۳، ۱۳۶، ۱۵۴، ۱۵۸، ۱۶۳، ۱۷۰، ۱۷۲، ۱۷۷، ۱۷۸
استدمن، چارلز؛ ۲۲۱، ۲۲۲
استرلینگ، لُرد (همچنین نک: الکساندر، ویلیام)؛ ۵۳، ۹۱، ۱۳۲، ۱۴۱، ۱۴۲، ۱۴۳، ۱۴۷، ۱۵۶، ۱۷۶، ۱۷۷، ۱۹۲، ۲۳۲
استقلال (آمریکا)؛ ۱، ۲، ۳، ۵، ۸، ۹، ۱۰، ۱۲، ۱۳، ۱۴، ۱۵، ۱۶، ۱۷، ۱۸، ۱۹، ۲۰، ۲۱، ۲۲، ۲۵، ۲۷، ۲۸، ۳۱، ۳۲، ۳۳، ۳۵، ۴۰، ۴۴، ۵۱، ۵۲، ۵۴، ۵۷، ۵۸، ۵۹، ۶۰، ۶۳، ۶۴، ۶۵، ۶۶، ۶۷، ۶۸، ۶۹، ۷۱، ۷۵، ۷۷، ۸۰، ۸۱، ۸۲، ۸۶، ۸۸، ۸۹، ۹۰، ۹۲، ۱۰۰، ۱۰۱، ۱۰۲، ۱۰۹، ۱۱۱، ۱۱۳، ۱۱۷، ۱۱۸، ۱۱۹، ۱۲۱، ۱۲۳، ۱۲۷، ۱۲۹، ۱۴۴،۱۶۴، ۱۵۵، ۱۵۶، ۱۵۷، ۱۵۹، ۱۶۰، ۱۶۳، ۱۶۶، ۱۷۰، ۱۷۱، ۱۷۲، ۱۷۴، ۱۷۵، ۱۷۷، ۱۸۲، ۱۹۱، ۱۹۲، ۱۹۶، ۲۰۰، ۲۰۷، ۲۰۹، ۲۱۲، ۲۱۳، ۲۱۴، ۲۲۱، ۲۲۵، ۲۲۶، ۲۲۸، ۲۳۵، ۲۴۲، ۲۵۹، ۲۶۳، ۲۷۵
استقلال (بیانیه)؛ ۱۷، ۲۰، ۲۳، ۲۶، ۳۷، ۵۷، ۶۰، ۶۷، ۷۱، ۷۲، ۷۵، ۷۶، ۷۷، ۸۱، ۸۲، ۸۹، ۹۴، ۱۲۱، ۱۲۲، ۱۵۹، ۱۹۱، ۱۹۶، ۲۲۳، ۲۶۳، ۲۶۹، ۲۷۵
استقلال (جنگ)؛ ۳۱، ۱۱۲، ۱۱۹، ۱۲۸، ۱۸۵، ۱۹۲، ۲۱۱
استقلال‌طلبانه (جنبش)؛ ۲۲، ۳۱، ۷۱، ۱۰۲، ۱۰۷، ۱۶۶
استُن، تامِس؛ ۲۷۲
اسکاتلند(ی)؛ ۱۲، ۵۳، ۷۹، ۱۰۴، ۱۴۵، ۱۸۵
اسکایلر، فیلیپ (ژنرال)؛ ۹۱
اسمیت، جیمز؛ ۲۷۲
اَشبی (ماساچوست)؛ ۶۳
اصول کنفدراسیون و اتحاد دائمی؛ ۵۷، ۱۱۱، ۱۱۲، ۱۹۱، ۲۶۳، ۲۶۴، ۲۶۵، ۲۷۵، ۲۷۶، ۲۷۷
الکساندر، ویلیام (همچنین نک: استرلینگ، لُرد)؛ ۵۳، ۹۲
اِلِری، ویلیام؛ ۲۷۲
اله‌گینیز (کوه)؛ ۵۱

۲۸۶   تابستان انقلابی / جوزف جِی اِلیس

انتاریو (دریاچه)؛ ۴۳
انگلستان؛ ۱۰، ۴۸، ۶۲، ۷۶، ۸۷، ۲۱۵، ۲۳۵، ۲۴۷
اورفئوس (کشتی جنگی)؛ ۱۷۹
ایتون (دبیرستان)؛ ۴۸
ایران؛ ۱۲۳، ۱۹۹
ایرلند(ی)؛ ۳، ۱۲، ۳۸، ۸۸، ۱۴۵
ایری (دریاچه)؛ ۴۳
ایست (رودخانه)؛ ۴۴، ۵۲، ۶۰، ۹۳، ۱۳۴، ۱۳۶، ۱۴۶، ۱۴۹، ۱۵۰، ۱۵۲، ۱۵۶، ۱۶۳، ۱۶۴، ۱۷۰، ۱۷۷، ۱۷۹، ۲۰۱، ۲۰۲، ۲۱۰، ۲۱۶، ۲۳۴
ایگل (ناو جنگی)؛ ۹۲، ۱۵۱، ۱۵۶، ۱۶۸

-ب-
بانکرهیل (کشتار)؛ ۹، ۳۳، ۴۵
بانکرهیل (نبرد)؛ ۷، ۱۶، ۱۷، ۳۳، ۳۹، ۴۹، ۵۲، ۵۳، ۱۰۶، ۱۱۰، ۱۱۸، ۱۳۴، ۱۳۷، ۱۳۸، ۱۴۵، ۱۷۱، ۱۸۲، ۱۸۵، ۲۲۹، ۲۳۲، ۲۶۲
برادوی (خیابان)؛ ۸۹
برادهد، دیوید (افسر آمریکایی)؛ ۱۳۹
برانکس؛ ۲۰۱
برک، ادموند؛ ۳، ۱۲، ۱۶، ۲۱۷، ۲۲۲
برکی (سنت)؛ ۳
بروکلین هایتس؛ ۵۳، ۱۳۲، ۱۳۴، ۱۳۷، ۱۳۸، ۱۴۱، ۱۴۲، ۱۴۳، ۱۴۵، ۱۴۶، ۱۵۰، ۱۵۲، ۱۷۸، ۱۸۴، ۲۱۶، ۲۲۰، ۲۳۲
برین تری (شهر)؛ ۲۹
بلک‌استون، ویلیام؛ ۱۰
بلوریج (کوهستان)؛ ۳۲
بورگوین، جان (ارتشبد)؛ ۵۰، ۹۱، ۱۰۹، ۲۳۱
بودِن، جیمز (دوم)؛ ۱۲۶
بوستون (شهر)؛ ۷، ۸، ۱۱، ۱۲، ۱۴، ۲۹، ۳۲، ۳۳، ۳۴، ۳۵، ۳۶، ۳۷، ۳۸، ۳۹، ۴۲، ۴۷، ۴۹، ۵۰، ۵۱، ۵۳، ۵۸، ۵۹، ۶۱، ۶۴، ۷۰، ۹۵، ۱۰۵، ۱۰۸، ۱۱۰، ۱۲۶، ۱۳۴، ۱۵۴، ۱۷۶، ۱۸۵، ۱۹۸، ۲۳۰، ۲۳۲، ۲۶۱، ۲۶۲، ۲۶۳
بوستون (قتل عام)؛ ۲۶۴
بوستون (مهمانی چای)؛ ۱۱، ۲۶۱
بولینگ گرین (پارک عمومی)؛ ۸۹

-پ-
پاتنم، روفوس؛ ۱۷۰، ۱۸۰
پاندورا (جعبه)؛ ۲۷
پراویدنس (شهر)؛ ۳۸، ۲۷۷
پرسی، هیو (لُرد)؛ ۱۵۲
پرینستون (شهر)؛ ۲۶۵
پکا، ویلیام؛ ۲۷۲
پلزپوینت، ۲۰۳، ۲۰۴، ۲۵۷
پلوپنزی/پیلوپونیسه (جنگ)؛ ۱۹۹
پلام؛ ۲۰۳
پِن، جان؛ ۲۷۲
پِن (تپه)؛ ۸
پندلتون، ادموند؛ ۷۶
پنسیلوانیا (ایالت)؛ ۹، ۱۲، ۲۰، ۲۴، ۲۷، ۲۸، ۵۱، ۶۶، ۶۷، ۶۸، ۶۹، ۷۲، ۹۰، ۹۴، ۱۰۱، ۱۱۰، ۱۱۴، ۱۱۵، ۱۲۸، ۱۳۱، ۱۴۷، ۲۰۲، ۲۵۹، ۲۶۳، ۲۶۷، ۲۷۲، ۲۷۷
پنسیلوانیا ایونینگ پُست (روزنامه)؛ ۳۰
پنسیلوانیا پکت (روزنامه)؛ ۲۴، ۱۸۰
پنسیلوانیایی؛ ۲۸، ۲۷۵
پوتوماک (رودخانه)؛ ۲۸، ۳۱، ۶۵، ۷۸، ۱۸۴، ۲۶۶
پیت، ویلیام (ارل چتم)؛ ۱۱، ۱۲، ۱۶، ۲۲۲، ۲۲۵
پیتیا (کاهن اعظم)؛ ۱۲۸
پین، تامس؛ ۱۸، ۱۹، ۲۲، ۲۴، ۲۵، ۳۰، ۴۵، ۶۶، ۱۱۰، ۲۲۶، ۲۶۲، ۲۷۵
پین، رابرت تریت؛ ۲۷۲
پیونی (جنگ)؛ ۱۹۹

-ت-
تاپانزی؛ ۹۲
تاپسفیلد (شهر)؛ ۶۳، ۶۴، ۶۸
تایدواتر؛ ۱۲۳، ۲۱۰
تایلور، جُرج؛ ۲۷۲
تِبِس/اتبای (شهر)؛ ۱۹۹
تراگزنک (نک: فراگزنک)؛ ۲۰۱، ۲۰۲
ترامبل، جان؛ ۷۶
ترنتون (شهر)؛ ۲۰۸

پیوست ۵: نمایه   ۲۸۷

تفسیرهای قوانین انگلستان؛ ۱۰
تمبر (قانون)؛ ۱۰، ۲۶۰،
توری (حزب)؛ ۵۴
توری‌های بوستون، ۱۹۸
تیکاندروگا (شهر)؛ ۴۲، ۴۸
تیلمن، تنچ؛ ۱۹۵

-ج-
جامائیکا (گذرگاه)؛ ۱۳۸، ۱۳۹
جامعهٔ دینی دوستان (همچنین نک: کونکُرد)؛ ۱۲، ۴۲
جرج سوم (پادشاه بریتانیا)؛ ۸، ۱۶، ۱۷، ۱۸، ۱۹، ۲۱، ۲۲، ۲۷، ۶۲، ۶۴، ۶۵، ۶۸، ۷۵، ۷۶، ۷۷، ۷۸، ۷۹، ۸۹، ۹۰، ۹۷، ۹۹، ۱۰۰، ۱۰۱، ۱۲۷، ۱۵۵، ۱۵۶، ۲۱۷، ۲۲۶، ۲۲۸، ۲۵۹، ۲۶۲
جرج واشنگتن (پُل)؛ ۱۷۱
جُرجیا (ایالت)؛ ۱۱۶، ۲۶۴، ۲۷۲، ۲۷۷
جرمین، جرج (لُرد)؛ ۴۵، ۴۶، ۴۷، ۵۰، ۵۱، ۵۲، ۶۱، ۶۲، ۹۱، ۹۸، ۹۹، ۱۰۳، ۱۰۴، ۱۳۱، ۱۳۲، ۱۳۴، ۱۶۵، ۲۰۱، ۲۱۷، ۲۱۸، ۲۳۱
جری، البربرج؛ ۱۰۹، ۲۷۲
جفرسن، تامس؛ ۱، ۸، ۲۶، ۲۷، ۳۲، ۳۷، ۵۷، ۷۲، ۷۳، ۷۴، ۷۵، ۷۶، ۷۷، ۷۸، ۷۹، ۸۰، ۸۱، ۸۲، ۸۳، ۱۰۸، ۱۰۹، ۱۱۳، ۱۱۷، ۱۱۸، ۱۲۱، ۱۲۲، ۱۲۳، ۱۲۵، ۱۲۸، ۱۲۹، ۱۷۲، ۲۰۷، ۲۲۶، ۲۳۳، ۲۳۷، ۲۶۳، ۲۶۶، ۲۷۳
جفرسن، مارتا؛ ۱۲۲
جنگ هفت ساله (با فرانسه و سرخ‌پوستان)؛ ۱۱، ۴۱، ۴۶، ۴۹، ۲۵۹
جومل (عمارت)؛ ۵۳، ۱۸۴
جیامباتیستا ویکو؛ ۲۴
جیمزتاون (شهر)؛ ۶۵، ۱۲۳،

-چ-
چارلزتاون (شهر)؛ ۶۱، ۲۶۲
چارلزتن (شهر)؛ ۲۶۴
چیس، ساموئل؛ ۱۱۴، ۲۷۲

-ح-
حکومت مختلط؛ ۲۴

-خ-
خروج از تابعیت (دکترین)؛ ۷۹
خشایارشا (پادشاه ایران)؛ ۱۹۹

-د-

دانمور (لُرد)؛ ۶۵، ۷۸
دُرچستر هایتس؛ ۷، ۴۲
دِلور (ایالت)؛ ۶۰، ۱۱۶، ۱۴۲، ۱۹۱، ۲۶۷، ۲۷۲، ۲۷۷
دیکنسن، جان؛ ۱، ۹، ۱۴، ۱۵، ۱۶، ۵۸، ۶۶، ۷۷، ۱۱۱، ۱۱۲، ۱۱۳، ۱۱۴، ۱۱۹، ۱۲۰، ۱۲۱، ۱۲۳، ۱۲۸، ۲۲۶، ۲۴۲، ۲۶۲، ۲۶۴
دین، سایلاس؛ ۱۷۲، ۱۹۷

-ر-
رادنی، سزار؛ ۱۹۱، ۲۷۲
راس، جُرج؛ ۲۷۲
راش، بنجامین؛ ۱۱۵، ۱۵۵، ۱۵۶، ۱۹۷، ۲۷۲
راکول، نورمن؛ ۴۰، ۲۳۰
رُدآیلند (ایالت)؛ ۸، ۳۷، ۴۲، ۱۷۷، ۲۶۸، ۲۷۲، ۲۷۷
ردهوک (محله)؛ ۹۲
رُز (ناو سلطنتی بریتانیا)؛ ۹۲، ۹۷
رُم (امپراتوری، جمهوری)؛ ۱۱، ۲۴، ۲۶، ۱۷۲، ۱۹۴، ۱۹۹
رُم (قانون)؛ ۲۴
رنگین‌کمان (کشتی جنگی)؛ ۱۵۲
روبیکن (رود)؛ ۲۶
روتلج، ادوارد؛ ۲۷۲
روح؛ ۷۶، ۴۰، ۲۳۰
ریچارد بیچاره؛ ۱۰۱
رید، جُرج؛ ۲۷۲
رید، جوزف؛ ۳۳، ۹۷، ۱۲۴، ۱۳۷، ۱۴۶، ۱۶۹، ۱۸۰، ۱۸۵، ۲۰۳
ریچموند (شهر)؛ ۶۵

-س-
ساراتوگا؛ ۲۱۰، ۲۳۱
سالیوان، جان (ژنرال)؛ ۱۳۵، ۱۳۷، ۱۳۹، ۱۴۳، ۱۵۱، ۱۵۶، ۱۵۷، ۲۴۶
سالیوان، جیمز؛ ۳۰، ۳۱
سِرل، امبروز؛ ۸۵، ۹۸، ۱۳۶، ۱۶۰
سندی‌هوک (شبه‌جزیره در نیوجرسی)؛ ۱۰۳
سن‌لوران (رودخانه)؛ ۴۹
سوپریور (دریاچه)؛ ۴۳
سیسرون؛ ۲۱، ۷۷، ۲۲۷

-ش-
شارلوتزویل (شهر)؛ ۷۳
شامپلین (دریاچه)؛ ۹۱، ۱۲۴، ۱۲۵
شِرمن، راجر؛ ۷۲، ۱۱۵، ۲۶۳، ۲۷۲

۲۸۸ تابستان انقلابی / جوزف جی اِلیس

ع

عقل سلیم (جزوه)؛ ۱۸، ۱۹، ۲۰، ۲۲، ۲۴، ۱۱۰، ۲۶۲، ۲۷۵

عوارض تاونزند؛ ۲۶۰

ف

فاکس، چارلز؛ ۲۱۷

فرانسه؛ ۱۱، ۳۴، ۳۵، ۴۱، ۴۸، ۶۹، ۷۰، ۱۰۴، ۱۱۹، ۱۲۰، ۱۳۷، ۱۷۲، ۱۸۵، ۱۹۱، ۱۹۷، ۱۹۸، ۲۰۸، ۲۱۰، ۲۲۲، ۲۴۳، ۲۵۹، ۲۶۴، ۲۶۶، ۲۷۹

فراگزنگ (نک: تراگزنک)؛ ۲۰۱

فرانکلین، بنجامین؛ ۱، ۱۴، ۷۲،۷۵، ۷۶، ۸۵، ۹۴، ۱۰۰، ۱۰۱، ۱۰۲، ۱۰۳، ۱۰۹، ۱۱۴، ۱۱۵، ۱۱۶، ۱۲۰، ۱۲۴، ۱۲۶، ۱۲۷، ۱۲۸، ۱۲۹، ۱۳۵، ۱۵۵، ۱۵۶، ۱۵۸، ۱۵۹، ۱۶۰، ۱۶۵، ۱۶۶، ۱۶۷، ۱۹۷، ۲۱۴، ۲۴۰، ۲۴۱، ۲۴۵، ۲۶۳، ۲۷۲، ۲۷۵

فرانکلین، ویلیام؛ ۱۲۷

فردریک کبیر؛ ۱۷

فورت اسکایلر؛ ۲۰۱

فورت کانستیتوشن؛ ۲۰۳

فورت لی؛ ۲۰۳

فورت نسهسیتی؛ ۱۰۴

فورت واشنگتن؛ ۹۲، ۹۴، ۱۷۱، ۲۰۲، ۲۵۶

فون هایستر، لئوپولد (ژنرال)؛ ۱۴۱

فیشکیل (شهر)؛ ۱۷۰

فیلادلفیا (مرکز پنسیلوانیا)؛ ۸، ۹، ۱۲، ۱۸، ۲۷، ۲۹، ۳۰، ۳۲، ۵۷، ۶۰، ۶۶، ۶۷، ۶۸، ۷۲، ۷۳، ۷۵، ۸۱، ۸۳، ۹۳، ۹۵، ۱۰۰، ۱۰۴، ۱۰۸، ۱۰۹، ۱۱۰، ۱۱۹، ۱۲۱، ۱۲۲، ۱۲۵، ۱۵۴، ۱۵۶، ۱۶۰، ۱۷۲، ۱۷۵، ۱۸۹، ۱۹۰، ۱۹۷، ۱۹۹، ۲۰۸، ۲۰۹، ۲۱۴، ۲۲۸، ۲۳۵، ۲۶۱، ۲۶۲، ۲۶۴، ۲۶۶، ۲۶۷

فینیکس (ناو سلطنتی بریتانیا)؛ ۹۲، ۹۷

ق

قاره‌ای، ارتش؛ ۳، ۴، ۵، ۸، ۹، ۲۷، ۳۲، ۳۳، ۳۶، ۳۷، ۳۸، ۳۹، ۴۰، ۴۲، ۴۳، ۵۱، ۵۵، ۵۶، ۶۰، ۸۷، ۸۹، ۹۱، ۹۲، ۹۶، ۹۷، ۹۹، ۱۰۰، ۱۲۰، ۱۲۴، ۱۲۹، ۱۳۱، ۱۳۴، ۱۳۵، ۱۴۱، ۱۴۳، ۱۴۴، ۱۴۷، ۱۵۱، ۱۵۲، ۱۵۴، ۱۵۵، ۱۶۰، ۱۶۳، ۱۶۴، ۱۶۵، ۱۶۶، ۱۷۰، ۱۷۱، ۱۷۵، ۱۷۷، ۱۷۸، ۱۷۹، ۱۸۱، ۱۸۲، ۱۸۶، ۱۸۷، ۱۸۹، ۱۹۲، ۱۹۳، ۱۹۴، ۱۹۵، ۱۹۶، ۱۹۷، ۱۹۸، ۲۰۰، ۲۰۱، ۲۰۵، ۲۰۷، ۲۰۹، ۲۱۰، ۲۱۱، ۲۱۲، ۲۱۳، ۲۱۶، ۲۱۸، ۲۱۹، ۲۲۰، ۲۲۱

قاره‌ای، کنگره؛ ۱، ۲، ۵، ۸، ۱۲، ۱۴، ۲۰، ۲۱، ۲۸، ۳۲، ۳۴، ۳۶، ۳۷، ۴۰، ۴۱، ۴۴، ۵۱، ۵۵، ۵۷، ۵۹، ۶۲، ۶۳، ۶۴، ۶۶، ۶۷، ۶۸، ۷۰، ۷۵، ۷۶، ۷۹، ۸۲، ۸۹، ۹۳، ۱۰۰، ۱۰۱، ۱۰۲، ۱۰۷، ۱۰۸، ۱۰۹، ۱۱۱، ۱۱۲، ۱۱۳، ۱۱۶، ۱۱۷، ۱۱۸، ۱۲۰، ۱۲۱، ۱۲۲، ۱۲۴، ۱۲۸، ۱۳۵، ۱۴۴، ۱۵۵، ۱۵۶، ۱۵۷، ۱۵۸، ۱۵۹، ۱۶۳، ۱۶۷، ۱۶۹، ۱۷۰، ۱۷۲، ۱۷۳، ۱۷۵، ۱۷۷، ۱۸۱، ۱۸۹، ۱۹۰، ۱۹۱، ۱۹۳، ۱۹۶، ۲۰۰، ۲۰۳، ۲۰۷

قانون اسکان؛ ۲۵۹

قانون تمبر؛ ۱۰، ۲۶۰

قانون چای؛ ۲۶۱

قانون شکر (قانون درآمدها)؛ ۲۵۹

قانون مستعمرات آمریکایی؛ ۲۶۰

قبایل سرخ‌پوست؛ ۴۳، ۵۵، ۱۲۲، ۱۳۷، ۲۰۹، ۲۷۹، ۲۸۱

ک

کاتیلین؛ ۲۱

کارتاژ؛ ۲۴، ۱۹۹

کارول، چارلز؛ ۲۷۲

کارولینای جنوبی (ایالت)؛ ۷۸، ۱۰۴، ۱۱۱، ۱۱۴، ۱۱۶، ۱۵۸، ۲۰۳، ۲۶۴، ۲۶۷، ۲۷۲، ۲۷۷

کارولینای شمالی (ایالت)؛ ۲۴، ۱۱۶، ۱۲۳، ۱۷۲، ۱۹۱، ۲۶۸، ۲۷۲، ۲۷۷، ۲۸۱

کاریلون (نبرد)؛ ۴۸

کالیر، جرج (ناخدا)؛ ۱۵۲

کانادا؛ ۸، ۳۲، ۴۳، ۴۷، ۴۹، ۹۱، ۱۰۵، ۱۰۹، ۱۲۰، ۱۲۵، ۲۰۹، ۲۳۳، ۲۵۹، ۲۶۵، ۲۸۳

کانت، امانوئل؛ ۲۴

کانکتیکات (ایالت)؛ ۸، ۳۷، ۵۵، ۹۲، ۹۳، ۹۵، ۹۶، ۹۷، ۱۱۵، ۱۱۶، ۱۲۷، ۱۳۱، ۱۴۸، ۱۷۶، ۱۸۰، ۱۸۵، ۱۹۸، ۲۱۱، ۲۶۳، ۲۶۷، ۲۷۲، ۲۷۷

کانکتیکات کورانت (روزنامه)؛ ۱۷۶

کبک (ایالت کانادایی)؛ ۸، ۴۸، ۴۹، ۵۵، ۵۷، ۷۰، ۱۲۵، ۲۳۳، ۲۵۹

کلایمر، جُرج؛ ۲۷۲

کلونیسم؛ ۱۳

کلینتون، هنری (سرلشکر)؛ ۶۱، ۱۰۳، ۱۳۴، ۱۳۵، ۱۳۸، ۱۳۹، ۱۴۱، ۱۴۳، ۱۴۴، ۱۷۷، ۱۷۸، ۱۸۰،

پیوست ۵: نمایه   ۲۸۹

۲۰۲، ۲۰۳، ۲۰۹، ۲۱۹، ۲۲۰، ۲۲۱
کمدِن (شهر)؛ ۲۶۴
کنتیش (گارد)؛ ۴۲
کنکورد؛ ۷، ۳۳، ۱۱۸، ۱۵۹، ۲۶۲
کورن‌والیس، چارلز (ارتشبد)؛ ۵۱، ۱۰۴، ۱۳۹، ۲۱۹، ۲۶۵
کوشینگ، ویلیام؛ ۶۱
کوگان (پرتغاه)؛ ۱۸۴
کونکر (نک: جامعهٔ دینی دوستان)؛ ۱۲، ۱۴، ۴۲، ۱۴۷
کینگ (پُل)؛ ۱۳۴، ۱۶۴، ۱۶۹، ۱۷۰، ۱۷۸، ۲۲۰
کیپ (خلیج)؛ ۱۷۹، ۱۸۰، ۱۸۱، ۱۸۲، ۱۸۷، ۱۹۰، ۱۹۱، ۱۹۲، ۱۹۷، ۱۹۸، ۲۱۳، ۲۲۰

-گ-
گاورنرز (جزیره)؛ ۹۲
گرانت، اولیس سیمون؛ ۱۸۶
گرین، ناتانیل؛ ۱، ۴۲، ۴۳، ۵۳، ۵۶، ۵۸، ۶۰، ۹۰، ۹۴، ۹۵، ۱۰۳، ۱۰۵، ۱۲۴، ۱۳۱، ۱۳۲، ۱۳۵، ۱۳۶، ۱۳۷، ۱۳۸، ۱۵۳، ۱۶۳، ۱۶۵، ۱۶۶، ۱۶۷، ۱۷۰، ۱۷۱، ۱۷۳، ۱۸۱، ۱۹۲، ۱۹۳، ۱۹۴، ۲۲۴، ۲۴۹
گری‌هاوند (شناور بریتانیا)؛ ۸۲
گلاور، جان (سرهنگ)؛ ۱۴۹، ۱۵۰، ۲۰۴، ۲۴۸، ۲۵۷
گوآنس هایتس؛ ۱۳۷، ۱۳۸، ۱۴۱، ۱۴۳، ۱۵۳، ۱۵۷، ۱۷۶، ۱۹۲، ۲۲۰، ۲۴۸
گوش جنکینز (جنگ)؛ ۴۹
گوئینیت، باتن؛ ۲۷۶
گیتس، هوریشیو (ژنرال)؛ ۵۱، ۱۲۵، ۱۲۹، ۱۳۵

-ل-
لاک، جان؛ ۸۱
لاک‌پشت (زیردریایی)؛ ۱۶۸، ۲۵۱
لانگ‌آیلند؛ ۱، ۲، ۳، ۴۴، ۵۳، ۵۴، ۵۶، ۶۰، ۷۲، ۸۲، ۸۶، ۹۰، ۹۴، ۹۵، ۹۷، ۱۰۸، ۱۲۳، ۱۳۶، ۱۳۵، ۱۳۴، ۱۳۲، ۱۳۳، ۱۳۷، ۱۵۳، ۱۵۲، ۱۵۱، ۱۴۹، ۱۴۴، ۱۳۹، ۱۳۸، ۱۶۵، ۱۶۴، ۱۶۳، ۱۶۰، ۱۵۸، ۱۵۷، ۱۵۵، ۱۵۴، ۱۸۲، ۱۸۰، ۱۷۸، ۱۷۷، ۱۷۶، ۱۷۵، ۱۷۳، ۱۶۷، ۱۹۶، ۱۹۸، ۱۹۹، ۲۰۳، ۲۰۴، ۲۰۷، ۲۱۲، ۲۱۳، ۲۱۶، ۲۲۱، ۲۶۴
لانگ‌آیلند (دریاراه)؛ ۴۴، ۶۷، ۹۷، ۱۷۶، ۲۰۳
لکزینگتُن؛ ۷، ۳۳، ۲۶۲
لندن؛ ۷، ۱۴، ۱۵، ۱۸، ۲۷

لوایح سرکوبگرانه؛ ۲۰
لورینگ، الیزابت («بتسی»)؛ ۴۹، ۵۰، ۶۱، ۲۳۲
لورینگ، جاشوآ؛ ۵۰
لونیس (شهرستان)؛ ۱۸
لیچ، اندرو (سرگرد)؛ ۱۸۵
لی، چارلز؛ ۴۲، ۴۳، ۵۱، ۵۲، ۶۱، ۱۳۲، ۲۰۳، ۲۳۲
لی، ریچارد هنری؛ ۵۷، ۲۶۳، ۲۷۳
لینچ، تامس؛ ۲۷۶
لینکلن، آبراهام؛ ۸۰، ۸۱، ۸۲، ۲۳۷
لیوینگستن، رابرت؛ ۷۲
لیوینگستن، فیلیپ؛ ۱۴۷، ۲۷۳

-م-
مارتین، آبراهام؛ ۴۹
مارتین، جوزف پلامب؛ ۹۲، ۹۳، ۱۷۹، ۲۱۳
ماساچوست (ایالت)؛ ۸، ۱۱، ۱۲، ۱۵، ۲۰، ۲۹، ۳۳، ۳۴، ۳۷، ۴۸، ۶۲، ۶۳، ۶۴، ۶۶، ۶۸، ۱۰۹، ۱۱۴، ۱۱۶، ۱۲۴، ۱۲۶، ۱۴۹، ۱۵۴، ۱۶۰، ۱۷۴، ۲۲۴، ۲۲۹، ۲۳۵، ۲۶۰، ۲۶۱، ۲۶۲، ۲۶۳، ۲۶۷، ۲۷۲
ماساچوست (خلیج)؛ ۳۴، ۲۷۷
ماکیاوللی، نیکولو؛ ۲۴
مالدِن؛ ۶۴
مانتی‌چلو؛ ۷۳
ماونت‌ورنُن؛ ۱۸۴، ۲۶۶
مایلز، ساموئل (افسر آمریکایی)؛ ۱۳۹
مردان دقیقه‌ای؛ ۵۶
مرثیهٔ پاکدینان؛ ۱۹۸
مریلند (ایالت)؛ ۶۰، ۱۱۴، ۱۱۶، ۱۳۱، ۱۴۲، ۲۶۵، ۲۶۶، ۲۶۷، ۲۷۲، ۲۷۷
مکنزی، فردریک (سروان)؛ ۱۹۵، ۱۹۶
مک‌کین، تامس؛ ۲۷۲
مننگهیلا؛ ۱۰۴
منهتن؛ ۱، ۲، ۳، ۴۴، ۵۲، ۵۳، ۵۶، ۵۹، ۷۲، ۸۷، ۸۹، ۹۰، ۹۲، ۹۳، ۹۹، ۱۰۵، ۱۰۸، ۱۲۵، ۱۳۳، ۱۳۴، ۱۳۵، ۱۳۶، ۱۳۷، ۱۳۸، ۱۴۶، ۱۴۹، ۱۵۱، ۱۵۳، ۱۶۰، ۱۶۴، ۱۶۵، ۱۶۷، ۱۶۸، ۱۶۹، ۱۷۰، ۱۷۱، ۱۷۳، ۱۷۴، ۱۷۷، ۱۷۸، ۱۷۹، ۱۸۰، ۱۸۲، ۱۸۹، ۱۹۶، ۱۹۹، ۲۰۱، ۲۰۲، ۲۰۳، ۲۰۷، ۲۱۲، ۲۱۳، ۲۱۶، ۲۱۹، ۲۲۰، ۲۲۱
مورتُن، جان؛ ۲۷۲
موریس، رابرت؛ ۲۶۵، ۲۷۲
موریس، لوئیس؛ ۲۷۳
موهاوک (قبیله)؛ ۴۲

میدلتُن، آرتور؛ ۲۷۲
میدل تمپل (انجمن در لندن)؛ ۹۵
میدوز؛ ۱۰۴
میشیگان (ایالت)؛ ۲۰۹
میشیگان (دریاچه)؛ ۴۳
مینِدن (نبرد)؛ ۴۶

-ن-

ناکس، هنری (سرهنگ)؛ ۴۲، ۴۳، ۹۵، ۹۶، ۱۷۲، ۱۹۴، ۱۹۹، ۲۱۲
نِیو (کوه)؛ ۱۶۴
نلسُن، تامس؛ ۲۷۲
نورث، فردریک (لُرد)؛ ۴۵
نوواسکوشیا (ایالت کانادایی)؛ ۳۲
نولتُن، تامس (سرهنگ)؛ ۱۸۵، ۱۸۶، ۱۸۷، ۱۹۲، ۱۹۴، ۲۵۴
نیوانگلند؛ ۸، ۱۲، ۳۷، ۳۸، ۴۴، ۴۷، ۵۴، ۵۶، ۶۵، ۹۱، ۱۲۵، ۱۳۴، ۱۸۱، ۲۱۱، ۲۱۳
نیوانگلند کرونیکل (روزنامه)؛ ۱۷۶
نیوانگلندی؛ ۱۳، ۳۷، ۳۸
نیوپورت مرکوری (روزنامه)؛ ۱۷۷
نیوجرسی (ایالت)؛ ۲۴، ۵۵، ۶۰، ۱۰۵، ۱۰۹، ۱۱۶، ۱۲۷، ۱۴۹، ۱۵۵، ۱۵۷، ۱۸۲، ۱۹۶، ۲۰۳، ۲۶۵، ۲۶۷، ۲۶۸، ۲۷۳، ۲۷۷
نیوراشل؛ ۲۰۴
نیولندن؛ ۳۸
نیوهمشایر (ایالت)؛ ۸، ۳۰، ۳۷، ۱۱۱، ۱۱۶، ۱۳۵، ۲۶۷، ۲۷۳، ۲۷۷
نیوهِیون؛ ۳۸
نیویورک (ایالت)؛ ۲۰، ۲۷، ۴۴، ۵۴، ۵۵، ۶۶، ۶۷، ۷۲، ۷۷، ۹۱، ۹۳، ۹۷، ۱۰۵، ۱۰۸، ۱۱۶، ۱۱۷، ۱۳۵، ۱۵۵، ۱۷۰، ۱۸۲، ۱۹۶، ۱۹۸، ۲۱۹، ۲۲۱، ۲۳۵، ۲۶۳، ۲۶۷، ۲۷۳، ۲۷۷
نیویورک (بندر)؛ ۱۳۴، ۱۴۳، ۱۷۰، ۱۷۷، ۱۷۸، ۱۸۱، ۲۱۶
نیویورک (شهر)؛ ۲، ۵، ۱۲، ۲۷، ۳۲، ۳۶، ۳۷، ۳۸، ۳۹، ۴۳، ۴۶، ۴۷، ۵۰، ۵۱، ۵۲، ۵۳، ۵۴، ۵۵، ۵۶، ۵۷، ۵۸، ۵۹، ۶۰، ۶۱، ۶۶، ۶۷، ۶۹، ۷۰، ۷۸، ۸۳، ۸۹، ۹۳، ۹۴، ۱۰۵، ۱۰۶، ۱۰۸، ۱۰۹، ۱۲۴، ۱۲۵، ۱۳۱، ۱۳۲، ۱۳۴، ۱۳۵، ۱۴۲، ۱۴۸، ۱۵۰، ۱۵۴، ۱۵۵، ۱۵۷، ۱۶۵، ۱۶۶، ۱۶۷، ۱۶۸، ۱۷۰، ۱۷۱، ۱۷۲، ۱۷۷، ۱۷۸، ۱۸۱، ۱۸۴، ۱۸۹، ۱۹۷، ۱۹۸، ۲۰۰، ۲۰۳، ۲۰۵، ۲۰۹، ۲۱۰، ۲۱۶، ۲۱۷، ۲۶۰، ۲۶۵، ۲۶۷
نیویورک (مستعمره)؛ ۵۴، ۶۶
نیویورک (نبرد/کارزار)؛ ۴، ۲۷، ۴۸، ۱۰۸، ۱۱۰، ۱۱۸، ۱۲۳، ۱۲۵، ۱۲۹، ۱۵۴، ۱۷۳، ۱۷۴، ۱۷۶، ۱۷۷، ۱۸۶، ۱۹۲، ۱۹۳، ۱۹۴، ۱۹۷، ۱۹۹، ۲۰۵، ۲۱۶، ۲۱۹، ۲۲۰، ۲۳۱
نیویورک (مجمع الجزایر)؛ ۹۳، ۲۱۹

-و-

وارن، جوزف؛ ۳۳، ۴۰، ۱۱۸
واشنگتن، جرج؛ ۱، ۴، ۷، ۸، ۹، ۲۷، ۳۲، ۳۳، ۳۵، ۳۶، ۳۷، ۳۸، ۳۹، ۴۰، ۴۱، ۴۲، ۴۳، ۴۴، ۴۸، ۵۱، ۵۲، ۵۳، ۵۴، ۵۵، ۵۶، ۵۷، ۵۸، ۵۹، ۶۰، ۶۱، ۷۰، ۷۸، ۸۳، ۸۶، ۸۸، ۸۹، ۹۰، ۹۱، ۹۲، ۹۳، ۹۴، ۹۵، ۹۶، ۹۷، ۹۸، ۹۹، ۱۰۲، ۱۰۳، ۱۰۴، ۱۰۵، ۱۰۶، ۱۰۸، ۱۰۹، ۱۱۰، ۱۱۷، ۱۲۰، ۱۲۳، ۱۲۴، ۱۲۵، ۱۲۸، ۱۳۱، ۱۳۲، ۱۳۳، ۱۳۵، ۱۳۶، ۱۳۷، ۱۴۱، ۱۴۲، ۱۴۴، ۱۴۶، ۱۴۷، ۱۴۸، ۱۴۹، ۱۵۰، ۱۵۱، ۱۵۲، ۱۵۳، ۱۵۴، ۱۵۵، ۱۵۶، ۱۶۳، ۱۶۴، ۱۶۵، ۱۶۶، ۱۶۷، ۱۶۸، ۱۶۹، ۱۷۰، ۱۷۱، ۱۷۳، ۱۷۴، ۱۷۵، ۱۷۸، ۱۷۹، ۱۸۰، ۱۸۱، ۱۸۲، ۱۸۴، ۱۸۵، ۱۸۶، ۱۸۹، ۱۹۰، ۱۹۱، ۱۹۲، ۱۹۳، ۱۹۵، ۱۹۶، ۲۰۰، ۲۰۱، ۲۰۲، ۲۰۳، ۲۰۴، ۲۰۵، ۲۰۸، ۲۰۹، ۲۱۰، ۲۱۱، ۲۱۲، ۲۱۳، ۲۱۶، ۲۲۱، ۲۲۳، ۲۲۹، ۲۳۰، ۲۳۲، ۲۳۳، ۲۳۸، ۲۴۵، ۲۴۶، ۲۴۸، ۲۵۳، ۲۵۴، ۲۵۶، ۲۵۷، ۲۵۸، ۲۶۲، ۲۶۵، ۲۶۶، ۲۶۸
واشنگتن، لاند؛ ۱۸۴
واشنگتن هایتس؛ ۱۷۱
والتُن، جُرج؛ ۲۷۲
وایت پلینز؛ ۲۰۲، ۲۰۴، ۲۰۵
وایت هال؛ ۴۵، ۶۲، ۸۶، ۱۴۴، ۱۷۴
ورمونت (ایالت)؛ ۸، ۱۱۶، ۱۲۰
وَلی فورج؛ ۲۰۸، ۲۱۰
وولف (جیمز)؛ ۴۸
وولکات، اولیور؛ ۲۷۲
ویترسپون، جان؛ ۱۵۷
ویرجینیا (ایالت)؛ ۵۷، ۶۵، ۷۳، ۷۸، ۱۱۶، ۱۱۷، ۲۶۳، ۲۶۵، ۲۶۶، ۲۶۷، ۲۶۸، ۲۷۳
ویرجینیا (پیش نویس قانون اساسی)؛ ۷۳
ویرجینیا (تایدواتر)؛ ۱۲۳
ویسکانسین (ایالت)؛ ۲۰۹
ویگ (حزب، اصول، ارزش ها)؛ ۱۰، ۱۲، ۴۸، ۵۴، ۲۱۷
ویلسن، جیمز؛ ۲۷۲

پیوست ۵: نمایه

ویلیامز، ویلیام؛ ۱۹۸، ۲۷۲
ویلیامز (کالج)؛ ۲۲۳
ویلیامزبرگ (شهر)؛ ۶۵، ۷۳، ۷۵، ۷۶، ۱۱۷، ۱۲۲

-ه-

هابز، تامس؛ ۲۴
هادسن (رودخانه)؛ ۱۳، ۳۸، ۴۴، ۴۷، ۵۲، ۶۰، ۶۳، ۶۸، ۹۱، ۹۲، ۹۳، ۹۴، ۹۷، ۹۸، ۱۰۹، ۱۲۵، ۱۲۹، ۱۳۴، ۱۶۸، ۱۷۰، ۱۷۱، ۲۰۲، ۲۰۳، ۲۰۸، ۲۰۹، ۲۳۱، ۲۳۴
هارلم (رودخانه)؛ ۱۳۴
هارلم هایتس؛ ۱۸۱، ۱۸۲، ۱۸۴، ۱۸۵، ۱۸۶، ۱۸۷، ۱۸۹، ۱۹۰، ۱۹۱، ۱۹۶، ۲۰۰، ۲۰۱، ۲۰۲، ۲۵۴
هاروارد (دانشگاه)؛ ۱۳، ۲۰، ۳۴، ۵۸، ۱۲۶، ۲۲۹
هال، لیمن؛ ۲۷۲
هالیفکس (شهر)؛ ۳۲، ۵۰، ۶۱
هانتینگتُن، ساموئل؛ ۲۷۲
هانیبال؛ ۱۹۹
هاو (برادران)؛ ۱، ۳، ۴، ۳۲، ۴۷، ۹۸، ۹۹، ۱۰۰، ۱۰۴، ۱۰۶، ۱۱۰، ۱۱۲، ۱۱۹، ۱۳۱، ۱۴۴، ۱۵۲، ۱۵۴، ۱۶۳، ۱۷۳، ۱۷۵، ۱۷۸، ۱۷۹، ۱۸۱، ۱۹۴، ۲۰۰، ۲۰۳، ۲۰۴، ۲۰۵، ۲۰۷، ۲۰۹، ۲۱۰، ۲۱۸، ۲۲۲، ۲۳۱
هاو، جرج آگوستوس (سومین ویکانت هاو)؛ ۴۸
هاو، ریچارد (لرد، دریاسالار)؛ ۱، ۳۲، ۴۷، ۶۱، ۷۰، ۷۸، ۸۲، ۸۵، ۹۰، ۹۱، ۹۲، ۹۷، ۹۸، ۹۹، ۱۰۰، ۱۰۲، ۱۰۳، ۱۰۴، ۱۲۷، ۱۳۱، ۱۳۶، ۱۴۵، ۱۵۱، ۱۵۲، ۱۵۶، ۱۵۷، ۱۵۸، ۱۵۹، ۱۶۰، ۱۶۱، ۱۶۳، ۱۶۵، ۱۶۸، ۱۷۲، ۱۷۷، ۱۷۸، ۱۸۱، ۱۸۲، ۱۸۹، ۱۹۶
هاو، ویلیام (ژنرال)؛ ۱، ۷، ۴۸، ۴۹، ۵۰، ۵۱، ۵۲، ۵۶، ۵۹، ۶۰، ۶۱، ۸۲، ۸۳، ۸۷، ۹۰، ۱۰۴، ۱۰۸، ۱۰۹، ۱۲۵، ۱۳۲، ۱۳۳، ۱۳۴، ۱۳۵، ۱۳۸، ۱۳۹، ۱۴۱، ۱۴۳، ۱۴۴، ۱۴۵، ۱۴۶، ۱۵۲، ۱۵۳، ۱۵۴، ۱۵۵، ۱۶۴، ۱۶۵، ۱۶۹، ۱۷۰، ۱۷۱، ۱۷۵، ۱۷۷، ۱۸۴، ۱۹۰، ۱۹۵، ۱۹۶، ۱۹۷، ۱۹۸، ۱۹۹، ۲۰۰، ۲۰۱، ۲۰۲، ۲۰۴، ۲۰۵، ۲۰۸، ۲۱۵، ۲۱۶، ۲۱۷، ۲۱۸، ۲۱۹، ۲۲۰، ۲۲۱، ۲۳۱، ۲۳۲، ۲۳۳، ۲۳۸، ۲۴۷، ۲۵۷، ۲۵۸
هاوانا (نبرد)؛ ۴۹
هاولی، جوزف؛ ۱۰۷
هاپکینز، اِستِفان؛ ۲۷۲
هِسی (مزدور)؛ ۸۸، ۱۰۴، ۱۰۵، ۱۰۹، ۱۲۴، ۱۳۱، ۱۳۲، ۱۳۵، ۱۳۶، ۱۳۸، ۱۳۹، ۱۴۱، ۱۴۲، ۱۴۳، ۱۷۷، ۱۷۹، ۱۸۰، ۲۰۳، ۲۰۴، ۲۰۵
همیلتن، الکساندر؛ ۱۹۴
هَند، ادوارد (سرهنگ)؛ ۲۰۲
هنری، پاتریک؛ ۶۹، ۱۱۷
هنری‌لی، ریچارد؛ ۵۷
هنکاک، جان؛ ۳۴، ۳۶، ۵۲، ۵۵، ۵۹، ۷۲، ۸۸، ۹۰، ۹۸، ۱۰۶، ۱۶۷، ۱۷۳، ۱۸۹، ۲۵۵
همیلتن، الکساندر؛ ۱۹۴
هوپر، ویلیام؛ ۱۷۲، ۱۹۱، ۲۷۲
هیدرا (موجود افسانه‌ای)؛ ۲۵
هیث، ویلیام؛ ۱۶۹، ۱۷۰
هی‌وارد، تامس؛ ۲۷۲
هیوران (دریاچه)؛ ۴۳
هیوز، جوزف؛ ۲۷۲

-ی-

یورک‌تاون؛ ۲۰۷، ۲۱۰، ۲۱۵، ۲۱۹، ۲۶۵
یونان؛ ۲۴، ۱۹۹

دربارۀ نویسنده

جوزف جان-مایکل الیس (متولد ۱۳۲۲ خورشیدی/۱۹۴۳ میلادی) تاریخ‌نویس و استاد بازنشستۀ تاریخ بنیاد فورد در کالج ماونت هولیوک است. آثار او بر زندگی و دوران پدران بنیادگذار ایالات متحده تمرکز دارد. پرترۀ او از تامس جفرسن، تحت عنوان ابوالهول آمریکایی، در ۱۹۷۷ برندۀ جایزۀ کتاب ملی آمریکا شد. اثر دیگرش زیر عنوان برادران بنیادگذار جایزۀ پولیتزر در زمینۀ تاریخ را در سال ۲۰۰۱ برای نویسنده به ارمغان آورد. هر دو کتاب در آمریکا جزو پرفروش‌ترین کتاب‌های سال بودند. او با همسر و یکی از فرزندانش در آمهرست، ماساچوست، زندگی می‌کند.

دربارهٔ مترجم

مسعود عالمی (متولد ۱۳۳۸ خورشیدی) مقیم ایالات متحده است. پیش از این ترجمهٔ مقالات فدرالیست نوشتهٔ سه تن از پدران بنیادگذار ایالات متحده (الکساندر همیلتن، جیمز مدیسن و جان جی) از او در اسفند ۱۴۰۰ توسط انتشارات مینوی خرد منتشر شد، که اثری کلاسیک در فلسفهٔ سیاسی است و با جمهوری افلاطون، سیاست ارسطو، و لویاتان تامس هابز مقایسه شده است. مینوی خرد همچنین ترجمهٔ دیگری از عالمی را زیر عنوان قرآن تامس جفرسن در ۱۴۰۲ منتشر ساخت.